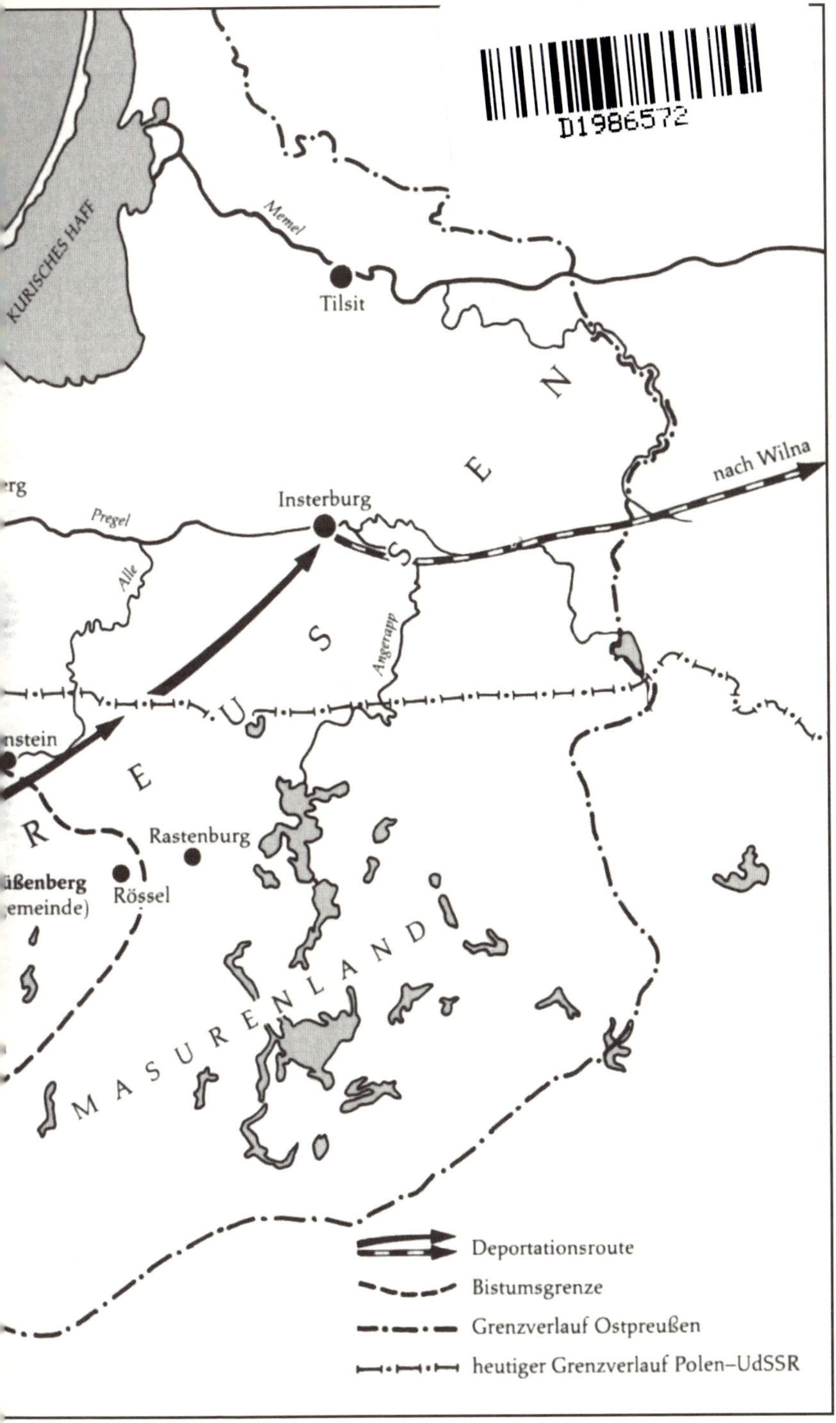
KURISCHES HAFF
Memel
Tilsit
nach Wilna
Insterburg
Pregel
Alle
Angerapp
Rastenburg
Rössel
MASURENLAND
Deportationsroute
Bistumsgrenze
Grenzverlauf Ostpreußen
heutiger Grenzverlauf Polen–UdSSR

MEIN DREIUNDDREISSIGSTES JAHR

GERHARD FITTKAU

MEIN DREIUNDDREISSIGSTES JAHR

KRAL VERLAG ABENSBERG

ISBN 3-931 491-02-1

Verlag und Herstellung:
Josef Kral Verlagsdruckerei, 93326 Abensberg
1996

Meinen Pfarrkindern von Süßenberg

und meinen Landsleuten aus dem Ermland

»... euch im Glauben zu stärken und aufzurichten, daß niemand im Glauben sich irremachen lasse in den gegenwärtigen Bedrängnissen. Ihr wißt ja: hierzu sind wir da.«

1 Thes 3,2 f

Zu Beginn meines dreiunddreißigsten Lebensjahres hatte ich die heilsamen Demütigungen sieben magerer Kaplansjahre durchlaufen und wurde selbständiger Pfarrer von Süßenberg, einer kleinen ermländischen Gemeinde in Ostpreußen. Als ich in meiner neuen Würde auf dem Kirchberg von Süßenberg Einzug hielt, wurde der heitere Altweibersommer des Herbstes 1944 schon durch die Wolkenschatten verdüstert, die von Osten heraufzogen. Trotzdem war es mir noch vergönnt, einige Monate lang zu verkosten, was meiner lieben Großmutter als vollkommene Erfüllung klerikaler Wünsche vor Augen geschwebt hatte: eine freundliche, kernkatholische Bauerngemeinde, eine alte, gut renovierte Kirche, ein wohnliches Pfarrhaus, ein entwicklungsfähiger Garten und eine geräumige Küche, die von meiner Schwester aufs beste verwaltet wurde. Was danach geschah, ging zwar nicht über die Aussichten hinaus, die unsere geistlichen Lehrmeister uns vorgestellt hatten. Doch jene Verheißungen hatten niemals den Rahmen erbaulicher Betrachtung gesprengt, bis wir sehr real in die blutigen Fußstapfen unseres göttlichen Meisters gestoßen wurden. Gewiß ist das, was ich mit meinen Pfarrkindern am Ende des Krieges erlebte, nichts Einzigartiges, sondern das gewöhnliche Leid ungezählter Menschen, die von den Mächten der Finsternis überfallen und durch das Tal des Todes getrieben wurden. Wenn ich trotzdem die Geschichte dieses entscheidenden Jahres meines Priestertums niederschreibe, so geschieht es nicht, um jene anzuklagen, die uns zerschlugen, noch um für meine unglücklichen Landsleute Mitleid zu heischen. Alle sind ja aneinander schuldig geworden. Ich will vielmehr versuchen, Zeugnis abzulegen für das, was Gott der Herr uns während dieses Jahres der Heimsuchung erwiesen hat, als er uns in das »Vollalter Christi« führte.

WARUM IST DEIN ZORN ENTBRANNT GEGEN DIE HERDE DEINER FLUR?

Süßenberg

Auf der letzten Anhöhe ließ ich den festlichen Stuhlwagen des Kirchenvaters Poschmann anhalten. Von der gegenüberliegenden bewaldeten Kuppe grüßte der Kirchturm von Süßenberg zu mir herüber. Von der alten fürstbischöflichen Residenzstadt Heilsberg aus hatte mich die Kutsche in einstündiger Fahrt durch das im milden Altweibersommer sich sonnende Ermland meinem Ziel entgegengeführt. Als neubestallter Pfarrer des Dorfes blickte ich voll Freude, wenn auch nicht ganz ohne Bangen, auf das Feld meines künftigen Wirkens.

Meine Empfindungen glichen denen eines Bräutigams der guten alten Zeit, der beim ersten, erwartungsvollen Blick auf das ihm von den Eltern bestimmte Mädchen hinter der nüchternen, vom Grundstücksmakler nicht unbeeinflußten elterlichen Entscheidung die Fügung höherer Weisheit ahnt.

Vor etwas mehr als zwanzig Jahren hatte meine Reimerswalder Großmutter mir auf ihrem Sterbebett die grüne Quartanermütze des Rösseler Gymnasiums aus der Hand genommen. Sie hatte ihre mit dunklen Venen überzogenen, abgerackerten Hände gefaltet und auf die bunte, von ihr selbst gewebte Bettzüche gelegt. Mit ihren tiefblauen Augen, die sie von einem vagabundierenden Soldaten des Schwedenkönigs geerbt haben soll, hatte sie mich lange angeschaut und dann mit unvergeßlicher Eindringlichkeit zu ihrem Enkelkind gesagt: »Ach, wie werd' ich mich doch freuen, wenn ich dich einmal vom Himmel aus als Pfarrerche von Süßenberg sehe!«

Daß die mir durch die Entscheidung des Bischofs und das Gebet der sterbenden Großmutter überraschend zugeführte ›Braut‹ trotz ihres verheißungsvollen Namens nicht lauter Süßigkeit bringen werde, wollte ich beherzt in Kauf nehmen.

Die Höfe des abgelegenen Dorfes waren mit wenigen Ausnahmen klein und wegen des hügeligen Geländes und des lehmigen oder sandigen Bodens schwer zu bewirtschaften. Obwohl viele kleinere Bauern ihre Einkünfte durch einen ihrem Ruf nicht immer sehr zuträglichen Pferdehandel zu verbessern suchten, wechselten die bescheidenen Anwesen recht häufig den Besitzer.

Auch von den Pfarrern des Ortes sagte man, daß sie nicht allzu seßhaft seien und keine Neigung hätten, in Süßenberg begraben zu werden. Es gab deshalb keinen großen Wettstreit, wenn die Pfarrstelle zur Bewerbung ausgeschrieben wurde. Meine Kursgenossen im Braunsberger Priesterseminar konnten nicht finden, daß ich einem hochfliegenden Ziel nachjagte, wenn ich ihnen im Scherz meine auf Süßenberg gerichteten Ambitionen verriet. Kurz vor Ausbruch des Krieges hatte ich unseren Bischof Maximilian Kaller auf Visitationsreisen begleitet, und bei dieser Gelegenheit waren wir auch in diese Pfarrei gekommen. Während des Festessens erzählte ich ihm, daß meine Großmutter einst in der Hoffnung gestorben sei, ich würde eines Tages hier Pfarrer werden. Fünf Jahre später wurde die Pfarrei vakant, und das gute Gedächtnis des Bischofs wie auch andere Umstände fügten es, daß die Wahl auf mich fiel. So war ich also hier und mußte mich beeilen, zu Mariä Geburt, dem Titularfest der Pfarrei am 8. September, noch zurechtzukommen.

Mein Einzug in Süßenberg vollzog sich nicht in Form jener triumphalen Prozession, die einst meiner Großmutter vorgeschwebt haben mag. Als ich mich beim Erzpriester und Dekan in Heilsberg meldete, war dort nur ein einziger Wagen zu meinem Empfang vorgefahren. Bolek, ein kriegsgefangener Weißrusse, der als Knecht auf einem der größten Höfe des Kirchdorfes arbeitete, war der Kutscher. Doch wenigstens die Natur, so tröstete ich mich, hatte sich für den festlichen Tag gebührend geschmückt. So verweilte ich denn auf der letzten Anhöhe und genoß das friedvolle Bild des mit keuscher Zurückhaltung vor mir ausgebreiteten bräutlichen Anteils. Nur der leise Kanonendonner, der aus der Ferne herüberklang,

weckte die Frage in meinem Sinn, ob meine Amtszeit in Süßenberg nicht vielleicht noch kürzer sein werde als die meiner Vorgänger.
In der Senke vor dem Anstieg der Kiesstraße zum Kirchberg parkten zwei Lastwagen der Wehrmacht. Da mußte etwas los sein. Wir hielten aber nicht, denn ich hatte es eilig, zu meiner neuen Kirche zu kommen. Als ich oben angelangt war, kam eine ältere Frau aus dem Gotteshaus, um mich zu begrüßen. Sie hatte gerade Blumen auf den Altar gebracht, wie es in dieser ersten Woche des Monats ihr Amt war.
Mit verhaltener Erregung erzählte sie mir, alle Leute seien unten im Dorfkrug. Ein russisches Flugzeug sei abgeschossen worden. Sie zeigte mir die Wiese, auf der es zerschellt war. »Sie konnten nur den einen Flieger lebend fangen«, sagte sie. »Der andere ist umgekommen, als das Flugzeug aufschlug. Der mit dem Fallschirm abspringen konnte, landete auf der Bleiche. Der Schornsteinfeger, der gerade auf dem Dach des Küsterhauses stand, sprang rasch hinunter und fing ihn mit seinem langen Besen, bevor er noch aufstehen konnte. Sein rechter Arm war ausgekugelt. Der Schornsteinfeger brachte ihn dann in den Krug.« Nach dem Bericht der Frau war der junge Mann blond, wohlgenährt und sauber rasiert; er trug eine gut gehaltene Offiziersuniform. Die Leute hatten ihm zu essen und zu trinken angeboten, aber er hatte alles zurückgewiesen. Wie ein Habicht hatte er jedermann beobachtet und auf die nächste Gelegenheit gelauert, auszubrechen oder sich umzubringen. Ein ukrainischer Kriegsgefangener, der schon einige Zeit im Dorf arbeitete, mußte lang auf den Gefangenen einreden, bis er ihn endlich dazu bewegen konnte, etwas Brot und Bier anzunehmen.
Trotzdem war der Mann mißtrauisch geblieben - er wußte wohl, daß ihm Schweres bevorstand. Kaum hatte er sich etwas gestärkt, da stapften die Feldgendarmen in die Schenke. Sie waren in jenen Lastwagen gekommen, die ich vorhin an der Straße hatte stehen sehen. Sie trieben die Leute auseinander und fuhren sie an: »Seid ihr denn wahnsinnig, einen Iwan so gut zu behandeln?«

Dieses Ereignis war mein Anfang in Süßenberg - ein Vorzeichen für das, was kommen sollte. Ich wandte mich um und ging allein in die Kirche. An den Stufen des Altars kniete ich nieder und bat Gott, den Beginn meiner Arbeit zu segnen.
In meinem Pfarrhof angekommen, hatte ich kaum Zeit, mich umzuschauen, als schon mein erster Besucher erschien. Es war der Leiter der Dorfschule, einer jener wackeren ermländischen Lehrer, die sich standhaft geweigert hatten, dem Willen der Partei gemäß den Religionsunterricht aufzugeben. Während der ganzen Zeit der Bedrängnis von seiten der nationalsozialistischen Regierung wurde der Unterricht in seinen Klassen weiter mit religiösem Lied und Gebet begonnen und beschlossen. Er hatte acht Kinder und wollte mit mir über das Begräbnis seines ältesten Sohnes sprechen, eines Jungen von siebzehn Jahren. Von der Oberschule weg war er nach einer überstürzten Ausbildung von nur ein paar Wochen an die Front geschickt worden und dort drei Tage später gefallen, das siebzehnte Kriegsopfer unseres kleinen Dorfes.
So war es meine erste Amtshandlung, mich der Toten anzunehmen. Während der folgenden fünf Monate - so lange sollte ich vor dem Einmarsch der Russen hier amtieren - hatte ich sechs weitere Beerdigungen, aber keine Taufen und keine Hochzeiten, denn alle Männer zwischen sechzehn und sechzig Jahren standen bereits unter den Waffen. Die Väter unserer größten Familien und viele Großväter waren zur Zeit meiner Ankunft damit beschäftigt, in den nahen Wäldern Schützengräben und Panzerfallen auszuheben.
Trotz dieser finsteren Schatten, die über unserm Dorf lagen, wurde am folgenden Samstag das Fest der Geburt Unserer Lieben Frau, das Titularfest der Gemeinde, noch einmal mit aller traditionellen Feierlichkeit begangen. Denn das ganze Ermland war katholisch, das bischöfliche Stiftsland im Herzen Ostpreußens hatte einst - im Gegensatz zu dem es rings einschließenden alten Deutschordensland - nicht die Reformation angenommen. Jedes Bauernhaus hatte seine religiösen Bilder und Statuen; Wegkreuze und kleine Kapellen standen am Rand der Straßen und Feldwege, und überall ragten die

roten Ziegeltürme der alten, gotischen Backsteinkirchen in den Himmel.
Zeitig am Kirchweihmorgen begann die Wallfahrt der drei Nachbarpfarreien zu unserer Kirche. Nach altem Brauch sammelte sich nach der Frühmesse bei einer Votivkapelle am Ausgang der Dörfer ein wohlgeordneter Zug, das sogenannte ›Opfer‹, und pilgerte mit Gebet und Gesang durch die Felder zu uns herüber. Auf drei verschiedenen Wegen, die nach den Patronen ihrer eigenen Pfarreien benannt waren, dem Weg des heiligen Laurentius, dem der heiligen Margarete und dem des heiligen Rochus, kamen die drei Prozessionen eine hinter der anderen auf unserem Kirchberg an.
Das Bild dieses in heiliger Ordnung feiernden und singenden Volkes atmete nichts als Gebet und Frieden. Als aber die Wallfahrer nach dem letzten Segen sich an ihren mitgebrachten Wurstbroten stärkten und ihre Nachbarn und Verwandten begrüßten, unterhielten sie sich erregt darüber, daß heute morgen wiederum einige russische Fallschirmspringer in den Wäldern niedergegangen seien. Einer von ihnen war abgetrieben worden und gerade vor einer der Prozessionen gelandet. Den Wallfahrern war es in der Aufregung nicht gelungen, den Russen anzuhalten, der in die Wälder floh. –
Genau eine Woche später begannen die Russen ihre gewaltige Herbstoffensive, welche die Front nach Ostpreußen hereindrückte. Von deutscher Seite kam der Befehl, gewisse Grenzgebiete zu räumen. Während des ganzen Monats Oktober strömten Evakuierte in unser Dorf mit Pferdewagen, voll bepackt mit Möbeln, Hühnern, Waschfässern, Bettdecken und anderem Hausrat. Diese Grenzbewohner hatten nicht die Absicht, in unserer Gegend zu bleiben; sie versuchten, tiefer nach Deutschland vorzustoßen, um von der nächsten Welle des russischen Angriffs nicht noch einmal erfaßt zu werden.
Bei all dem Trubel blieb unserer Gemeinde nicht viel Zeit, sich über die Zukunft Gedanken zu machen. Die Leute waren zu sehr beschäftigt, die Ernte einzubringen und sich und den Neuankömmlingen Nahrung und Obdach für den Winter

zu sichern. Wir hatten keine allzu große Mühe, ein Unterkommen für die Flüchtlinge zu beschaffen. Denn die Evakuierten aus Berlin, welche die letzten ein oder zwei Jahre bei uns verbracht hatten, entschlossen sich angesichts der neu heranziehenden Gefahr, lieber in ihre bombenzerstörte Stadt zurückzukehren. Im zeitigen November traf dann eine Veterinärabteilung des Heeres in Süßenberg ein und brachte an die vierhundert niedergebrochene Pferde mit. Da in meinen beiden Wirtschaftsgebäuden nichts weiter untergebracht war als vier rassige Plymouth-Rocks-Hennen, stellten die Soldaten fünfundvierzig dieser Pferde auf dem Pfarrhof unter. Die Bauern waren dankbar für jedes kranke Pferd, das anderswo als in der Nähe ihres Stalles abgestellt wurde, und ich war über diese Verwendung von Scheune und Schuppen gar nicht so unglücklich. Ich bekam auf diese Weise eine Menge ausgezeichneten Dung für meinen am Abhang gelegenen Garten, den ich gerade umgegraben hatte. Noch erfreuter als ich waren meine Hühner. Sie scharrten vergnügt in den Ställen, und ihre Kröpfe und Kämme schwollen. Ein Ei bekam ich allerdings erst zu sehen, als die Veterinärabteilung bereits wieder im Aufbruch war. Es wurde mir von einem munteren Stabsgefreiten gebracht, der früher ›Feuerfresser‹ in einem Berliner Zirkus gewesen war und, wie mancher seine Kameraden bei dem merkwürdigen Haufen, eine bewegte Vergangenheit hinter sich hatte. Feierlich verkündete er mir: »Herr Pfarrer, eine Ihrer Hennen hat ein Ei gelegt!«
»Das ist aber eine Überraschung!«, sagte ich, »möchten Sie es gebraten oder gekocht haben?«
Er lachte verlegen und sagte: »Weder - noch, Herr Pfarrer. Es wird langsam Zeit, daß auch mal eins in Ihre Pfanne wandert, damit Sie uns in gutem Andenken behalten!« Um mich für seine Großmut erkenntlich zu zeigen, gab ich ihm eine Zigarre. Insgeheim pries ich mich glücklich, daß die Hennen immerhin am Leben geblieben waren.
Die deutschen Veterinärsoldaten wurden während der Zeit ihrer Einquartierung bei uns recht kümmerlich verproviantiert, aber ihre italienischen Hilfskräfte wurden noch schlech-

ter versorgt. Diese ›Badoglios‹ waren aus Gefangenenlagern der italienischen Armee rekrutiert, die kapituliert hatte. In der Hoffnung auf gewisse Erleichterungen ihrer Lage hatten sie Hilfsdienste bei der deutschen Armee übernommen. Sie waren in abgetragene leichte Sommeruniformen gesteckt worden und warteten vergeblich auf Winterkleidung und Stiefel. Die Aussicht auf einen Urlaub nach zwei oder drei Jahren, in dem sie ihre Familien hätten wiedersehen können, schwand ihnen immer mehr dahin. Die durchweg sehr jugendlichen Italiener suchten sich bald in der Nähe des Pfarrhofs irgendwie nützlich zu machen, nachdem sie herausgefunden hatten, daß ich von meiner Studienzeit in Rom eine bescheidene Kenntnis ihrer Sprache und eine aufrichtige Liebe zu ihrem Volk mitgebracht hatte.
Weihnachten kam heran, und meine Süßenberger Pfarrkinder feierten das Fest in Familie und Kirche, so gut und herzlich es der Ernst der Lage erlaubte. Insgeheim erschauerte ich bei dem Gedanken, wie sie die kommenden Prüfungen überstehen würden. In meiner Predigt während der Mitternachtsmesse sagte ich ihnen, daß das Fest der Geburt des Christkindes kein Fest liebenswürdiger Gefühle sei, sondern ein Fest des Glaubens und der praktischen Folgerungen aus ihm. Wenn sie an der Kommunionbank neben italienischen Soldaten und polnischen Arbeitern knieten, dann müßten sie auch am Weihnachtstisch mit ihnen teilen. Die protestantischen Flüchtlinge und Soldaten, die unter uns waren und nicht zur Kommunion gehen konnten, lud ich ein, mit ihren katholischen Brüdern in der communio der christlichen Liebe eins zu sein.
Am Abend des Weihnachtstages führten unsere Kinder in der Kirche ein Krippenspiel auf. Die Gemeinde war hingerissen. Noch Jahre später, als sie längst als heimatloses Volk verstreut waren, sprachen sie von diesem Krippenspiel und erinnerten sich an die Herbergssuche der Heiligen Familie.
Kurz vor Weihnachten war es mir nach drei starken Gläsern Grog gelungen, den gemütlichen brandenburgischen Kommandeur der Veterinärabteilung zu veranlassen, am zweiten

Feiertag sämtliche Italiener aus den umliegenden Ortschaften für den Nachmittag in unsere Kirche zu bringen. Hell klang ihr Gelächter zum Kirchberg herauf, als sich die Stunde des Gottesdienstes näherte. Während meines Aufenthaltes in der Pfarrei habe ich kaum jemals eine frohere Gesellschaft beisammen gesehen. Trotz ihrer Lebhaftigkeit waren sie in der Kirche sehr aufmerksam. Seitdem der schreckliche Krieg sie in den Osten verschleppt hatte, war dies das erste Mal, daß sie sich ein wenig zu Hause fühlen konnten, zumal sie zu ihrer freudigen Überraschung in ihrer eigenen Sprache willkommen geheißen wurden. Und der gleiche Christus, den ihre Mütter, ihre Priester sie lieben gelehrt hatten, wartete nun hier darauf, sie an seinem Tisch zu speisen.

In meiner Ansprache erinnerte ich sie an das Gebet ihrer Frauen, Kinder und Verwandten, daß sie hier, eben in dieser Stunde, ihren Frieden mit Gott machen und wenigstens in ihrer eigenen Seele das Böse, die Ursache aller Unordnung, alles Unrechts auf Erden und somit auch des verhaßten Krieges überwinden möchten. Nach einer gemeinsamen Gewissenserforschung gingen alle fünfundsechzig zur Beichte.

Meine Schwester Irmgard, die meinen Haushalt führte, und Ursula, die stellvertretende Organistin, froren während dieser Zeit jämmerlich auf ihrer Orgelempore. Sie hatten nicht damit gerechnet, daß alle diese Männer zum Beichtstuhl finden würden. Aber als nach einer langen Stunde die alte Orgel den mächtigen, rauhen Händen Ursulas zu folgen begann, tauten ihre Herzen wieder auf. Ursula spielte das im Winter stark verquollene Instrument laut und mit Gottvertrauen, wenn auch nicht immer richtig. Zu Hause war sie Pferdeknecht und mußte harte Arbeit verrichten, denn ihr Bruder war verunglückt, und ihr Vater hatte während des ersten Weltkrieges einen Arm verloren. Ihre Schwester Clara, unsere eigentliche Organistin, war zum Roten Kreuz eingezogen worden. Ursula blieb für die Orgel nicht viel Zeit; kein Wunder, daß sie keine große Künstlerin war.

Aber das störte jetzt niemand. Die italienische Soldatengemeinde sang aus Herzensgrund, jeder nach seiner eigenen

Melodie, und ich hatte wieder einmal einen Anlaß, Gott dafür zu danken, daß er mir kein übermäßig gutes musikalisches Gehör gegeben hat. Ich mußte an die Hirten von Bethlehem denken; hätten sie an der Krippe gesungen, so wäre es wohl nicht viel anders gewesen. Jeder tat sein Bestes, um Gott zu preisen, und als ich mich zum »Dominus vobiscum« umwandte, konnte ich sehen, wie ihre Gesichter strahlten. Nur ein Soldat war noch nicht ganz zufrieden. Er lauerte auf den ersten völlig stillen Augenblick kurz vor der Wandlung, sprang auf eine Kirchenbank und schmetterte zehn Minuten lang, gleich einem zweiten Caruso, das »Ave Maria« von Gounod.

Nach der Messe war die Freude unserer Gäste so groß und ansteckend, daß selbst das Wachpersonal seine schlechte Laune über die lange Wartezeit vergaß. - Am letzten Sonntag vor Weihnachten hatte ich unsere Frauen um Kuchen und Weihnachtsgebäck für die Italiener gebeten. Einer der ärmsten Kätner des Dorfes brachte einen riesigen schlesischen Streuselkuchen, fast so groß wie ein kleiner Tisch. Ich verteilte das Gebäck unter die Leute und suchte nach dem Solosänger. ›Caruso‹ wurde nach vorne geschoben. Als ich mich erkundigte, wo er denn so gut singen gelernt habe, erzählte er mir, er habe eine Schule für Organisten besucht. Doch als ich ihn fragte, bei wem er denn hier einquartiert sei, wurde er verlegen. Taktvoll zog er mich beiseite und verriet mir, daß er von seinem Hauswirt nicht einmal eine Tasse Kaffee bekommen habe. Als er mir das Haus beschrieb, wußte ich, daß es dem reichsten Bauern meiner Gemeinde gehörte.

Ich war über diesen Mangel an einfachster Gastfreundschaft nicht erstaunt. Im gleichen Haus hatte ein polnisches Mädchen vor einigen Monaten ein Kind bekommen; sie und ihr Kind waren aber vom Hausherrn in eine kalte Kammer verwiesen worden. Im November hatte sie den Bauern gebeten, ihr etwas Wolle zu geben, damit sie für das Kind etwas Warmes stricken könne. Alles, was er in der Sache tat, war, daß er sie zum Bürgermeister schickte, um einen Bezugsschein zu erbitten. Aber der Bürgermeister verweigerte den Schein mit der Begründung, er könne nicht einmal die Evakuierten versorgen. Er verwies sie an ihren Hausherrn zurück, der doch zehn Wollschafe habe und nur für sich und seine Frau sorgen müsse. Das polnische Mädchen bekam weder einen Bezugsschein noch die Wolle. Am nächsten Tag fand man das Kind tot im Garten, und die Mädchenkammer war leer.

Zwischen Neujahr und dem Dreikönigstag besuchte mich meine Mutter. Auf unserem Söller gab es noch zwei große leere Zimmer. Als meine Mutter diese Räume sah, sagte sie zu mir: »Es ist ja gewiß nur ein müßiger Traum, aber wie schön wäre es, sich nach einigen Jahren hierher zurückzuziehen, in diesen beiden Räumen zu leben und in den Garten am Hang hinunterzublicken, der so nah an der Kirche ist. Mein ganzes Leben lang mußte ich vier bis fünf Kilometer zu Fuß gehen, um zur nächsten Kirche zu kommen.« Doch kaum hatte sie das gesagt, wurde sie sehr traurig, weil sie nicht glaubte, daß sie das Ende des Krieges erleben werde.

Gerade in diesem Augenblick trat Renate herein, ein Fürsorgekind, das meine Schwester mitgebracht hatte, als sie kam, um mir den Haushalt zu führen. Stolz zeigte sie uns einen kleinen Rucksack, den das Christkind ihr zu Weihnachten gebracht hatte. Er war mit Wäsche und Strümpfen und allerhand Lebensmitteln vollgestopft, die sie mit sich nehmen sollte, wenn die Russen heranrückten. Meine Schwester hatte diese Rucksäcke aus Resten von alten Vorhängen hergestellt und bereits fertig gepackt für den Fall, daß wir plötzlich aufbrechen müßten. Meine Mutter meinte freilich, von Flucht könne bei ihr keine Rede sein, denn trotz der sechzig Jahre meines Vaters stand seine Einberufung in den Volkssturm bevor, und in etwa zehn Wochen erwartete meine Schwester Brigitte ihr erstes Kind.

Unsere Mutter wußte nur zu gut, was es heißt, vor einem feindlichen Heer zu fliehen. Im Jahre 1914, zehn Tage nach der Geburt ihres dritten Sohnes und zwei Wochen, nachdem unser Vater seinen Gestellungsbefehl erhalten hatte, mußte sie bereits einmal vor den näherrückenden Russen fliehen. Ich selbst, ihr ältester Sohn, war damals zweieinhalb Jahre alt. Vier Tage und fünf Nächte waren wir, gemeinsam mit elf anderen Familien und einer Ziege, in einen Güterwagen gepfercht. Am Ende dieser drangsalvollen Fahrt waren Mutters Haare grau. Und die Flucht hatte den Säugling, meinen kleinen Bruder Hugo, so sehr geschwächt, daß er viele Jahre lang besonderer Pflege bedurfte. Doch wiewohl die Mutter ihn durch die Not des ersten Weltkrieges gerettet hatte, mußte sie ihn nach Vollendung seines Studiums zu Beginn des zweiten Weltkriegs hingeben. Er fiel beim Einmarsch nach Frankreich.

Die elfte Stunde

Mittlerweile verschärfte sich die Lage in unserem Dorf ständig. Jeden Sonntag und häufig auch an Wochentagen mußten alle arbeitsfähigen Männer, die noch nicht eingezogen waren, Gräben ausheben und Panzerfallen errichten. Angesichts der drohenden Gefahr begann ich frühzeitig mit dem Erstkommunionunterricht der Kinder. Um alle Kinder aufzustöbern, die für die erste heilige Kommunion reif waren, machte ich den in unserer Gemeinde schon lange nicht mehr geübten ›Kalende-Umgang‹. In Begleitung von drei Ministranten, welche die Stelle der Heiligen Drei Könige vertraten, zog ich im Ornat über die Felder von Hof zu Hof und segnete alle Wohnhäuser, Scheunen und Ställe. Die Familienangehörigen erwarteten uns in der guten Stube des Hauses, wo wir ein Segensgebet sprachen. Dann sangen wir alle zusammen das Magnificat, ich führte die singende Prozession durch das Haus und segnete jeden einzelnen Raum aus, während der Familienvater mit geweihter Kreide die Anfangsbuchstaben der Heiligen Drei Könige mit Kreuz und Jahreszahl auf den Türstock schrieb. Bei dieser Gelegenheit lernte ich auch alle protestantischen Evakuierten kennen, was ihren katholischen Gastgebern mitunter gar nicht angenehm war, weniger freilich aus Rücksichtnahme auf die religiösen Gefühle ihrer evangelischen Gäste, als aus plötzlicher Scham über deren miserable Unterbringung. »Hier wohnen die Evangelischen,

Herr Pfarrer!« wurde mir hin und wieder gewehrt. »Denen wird ein bißchen Weihwasser auch gut tun«, antwortete ich, und so öffneten sich auch diese Türen.

Am 21. Januar stand im Evangelium die Frage, die Christus an seine Jünger während des Sturmes auf dem See gerichtet hatte: »Warum seid ihr so furchtsam und kleingläubig?« [Mt 8, 26] Ich hatte nun in meiner Predigt der Gemeinde vorzustellen, was Christus selbst den Menschen während seines ganzen Lebens und während der Stunden seines Leidens und Sterbens gepredigt hatte. Der Mensch neigt zwar dazu, diese Lehre zu vergessen und es sich auch in der Kirche recht gemütlich und harmlos einzurichten. Er hat jedoch keinen echten erwachsenen Glauben, wenn er nicht bereit ist, ihn in der Teilnahme am Leiden Christi zu bewähren.

Während ich darüber predigte, bemerkte ich, wie die große Kirchentür vorsichtig geöffnet wurde und eine Gruppe Volkssturmmänner hereinkam. Erst vor einer Woche waren sie an die Nordostfront geworfen worden, um sich den regulären Truppen anzuschließen. Es war mir klar, daß sie die Vorboten schlimmer Dinge waren.

Nach dem Hochamt drängte sich die Bevölkerung um die vorzeitigen Heimkehrer und erfuhr von ihnen, daß die gesamte Front im Norden Ostpreußens durchbrochen war und die deutsche Armee sich in ungeordnetem Rückzug befand. Die Russen stießen rasch ins Innere Ostpreußens vor. Die hilflosen älteren Männer waren um ihr Leben gelaufen, denn ihre italienischen Gewehre mit nur fünf Schuß Munition waren nicht geeignet, die Walze der russischen Panzer aufzuhalten.

Die Nachrichten vom Süden der Provinz waren nicht weniger alarmierend. Auch hier hatten die Russen die deutschen Linien durchbrochen und befanden sich bereits auf dem Marsch nach Allenstein, Elbing und Danzig, als die skrupellose Parteipropaganda noch verkünden ließ, daß keine unmittelbare Gefahr für die ostpreußische Bevölkerung bestehe. Meine Schwester machte in dieser Nacht unsere Rucksäcke fertig für den Fall, daß wir am kommenden Tag fliehen müßten.

Um ein klares Bild von der Lage zu erhalten, machte ich mich auf den Weg nach Heilsberg. Vor der Stadt waren Volkssturmmänner damit beschäftigt, in großer Hast längs der Straße Bäume zu fällen und Sperren zu errichten. Auf der Guttstädter Chaussee mahlten sich lange Reihen von Heereslastwagen mühsam durch den Schnee, vollgestopft mit Flüchtlingen aus Allenstein und aus Masuren. Die Hoffnung, über Elbing noch nach dem Westen des Reiches zu entkommen, schwand dahin, als die Fahrzeuge in Richtung Königsberg dirigiert wurden.
Auf den Straßen von Heilsberg ging alles drunter und drüber. Nur langsam konnte ich mich durch die überfüllte Stadt durchschlagen. Der Zugang zum Bahnhof war gesperrt. Auf den Gleisen des Güterbahnhofs standen lange Reihen von offenen Güterwagen, die gewöhnlich dazu benutzt wurden, Sand oder Ziegel zu transportieren. Ihre Seitenwände waren nur einen halben Meter hoch. Frauen, Kinder und alte Leute hatten auf solchen Wagen die Nacht verbracht. Fallender Schnee deckte sie zu, und die Kälte drang durch ihre Schafspelze und Decken; aber sie harrten in der Hoffnung aus, daß der Zug am nächsten Tag weiterfahren und sie vor den anrückenden Russen doch noch in Sicherheit bringen werde.
Von der Unbrauchbarkeit anderer Transportmittel überzeugt, machte ich mich auf die Suche nach einem Rodelschlitten. Ein befreundeter Kaufmann stellte mir sein letztes Stück zur Verfügung. Der Schlitten war so klein, daß meine Schwester ihn mit der Hand ziehen konnte, wenn sie mit Renate zu Fuß aufbrechen mußte, um zu unsern Eltern nach Hause zu gehen. Es war ein Weg von über vierzig Kilometern.
Im Kaufladen traf ich auch unsern letzten ermländischen Reichstagsabgeordneten, Hubert Teschner-Kleiditten. Nach dem 20. Juli 1944 war er auf Drängen der Gestapo aus der Armee entlassen worden. Man warf ihm vor, die zwangsweise Rekrutierung von Arbeitskräften aus der russischen, lettischen, estnischen Bevölkerung hinter der nordöstlichen Front sabotiert zu haben. Er hatte sich nämlich bemüht, die Familien- und Dorfeinheiten zu retten und zum Wiederauf-

bau der heimatlichen Wirtschaft zu ermuntern. Er war eben erst aus dem Heilsberger Gefängnis entlassen worden. Seine Frau stand neben ihm und kaufte Ersatzpfeffer, um für ihre große Familie - sie hatte zehn Kinder - Wurst bereiten zu können; außerdem lebten noch drei Flüchtlingsfamilien unter ihrem Dach, die gleichfalls ernährt werden mußten. Als ich ihn fragte, was er zu tun beabsichtige, sagte er mir: »Was brauchen wir uns zu fürchten, wenn wir ein gutes Gewissen haben?«

Mit meinem neu erworbenen Schlitten an der Hand schaute ich rasch noch zu einem Lebewohl zu unserm Dekan hinein. Er war ein großer, schwerer Mann in den besten Jahren, auf dessen breiten Schultern und dickem Hals ein viel zu kleiner Kopf saß. Das Mißverhältnis des Kopfes zu seinem sonstigen Körper wurde noch durch den steifen runden Pralinéhut unterstrichen, den er seiner Würde schuldig zu sein glaubte. Im ersten Weltkrieg hatte der junge strebsame Student es zum Vizefeldwebel gebracht, was ihm selbst immer noch imponierte. Er war ein seeleneifriger Hirte und verwaltete sein Amt mit größter Sorgfalt.

Als ich jetzt zu ihm kam, um zu hören, was er in der gegenwärtigen Bedrängnis plane, konnte ich im vorhinein so ziemlich erraten, wie er reagieren werde. Er zeigte sich überaus mutig und hielt eine große Rede von Kapitänen, die ihr Schiff nicht verließen, bis alle andern gerettet seien. Obwohl er sich mit diesen Sprüchen selbst Mut machte, waren sie ihm doch Ernst, und er sollte bald Gelegenheit finden, für sie einzustehen.

Bevor ich in mein Dorf zurückkehrte, sprach ich noch beim Kloster der Schwestern von der heiligen Katharina vor und bat um einen guten Vorrat an Hostien. Die Pfortenschwester meinte, es sei wohl die letzte Gelegenheit und packte mir dreitausend Stück ein. Von der Oberin erfuhr ich, daß das Kloster bereits mit alten Leuten und Flüchtlingen vollgestopft sei. Ein im Sprechzimmer untergebrachter Steyler Pater berichtete über die Schrecken der Flucht aus Allenstein. Er habe einen deutschen Panzer gesehen, der seinen Weg rück-

sichtslos mitten durch drei dicht gedrängte Reihen von fliehenden Schlitten und Wagen gerammt habe. Russen hätten die fliehenden Kolonnen ständig mit Tieffliegern beschossen.
Auf halbem Weg nach Süßenberg begegnete mir der große Schlitten unseres Kirchenvaters Poschmann. Als ich näher kam, erkannte ich auf dem Rücksitz meine Schwester mit Renate. Irmgards große blaue Augen waren weit aufgerissen vor Furcht. Ich befestigte den kleinen Handschlitten, den ich für sie gekauft hatte, hinten an Herrn Poschmanns Pferdeschlitten. Die Zeit drängte, und ich konnte zum Abschied nur noch das Zeichen des Kreuzes auf ihre Stirnen machen.
Den Rest des Tages war ich dann allzu beschäftigt, um viel darüber nachzudenken, daß die Straße nach Wormditt, auf der Irmgard und Renate unser Elternhaus zu erreichen suchten, bereits von den Russen blockiert war. Am Abend war ich von den weitläufigen Gängen zu den Kranken so ermüdet, daß mir die selbstgeschmorten Bratkartoffeln nicht recht schmeckten und ich vor Übermüdung bald in einen bleiernen Schlaf fiel.
Kurz nach Mitternacht wurde ich jedoch durch laute Rufe vor meinem Fenster aufgeschreckt. Ich war noch ganz benommen und fürchtete zuerst, es werde jemand mißhandelt. Schließlich merkte ich, daß es eine Frauenstimme war, und konnte auch die Worte verstehen: »Pa-a-a-cke! Pa-a-a-cke!« Als ich das eingefrorene Fenster nicht öffnen konnte, brach ich die Scheibe mit der Faust ein. Der eisige Wind blies durch meinen Schlafanzug und brachte mich vollends zur Besinnung.
Ich erkannte unten Berta Fuhge, eine Schwester unseres Bürgermeisters. Der gute alte Mann hatte eine Frau und drei Schwestern zu Hause, aber Berta führte das Regiment. Nachdem wir uns beide beruhigt hatten, erfuhr ich, daß der Bürgermeister Weisung erhalten habe, noch in dieser Nacht das ganze Dorf zu räumen und in Richtung Raunau in Marsch zu setzen.
In meinen Reisekoffer legte ich die Heilige Schrift, das Brevier, das Missale sowie Manuskripte meiner in Breslau verfaßten Chrysostomusstudien. Meinen Primizkelch wickelte

ich in etwas Wäsche und verstaute die Lebensmittel, die meine Schwester schon lange Zeit vorher für diesen Fall zurechtgelegt hatte. Außerdem packte ich noch ein Dutzend anderer Bücher dazu. Ich mußte mich auf den Deckel des Koffers setzen, um ihn zu schließen. Aber das Schloß gab nach, und erst mit Hilfe eines Lederriemens hielt der Koffer zusammen. Was an Kleidungsstücken nicht mehr hineingegangen war, zog ich über, bis ich kaum noch fähig war, mich zu bewegen. Den Koffer befestigte ich mit einiger Mühe auf dem wackeligen Gepäckträger meines Fahrrades.

Dann ging ich rasch in die Kirche hinüber. Es war drei Uhr nachts. Berta Poschmann, die Schwester des Kirchenvorstehers, kniete in der dunkeln Kirche an der Kommunionbank. Ich war kein sehr erbaulicher Anblick, als ich Berta die heilige Kommunion reichte. Aber sie wurde trotz ihrer sonst fast skrupelhaften Korrektheit diesmal durch meine unliturgische Erscheinung in meinen zwei Mänteln und dem obendrüber gewurstelten Pelz nicht im mindesten in ihrer Andacht gestört.

Die noch übrigen konsekrierten Hostien - es waren ungefähr zwanzig - legte ich in die Krankenpatene und versenkte sie in meine innerste Brusttasche. Vorsorglich ließ ich mein einfachstes Ziborium leer für beutegierige Plünderer im Tabernakel zurück.

Und nun war es an der Zeit, zum Sammelplatz vor dem Dorfkrug aufzubrechen. Der Margaretenweg, der vom Kirchberg steil hinunter zur Dorfstraße führte, war mit frischem Pulverschnee bedeckt. Unter der lockeren Schneedecke war der Weg vereist. Nur mit größter Mühe und Vorsicht konnte ich das schwer beladene Fahrrad und mich selbst im Gleichgewicht halten. Der große Koffer auf dem wackeligen Gepäckträger, die Schreibmaschine auf der einen Seite der Lenkstange und ein Bücherpaket auf der anderen, hatten mein Fahrrad fast ganz unmanövrierbar gemacht.

Mit letzter Kraft, schweißgebadet unter all den Sachen, die ich übereinandergezogen hatte, gelangte ich endlich am Fuß des Hügels an. Aber als ich erleichtert die Straße überqueren wollte, platzte der Riemen, mit dem mein Koffer angeschnallt war. Der Koffer rutschte hinunter, und ich stolperte hinterdrein in den Graben. Das war das Ende meines Versuches, vor den Russen zu fliehen. Gleichermaßen von Furcht geschüttelt wie meine Gemeinde, lag ich nun im Schnee mit den Resten meiner Pfarrherrlichkeit um mich herum. Beschämt dachte ich an die schöne Predigt, die ich vor zwei Tagen unserer kopflosgewordenen Lehrerin gehalten hatte, als sie aus dem Schlitten, der ihre Flucht gesichert hätte, ausstieg, um ihre Stickereien und Handarbeiten mitzunehmen: »Ihr sollt nichts mit euch nehmen auf den Weg, weder Stab noch Tasche, noch Brot noch Geld.« [Luk 9, 3]

Sobald ich mich von dem Reinfall erholt hatte, ließ ich alles im Graben liegen und ging zu unseren Leuten, die sich vor dem Dorfkrug eingefunden hatten. Sie standen um einige Evakuierte und Flüchtlingsfamilien herum, die in ihrer Verzweiflung sich zu dem Ruf verstiegen: »Wenn nur der Führer ein paar Flugzeuge schicken wollte, um uns alle hier auf der Stelle zu erschlagen! Das wäre besser, als den Bolschewisten auf Gnade und Ungnade ausgeliefert zu werden!« Berta Poschmann beruhigte die von panischer Furcht ergriffenen ortsfremden Frauen: »Keine unserer Familien verläßt das Dorf, ohne gleichzeitig einige Evakuierte mitzunehmen. In kurzer Zeit können wir drei Leiterwagen stellen, und ihr könnt das notwendigste Gepäck darauf verstauen. Ich will mich darum kümmern, daß wir genug zu essen haben für einen Fluchtweg von ein paar Wochen. Wenn wir keine Pferde für diese Wagen bekommen, bleiben wir hier stehen, bis welche da sind. Und wenn wir nicht zusammen aufbrechen können, geht keiner fort.«

Die anderen Frauen stimmten zu und waren sich auch darin einig, daß sie das Dorf nicht ohne ihre Männer verlassen wollten. Die Männer hatten versprochen, aus den Wäldern zurückzukommen, wenn sich herausstellen sollte, daß noch eine Straße offen sei, auf der man fliehen könne. Von Zeit zu Zeit kam der eine oder andere von ihnen ins Dorf, um Lebensmittel, Werkzeuge, Wäsche und Medikamente zu holen. Doch seitdem sie einen neuen Unteroffizier, einen einarmigen fanatischen Hitlerjugendführer, als Aufseher erhalten hatten, war es nicht ganz sicher, ob sie ihre Pläne würden rechtzeitig verwirklichen können.

In unserem Entschluß, die Flucht nicht zu überstürzen, wurden wir von zwei Schlitten bestärkt, die auf dem gleichen Weg zurückkamen, auf dem sie vor einigen Stunden zu fliehen versucht hatten. Sie fanden die Hauptstraße gesperrt und die Gräben voll von toten Pferden und umgestürzten Fahrzeugen. »Wir fahren heim«, riefen sie uns zu, »lieber zu Hause sterben als draußen im Schnee erfrieren!« Ich schlug vor, einstweilen nach Hause zu gehen und dann nach einer halben Stunde mit den übrigen Familienmitgliedern in die Kirche zu kommen. Inzwischen konnte ich meine verschiedenen Mäntel ablegen, meine verschwitzte Unterwäsche wechseln und Franz, meinen Küster und Oberministranten, zum Graben hinunterschicken, um meine dort verstreuten Siebensachen aufzulesen.

Als ich um sechs Uhr an den Altar trat, war unsere Kirche bis auf den letzten Platz gefüllt. Auch viele evangelische Evakuierte waren da. Es war der Festtag des heiligen Martyrers Polykarp, der 26. Januar 1945. Als ich an das Evangelium kam, verschlug es mir fast die Stimme. Welch ein Text für diesen Tag! »Fürchtet euch nicht vor jenen, die zwar den Leib töten, die Seele aber nicht töten können! Fürchtet vielmehr den, der Leib und Seele dem Verderben der Hölle überliefern kann! Kauft man nicht zwei Sperlinge um ein paar Pfennig? Und doch fällt nicht ein einziger von ihnen auf die Erde, ohne daß euer Vater das so wollte. Bei euch aber sind die Haare eures Hauptes gezählt. So fürchtet euch nicht! Denn ihr seid weit mehr wert als viele Sperlinge.« [Mt 10, 28-31)

Als ich die Kinder in der Kirche bei ihren Müttern stehen sah, war mir klar, daß wir mit der Vorbereitung auf ihre Erstkommunion keine Zeit mehr verlieren durften. Täglich konnte die Front über uns hinwegrollen. Niemand wußte, ob irgendein Priester den Ansturm überleben werde. Ich teilte der Gemeinde mit, daß die Erstkommunionfeier am Sonntag, den 28. Januar, also in zwei Tagen, stattfinden werde. Ich bat die Eltern, mir bei der Vorbereitung der Kinder zu Haus zu helfen. Sofort nach der Messe kamen ungefähr dreißig Kinder in die Kirche. Was ihnen an Kenntnis abgehen mochte, suchten sie durch Eifer und Hingabe wettzumachen.

Zu Haus konnte sich niemand richtig mit den Kindern abgeben. In jedem Bauernhof war Tag und Nacht Betrieb, um für alle zu sorgen, die ein- und ausgingen. Sobald es sich herumsprach, daß die Parteibonzen verschwunden waren, um ihre eigene Haut zu retten, setzte ein allgemeines Schweineschlachten ein. Es roch überall nach Grütze und Bratwurst, nach Wurstsuppe und Backenkrischeln. Für ein paar Tage gab es reichlich und gut zu essen, auch für alle, die in stets wachsender Zahl ins Dorf strömten und weder vor noch zurück konnten.

Am späten Abend dieses Tages brach ich auf, um den ältesten Mann im Dorf, Großvater Schenk, zu besuchen. Als ich mit dem Allerheiligsten Sakrament auf meiner Brust durch den Schnee stapfte, begegnete mir das Russenmädchen Tatjana mit ihrer polnischen Freundin Marusja. Tatjana war ungefähr vierzehn Jahre alt und erst vor ein paar Wochen mit ihrer Mutter, ihrem Großvater und einigen Schwestern in unser Dorf verschlagen worden. Da die Bauernhäuser damals schon mit Evakuierten belegt waren, war die russische Familie vom Bürgermeister im Armenhaus einquartiert worden. Als ich das blaugefrorene Kind vor Kälte in seinen Lumpen zittern sah, überlief es mich heiß, weil ich in der allgemeinen Aufregung gerade diese ärmste Familie noch nicht besucht hatte. Tatjana erzählte mir nun, daß ihre Angehörigen vor zwei Jahren von der Waffen-SS aus ihrer Heimat bei Leningrad in ein großes Lager in Masuren verschleppt worden seien. Dort habe sie trotz ihrer schwächlichen Gesundheit harte Feldarbeit leisten müssen. »Großvater bekam eine ständige Arbeit als Knecht. Doch vor einigen Wochen mußten wir wieder weiter. Diesmal wegen der Bolschewiken.«

In fast fehlerlosem Deutsch, lebhaft und doch mit frühreifer Gelassenheit erzählte Tatjana, daß die vergangenen zwei

Jahre bei allem Elend noch zu ertragen gewesen seien, weil mit Gottes Hilfe ihre Familie hatte beieinanderbleiben dürfen. Doch hätten sie es schmerzlich vermißt, daß sie in Deutschland niemals an einem Gottesdienst teilnehmen konnten. Sie seien alle gläubige orthodoxe Christen.

Als ich ihr sagte, ich sei mit dem Allerheiligsten Sakrament zu Opa Schenk unterwegs, wandte Tatjana sich an Marusja und sagte: »Dann wollen wir beide den Priester begleiten und für den alten Mann beten.« Auf dem Weg benutzte Marusja, ermutigt durch ihre Freundin, die Gelegenheit, zu beichten. Bei Opa Schenk konnte ich auch ihr die heilige Kommunion reichen. Aber es schien mir, daß Tatjana den stärkeren Glauben und das glühendere Verlangen nach dem Heiligsten Sakrament hatte.

Als wir zusammen ins Dorf zurückgingen, lud ich die Mädchen ein, sich die Kleider zu holen, die meine Schwester zurückgelassen hatte. Mit großem Eifer lehrte mich Tatjana einige Worte und kleine Sätze Russisch, die mir bald von Nutzen sein sollten.

Die Nacht war sternklar und friedvoll. Es war Vollmond, und kein Windhauch regte sich. Das Wetter war so einladend, daß ich mich auf den Weg zu meinem Beichtvater, Pfarrer Teschner, machte. Meine Gewissenserforschung wurde nur einmal unterbrochen, als ein junger Mann auf einem Motorrad vorüberkam und anhielt, um sich nach dem Weg zu erkundigen. Ich fragte ihn, ob er glaube, daß unsere Wehrmacht die vorrückenden Russen noch einmal aufhalten könne. »Selbstverständlich!« versicherte er. »Wir sind von der Division Großdeutschland. Wir sind noch niemals geschlagen worden. Wenn der Iwan zu frech wird, bekommt er eins auf die Nase!«

Auf der Dorfstraße von Wernegitten wimmelte es von deutschen Soldaten, die in guter Stimmung zu sein schienen. Es war gerade Nachschub eingetroffen. Als ich in das Pfarrhaus meines alten Mitbruders kam, der mich schon deshalb immer mit besonderer Liebenswürdigkeit aufnahm, weil die sparsame Haushälterin zu Ehren meines Besuches ein paar ge-

hamsterte Kaffeebohnen herausrückte, fand ich ihn nicht in seinem Amtszimmer. Dort saßen eine Reihe Offiziere über ihren Karten. Sie besprachen lebhaft die taktischen Maßnahmen für die nächsten Tage. Im Zimmer war es so düster und der Tabaksqualm so dick, daß mich niemand behelligte, als ich durch die Stube ging und nach dem Hausherrn suchte, den ich schlafend in einem Hinterzimmer entdeckte. Er hatte weder Angst vor den Russen, noch störte ihn die Einquartierung. »Niemand wird einem alten Esel wie mir was zuleide tun«, sagte er. »Ich bin nun seit fünfunddreißig Jahren hier. Mag sein, daß es nun für mich Zeit ist zu sterben. Ich will meine Pfarrei nicht verlassen. Und mit diesen Krampfadern an den Beinen könnte ich auch gar nicht fliehen, selbst wenn ich wollte.« Er versicherte mir noch, daß auch alle übrigen Pfarrer der Nachbarschaft zu bleiben entschlossen seien.
Solange ein großer Teil unserer Gemeinden dablieb, war die Entscheidung für uns Priester nicht allzu schwer; schwerer war es jedoch, unsern Pfarrkindern richtig zu raten. In diesen Tagen hatte jeder für sich selbst die Frage auf Leben und Tod zu beantworten: sollen wir gehen - sollen wir bleiben? Für alleinstehende Jugendliche war es noch verhältnismäßig leicht, den Weg zu finden, der die beste Aussicht gab, überleben zu können. Sie schlossen sich der fliehenden Truppe an. Aber fast jedes Haus hatte Fremde, Alte, Kranke, Kinder, die nicht im Stich gelassen werden durften. Die Tatkräftigsten und Selbstlosesten unserer Leute hatten für viele andere mitzusorgen.
Der Pfarrer hatte mir gerade seinen Segen gegeben, als ein Leutnant hereinstürzte und fragte: »Wo liegt Süßenberg?« Ich stellte mich als Pfarrer des Ortes vor und erklärte mich bereit, ihm den Weg zu zeigen.
Die Landser prahlten mit drei »Hummeln«, riesigen motorisierten Geschützen, die noch in dieser Nacht in unserem Dorf aufgestellt werden sollten. Ich erfuhr, daß wir fünfzig Artilleristen unterzubringen hätten, welche die Batterie bedienten. Der Leutnant führte mich zu dem Wagen seines Chefs, stellte mich vor und bot mir einen Platz neben dem Fahrer

an. Neben dem Hauptmann saß eine junge Frau, deren Funktion in der Batterie mir zunächst nicht klar war.
Ich lenkte den Wagen zu unserem Bürgermeister Fuhge. Mit Hilfe seiner Schwester Berta gelang es uns, für die Mannschaften schnell gute Unterkünfte in der Schule aufzutreiben. Ich selbst hatte die Ehre, den Offizieren und der ›Flüchtlingsfrau‹ im Pfarrhaus Quartier zu geben. Ich sollte das schnell bereuen. Nach einer Mahlzeit, die ich, so gut ich konnte, selbst bereitet hatte, zog die ›Dame‹ es vor, mit den Offizieren zu rauchen und zu schäkern, anstatt sich um den Abwasch zu kümmern. Ich war nicht willens, sie weiter trinken und rauchen und einen heiter beschwingten Abend bis in den Morgen verbringen zu lassen. Da ich hundemüde war, schlug ich vor, zu Bett zu gehen. Ich wies der Frau ein Zimmer für sich allein jenseits des Flures an, zeigte den beiden Offizieren ihre Schlafzimmer und richtete es so ein, daß ich selbst zwischen beiden Parteien wohnte. Meine Gäste sahen sich einen Augenblick mit langen Gesichtern an, fanden sich aber schließlich mit meiner Platzverteilung ab.
Am nächsten Morgen befahlen die Herren, vier fette Schweine von den benachbarten Höfen zu schlachten. Für sich selbst bestellten sie je zehn gehackte Fleischklopse zum Frühstück. Die beiden Herren hatten einen eigenen, wohlgenährten westfälischen Koch, der nur für sie zu sorgen hatte. Als ich nach der heiligen Messe ins Pfarrhaus zurückkam, räkelte sich der Batteriespieß, ein schlesischer Hauptwachtmeister, mit Stiefeln an den Füßen auf der Couch meiner Schwester. »Verdammte Schweinerei«, schimpfte er vor sich hin, »die Herrschaften sind zu faul, die Jungens wie einst im Mai springen zu lassen, und nun wundern sie sich, daß die Schlappschwänze davonlaufen. Es hat alles keinen Zweck mehr. Wir sollten diesen verdammten Bunker in Berchtesgaden in die Luft sprengen und mit dem ganzen Schwindel ein für allemal Schluß machen!« Nach dieser herzhaften Meinungskundgabe erschien der Hauptmann auf dem Plan, ein eleganter Mann von etwa dreiundzwanzig Jahren. Frisch wie ein junger Gott, war er eben einem heißen Bad entstiegen und machte sich über die

Klopse her. Da sie arg fett waren, brach er einer Flasche Schnaps den Hals und schwemmte damit seine Portion spielend hinunter.

Dazwischen bewegte sich quietschvergnügt die ›Flüchtlingsdame‹ von gestern abend. Nach dem Frühstück teilte sie mir mit, sie habe die Absicht, noch ein bißchen länger in unserm wunderhübschen kleinen Ort zu bleiben und Ski zu laufen. Diese verrückte Idee war nun wirklich des Guten zu viel. Als ich sah, daß sie nicht daran dachte, abzureisen, nahm ich mir den Hauptmann vor und sagte ihm ohne Umschweife meine Meinung: »Diese Person ist eine Spionin oder eine Regimentshure oder beides. Jedenfalls ist sie hier falsch am Platz. Wenn Sie nicht dafür sorgen, daß sie binnen einer Stunde verschwindet, müssen Sie mit ihr das Haus verlassen, oder ich werde die Frau mit Hilfe des Bürgermeisters hinauswerfen.« Die Affäre war dem Offizier peinlich; er versprach, einen Schlitten für die Frau zu bestellen und sie nach Heilsberg bringen zu lassen.

Mit jedem Tag rückte die große Prüfung näher. Die Liturgie des Septuagesima-Sonntags sprach von Gottes Barmherzigkeit mit allen, die erst ›zur elften Stunde‹ kämen, eine dringende Einladung an jene, die nicht einmal jetzt zu den Sakramenten gekommen waren. Ich versicherte ihnen, daß unser Herr sie mit der gleichen Liebe willkommen heißen werde wie die der ersten Stunde. Und die übrigen ermahnte ich, mit ihren säumigen Nachbarn nicht ins Gericht zu gehen.

An diesem Morgen feierten die Kinder der Pfarrei ihre erste heilige Kommunion. Ich legte ihnen ans Herz, für uns alle zu beten, damit wir vor Gott ebenso wohlgefällig werden möchten, wie sie es sein müßten. Die ganze Gemeinde hörte, wie ihre Kinder für sie betete, »daß wir, die wir mit Recht für unsere Sünden gezüchtigt werden, um der Glorie Deines Namens willen dennoch in Gnaden befreit werden mögen«.

Wir mußten fürchten, den letzten Sonntagsgottesdienst der Gemeinde zu feiern. Noch einmal versuchte ich, ihnen die ›harte Speise‹ des Wortes Gottes auf den dunklen, schweren Weg mitzugeben, den jeder von uns bald antreten mußte.

Wenn wir auf das Meer der ungesühnten Schuld schauten, in welchem satanische Mächte unser Volk zu ertränken suchten, dann gab es keinen andern Weg, als in der Nachfolge und Vereinigung mit dem gekreuzigten Christus zu leiden für die Sünden derer, die uns und so vielen andern in der kommenden Zeit Leiden zufügen würden, aber auch für die Sünden aller, die verantwortlich waren für das, was über uns kommen mochte.

Nach dem Hauptgottesdienst reichte ich die erste heilige Kommunion einem taubstummen Knaben. Meine Schwester hatte ihn mit besonderer Liebe vorbereitet. Mit lauter, wenn auch schwer verständlicher Stimme stieß er immer wieder hervor: »O Herr, ich bin nicht würdig ...« Und nach der Kommunion stammelte er mit größter Anstrengung: »Jesus, Dir leb' ich, Jesus, Dir sterb' ich, Jesus, Dein bin ich im Leben und im Tod.« Es schien uns, als habe dieser Knabe unsern Herrn mit noch größerer Bereitschaft empfangen als die andern Kinder.

Am Montag morgen wälzte sich eine wahre Flüchtlingsflut von Südosten zu uns heran. In der Nacht zuvor hatten die deutschen Truppen die russischen Vorausabteilungen ungefähr zwanzig Kilometer zurückgeschlagen und damit eine Reihe deutscher Dörfer wieder von russischer Besatzung befreit. Die Überlebenden flohen, wie sie gingen und standen, ohne sich damit aufzuhalten, irgend etwas mitzunehmen. Was sie zu erzählen hatten, erschreckte auch die gelassensten Leute. Die Soldaten, die bei uns in Stellung lagen, suchten uns zu beruhigen. Gerade an diesem Morgen, so erzählten sie uns, hätten sie neunzig Liter Benzin bekommen, so daß sie imstande seien, die drei schweren ›Hummeln‹ in Position zu bringen und dem weiteren Vorrücken der Russen Einhalt zu gebieten. Der Abwehrerfolg bei Seeburg hatte sichtlich ihre Moral gehoben. Aber wer fort konnte, verschwand jetzt. Nur unsere großen Familien warteten immer noch vergebens auf die Rückkehr ihrer Väter. Statt dessen tauchten neue fragwürdige Gestalten auf, die in den Scheunen übernachteten und deren Schneespuren in die Wälder führten: sowjetische

Partisanen, Deserteure, ehemalige Kriegsgefangene, die sich rechtzeitig absetzten; unheimliche Vorboten der unaufhaltsam anrückenden Roten Armee.

Aber was irgendwer auch immer befürchten oder vermuten mochte, meine Arbeit innerhalb der elften Stunde war vorgezeichnet. Ich ging von Gehöft zu Gehöft, um alle die Leute aufzusuchen, die nicht imstande waren, zur Kirche zu kommen. Viele der Neuangekommenen, vor allem die Kranken und Alten, die nicht mehr weiter konnten, verlangten nach den heiligen Sakramenten. In den Bauernhäusern fand ich alte Leute, Kinder und verwundete Soldaten Seite an Seite nebeneinander auf dem Stroh liegen.

Die allgemeine Lage und die Atmosphäre des Schreckens, die von Tag zu Tag im Dorf weiter um sich griff, war dazu angetan, jetzt selbst die ausländischen Arbeiter zur Beichte zu bewegen. Einige ermländische Priester waren ins Gefängnis geworfen oder sogar nach Dachau geschickt worden, weil sie sich seelsorglich um die Fremdarbeiter gekümmert hatten. Es entsprach der Niedertracht der Gestapomethoden, als Denunzianten Spitzel unter den Polen zu dingen. Da die Sünden und auch die zehn Gebote übernational sind, gelang es mir nun trotz meiner sehr kümmerlichen polnischen Sprachkenntnisse mit Hilfe einiger leichter Rippenstöße, meinen Pönitenten zu einer guten Beichte zu verhelfen und sie mit einem Klaps auf den Rücken und erleichterten Herzens in die ungewisse Zukunft zu entlassen.

Alle Soldaten unseres Gebietes hatten den Befehl erhalten, sich in Freudenberg für einen letzten Widerstand zu sammeln. Schweigend, todmüde saßen oder lagen sie in unseren Häusern und Scheunen. Die meisten von ihnen waren bereits zehn Tage lang zu Fuß auf der Flucht gewesen, ohne auch nur einmal ihre Stiefel wechseln zu können. Unter ihnen befanden sich manche verzweifelte ältere Familienväter, die man ganz zuletzt ausgehoben hatte, um sie als Wachen in Munitionslagern und auf den Flugplätzen hinter den Linien zu verwenden. Diese Männer sollten nun den Vormarsch der Russen aufhalten, nachdem die alterprobten Fronttruppen ihre Stel-

lungen aufgegeben hatten. Die schweren Waffen waren zurückgelassen worden, weil das Benzin ausgegangen war. Nicht viel war mehr übrig von der Macht und Herrlichkeit der Parteigewaltigen. Einige aktive Parteimitglieder waren über Nacht verschwunden, aber der Parteileiter des Dorfes, unser alter Grobschmied Gorks, harrte auf seinem Posten aus. Er hatte es bis zum Zellenwart gebracht, nicht weil er besonders eifrig in der Partei tätig gewesen, sondern weil er ›alter Kämpfer‹ war. Schon vor 1933 hatte er gehofft, daß Hitler die Bauern dazu bringen werde, ihre Schulden bei ihm zu bezahlen, und daß damit sein Kredit beim Krugwirt wieder zunehmen werde. Es ging zunächst gut. Die Bauern hatten wieder Geld und zahlten, aber Hitler nahm ihm seine Jungen für den Krieg und gab ihm mehr Arbeit, als ihm lieb war. Sein Durst wuchs mit seinen Sorgen.
Nun fand ich ihn sehr ernüchtert auf einem großen, mit ausgelassenem Schweinefett gefüllten Steintopf sitzend. Vor ihm im Flur seines Hauses lag ein wirrer Haufen schnarchender Soldaten. Am Ende seiner Weisheit und Macht, fragte er verlegen: »Was nu, Herr Pfarrer?« Ich konnte ihm nur raten, auch von seinem letzten Thron, dem Schmalztopf, herabzusteigen und seine Knie vor dem zu beugen, der allein noch helfen konnte.
Ich war auf dem Weg zu Vater Werrs Hof, um einige Flaschen Meßwein in seinem Brunnen zu verbergen. Vater Werr war eines meiner treuesten Gemeindemitglieder, ein frommer und aufrechter Mann, der Vater Ursulas, unserer stellvertretenden Organistin. Er half mir, die Etiketten von den Flaschen zu entfernen, bevor wir unsere Schätze versenkten. Seit der Invasion der Russen im ersten Weltkrieg hatten wir etwas dazugelernt. Die ganze Diözese hatte sich damals über einen Pfarrer lustig gemacht, der ein paar Dutzend Flaschen Meßwein in den nächsten Teich geworfen hatte. Als die erste russische Patrouille einrückte, waren die Kosaken hocherfreut über die bunten, verheißungsvollen Schildchen, die auf dem Teich schwammen. Ohne Rücksicht auf seine Würde ließen sie den Hochwürdigen Herrn in den Weiher waten und so

viele Flaschen heraufholen, wie Etikette auf dem Wasser schwammen. Als ich Vater Werr fragte: »Wie ist Euch denn jetzt zumute?«, antwortete er: »Ich habe keine große Angst. Die unser Herrgott am liebsten hat, wird er wohl zuerst holen.« Der fast festliche Friede auf seinem stoppeligen Antlitz stand im Gegensatz zu dem Ausdruck der Angst in den weitgeöffneten Augen seiner Tochter. »Herr Pfarrer, ich fürchte mich«, sagte sie, »aber nicht vorm Sterben. Helfen Sie mir beten, daß die Mutter Gottes mich beschützt. Lieber will ich erschossen werden als in die Hände dieser Bestien fallen.«

Der Vater widersprach nicht. Nachdem ich ihm und seiner Familie zum Abschied den Segen gegeben hatte, nahm er mich beiseite und bat mich, doch bald nach seinem Nachbarn auf der anderen Seite der Straße zu sehen, bevor es zu spät sei.

Der alte Moschall besaß einen der großen Höfe und sorgte dafür, daß niemand daran zweifle, wer der Herr im Hause sei. Er dachte nicht daran, Marie, seiner jüngsten Tochter, den Hof und die Erlaubnis zum Heiraten zu geben. Sie war immerhin schon dreiundfünfzig Jahre alt. Seine alte Frau stand zitternd auf der Treppe des Wohnhauses, als ich auf den alten Hünen zuging, um ihn zu beruhigen. Er machte gerade seinem Unmut über eine Gruppe Soldaten Luft, die sich eine Fuhre trocknen Holzes aus seinem übervollen Schuppen holten. Ich kam schlecht an, als ich auf den breiten, roten Feuerschein am südwestlichen Horizont hinwies und ihn bat, sich doch um wichtigere Dinge zu kümmern als um die paar Scheiter Brennholz. »Sie junger Mann, Sie, was wissen Sie davon, wie man Ordnung auf dem Hof hält! Sie haben nicht unter Kaiser Wilhelm bei der Garde gedient!« Das war zwar richtig, aber ich sagte ihm, jetzt komme es nur noch darauf an, in seiner Seele Ordnung zu machen, bevor es zu spät sei. »Man sachte, Pfarrerche, bis Ostern ist noch zwei Monate Zeit«, sagte er nur.

Niedergedrückt machte ich mich auf den Weg, um in Stolzhagen Pfarrer Langwald zu besuchen. Über sein merkwürdigerweise noch intaktes Telephon hatte er mich zu sich ge-

beten, um meinen Freund Kaplan Ernst Hoppe zu begrüßen, der auf der Flucht von Allenstein bei ihm eingetroffen sei. Auf einem Handschlitten hatte ihn seine Haushälterin den fünfzig Kilometer langen Weg gezogen, da er wegen schwerer Venenentzündung nicht hatte gehen können.
Pfarrer Langwald war mir mit besonderem Wohlwollen zugetan, und seitdem ich ihm drei Tage lang geholfen hatte, die fällige Jahresabrechnung der Pfarrei fertigzustellen, konnte ich alles von ihm haben, sogar mehrere Liter Petroleum für meine Tischlampe. Obwohl er durch seine russischen Sprachkenntnisse das sowjetische Truppenradio verstehen konnte und keine großen Illusionen über das, was uns bevorstand, zu haben glaubte, hoffte er doch auf Grund seiner polnischen Abstammung durch den Einmarsch der Russen weniger gestört zu werden als durch die ständigen Bedrohungen des Papierkrieges von seiten der Bischöflichen Behörde in Frauenburg. Trotz seines geringen Ansehens als Verwalter und Seelenhirt seiner Pfarrei mochte ich ihn aufrichtig gern leiden. Er war sehr belesen, liebte zu diskutieren und interessierte sich für spekulative Theologie. Aber als Kaplan Hoppe von den Schrecken der Flucht erzählte, wurde er sehr still und stopfte öfter als sonst die Pfeife nach. Wir machten miteinander aus, daß jeder von uns, der die Katastrophe überleben und hier bleiben sollte, die verwaiste Nachbargemeinde mitbetreuen werde.
Es war fast dunkel geworden, und es begann zu schneien, als ich von meinen Mitbrüdern Abschied nahm. Der fallende Schnee verwischte verdächtige Spuren, die über die Felder zwischen den Waldstücken führten. Von brennenden Dörfern - keine zehn Kilometer von uns entfernt - stieg rötlicher Dunst zum Himmel. Das Ratata der Maschinengewehre und das Dröhnen der Artillerie kam immer näher. In den Pausen dazwischen beschleunigte eine unheimliche Stille meine stapfenden Schritte auf dem einsamen Waldweg.
Die Rosenkranzandacht sollte in einer halben Stunde in meiner Kirche beginnen, aber es würden wohl nicht allzu viele Leute dazu kommen. Todesangst und Ekel übermannten mich

plötzlich, und ich war in Versuchung, querfeldein in Richtung auf die Launauer Schneise zu fliehen. Dort sollten einige Befestigungen des Heilsberger Dreiecks verteidigt werden, bis die fliehende Truppe und die Bevölkerung das Frische Haff und die Ostsee erreicht hätten. Es hatte den Anschein, daß ich hier nicht länger mehr würde meine Arbeit fortsetzen können.
Der Schneesturm nahm an Heftigkeit zu. An der Kiesstraße nach Süßenberg kamen mir zwei todmüde Soldaten entgegen. In einem Abstand von etwa zehn Schritten schleppten sie sich mühsam daher. Die Ecken der hochgeschlagenen Krägen und die Enden der um den Kopf gewickelten Schals waren mit Eis überzogen, das von ihrem gefrorenen Atem rührte.
»Jeht et woll hier nach Freudenberg?« fragte mich der erste.
»Ja«, sagte ich, »aber was habt ihr dort noch zu suchen? Dort wird sicher heute nacht der Iwan einrücken!«
»Mir sönn von'er achtzehnten Division, on watt von ons noch krieche kann, soll söch dort melde«, erwiderte er resigniert.
Sein rheinischer Dialekt war nicht schwer zu erkennen. Als sein Kamerad, der noch erschöpfter war, herankam, fragte ich ihn, woher er denn stamme. »Von Oberschlesie«, war die Antwort.
»Du bist vom Rheinland«, sagte ich, »und der ist von Oberschlesien. Da seid ihr wohl beide katholisch!« Zwei höchst erstaunte Gesichter.
»Da sönn Se woll en Pastoor?« fragte mich der Rheinländer trocken. Er konnte meinen Priesterkragen nicht sehen, denn ich hatte die Kappe heruntergeschlagen und den Pelz bis obenhin zugeknöpft.
»Ja, ich bin hier der Pfarrer«, sagte ich. »Und ich trage sogar das Allerheiligste Sakrament bei mir.«
Sie schwiegen einen Augenblick, sahen einander betroffen an, und endlich sagte der Rheinländer nüchtern: »Ja, da müsse mer woll biechte ...?«
»Allerdings«, stimmte ich ihm zu. »Ihr seid beide alte Landser und wohl auch alte Sünder. Viel Zeit wird euch der Iwan

nicht mehr lassen, eure Sache mit dem Herrgott in Ordnung zu bringen.« Die Männer starrten nach dem geröteten Horizont und schätzten die Entfernung des Panzer- und Artilleriefeuers ab.
Ich machte ihnen einen Vorschlag: »Ihr müßt weiter, und ich muß zu meiner Gemeinde. Ich gehe mit euch bis zu der Milchbank hinter dem dritten Chausseebaum. Ich verspreche dem Kameraden vom Rhein, daß er auf dem Weg vom ersten bis zum zweiten Baum gebeichtet hat. Bis dahin wird sich der Kumpel aus Oberschlesien erholt haben. Der kommt zwischen dem zweiten und dritten Baum dran. Hinter der Milchbank kniet ihr euch dann hin. Das ist eure Kommunionbank.«
Wir schafften es mit den Beichten wie abgemacht. Ich strich den frischen Schnee von der Milchbank, schlug mir die Arme warm und blies mir die steifen Finger soweit beweglich, daß ich die Hostien aus dem Ziborium nehmen konnte. Die Männer knieten in den Schnee, die Hände über der Milchbank gefaltet. Hinter ihnen loderten die Brände der benachbarten Dörfer, und vor mir waren die Schatten des Moschallschen Gehöfts, dessen alter Besitzer mich vorhin abgewiesen hatte, als ich ihm das Brot des Lebens reichen wollte. Der Herr hatte wieder einmal »von den Wegen und Zäunen« [Luk 14, 23] andere Gäste zu seinem Gastmahl geladen.
Der Rheinländer wäre nicht echt gewesen, wenn er nach der Kommunion lange geschwiegen hätte. Er wischte die Tränen aus seinen Augen, rappelte sich auf seine Füße und schüttelte den Kopf: »Pastoor, det ons och det noch müßt passeere!« und mit beiden Händen drückte er meine ausgestreckte Hand.
Der Oberschlesier sagte kein Wort, gab aber die Antwort auf den erstaunten Ausruf seines Kameraden. Er kramte unablässig in seinen Taschen. Endlich fand er, wonach er so emsig gesucht hatte, ein kleines Stückchen vom Rosenkranz, etwa ein Dutzend Perlen.
»Hast du deinen Rosenkranz so heftig gebetet, daß nur dieses kleine Endchen davon übriggeblieben ist?«, fragte ich ihn, als er es mir vor die Nase hielt, so daß ich die Medaille der Muttergottes von Czenstochau erkennen konnte. »Nein«, be-

richtigte er, »ich habe ihn überhaupt nicht gebetet. Aber meine Frau und meine sechs Kinder, die haben ihn gebetet. Die haben es keinen einzigen Tag verpaßt.«

»Dann brauche ich euch wohl nicht mehr zu erklären, warum ihr beiden alten Hechte doch noch in der elften Stunde in unseres Herrgotts Netz gegangen seid«, sagte ich. »Hier habt ihr meinen noch ganzen Rosenkranz, und nun betet ihn zusammen, damit unser Herr bei euch bleibe in dieser furchtbaren Nacht.«

Sie neigten das Haupt und zogen wieder ihres Weges. Ich folgte ihnen eine Zeitlang mit den Blicken. Es war dunkel, aber ihre Silhouetten zeichneten sich gegen den rotglühenden Himmel ab. In dieser Nacht wurde Freudenberg von den Russen überrannt.

Ich weiß nicht, wer von dieser Begegnung den größeren Segen empfing - die beiden alten Soldaten oder ich. Ehe sie gekommen waren, hatte ich daran gedacht, zu fliehen. Jetzt schämte ich mich dieser feigen Anwandlung, und die Todesangst hatte mich wieder verlassen. Ich fühlte mich wie ein neuer Mensch und faßte den festen Entschluß, zu bleiben, komme, was da wolle. Wenn meine Gemeinde den Weg des ›nackten Glaubens‹ geführt werden sollte ohne den Trost des Sakramentes und des Wortes Gottes, so durfte ich einfach nicht fliehen, sondern mußte mit der mir von Gott anvertrauten Herde ausharren, mit ihr leiden und den Herrn bitten, daß für uns alle ›diese Zeiten abgekürzt werden möchten‹.

Ich kam zu spät in die Kirche. Sie war gesteckt voll mit Gemeindemitgliedern und vielen anderen Leuten, die im Dorf Zuflucht gesucht hatten. Wie ich ging und stand, eilte ich durch den Mittelgang zum Altar und erzählte der Gemeinde von meiner Begegnung mit den beiden Soldaten. Dann beteten wir die Geheimnisse des schmerzhaften Rosenkranzes.

Als die Andacht vorüber war, traute ich kaum meinen Augen, denn ich sah, daß selbst Meister Gorks, seine Mütze unter dem Arm und seine blaue Nase in den aufgeschlagenen Mantelkragen gesteckt, sich geduldig am Ende der langen Schlange vor dem Beichtstuhl anstellte.

In dieser Nacht hörte es auf zu schneien. Der kommende Tag war klar, keine Wolke hing mehr am Himmel. Wir alle wußten, was das bedeutete: das Ende.

Das Ende für die deutschen Truppen, die während des Schneesturms noch immer versucht hatten, die Verteidigung aufrecht zu erhalten. Unser gepflegter Hauptmann verzichtete an diesem Morgen auf sein heißes Bad, und sein Leutnant ließ einige appetitliche Bratklopse auf seinem Teller zurück. Die Soldaten packten in größter Eile ihre Sachen und sprengten die Munition. Das alte Auto, das meinem Vorgänger gehört hatte, wurde aus der Scheune gezogen und über die steile Straße auf die Wiese am Fuß des Kirchbergs hinuntergerollt. Rings herum stapelten sie einige Motorräder, die sie noch im Dorf gefunden hatten, und setzten alles in Brand. Aus den motorisierten Lafetten, auf denen die ›Hummeln‹ montiert waren, zapften sie das Benzin in ihre leichten Autos.

Die Sprengung dieser funkelnagelneuen schweren Geschütze setzte dem Dienst dieser noch wohlausgerüsteten Truppe ein wenig ruhmvolles Ende. Wenige Jahre zuvor waren die deutschen Sturmgeschütze noch der Schrecken der Welt gewesen. Nun lagen sie zerstört auf unserem Dorfanger, von ihrer eigenen Mannschaft gesprengt, ehe sie auch nur einen Schuß abgefeuert hatten. Ihre einzige Wirkung waren unsere bei der Sprengung durch den Luftdruck zerbrochenen Fensterscheiben. Die Artilleristen verfrachteten noch einige Mädchen in ihre Fahrzeuge, dann waren sie verschwunden.

Nach ihnen wälzte sich die eigentliche Front heran. Während des ganzen Tages zogen erschöpfte Soldaten und Zivilisten durch das Dorf. Einige kamen auf Schlitten, andere auf Lastwagen oder Autos. Zu zweit, zu dritt dicht nebeneinander durch die schmale Straße fahrend, schleppten sie sich als Elendszug durch den tiefen, matschigen Schnee. Das Benzin war so knapp, daß jedes Fahrzeug, das noch Brennstoff hatte, zwei oder drei andere Wagen im Schlepp mit sich führte.

Unter diesen Umständen kam man zu Fuß meist noch am schnellsten voran.
Auf einem Waldweg blieb ein Dutzend kleiner Russenwagen mit Munition liegen; sie waren von zähen russischen Panjepferden gezogen und von russischen Soldaten der Wlassow-Armee gelenkt. Die ›Hiwis‹ waren in verzweifelter Lage. Sie hatten es vorgezogen, Dienstleistungen in der Etappe zu verrichten, anstatt in den deutschen Gefangenenlagern zu verhungern. Sie haßten den Bolschewismus und liebten Rußland. Ihre deutschen Befehlshaber mißtrauten ihnen, und ihre eigenen Führer wußten, daß sie betrogen wurden. Sie kannten die furchtbaren Strafen, die ihrer warteten, wenn sie der Roten Armee in die Hände fielen. Sie fürchteten sich vor dem Kommenden noch mehr als die Deutschen und versuchten, sowohl den anrückenden Russen als auch ihren deutschen Kommandanten zu entkommen.
Russische Flugzeuge kreisten über den fliehenden Kolonnen und griffen sie im Tiefflug an, so daß immer mehr Flüchtlinge die weitere Flucht aufgaben. Alle Häuser standen Tag und Nacht offen, und jedermann konnte frei aus- und eingehen. Hier und dort wurden Feldküchen aufgeschlagen. Natürlich waren nicht annähernd genug Betten für all diese erschöpften, halberfrorenen und kranken Menschen vorhanden. Sie mußten sich damit begnügen, auf Strohschütten auf dem Boden zu liegen. - Sehr litten auch die Alten und die Kinder, die sich durch den Schneesturm zu uns durchgeschlagen hatten, am meisten aber wohl die, denen der biblische Weheruf galt: »Wehe den Schwangeren und Säugenden in diesen Tagen! Betet, daß eure Flucht nicht in den Winter falle!« [Mt 24, 19-20]
Ich nahm wieder meine Rundgänge auf, um die Kranken und Verzweifelten in den überfüllten Bauernhäusern zu trösten. Manche waren Zeugen furchtbarer Szenen gewesen. Aber auch manche erfundene oder ausgeschmückte Geschichte ging von Mund zu Mund. Doch blieb immer noch genug glaubwürdig Bezeugtes übrig, um lähmendes Entsetzen zu verbreiten.

Eine Mutter aus einem masurischen Dorfe, das in einem geschlossenen Treck unterwegs war, hatte nach stundenlanger Fahrt die Decke aufgehoben, unter der sie ihre vier kranken kleinen Kinder verpackt hatte. Sie wollte ihnen zu essen geben, aber als sie die Decke aufschlug, waren drei der Kleinen bereits erfroren. Sie mußte sie in größter Eile im Schnee längs der Straße beerdigen, um den Anschluß an die übrigen Schlitten zu finden. Denn wer aus dem Treck herausfiel, war verloren.
Auf einem andern Treck wurde die Leiche eines alten Großvaters mitgenommen, der während der Fahrt erfroren war. Sie wurde in einen Teppich gerollt und unter einem Leiterwagen befestigt. Am nächsten Morgen war das Bündel verschwunden. Der es gestohlen hatte, war wohl der Meinung gewesen, es enthalte etwas frisch Geschlachtetes.
In unserem Pfarrhaus waren an die fünfzig Personen untergebracht. Auf dem Fußboden der Küche schnarchten in bleierner Erschöpfung ein Dutzend Soldaten. In meinem Arbeitszimmer sah es bis auf einige Notschlafstellen noch manierlich aus. Ein fliehender Stabsoffizier war sehr dankbar für eine kurze Rast und eine Mahlzeit, die ich ihm geben konnte. Er machte einen guten Eindruck und versicherte mir, daß die Russen die Reste der Front in die Zange nehmen und bald ganz aufreiben würden. Er nannte mir die Namen einiger Pfarrer der benachbarten Dörfer, die nach dem Einmarsch der Russen erschossen worden waren, und lud mich ein, in seinem Schlitten mitzukommen. Wenn ich hier bleiben würde, hätte ich nur die Wahl zwischen Erschießung oder Verschleppung nach Sibirien. Doch als ich ihn fragte, ob er auch unsere Frauen, Kinder und alten Leute in Sicherheit bringen könne, zuckte er mit Bedauern die Achseln - er habe ja nicht einmal Transportmöglichkeiten, um alle verwundeten Soldaten zu retten.
Ich gab ihm einen Brief für meine Eltern an eine westdeutsche Adresse mit, und er versprach mir, ihn abzuschicken, wenn es ihm noch gelingen sollte, aus der Umklammerung Ostpreußens zu entkommen.

Am Abend nach der Rosenkranzandacht tauchte eine Klosterfrau im Pfarrhaus auf, die ich kennengelernt hatte, als ich seinerzeit unsern Bischof auf Visitationsreisen begleitet hatte. Sie hieß Schwester Imelda und gehörte zur Kongregation der Grauen Schwestern von der heiligen Elisabeth. Sie hatte das in Brand geschossene Dorf Noßberg, wo sie als Gemeindeschwester tätig war, verlassen und war mit einem Lastwagen voll alter Leute, die sie aus der Feuerzone der Artillerie herausgeschafft hatte, bei uns eingetroffen. Ihr Ziel war eigentlich Heilsberg gewesen, aber sie konnte nicht mehr dorthin gelangen. Ich übertrug ihr Küche und Haus und die Sorge für alle, die bei uns Schutz suchten.

Schwester Imelda ging beherzt ans Werk, rührte Klunkermus und Kartoffelflinsen an, eine wohltuende Abwechslung nach der sehr sparsamen Diät, die mir in den letzten Tagen eine fromme Flüchtlingsfrau vorgesetzt hatte. Bevor wir uns zu Tische setzten, tauchte im dunklen Hausflur ein alter, einarmiger Mann auf. Außer Atem stammelte er: »Herr Pfarrer, Sie müssen mich dabehalten! Ich kann nicht mehr weiter. Meine Deichsel ist gebrochen, und ich habe kein Futter für die Pferde. Den andern Schlitten kann ich nicht mehr einholen. Ich bringe noch drei Frauen und sieben Kinder mit. Wenn ich meine Leute untergebracht und meine Pferde versorgt habe, können meinetwegen die Russen kommen und mich erschießen!«

»Nu man langsam, Opachen«, suchte ich ihn zu beruhigen, »ich hole mal erst ein Talglicht, um zu sehen, was für ein Kunde denn da vor mir steht.« Als das Licht der Kerze auf sein von der Kälte gerötetes, zerfurchtes Gesicht fiel, erkannte ich zu meiner größten Überraschung den Schwippschwager einer Großtante, den Ziegeleibesitzer Keichel aus Lautern. Er war vor Staunen sprachlos. Schließlich umarmte er mich und sagte: »Nun steht es fest: hier bleibe ich, bis der liebe Gott mich holt!« - Nach dem Essen brachte es Schwester Imelda fertig, für ihn in meinem Studierzimmer eine Schlafstelle einzurichten und die Frauen und Kinder der mitgebrachten Arbeiterfamilien auch noch alle zu versorgen.

Während dieses Trubels brachte ich das Allerheiligste Sakrament aus der Kirche in den Pfarrhaus-Keller, ebenso die Kostbarkeiten der Kirche und des Pfarrhauses: die Kirchenbücher, das alte bayerische Barockkreuz, wertvolle Bücher und Manuskripte. Es war bereits zwei Uhr morgens, als ich endlich in eine der Dachkammern hinaufschleichen konnte, um etwas Ruhe zu finden.
Ich war im Bett kaum richtig warm geworden, und die Geschehnisse dieses Tages wirbelten noch an meinem Geist vorbei, als es plötzlich fauchte, krachte und splitterte, einmal, zweimal, sechsmal dicht hintereinander. Über Glasscherben und abgesprungenen Verputz schoß ich in Unterhosen in den Keller. Ich fand ihn schon voll erschrockener Gesichter, die auf die nächste Welle des Beschusses warteten. Es seien 10,5-cm-Granaten, stellten die Soldaten fest, nicht allzu gefährlich, wenn man gute Kellerdeckung habe.
Als wir uns vom ersten Schrecken erholt hatten und die Häupter unserer Lieben zählten, vermißten wir ein Gesicht: das Opa Keichels. Schwester Imelda ging sofort hinauf, um zu sehen, was ihm zugestoßen sei. Lachend kam sie wieder die Treppe herunter und berichtete, daß er friedlich auf seiner Pritsche schnarche. Es tat uns leid, ihn wecken zu müssen. Als er herunterkam, beteuerte er mir ohne jede Sentimentalität: »Ich weiß, mein Lebenswerk ist getan. Alle elf Kinder sind gute, ordentliche Christen. Ich kann mich auf sie verlassen. Nun wird Gott mich bald zu sich nehmen. Ich will jetzt noch einmal meine Lebensbeichte ablegen und die heilige Kommunion empfangen.« Er war frei von jeder Furcht, und sein Antlitz war von der ruhigen Freude einer großen Erwartung verklärt, als er stundenlang im Keller in Danksagung betete.
Wir blieben von weiterem Artilleriebeschuß verschont. Da aber das Pfarrhaus auf einer Anhöhe in der Schußlinie lag, verlegte ich in der Morgendämmerung mein Standquartier nach einer kleinen, einsam am westlichen Ende des Dorfes gelegenen Kate. Um fünf Uhr verließ ich mit Schwester Imelda den Keller. Großvater Keichel hatte darauf bestanden, zurück-

zubleiben und auf das Haus achtzugeben. »Ich weiß, der liebe Gott wird mich bald heimholen«, war sein Abschiedsgruß.
Wir stellten fest, daß eine Granate in die leere Scheune eingeschlagen und eine andere das Kirchendach beschädigt hatte. Über dem verlassenen Weg lastete eine unheimliche Stille. Beiderseits der aufgewühlten Straße lagen zurückgelassene Waffen, Wehrmachtsfahrzeuge, umgekippte Schlitten, Betten, Speckseiten, verstreuter Hausrat und Pferdeleichen. Mitten in Schlamm und Schmutz lag ein flachgewalztes altes Wegekreuz, das offenbar von einem schweren Fahrzeug umgerissen worden war. Wo noch bis vor einigen Stunden ein endloser Elendszug von Verzweifelten nach dem letzten noch passierbaren Flußübergang über die Alle vorwärtsgehastet war, begegneten wir jetzt keinem Menschen mehr.
Die am Ausgang einer Schlucht gelegene, von der Straße aus nicht sichtbare Kate gehörte meinem Onkel Franz Haugrund und seinen beiden Schwestern Elisabeth und Anna. Mein Vetter Josef Hoppe, der Erbhofbauer des Stammgrundstückes, hatte es verstanden, sich auf ein paar Stunden vom Volkssturm freizumachen und mit seiner Familie hier ebenfalls unterzuschlüpfen. Wie Diebe mußten sich die Bauern während dieser Nacht in ihre eigenen Höfe zurückstehlen. Sie wollten Frauen und Kinder noch einmal wiedersehen, ehe sie sich zum letzten Widerstand stellen mußten.
Auch den andern Volkssturmmännern unseres Dorfes war es jetzt endlich gelungen, ihrem jungen Kommandanten zu entkommen. Sie hatten ihn in eine Latrine eingeschlossen, zwei bereitstehende Schlitten bestiegen und waren einfach heimgefahren.
Josef Hoppe war ein großer, ernster, gutherziger Mann, den jeder im Dorfe gern hatte. Nachdem er die heiligen Sakramente empfangen hatte, vertraute er mir seine Familie, insbesondere seine beiden Kinder an. Dann kehrte er mit Tränen in den Augen auf seinen verlorenen Posten zurück.
Der ganze Tag war still. Nur ganz vereinzelt knatterte ein Maschinengewehr. Nach Einbruch der Dunkelheit verließ ich unser Versteck, um nach einigen Familienvätern zu sehen,

die inzwischen auf ihren Höfen aufgetaucht waren. Zuerst wollte ich zum Hof von Otto Poschmann, dem Vorsitzenden des Kirchenvorstands. Bis zu seinem Gehöft hatte ich aber drei Kilometer durch Niemandsland zurückzulegen. Theresia Bartsch, die vierzigjährige Tochter eines Flüchtlings aus Noßberg, die sich bei Haugrunds eingefunden hatte, bot sich an, mich zu begleiten. Ich nahm für alle Fälle Kelch, Missale, Meßwein, Chorhemd und Stola mit. Der Weg durch das verlassene Dorf war gespenstig. Doch gelangten wir ohne Behelligung an unser Ziel.

Der Hausherr, ein aufrechter, ruhiger Mann in den besten Jahren, schnitt gerade aus Pappdeckel Umhängeschilder für seine sieben Kinder. Hänschen, sein Jüngster, war erst vier Jahre alt. »Wer weiß, ob in ein paar Tagen noch jemand da ist, der weiß, wohin diese Kinder gehören«, sagte er resigniert und klebte unter die persönlichen Daten noch ein Familienphoto und einen Gebetszettel mit dem Bild des gekreuzigten Heilands.

Vom Fenster aus konnten wir das sieben Kilometer entfernte Heilsberg in Flammen sehen. Aus dem Dorf Wernegitten, das nur drei Kilometer von uns weg lag, sandten die Russen rote und grüne Raketensignale aus, die aus dem benachbarten Dorf Reichenberg beantwortet wurden. Von Zeit zu Zeit schossen auf den umgebenden Hügeln unter starken Explosionen Feuergarben in die Höhe. Es waren Munitionsbestände, die von den letzten deutschen Nachhut-Abteilungen in die Luft gesprengt wurden, ein sicheres Zeichen, daß unser Dorf endgültig aufgegeben war. Unsere Männer waren dem Volkssturm endlich entkommen, aber die Familien, die auf sie gewartet hatten, konnten nun nicht mehr fliehen.

Mein Vorschlag, mit der ganzen Hausgemeinschaft, etwa siebzig Personen, die heilige Messe zu feiern, wurde mit großer Freude angenommen. Während ich in einer mit Koffern und Bündeln vollgestopften Kammer Beicht hörte, wurden die Bratpfannen und Wurstkessel in der Küche auf ein kleines Feuer gestellt und im Wohnzimmer die Matratzen an die Wand geschichtet. Dort versammelten sich alle um den zum

Altar hergerichteten Schreibtisch. Auch die Gläubigen ›von den Hecken und Zäunen‹, die das von der Kirche gereichte Gotteswort sonst kaum anhörten, nahmen es jetzt auf wie der tiefgepflügte, frische Acker die Wintersaat. Die Zeit war kostbar, die Russen konnten jeden Augenblick auftauchen; doch über den Gesichtern, die ich im flackernden Kerzenlicht erkennen konnte, als ich mich zu ihnen umwandte, lag eine gelassene Stille. Ich hatte das Empfinden, daß ich in dieser äußersten Stunde mit aller Offenheit sprechen durfte: »Die folgenden Tage und vielleicht schon die nächsten Stunden werden einigen von uns den Tod, allen große Not bringen. Keiner wird davon ausgenommen sein. Vielleicht liegt es in Gottes Willen, einige von uns zu schonen. Aber niemand, der überlebt, wird jemals wissen, warum gerade er überlebt hat und warum andere sterben mußten. Das einzige, was jeder von uns beherzigen muß, ist: daß Gott lebendigen Glauben auf Erden haben will! Für jene, die glauben, ist es Gnade zu leben, Gnade zu sterben und auch Gnade zu leiden.«

Als Theresia und ich tief in der Nacht zu unserem weniger ›kapitalistischen‹ Unterschlupf bei meinen alten Verwandten zurückgingen, schreckten uns mehrfach leichtere Detonationen. Wir konnten nicht ausmachen, ob wir selbst unter Beschuß lagen oder ob die Explosionen von deutschen Munitionswagen herrührten. Als wir durch das Dorf kamen, pfiff uns ein Infanteriegeschoß um den Kopf. Während der ganzen Zeit bewunderte ich Theresias Mut und Gelassenheit.

Um meine eigene Angst zu verbergen, fragte ich sie nach ihrer Geschichte. Sie erzählte wacker drauflos. Vielleicht hatte sie doch auch hinter ihrer äußeren Gefaßtheit ein wenig Furcht. - Als junges Mädchen sei sie von ihrer Familie nach Berlin geschickt worden, um dort Geld zu verdienen. Sie habe jahrelang hart arbeiten müssen, aber sie habe ihr Geld zusammengehalten und sich durchgesetzt. Schließlich sei es ihr gelungen, eine kleine Pension zu pachten. Sie habe sich dann kurz vor dem Krieg mit einem Offizier der alten Berliner Polizei verlobt. Zu dieser Zeit habe gerade die SS die Polizei übernommen. Das sei das Ende seiner Karriere gewesen. Er habe seine Vorgesetzten um die Erlaubnis zur kirchlichen Trauung bitten müssen und sei nach heftigen Auseinandersetzungen als einfacher Soldat an die Ostfront geschickt worden. Dort sei er bald gefallen. »Von ihm habe ich gelernt, an andere zu denken und mich nicht zu fürchten«, sagte sie am Schluß der Erzählung.

Haugrunds Kätnerhäuschen war so dunkel wie die Nacht selbst. Ein deutscher Soldat stand in der Tür und sah nach den brennenden Horizonten hinüber. Das Dorf werde sicherlich am kommenden Tag genommen, meinte er. »Aber heute nacht hat der Iwan noch anderswo genug zu tun. Sie können sich ruhig noch etwas schlafen legen.«

In dieser Nacht verlief die deutsch-russische Front durch die Wohnstube meiner Verwandten. Dort schliefen die letzten deutschen Soldaten auf dem Fußboden. Drei Offiziere, die an einem Tischchen mit einem blakenden Petroleumfittchen saßen, waren die einzigen Wachenden. Zwei studierten Karten und schrieben eilige Berichte; der dritte, ein Hauptmann, versuchte, bei dem zuckenden Licht in einem kleinen Buch zu lesen.

Ich ging durch das Wohnzimmer in die Küche und stieß an der Tür mit Tante Anna zusammen, die, gefolgt von einem wütenden Feldwebel, aus der Speisekammer kam. »Stellen Sie sich nicht so an!« brüllte er. »Was wir nicht nehmen, erbt der Iwan. Und wenn Sie dem auf die Zehen treten, wird er nicht nur Ihren Speck, sondern auch Sie selber fressen!« Diese Tonart machte auf Tante Anna keinen Eindruck. Ebenso deutlich sagte sie ihm ihre Meinung: »Wenn ihr uns alles wegnehmt, seid ihr auch nicht besser als die Russen!«

Auch aus Onkel Franzens Kammer drang Lärm. Er hatte Grippe und lag seit ein paar Tagen mit hohem Fieber zu Bett. Aber einige übermüdete Soldaten hatten ihn aus dem Bett geworfen und sich selbst hineingelegt. Ich versuchte vergeblich, Frieden zu stiften und den Feldwebel zu beruhigen: »Sie können alles von den alten Leuten hier haben, wenn Sie Ihre Soldaten dazu bewegen, daß sie ein bißchen Rücksicht auf sie nehmen.« Als Antwort auf diese gutgemeinte Bemerkung

schleuderte der aufgeregte Spieß mir eine ganze Ladung Flüche ins Gesicht.
In diesem Moment kam der Hauptmann herein, ein großer, blonder Mann, der eine Brille trug. »Was ist hier los?« fragte er. Der Feldwebel und ich erzählten, was vorging, jeder in seiner Version. Der Offizier hob die Bettdecke hoch und zeigte dem Spieß, wie verschwitzt die Laken waren. »Dieser alte Mann ist ernstlich krank, könnt Ihr denn das nicht sehen? Wir müssen ihn in seinem Bett lassen!« So krabbelte Onkel Franz in sein Bett zurück, und die Leute warfen sich wieder auf die Strohschütte am Boden.
Tante Anna war nach dieser gewonnenen Schlacht noch nicht zufrieden. Sie konnte die beiden verschwundenen Speckseiten nicht verwinden; sie waren drei Zoll dick gewesen und stammten von ihrem besten Schwein. Als sie nicht aufhörte, zu nörgeln, machte Tante Elisabeth sich über sie lustig. »Gib doch Ruh!« rief sie aus dem Winkel der großen Stube, wo sie, unangefochten von ein paar Dutzend schlafenden Soldaten, seelenruhig in ihrem Bett lag. »Laß sie doch machen, komm hier zu mir ins Bett. Ich hab es schon gut für dich angewärmt. Wir wissen nicht, ob wir morgen noch hier schlafen können!«
Ehe der Tag anbrach, verschwanden die Soldaten. Niemand war zum Sprechen aufgelegt. Beim Abschied erkundigte sich der Hauptmann, ob ich der katholische Pfarrer des Ortes sei. »Haben Sie wirklich vor, hier zu bleiben?« fragte er mich sehr ernst. »Ja, ich muß bei meiner Gemeinde bleiben«, antwortete ich. »Ich verstehe das«, versicherte er und drückte mir fest die Hand, »Gott behüte Sie!«
Ich stand dicht neben ihm und konnte nun das Buch erkennen, in dem er die ganze Zeit gelesen hatte. Es war eine Taschenausgabe des Neuen Testaments. Auch als sie abfuhren, las er wieder darin.
Kaum hatten die Soldaten das Haus verlassen, machte sich Tante Anna daran, das Stroh hinauszukehren, auf dem sie gelegen waren. Ihrer Meinung nach waren die Männer nicht zart genug in der Behandlung ihrer schon etwas wurmstichi-

gen Möbel gewesen; sie hatten sogar einige dieser wackeligen Stücke kurzerhand hinausgeworfen, um Platz zu schaffen. Tante Anna brummte vor sich hin, bis sie sich durch all den Schmutz hindurch zur Tür der Speisekammer vorgearbeitet hatte. Was sie nun entdeckte, verschlug ihr zunächst die Sprache, aber sie erholte sich bald und fuchtelte hinter den Soldaten her, die inzwischen über alle Berge waren. Lakonisch bemerkte Onkel Franz: »Das kommt davon, daß du gestern abend so auf die Soldaten geschimpft hast! Nur um keinen weiteren Verdruß mit dir zu haben, haben sie den Trog mit deinem eingesalzenen Schwein durch das Hinterfenster nach draußen geschafft. Sie hätten dir sicher den Trog und vielleicht auch eine Speckseite gelassen, wenn du etwas netter zu ihnen gewesen wärest.« »Ich habe es ja gesagt, am End waren es schon die Russen!« schloß Tante Anna dieses Kapitel.

Wir gaben den drei benachbarten Gehöften Nachricht, daß bei Haugrunds die heilige Messe gefeiert werde. Es war das Fest Mariä Lichtmeß, der 2. Februar 1945.

Nicht alle vierzig Gläubigen, die an diesem Lichtmeßtag hier um den Altar versammelt standen, strahlten so festlich wie Tante Elisabeth, die infolge ihrer Gicht in den letzten zehn Jahren nur selten hatte zur Kirche kommen können. Aber es gab keinen, auf dem nicht wenigstens ein bißchen von jenem Licht lag, das einst über den dunklen Feldern von Bethlehem aufgegangen war.

Nach der Feier verabschiedeten wir uns voneinander mit dem Gefühl, daß es sehr gut das letzte Mal sein könne. Lydia, Onkel Franzens weißrussische Magd, war die erste, die verschwand. Sie war einige Jahre hindurch eine treue Helferin in der Wirtschaft gewesen. In ihrer eigenen Heimat hatte sie schon einmal einen russischen Einmarsch erlebt, als im Jahr 1939 Ost-Polen nach dem Vertrag von Moskau Stalin überlassen wurde. Lydia hielt sich bereits seit zwei Tagen im ungedroschenen Roggen verborgen. Sie ließ sich nur dann noch herauslocken, wenn sie sich davon überzeugt hatte, daß die Russen noch nicht da waren.

Ich wickelte meinen Kelch in ein dunkles Tuch und versteckte ihn oberflächlich unter einem Haufen Torf im Holzstall. Es war inzwischen höchste Zeit, ein möglichst sicheres Versteck für Schwester Imelda, Theresia und drei junge Mädchen aus der Nachbarschaft ausfindig zu machen. Wir einigten uns auf den Kartoffelkeller unter der dunklen Küche, der nur durch eine Falltür neben dem Herd betreten werden konnte. Wir ebneten die Kartoffelhaufen ein und breiteten Matratzen und Decken darüber. Mit Lebensmitteln gefüllte Rucksäcke und eine Kerze wurden nach unten geschafft; dann stiegen die Frauen hinab.

Wir hörten die Einschläge einiger Panzergranaten und auch Gewehrfeuer in unmittelbarer Nähe. Später erfuhren wir, daß den ganzen Tag über eine kleine Abteilung von fünfzehn Soldaten und einem Offizier den Dorfeingang verteidigt hatte. Viele kämpften bis zum Tod. Einige der Gefallenen waren Söhne des Ermlands, die der Krieg über fast alle Schlachtfelder Europas gehetzt hatte, bis sie jetzt in der blutgetränkten Heimaterde Ruhe fanden. Das Aushalten dieser kleinen Abteilung während dieses letzten Tages verhalf noch vielen Soldaten und Zivilisten zur Flucht. Erst als nur mehr vier oder fünf Männer dieser Abwehrgruppe übriggeblieben waren, konnten zwei schwerbewaffnete russische Tanks diese letzte Nachhut überwältigen.

Bei Anbruch der Dämmerung hörte das Artilleriefeuer auf. Kleine Gruppen gehetzter Soldaten irrten über die Felder wie verwundete Tiere. Gegen Mitternacht kamen einige von ihnen völlig durchnäßt vom tauenden Schnee zu uns und baten um etwas zu essen. Russische Maschinengewehre hielten - nur hundertfünfzig Meter von uns entfernt - von einem Hügel aus die letzten deutschen Stellungen auf dem gegenüberliegenden Hügel unter Feuer. Wir selbst lagen in der Mulde zwischen den beiden umkämpften Anhöhen.

Wir suchten im Keller Schutz. Die ganze Nacht hindurch waren vor dem Haus schwere Schritte zu hören. Doch wenn ich hinaufging, um zu sehen, wer es sei, waren es immer noch deutsche Soldaten. Einige von ihnen waren derart erschöpft,

daß sie trotz der großen Gefahr, von den Russen überrascht zu werden, hereinkamen, um sich für einen kurzen Schlaf niederzuwerfen.
In der Morgendämmerung kamen Rosa und Margret Funk von ihrem Hof jenseits des Hügels herübergerannt. Sie waren bleich und verstört und erzählten von ihrer ersten Begegnung mit den Russen. Einige Rotarmisten waren während der Nacht aufgetaucht. Als ein paar fliehende deutsche Soldaten nach ihnen schossen, suchten sie in Funks Haus Schutz. Dort fanden sie die ganze Familie vor dem Hausaltar im Herrgottswinkel. Die Russen schrien etwas zu ihnen hinüber, aber da niemand sie verstand, flehte der Vater mit dem Rosenkranz in der Hand um seiner neun Kinder willen um sein Leben. Das brachte die Russen in Wut. Sie schlugen auf den zitternden vierundachtzigjährigen Großvater ein und mißhandelten dann den sechzigjährigen Vater. Sie hatten ihn bereits blutig geschlagen, als ein anderer Russe, anscheinend ein Offizier von niederem Rang, hereinkam und gleichfalls zu toben anfing. Alle erschraken zu Tode, bis sie merkten, daß der Offizier nicht sie, sondern seine eigenen Leute anbrüllte und aus dem Hause wies. Dann wandte er sich einem Bild der Heiligen Familie zu, das nahe der Tür hing, machte das Zeichen des Kreuzes von rechts nach links nach östlichem Ritus, wies auf das Bild und sagte: »Jesus - Maria - Joseph!« Mit einiger Mühe brachte er von irgendwoher tief unter seinem wattierten Waffenrock ein kleines, einfaches, aus Blech gefertigtes Kreuz hervor, hielt es hoch, so daß alle es sehen konnten, zum Beweis, daß er ein Christ sei. Dann stürzte er aus dem Haus und war verschwunden. Die Mädchen versteckten sich daraufhin im Stroh des Schuppens. Als es hell genug war, um den Weg zu erkennen, trieb die Angst sie aus dem gefährlichen Versteck zu uns herüber.
Ich war entschlossen, die ersten Russen selbst zu empfangen. Von Erfahrungen mit der Gestapo und nicht ungefährlichen Hofhunden wußte ich, daß man derlei Begegnungen, wenn sie nicht mehr zu vermeiden sind, mit unerschütterlicher Ruhe auf sich zukommen lassen muß. Das geringste Zeichen der

Angst fordert die Brutalität des Gegners heraus. Onkel Franz, beide Tanten, unser Dolmetscher Wladimir und ich warteten in der guten Stube auf die Vorhut der Roten Armee, die ohne Zweifel schon ganz in der Nähe war. Ich hatte meinen Pelztalar, Mantel und schwarze Pelzmütze angelegt, damit ich als Geistlicher sofort erkenntlich sei. Auf der Brust trug ich ein Kreuz aus Holz vom Garten Gethsemani. Ich hatte es vor fünfzehn Jahren bei meiner Aufnahme ins Collegium Germanicum et Hungaricum in Rom erhalten.
Mittags waren wir immer noch unbehelligt. Onkel Franz hüstelte und fieberte. Er machte sich jedoch weniger Sorge um sich als um eine Kuh, die kurz vor dem Kalben stand. Er ließ es sich nicht ausreden, regelmäßig nach ihr zu sehen. Als er gegen Mittag auf halbem Weg zum Kuhstall war, drehte er um und kam ins Haus zurück. Ohne jede Aufregung wies er durch das Fenster auf einige Gestalten hin, die in langen, braunen Mänteln durch die Schlucht vorsichtig auf unser Haus zukamen. »Das müssen sie sein. In Gottes Namen!« sagte Onkel Franz und setzte sich in seinen Winkel.
Ich hängte mein Kreuz um, rief unsere Schutzengel an und trat den Russen auf der Hausschwelle entgegen. Der Anführer der Abteilung schlich, mit einer Maschinenpistole im Anschlag, wie eine Katze an der Hauswand entlang heran. Plötzlich sprang er mit einem kühnen Satz auf die Hausschwelle und starrte mich an. Er war ein kräftiger, untersetzter Mann mit rundem Zementgesicht, winzigen, starren Augen und brutalen Zügen. Seine Leute, alle wohlausgerüstet und gut genährt wie ihr Chef, hielten sich in einigem Abstand hinter ihm.
Meine seltsame Aufmachung ließ den russischen ›Fjeldwebbel‹ einen Augenblick lang stutzen. Dann faßte er plötzlich Mut, hielt mir die Maschinenpistole mit einer vollen Runde Munition vor die Brust und donnerte mir den Schlachtruf entgegen, den wir von nun an Tag und Nacht hören sollten: »Uhrrr! Schnaps! Daitscher Soldatt!« Nachdem ich mich längst damit abgefunden hatte, all die schönen Dinge, die ich im Pfarrhaus zurückgelassen hatte, verloren zu geben, war es

nicht mehr schwer, ihm auch meine Uhr darzubieten, die mir einst ein Schweizer Freund nach meiner Genesung von langer Lungenkrankheit geschenkt hatte.

Ich hielt ihm die Uhr entgegen und sagte: »Charosch Uhr, swizarskij.« Er nahm sie hastig an sein Ohr, und als er sie ticken hörte, hellten sich seine versteinerten Züge auf, er lächelte wie der Mond. Ehe ich mich versah, steckte er die schwere Pistole in sein Koppel, umarmte mich mit beiden Armen und gab mir einen herzhaften Kuß. »Ruski Soldatt, Kulturr Soldatt!« beteuerte er.

Er fand noch einige Dinge bei mir, die ihm für einen Kultursoldaten geeignet erschienen: einen Füllfederhalter, ein Taschenmesser und einen einfachen Rasierapparat. Ganz besonders schien er über zwei Nastücher erfreut, die er aus meinen Taschen herausfischte. Nach dieser unerwartet freundlichen Begrüßung an Leib und Seele erleichtert, lud ich den Kultursoldaten ein, ins Haus zu kommen. Seine Leute waren sehr enttäuscht, als er ihnen verbot, ihm zu folgen. Sie hätten gewiß gern in ähnlicher Weise wie ihr Vorgesetzter bewiesen, daß auch sie Kultursoldaten seien. Aber er befahl ihnen energisch, draußen zu warten.

Die gichtische Tante Elisabeth konnte nicht von ihrem Stuhl aufstehen, aber sie hieß den Besucher mit ihrem Sonntagslächeln willkommen. Seine Antwort waren zwei zarte Küsse auf beide Wangen. Um der Wahrheit die Ehre zu geben, in jüngeren Jahren war sie ein sehr hübsches und munteres Mädchen gewesen. Selbst jetzt, in ihrem fünfundsiebzigsten Jahr, war sie noch reizvoll. Es waren aber nicht nur ihre schönen Augen und das liebliche Greisengesicht gewesen, was die Küsse heraufbeschworen hatte; denn der Kultursoldat wandte sich ebenso freundlich auch Tante Anna zu, die erheblich weniger einladend aussah: ihr meist halb offener Mund zeigte nur mehr einen einzigen, dafür aber kräftigen Zahn, und das viel zu kurze Kinn war etwas behaart geworden. Selbst Onkel Franz, der in der Aufregung der letzten Woche nicht mehr dazu gekommen war, seinen schönen Bart zu säubern, so daß dieser von Schnupftabak jetzt leicht grünlich schimmerte, bekam von dem großmütigen Iwan einen schmatzenden Kuß mitten auf das Kinn. »Starik! Starik! Starik! - Netter, kleiner alter Mann!« rief er aus und klopfte ihm auf die Schultern.

Dann begann er mit Wladimir, unserem weißrussischen Knecht, zu sprechen. Dieser versicherte ihm, daß keine deutschen Soldaten mehr im Haus seien und daß wir alle nichts anderes seien als einfache, arme und anständige Leute, weder Kapitalisten noch Nazis. - Nun, er wolle das Haus erst einmal selbst untersuchen, sagte der Russe. Ich mußte ihn begleiten. Mit seiner Hundenase entdeckte er sofort die Falltür am Herd der dunklen Küche. Er bedeutete mir, sie aufzuheben und alle heraufzurufen, die im Keller versteckt seien. Wie ein Geist aus der Unterwelt tauchte als erste Schwester Imelda auf. Ihr Gesicht war schneebleich wie der Nonnenschleier, den sie trug. Sie hatte sich in der Gewalt und grüßte mit einem freundlichen »Sdrastwujtje!« Der Iwan war sichtlich verblüfft, trat einen Schritt zurück und beteuerte nochmals: »Ruski Soldatt, Kulturr Soldatt!« Die anderen Mädchen und Frauen faßten inzwischen Mut und kamen ebenfalls herauf. Der russische Feldwebel forderte sie beruhigend auf, ins Wohnzimmer zu kommen, und inspizierte die übrigen Räume.

Als er sich davon überzeugt hatte, daß keine Soldaten mehr im Haus waren, befahl er seinen Kameraden, hereinzukommen. Sie trugen lange, warme Mäntel, nach einem rohen Schnitt gefertigt, und jeder von ihnen hatte eine Maschinenpistole griffbereit quer über der Brust hängen. Der kleine Trupp von zwölf Mann war ein getreues Bild des Völkergemischs der Sowjetunion. Nur etwa die Hälfte waren Großrussen, die übrigen gehörten verschiedenen mongolischen und anderen asiatischen Stämmen an. Das Wort führte allerdings ein langer Jude aus Leningrad, der das Rasieren recht nötig gehabt hätte. Er konnte sich mit seinem jiddischen Dialekt gut verständlich machen. - In bunter Reihe setzte der Feldwebel seine Soldaten und unsere Frauen um den großen Eßtisch. Tante Anna verschwand in der Küche und erschien mit

der großen eisernen Bratschüssel, in der ein leckerer Schweinebraten in brauner Sauce schmorte.
Die Pfanne stand kaum auf dem Tisch, als die Kultursoldaten das Seitengewehr zückten und sich recht ansehnliche Happen absägten. Sie spießten sie auf, tunkten sie ausgiebig in die leckere Sauce, die glücklicherweise die gleiche Farbe wie ihre Uniformen hatte, und fuhren die Beute mit Behagen ein. Von der Pfanne liefen braune Bäche über den großen Tisch und hinterließen ein Muster wie Speichen eines Wagenrads.
Der Kommandant saß stolz am oberen Ende des Tisches, als sei er der Vater einer großen Familie. Ein paar Soldaten mußten im Stehen essen. Sobald der Feldwebel fertig war, warf er den langen Mantel ab und stellte stolz fünf oder sechs Auszeichnungen und Medaillen auf seiner Brust zur Schau. In überschwenglicher Laune langte der rote Held in seine Innentasche und brachte ein Bündel abgegriffener Papiere, darunter auch ein billiges Schnappschuß-Photo hervor. Das Bild war in einem Moskauer Warenhaus aufgenommen und zeigte eine vollschlanke Frau in einer kommunistischen Uniform mit ihren vier, zum Teil ebenfalls uniformierten Kindern, dem Stolz des Vaters.
Die fast gemütliche Stimmung schlug plötzlich um, als das Familienbild auftauchte. Mehrere bisher ruhige Soldaten schrien drohend auf uns ein. Wir verstanden nur ein Wort: »Ghietler, Ghietler« und eine Geste: die des Halsabschneidens. Der Sprecher aus Leningrad wiederholte die Anklage, die seine Kameraden bedrohlich erregte: Hitler habe ihre Frauen und Kinder ermordet und ihre Häuser niedergebrannt. Jetzt seien sie gekommen, schrien sie aufgeregt, um sich zu rächen und »Hitler kapuht!« zu machen. Wie sie es tun wollten, illustrierten sie mit unmißverständlicher Gebärde. Sie legten ihre Daumen unter das Kinn, warfen den Kopf zurück und bedeuteten, daß sie ihn wie ein Schwein am Speckhaken zu erhängen gedächten.
Ich fragte sie nach ihren Heimatorten und stellte fest, daß die meisten aus Gebieten kamen, die kein deutscher Soldat

betreten haben konnte, solange er Waffen trug. Deshalb, so versicherte ich ihnen, würden sie sicher bald ihre Familien wiedersehen. Wir hätten nichts dagegen, daß sie Hitler für seine Verbrechen bestraften, er habe auch uns sehr viel Leid und Not gebracht. Wenn sie aber Hitler fangen wollten, müßten sie sich beeilen, denn es sei noch weit bis Berlin. Einer der Soldaten zog daraufhin ein kleines Notizbuch hervor, das er einem deutschen Soldaten abgenommen hatte, und wies auf eine kleine Karte von Deutschland. Ich zeigte ihm, wo sie jetzt waren und wo Berlin lag. Als sie sich überzeugt hatten, daß sie bis dahin immerhin noch über sechshundert Kilometer zu marschieren hatten, nickten sie einander zu und brachen auf. Sie gehörten zur vordersten Linie der Fronttruppe, die von den eben genommenen Anhöhen aus den fliehenden deutschen Truppen nachzusetzen hatte.
Ihre halbstündige Rast bei uns endete mit dem freundlichen Versprechen, daß sie wiederkommen wollten, wenn sie mehr Zeit hätten. Wir freilich waren nicht allzu begierig, sie wiederzusehen. Wenn wir auch spürten, wie glimpflich wir davongekommen waren, blieben wir doch zunächst sprachlos vor Aufregung. Die Spannung löste sich erst, als Tante Elisabeth, ein Zwinkern in den Augen, ihrer Schwester zurief: »Sag' mal, Anna - ist es nicht mindestens fünfundvierzig Jahre her, seit du den letzten Kuß bekommen hast?« Anna vermied, auf dieses Thema näher einzugehen, und murmelte nur eine wenig schmeichelhafte Bemerkung über den armen ›Tummerloon‹ Robert, der in jenen Jahren vergeblich um ihre Hand angehalten hatte. Sie räumte ihr Geschirr fort und rückte dann Tisch und Bänke mit Schrubberbürste und Seifenlauge zuleibe, um die weniger appetitlichen Spuren des Banketts auszulöschen.
Sehr bald merkten wir, welch großes Glück wir bei unserer ersten Begegnung mit dem Iwan gehabt hatten. Was der kämpfenden Truppe der ersten Linie folgte, gab uns bald einen Vorgeschmack von dem, was uns bevorstand. Während des kurzen, sonnigen Nachmittags zogen größere Einheiten russischer Kampftruppen auf den Rückzugsstraßen der

deutschen Armee nach. Über die schlammigen Felder streunten kleinere Gruppen, oft nur aus zwei oder drei fragwürdigen Gestalten bestehend, die mit deutschen Karabinern ausgerüstet waren. Diese meist aus befreiten Gefangenen rekrutierten Marodeure waren besonders gefährlich.

Der Anblick meiner Soutane und meines Brustkreuzes machte sie jedoch immer wieder stutzig. Die Fürsprache Wladimirs, unseres treuen weißrussischen Dolmetschers, tat ein übriges, und so wurden wir die unheimlichen Besucher schnell wieder los. Nur einmal wurde unsere Lage bedrohlich. Zwei ganz junge Burschen stapften ins Haus, nahmen ihre Gewehre ab, zielten auf mich und donnerten: »Schnaps!« Sie trugen schäbige Militärjacken über ihrer Zivilkleidung und waren offensichtlich eben erst zur Roten Armee gestoßen. Wladimir stellte sich schützend vor mich und schnauzte sie in ihrer Sprache an, was ihnen einfalle, ausgerechnet hier nach Schnaps zu fahnden. Sie sollten sich beeilen, damit sie auf den großen Höfen näher an der Front nicht zu spät kämen und ihre Kameraden den erbeuteten Schnaps ausgetrunken hätten. Das schien ihnen einzuleuchten, aber sie gingen doch noch suchend durchs ganze Haus, fuchtelten mit ihren Gewehren herum und gaben schließlich unter Flüchen die Schnapsjagd auf.

Noch beängstigender waren andere, die mit der Maschinenpistole im Anschlag eine schlimmere Forderung vorbrachten: »Frau!« Wir konnten kaum unseren Schauder verbergen. Es gelang Wladimir mit einem Hinweis auf die alten Tanten und einem einschlägigen Witz, die losgelassenen Bestien auf andere Fährten abzulenken.

Keine dieser Gestalten, die durch das Haus stapften, entdeckte den Eingang zum Kartoffelkeller. Mit der Zeit fühlten wir uns etwas sicherer. Die Frauen hatten nun schon mehrere Stunden unten zugebracht, und einige von ihnen wurden ungeduldig. Als es dunkel wurde, hob Theresia die Falltür hoch und fragte mich flüsternd: »Wie lange sollen wir denn noch da unten bleiben?« Die Antwort erhielt sie durch Luzia, die völlig aufgelöst und zerzaust vom elterlichen Hof querfeldein zu uns gerannt kam. Rosa und Mar-

gret, ihre vierzehnjährigen Kusinen, versuchten sie etwas herzurichten und es ihr im Kartoffelkeller bequem zu machen, als sie schluchzend ihren Jammer ausschüttete. Sie konnte es nicht fassen, was diese zwölf russischen Soldaten ihr angetan hatten, einer nach dem andern, als sie sie mitten in der Stube vor den Augen der Eltern und Geschwister zu Boden warfen und ihr die Kleider vom Leib rissen. Als die Teufel auch nach der zwölfjährigen Schwester griffen, hatte die Mutter sich verzweifelt über sie geworfen. Während dieses Ringens war es Luzia gelungen zu entkommen. Zwei Tage später erfuhr ich, daß auch Luzias Mutter nicht erspart blieb, was ihre Töchter vor ihren Augen erlitten hatten.
Bei Einbruch der Nacht versuchten wir, das Versteck unserer Mädchen und Frauen noch besser zu sichern. Es fiel uns nichts andres ein, als die Matratze aus Tante Elisabeths Bettgestell auf die Falltür zu legen und die steife Tante darauf zu setzen. Wladimir kauerte in einem Winkel. Tante Anna saß auf einem Stuhl neben dem Ofen, um das Feuer die ganze Nacht brennend zu erhalten. Onkel Franz hockte auf dem hinteren Ende des Herdes, an die Wand gelehnt, die der Schornstein erwärmte. Aber die Falltür ragte noch eine Handbreit unter der Matratze hervor. So legte ich mich selbst dicht neben Tante Elisabeths Liegestatt, um das verräterische Brett zu bedecken. Die Falltür war zwei Zoll höher als der zementierte Küchenboden. Doch mein mit dickem Schafspelz gefütterter Talar machte meinen Lagerplatz einigermaßen erträglich, wenngleich nicht bequem genug, daß ich hätte schlafen können. Aber wir warteten ja sowieso auf weitere Überraschungen.
Die Nacht zog herauf. Niemand kam. Die Kälte kroch vom Zementflur langsam sogar durch den Schafspelz ins Gebein. Die Angst um die unter der Falltür auf den Kartoffeln Kauernden zog die Zeit unerträglich in die Länge. Es war deshalb fast wie eine Erleichterung, als wir um Mitternacht Stimmen und schwere Tritte hörten. Ich stand auf und ging zur Tür. Sofort blitzte mir ein Licht ins Gesicht. »Deutscher Offizier?« fragten sie. Sie sahen, daß ich ein junger Mann war, und

wunderten sich mit Recht, warum ich nicht Soldat war. Ich deutete auf das Kreuz auf meiner Brust: »Katholischer Priester.« Das Licht der elektrischen Taschenlampe glitt über mich hin von Kopf bis zu Fuß. Kein Wort wurde gesprochen.
Ein Offizier mit zwei goldenen Sternen auf den roten Schulterstücken kam herein, und ich führte ihn ins Wohnzimmer. Er war klein, aufrecht und diszipliniert. Seine dunklen, sprühenden Augen gaben seinem Gesicht den Ausdruck eines Mannes, der seine Sache mit Intelligenz und Energie anpackt und durchführt. Sein Stab kam hinterdrein.
Ein Adjutant zündete die Petroleumlampe an, die auf dem Wohnzimmertisch stand, und faltete eine Karte auf der Kommode aus, die tags zuvor noch als Altar gedient hatte. Er bedeutete mir, ihm auf der Karte zu zeigen, wo sie sich jetzt befanden. Es war die genaueste Karte unserer Heimat, die ich jemals gesehen habe, in mehreren Farben gedruckt. Selbst der Holzschauer beim Schuppen unseres kleinen Gehöfts war eingezeichnet. Die Namen aller Ortschaften waren in russischen Buchstaben geschrieben. Nachdem ich ihm unsere Position angegeben hatte, donnerte er kurz: »Hinaus!«
Ich verdrückte mich schnell wieder in die Küche auf meinen Platz an der Kante der Falltür. Draußen wurde es inzwischen lebhafter. Eine größere Einheit mit Fahrzeugen und Geschützen schien sich für die Nacht einzurichten. Bald war das Tikken eines Funkgerätes zu hören, das im Wohnzimmer aufgestellt war.
Die ganze Nacht hindurch stapften die Soldaten treppauf, treppab, schleppend, keuchend, schimpfend. Tante Anna war sehr beunruhigt, daß nun auch ihre Bodenkammern ausgeplündert würden. Sie hatte noch gutes Leinen oben, Hafer, Weizen- und Roggenmehl, und außerdem einige gute Würste in der Räucherkammer. Der Mut, die gründlichen Plünderer zu stören, war ihr allerdings vergangen. Selbst ihr ohnmächtiges Gebrumm erstickte, als wir bald weiteren Besuch in der Küche bekamen.
In elegant sitzenden, olivgrünen Armeeuniformen, neue Maschinenpistolen mit 72-Schuß-Trommeln lässig über die or-

densbandgeschmückte Brust gehängt, erschienen zwei weibliche Feldwebel. Es waren blanke, hübsche Mädchen, ungefähr zwanzig Jahre alt. Eine war schmal und groß mit wasserklaren, eiskalten Augen, die andere stämmig und gedrungen. Ihre blonden Haare waren in Zopfkronen um den Kopf geflochten.
Sie machten sich ohne Umschweife am Herd zu schaffen. Eier brachten sie mit. Die eine Hand fest an der Pistole, die andere am Bratlöffel, ließen sie sich in ihrem Geschäft durch niemand stören. Die Rundliche reagierte, wenn gelegentlich der eine oder andere Soldat den Kopf durch die Tür steckte. Sie erntete Beifall, indem sie sich über den ›Popen‹ lustig machte. Ich konnte natürlich nicht alles verstehen, merkte aber gut, daß sie mit ihren derben Späßen bei den Kameraden Anklang fand. Im übrigen konnte ich beobachten, daß die gemeinen Soldaten Respekt vor den Mädchen hatten, insbesondere vor der größeren, die sie mit kühler Zurückhaltung behandelte. Als sie mit ihrer Mahlzeit verschwunden waren, bedeutete uns ein Soldat mit lebhaften Gesten, daß die weiblichen Kameraden hervorragende Schützen seien.
Der Gast, der die Küche während dieser Nacht am häufigsten besuchte, war ein freundlich blinzelnder, etwa fünfundfünfzigjähriger Mann mit rotangelaufenem Gesicht. Er war der Koch der Abteilung. Seine von Pferden gezogene Feldküche parkte dicht vor unserer Haustür. Er verlangte Wasser, um seine Küche zu putzen. Der Wasserhahn befand sich am Fußende von Tante Elisabeths Matratze, und da der Mann nicht gerade vorsichtig zu Werke ging, schwappte sein Eimer beständig über. Doch er entschuldigte sich immer wieder, wenn er Tante Elisabeths Füße von neuem durchweichte. An die fünfzehnmal kam er zapfen, ging dann an die Schwelle des Hauses und schüttete seine Eimer über die verschmierte Küche. Immer wenn er einen neuen Eimer Wasser faßte, wiederholte er halb russisch, halb deutsch: »Woina sla, Woina kapuht! Krieg schlimm! Schluß mit Krieg!« Manchmal machte er auch die Geste des Weinens und sagte etwas von seiner ›Matka‹,

die zu Hause sitze und weine. Sein von der Kälte gerötetes Gesicht war voller Güte. Tante Elisabeth und ich verziehen diesem echten Sohn des alten Mütterchen Rußland gern, daß er uns durch sein Ungeschick durchnäßte.

Als wir uns gegen drei Uhr nachts schon einigermaßen sicher fühlten, erschienen zwei kräftige Soldaten im Torweg, pflanzten sich vor uns auf und brüllten: »Kartoschki!« Die einzigen Kartoffeln, die wir auf dem Hof hatten, befanden sich im Keller. Wir verhielten uns still. Die Männer streckten zwei lange, brennende Kirchenkerzen, die natürlich aus meinem unter Tante Elisabeths Bett versteckten Vorrat stammten, waagrecht in die Küche. »Kartoschki!« donnerten sie nochmals drohend, während das Wachs auf Tante Elisabeths Mantel und meine Soutane tropfte. Ich betete um den besonderen Schutz der himmlischen Geister, insbesondere des heiligen Erzengels Michael, daß sie den Einstieg zum Keller verteidigen möchten.

Zum drittenmal brüllten die Männer uns an. Aber Onkel Franz zuckte die Achseln, und so kletterten sie über Tante Elisabeth und mich weg, jagten Tante Anna und Wladimir hinaus und inspizierten die Küche. Sie leuchteten mit der brennenden Kerze den Fußboden ab und suchten nach einer anderen Tür, dem Zugang zu den Kartoffeln.

Unten im Keller ließen die Frauen den Rosenkranz durch schweißbedeckte Hände gleiten. Sie hörten jeden Laut aus der Küche. Nach einigen Minuten stellten die beiden ihr vergebliches Suchen ein und kletterten wieder über uns hinweg, ohne auch nur auf den Gedanken zu kommen, unter die Matratze zu sehen.

Als der Morgen dämmerte, erhielten wir die Erlaubnis, die Küche für fünf Minuten zu verlassen. Wir kamen gerade zurecht, um zu sehen, wie eine unserer Besucherinnen anläßlich der Morgenwäsche eine Tasse voll Wasser über die Hände des Leutnants goß. Der Leutnant erwies seiner Kameradin den gleichen Dienst, und sie trockneten ihre Hände an meinem blaugestreiften Handtuch, welches das Mädchen um den Nacken geschlungen hatte.

Unser Hof war nicht mehr wiederzuerkennen. Die Bäume des Obstgartens waren in der Nacht niedergelegt worden, um der in Position gebrachten Batterie von sechs Geschützen freie Feuerbahn zu geben. Zwischen einem Chaos von Fahrzeugen aller Art wimmelte es von etwa hundertfünfzig Soldaten, die mit ihrem Gepäck und ihrer Beute beschäftigt waren.

Sobald wir wieder in der Küche waren, stellte Tante Anna einen Topf Kaffee aufs Feuer. Auf ein Zeichen hin hoben unsere Kellerbewohner die Falltür weit genug, um die Stärkung entgegenzunehmen. Tante Anna hatte auch die praktische Idee, gleich einen anderen Topf hinunterzugeben, der von den Höhlenbewohnern mit größter Erleichterung entgegengenommen wurde.

Während des Vormittags telephonierten die Russen von unserem Wohnzimmer aus mit ihren Befehlsstellen und sandten ihre Signale aus. Gegen Mittag kam noch mehr Bewegung und Unruhe in die Abteilung. Signale wurden hin und zurück gegeben, Befehle dröhnten über den Hof, und die Soldaten kamen herbeigerannt. Dann hörten wir ein Kommando, so ähnlich wie ›Pajechli!‹ In wenigen Minuten schwenkten die Wagen und Schlitten wie auch die Feldgeschütze in Marschordnung hinaus auf die Straße.

Als ich vorsichtig meine Nase aus der Tür steckte, bemerkte ich auf einem der letzten Schlitten einen braunen Koffer, den ich besonders sorgfältig verborgen hatte. Noch mehr erschrak ich, als ich darauf das schwarze Etui entdeckte, in dem mein Kelch lag. Sie hatten ihn also doch in dem Torfhaufen gefunden. Der Schlitten wartete auf den Offizier, der mit einem der weiblichen Feldwebel als letzter das Haus verließ.

Kaum war der ganze Spuk vorüber, als Theresia die Falltür aufstieß und trotz meines Protestes in die Küche heraufkam. Sie lief durch alle Räume, um nachzusehen, ob irgend etwas von ihren versteckten Sachen noch da sei. - Ich hatte die Falltür gerade wieder geschlossen, als ein wütender Soldat mit gezogener Pistole zur Tür hereinsprang. Mit der linken Hand stieß er mir ein Stück gestärktes Leinen ins Gesicht und brüllte wie ein Stier: »Monaschka!« Die infernalische Gier seines verzerrten Gesichtes verriet nur zu deutlich, wozu er die ›Nonne‹, deren Ersatzschleier er im ausgeplünderten Schrank gefunden hatte, haben wollte. Ich konnte mein Entsetzen nur mit größter Mühe verbergen und fragen, ob er etwas essen oder trinken wolle, vielleicht Milch. Die Antwort war eine Serie obszöner Flüche, wie wir sie von jetzt an tagaus, tagein zu hören bekommen sollten.

Durch das Fenster konnte der Soldat sehen, wie seine Einheit sich schnell entfernte. Endlich warf er mir den Schleier ins Gesicht, versetzte mir einen Tritt in den Leib und verschwand. Doch als er um das Haus herumging, sah er noch einmal durch das Kammerfenster und entdeckte Theresia. In der Meinung, sie sei die Nonne, geriet er wieder außer Rand und Band und fuchtelte mit einer Handgranate herum. Als er zum Wurf ausholte, hielt er jedoch plötzlich inne, drehte sich um und rannte davon. - Theresia war bleich, als sie in die Küche zurückkam, und ich hatte keine Schwierigkeiten mehr, sie in den Keller zurückzubringen.

Wir versuchten nun, Tante Anna etwas Zurückhaltung anzuraten, als sie im unerschütterten Eifer der Hausfrau von neuem dem unbeschreiblichen Schmutz zu Leib rücken wollte. Jede Schublade war umgedreht, Kleider, Wäsche und Hausrat lagen durcheinander auf dem Boden. Das Wohnzimmer und Onkel Franzens Schlafzimmer waren mit schmutzigem Stroh bedeckt. Federn flogen überall herum, da die Russen die Kissen aufzuschlitzen pflegten, um nach verborgenen Wertgegenständen zu fahnden.

Onkel Franz machte den längst fälligen Gang zur Scheune hinüber und erhielt Antwort von Lydia aus ihrem Versteck hinter den Roggengarben. Die Russen hatten sie nicht gefunden, aber sie war noch zu verängstigt, um jetzt schon wieder herunterzukommen. Seine drei Kühe fand der Onkel noch am Leben, und nicht einmal alle Hühner waren geschlachtet.

Inzwischen durchwühlte ich den Müll des Hauses nach drei kleinen Medizinflaschen, die meinen Meßwein enthielten. Ich hatte den wichtigen Inhalt durch ein Etikett mit dem Toten-

kopf zu sichern gesucht. Zu meiner Freude fand ich alle drei auf einem Abfallhaufen ungeöffnet wieder. Meine unkonsekrierten Hostien hatte ich in einem Karton für Photopapier verborgen. Zuerst fand ich einige davon auf dem Boden verstreut, doch schließlich tauchte der Karton selber auf, noch fast bis oben mit Oblaten gefüllt.
Im Schutz der Dunkelheit, als sie den unablässig vorüberziehenden Kolonnen besser ausweichen konnten, kamen mehrere Frauen mit der Nachricht, daß ihre Männer, die eben erst dem Volkssturm entronnen waren, von den Gehöften einzeln nach Listen abgeholt worden seien. Die Russen hätten verlangt, daß sie eine Decke und Verpflegung für vierzehn Tage mitbrächten. Es sei gesagt worden, die Männer müßten zunächst die Straßen bei Heilsberg aufräumen.
Die Frauen waren starr und stumm nach dem nüchternen Bericht. Es schien, daß sie auch nicht mehr weinen konnten. Sie sprachen es nicht aus, aber auf ihren veränderten Gesichtern stand doch die Frage: »Warum, o Gott, läßt Du ein so furchtbares Gericht über uns kommen, warum läßt Du uns und unsere Kinder in den Kot treten, warum nimmst Du uns die Männer und Väter, wenn wir sie am nötigsten haben?«
Hilflos wie noch nie stand ich vor dem Leid und der Verzweiflung zertretener und geschändeter Menschen.
An die vierzig Gläubige empfingen die heilige Kommunion. Eine Untertasse mußte als Patene und Ziborium dienen und eine altmodische Veilchenvase als Kelch für das heilige Blut. Mein Weinkännchen war eine Medizinflasche, mein Wasserkännchen eine Tasse. Tante Elisabeths wackelige Kommode war das einzige Möbelstück, das nochmals als Altar dienen konnte.
In der Morgendämmerung löste sich unsere kleine Gemeinde auf und stob nach verschiedenen Seiten auseinander, um über die nahen Wiesen zu ihren Höfen zu gelangen. Ich traf eilig Vorbereitungen, den anderen Überlebenden im Dorf die heiligen Tröstungen zu bringen. Ich nahm eine Medizinflasche mit Meßwein mit, die Schachtel mit unkonsekrierten Hostien, mein kleines Missale und meinen neuen Kelch, die Blumen-

vase. Weil man nie wußte, ob man noch einmal von einem Ausgang zurückkehren werde, schleppte ich auf diesen Wegen auch den letzten Durchschlag meiner Chrysostomusstudie mit und verstaute in den tiefsten Taschen meine wichtigsten Dokumente.

Während ich meine Handtasche vollstopfte, traf auch Schwester Imelda ihre Vorbereitungen. Sie hatte sich einen Kartoffelkorb mit Verbandszeug, Medikamenten, Weihwasser, Hammer, Nägeln und Beil hergerichtet und stand mit geschultertem Spaten marschbereit da. Sie hatte Schleier und Klosterkleidung abgelegt und war von Theresia mit einigen alten Sachen Tante Elisabeths als unverdächtige alte ›Babuschka‹ ausgeputzt worden. Doch unter ihrem um den Kopf geschlungenen ›Schauertuch‹ strahlten ihre hellen Augen; sie war bereit, sich ganz den Werken der Barmherzigkeit hinzugeben, für die Gott sie aufgespart hatte.

Wir nahmen Abschied von Wladimir. Er mußte uns jetzt verlassen. Jede neue Einheit, die bei uns haltmachte, bestand mit immer drohenderer Schärfe darauf, daß er sich bei der Kommandantur registrieren lasse. Es blieb ihm keine Wahl. Wir waren ihm alle von Herzen dankbar. Gott allein weiß, wie viele von uns durch seine ruhige Fürsprache und sein mutiges Dazwischentreten vom sicheren Tod errettet worden sind.

Über die Felder zu gehen, war verboten. Doch wir wußten das zu dieser Zeit noch nicht; so benutzte ich die Gelegenheit, Rosa und Margret zu ihrer Mutter zu bringen. Die kleine Luzia blieb noch bei uns im Kartoffelkeller. Der älteste Sohn der Familie Funk war in der Nacht abgeholt worden. Er war von der deutschen Wehrmacht gerade zur rechten Zeit nach Haus entlassen worden, um jetzt nach Sibirien verschleppt zu werden. Seine Mutter war überzeugt, daß sein schwerkrankes Herz die Fahrt nach Rußland nicht durchhalten könne. Aber wenigstens ihre Töchter hatte sie nun wieder bei sich, obwohl sie in ihrem Haus, das nahe der Straße gelegen war, ständig auf weitere Überraschungen gefaßt sein mußte.

Schwester Imelda und ich näherten uns der Dorfmitte. Die

Straße war noch mit den Kadavern und Leichen zweier Armeen übersät, die hier vorübergezogen waren. Drei tote Pferde, deren klaffende Wunden von streunenden Hunden und von Krähen immer tiefer aufgerissen wurden, lagen im Straßengraben. Zu beiden Seiten türmten sich zerschossene Tanks, ausgebrannte Autos und beschädigte Lastwagen.
Aus der ersten Kate am Dorfeingang vernahmen wir deutlich ein Geräusch. Wir folgten ihm in der Hoffnung, unseren Glöckner, Onkel Robert, den einst von Tante Anna verschmähten Verehrer, beim Aufräumen zu überraschen. Doch wir entdeckten weder ihn noch seine Frau, sondern nur ihren Stolz und ihr Vermögen, eine schwere, trächtige Sau, die auf Nahrungssuche in die Wohnstube eingedrungen war und sich in dem fußhohen Durcheinander und Schmutz häuslich eingerichtet hatte. Hier und da lagen Bündel mit Wäsche, Geschirr, Kleider und Kram, abgeschnittene Telephone, Bestecke, die offensichtlich von eiligen Plünderern zurückgelassen waren. Als wir vorsichtig weitergingen, hörten wir aus den andern Häusern kein Lebenszeichen. Ab und zu unterbrach das Klappern einiger loser Türen oder Fenster die unheimliche Stille. Das Schulhaus hatte zwei gähnende Löcher von Artillerieeinschlägen. Vor dem Giebel lag ein Haufen der kostbaren Wäsche, um deretwillen unsere gute Lehrerin noch einmal von ihrer Flucht umgekehrt war.
Wir schickten uns eben an, den Kirchberg weiter hinaufzusteigen, als plötzlich drei Russen lässig die Straße heruntergeritten kamen, direkt auf uns zu. Schnurstracks ging ich auf sie zu und erklärte ihnen, ich sei der Pfarrer des Dorfes und auf dem Weg zu meiner Kirche. Etwas verblüfft, aber mit kühler Gleichgültigkeit ließen sie mich weitergehen. Doch nach wenigen Schritten blieben wir wieder stehen. Im Schatten eines Türrahmens hatten wir zwei Gestalten entdeckt, die uns scharf im Auge hielten. Die gefährlichere von beiden war ein mongolisches Flintenweib. Ihr verkommenes, ausdrucksloses Gesicht war entsetzenerregend. Völlig bewegungslos lehnte sie am Türpfosten, nur ihre Finger waren ständig in nervöser Bewegung und umspielten den Abzug

ihrer Pistole. Ein paar Schritt von ihr entfernt, genau so bewegungslos wie sie selbst, stand ein Offizier. Auch er hielt eine Pistole in der Hand und lehnte, den Finger am Abzug, an der anderen Seite des Türrahmens. Ich wußte, daß ich mit Sicherheit einen Schuß in den Rücken bekommen würde, wenn ich an ihnen vorüberginge. Darum überquerte ich die Straße und ging geradewegs auf sie zu. Schwester Imelda folgte mir zögernd.
Selbst als ich unmittelbar vor ihr haltmachte, rührte sich das Weib nicht, nur die Hände spielten weiter mit der Pistole. Laut genug, daß es auch der Offizier hören konnte, gab ich ihr die gleiche Information wie der berittenen Patrouille. Doch nichts von alledem machte auf die beiden den geringsten Eindruck, sie verharrten stumm in der gleichen Stellung, in der wir sie zuerst gesehen hatten. Wir wußten nicht, was nun geschehen werde, drehten uns um und stiegen klopfenden Herzens die Straße hinauf.
Nach fünfzig qualvollen Schritten erreichten wir die Gemischtwarenhandlung des Dorfes und huschten durch die offenstehende Tür schnell in Deckung. Sie verfolgten uns nicht. Wir hatten nur noch den Platz des Pfarrhofes zu überschreiten, um zur Kirche zu gelangen. Doch für ein paar Minuten hielten wir an.
Im Laden gab es nur noch eine einzige Ware, aber die in reichlicher Menge: Ersatztee-Tütchen. Zerfetzte Tüten, aufgebrochene Büchsen, umgestülpte Schachteln lagen in wüstem Durcheinander über den Boden verstreut, mitten darunter die umgekippte und ausgeschöpfte Marmeladentonne.
Als wir über den Pfarrhof gingen, mußte ich an das friedvolle Bild der Kirmesfeier denken, die sich auf der Wiese bei der Kirche entfaltet hatte. Bevor wir noch Einzelheiten der ›Greuel und Verwüstung an heiliger Stätte‹ unterscheiden konnten, überkam uns Schauder und Übelkeit. Der leichte Wind des schneeverhangenen Tages wehte uns einen widerlichen Fäulnisgeruch in die Nase. - Nach einem kurzen Blick in die aufgebrochene, umgestülpte Holztruhe meiner Schwester, die noch einige Haferreste zeigte und offenbar als Fut-

tertrog benutzt worden war, stolperten wir auf das Pfarrhaus zu. Schon von weitem konnte ich sehen, daß unter jedem Fenster ein Haufen Schutt aufgestapelt war. Die stattlichste dieser Anhäufungen war mit den zerbrochenen Instrumenten des Pfarrorchesters gekrönt. Ich hob ein Buch auf, die Taschenausgabe des Neuen Testamentes, die meiner Schwester gehörte. Ich ahnte jetzt noch nicht, welchen Trost ich später daraus schöpfen würde.

Wie ein Dieb schlich ich zögernd in das Pfarrhaus, das mein Heim gewesen war. Der Fußboden der Küche war in der Mitte einen Meter hoch mit Müll bedeckt; wie der Schmutzhaufen zustandegekommen war, blieb unklar. Badezimmer und Toilette standen weit offen und gaben ein allzu beredtes Zeugnis dafür, daß die Benutzer mit derlei Kultureinrichtungen nicht vertraut gewesen waren. In der Badewanne fanden wir Stücke des Handwebstuhls meiner Schwester. Die Veranda war mit zerbrochenem Geschirr übersät. Hunderte von Büchern und das Pfarrarchiv lagen draußen im Schnee.

Endlich raffte ich mich dazu auf, einen Blick in mein Studierzimmer zu tun. Eine fettbeschmierte russische Bratpfanne stand auf dem umgestürzten Schreibtisch. Das Bratfett war offensichtlich in schwungvollem Wurf über die restlichen Bücher geschüttet, die noch lückenhaft die Regale füllten. Die Schränke der unteren Zimmer waren umgeworfen und nebeneinander geschoben, um als Schlafpritschen zu dienen. Auf einer dieser Schlafgelegenheiten lagen die Reste von Nestles griechisch-lateinischem Neuem Testament. Es hatte mehrere Fäuste voll seines Dünndruckpapieres zum Drehen von Zigaretten hergeben müssen.

Die religiösen Bilder, ja selbst das Kruzifix hingen noch an der Wand. Ein einziges Schubfach im ganzen Haus hatte ich unverschlossen gelassen, und das war nicht ausgeschüttet worden. In diesem untersten Schubfach des Archivschrankes hatte ich nämlich außer einigen Papieren eine Schachtel mit zweitausend unkonsekrierten Hostien versteckt. Sie waren völlig unberührt. Dankerfüllt ließ ich sie in meine Handtasche gleiten.

Die gespenstische Stille über der barbarischen Verwüstung und der süßliche Fäulnisgeruch des gehäuften Unrats trieben uns schnell wieder aus dem Haus. Hastig gingen wir durch die niedergewalzte Ligusterhecke auf die Kirche zu.
Mit einem gedämpften Schrei blieb Schwester Imelda stehen, als sie eine männliche Leiche neben der Kirchentür liegen sah, die Arme in Form eines Kreuzes weit ausgestreckt, die Pelzjacke unter den Kopf geschoben. Eine Furche im Schnee zeigte an, daß sie von der Schwelle des Pfarrhauses dorthin geschleppt worden war. Die klaffende Wunde am Kopf mußte dem guten Großvater Keichel den Tod gebracht haben, den er mit gelassener Gewißheit erwartet hatte. Ich konnte seine Gesichtszüge noch erkennen, als ich niederkniete und seine Leiche segnete.
Wir durften nicht lang bei ihm verweilen. Das schlitzäugige Flintenweib und ihr Gefährte kamen langsam den Kirchberg heraufgeschlendert. Wir verschwanden in der Kirche und liefen durch das Mittelschiff, vorüber an einem in Fetzen gerissenen Meßgewand und einer verschmierten Stola. Zerbrochene Kerzen und verbogene Leuchter, ja sogar die Gipsfiguren der Weihnachtskrippe lagen über den Boden verstreut.
Die Tür des Tabernakels war aufgerissen. Auf der zerschmetterten Altarplatte lag der verbeulte leere Speisekelch, den ich absichtlich zurückgelassen hatte. Das gestickte Antependium vor dem Altar war ebenso mit einer Axt zerhackt wie der geschnitzte Aufbau. Mit infernalischer Gründlichkeit war auch die Sakristei verwüstet und bis zum letzten Kelchtüchlein alles, was dem heiligen Dienst am Altar geweiht war, herausgeworfen, zerrissen und mit Kot bedeckt. - Die alte Statue des heiligen Georg lag neben der Kommunionbank auf dem Boden; beide Arme waren im Sturz abgebrochen. Nur eine Stelle der Kirche war unberührt: vom Seitenaltar sah die Marienstatue mit gefalteten Händen auf dieses Bild der Schändung unseres Gotteshauses.
Wir verließen die Kirche durch den rückwärtigen Ausgang und stiegen den Kirchberg durchs Gehölz hinab, ohne recht

zu wissen, wohin wir uns jetzt wenden sollten. Auf dem Weg raschelte es im Gebüsch. Als ich näher hinsah, entdeckte ich eine alte Bekannte: stolz aufgerichtet, hier und dort aus der reichlich verstreuten Kost sich redlich nährend, stapfte mit geschwollnem Kamm eine meiner Plymouth-Rocks-Hennen daher. Die übrigen Hühner waren gebraten worden oder hatten das Ziel für Schießübungen abgegeben. Diese letzte Überlebende ihres Stammes, die sich immer gern für sich gehalten, hatte alles mit praktischer Nüchternheit überstanden.

Vom Laurentiusweg her klapperte ein Fuhrwerk heran. Drei unheimliche Typen in Offiziersuniformen mit grünen Aufschlägen saßen auf dem Vordersitz des Wagens dicht nebeneinander. Sie hatten keine Eile und dösten übernächtig vor sich hin. Ich rief ihnen zu, daß wir im Begriff seien, zur Kirche in Stolzhagen zu gehen. Das Gefährt hielt nicht an, aber eine der unheimlichen Gestalten gab mir einen Wink, wir könnten unseres Weges ziehen. Es war unsere erste Begegnung mit den NKVD-Kommissaren, denen die Armee die eroberten Gebiete überlassen mußte.

Abgesehen von den leichten russischen Flugzeugen, die über unsere Köpfe hinweg nach der Front flogen, hörten wir auf unserem Weg kaum einen Laut. Nur ein einziges Fuhrwerk knarrte noch die vereiste Straße entlang, ein Kastenwagen, wie unsere Bauern ihn benutzten, um Kälber oder Schweine zum Markte zu fahren. Der Kasten war mit dickem Bettzeug gefüllt, das mit Stricken festgebunden war. Als der Wagen uns passierte, drang aus dem Gefährt Röcheln und Stöhnen und hinten baumelten zu unserem Entsetzen mehrere blaugefrorene, nackte Beine heraus. Wir versuchten den Kutscher dieser ›Ambulanz‹, einen gemütlichen alten Iwan, darauf aufmerksam zu machen, daß seine Verwundeten neu gebettet werden müßten, wenn sie die Fahrt überleben sollten. Er grüßte freundlich; doch hielt er es nicht für nötig, auch nur einen Blick nach hinten auf seine ›Fracht‹ zu werfen, zuckte stoisch die Achseln und murmelte: »Nitschewo.«

Es begann bereits zu dunkeln; wir sagten uns, daß es zu gefährlich sei, noch bis Stolzhagen zu gehen. Links im Tal lag das Gehöft der Familie Werr. In der Haustür erkannte ich Mutter Werr. Als sie uns erspähte, stieg sie zögernd die Stufen der Haustreppe herunter und kam uns bis zur Hofeinfahrt entgegen. »Mein Gott, Herr Pfarrer«, rief sie schon von weitem, »sind Sie wirklich noch am Leben?« Ihre beiden Töchter Christa und Monika wagten nicht, sich blicken zu lassen und den Hof zu überqueren, aber die Mutter nahm mich bei der Hand und führte mich in den Hühnerstall. Das letzte Zwerghuhn, das Vater Werr mit viel Liebe gezüchtet hatte, saß vor einem Hügel frisch aufgegrabener Erde und ließ den Kopf hängen, als sei es traurig.

»Bitte segnen sie sie ein, Herr Pfarrer«, sagte Frau Werr. »Wir mußten hier beide beerdigen, Vater und Ursula.« Ich sah das ruhige, fast verklärte Gesicht dieses Mannes vor mir, der gesagt hatte, daß Gott die zuerst zu sich nehme, die er am liebsten habe. Und ich sah vor mir die weit geöffneten Augen der tapferen Ursula, die lieber ihr Leben als ihre Mädchenwürde verlieren wollte, und ich spürte noch einmal den Druck ihrer kräftigen Hand, die jahrelang den Pflug über die Äcker geführt und zuletzt noch unsere alte Orgel mit den verquollenen Tasten zum Erklingen gebracht hatte.

»Herr Pfarrer«, bat mich Mutter Werr nach dem Segensgebet für die Verstorbenen, »bleiben Sie doch gleich bei uns. Sie haben in der Nachbarschaft genug Arbeit für die nächsten Tage.« Ich nahm Mutter Werrs Einladung gern an. Wir kehrten über den Hofplatz ins Wohnhaus zurück, vorbei an einer geschlachteten Kuh, von der nur ein paar gute Stücke abgehauen worden waren. Nicht weit davon lagen zwei Schweine, denen man nur das Rückenfilet herausgeschnitten hatte. Über den Hof verstreut lagen mehrere große Brocken schieren Fleisches im Schmutz zusammen mit aufgebrochenen Büchsen, die amerikanische Aufschriften trugen.

Im Innern des Hauses war das übliche Chaos, aber auch hier hingen die religiösen Bilder und Statuen unversehrt an den Wänden. Frau Werr entschuldigte sich, daß sie noch nicht aufgeräumt habe, doch müsse sie das Haus einstweilen in diesem abstoßenden Zustand lassen, um die noch immer durchziehenden Trupps abzuhalten, sich allzulang hier niederzulassen.

Monika zeigte mir die Stelle im Hausflur, an der durch eine Kugel zwischen die Augen und eine in die Brust ihr Vater ermordet worden war. Dann führte sie mich die Treppe hinauf auf den Boden vor die Blutlache, die Ursula hinterlassen hatte. - Sie hätten alle zusammen vor ihrem Hausaltar die ganze Nacht gebetet, erzählte Monika. Bald nach Mitternacht seien auf dem Hof ein paar Schüsse gefallen und hätten die Hunde aufgeheult. »Frau, komm!« habe der Soldat zu Ursula gesagt, als er sie auf den Boden hinaufzerrte. Die übrige Familie sei durch die gezückte Maschinenpistole eines anderen Russen im Flur in Schach gehalten worden. Kurz darauf hätten sie Ursula dreimal nach dem Vater schreien hören. Unmittelbar darauf seien zwei Schüsse gefallen. Der wütende Soldat sei dann die Treppen heruntergestürzt und habe mit einem scheußlichen Fluch auch den Vater niedergestreckt, der sich mit dem Rosenkranz in der Hand vor seine beiden anderen Töchter gestellt habe. - Die Russen hatten dann Frau Werr und Monika gezwungen, die Leichen sofort zu verscharren. Der sandige Boden des Hühnerstalls war die einzige Stelle, wo das leicht möglich war; der Garten war steinhart gefroren.

Monika, die lebhafteste der vier Werr-Töchter, berichtete mir dann, wie es kam, daß ihre Stube mit dem Hausaltar noch in gutem Zustand sei. Kurz nach der Beerdigung Ursulas und ihres Vaters sei ein ganzes Bataillon Russen auf den Hof gekommen. Der russische Major habe ihnen sein Wort gegeben, daß sie in dieser Nacht unter seinem persönlichen Schutz stünden. Er habe drei Wachen aufgestellt und dafür gesorgt, daß auch nicht das geringste in dem kleinen Zimmer, das er ihnen anwies, angerührt wurde.

Der russische Offizier hatte sein Wort gehalten. Das Zimmer war das einzige im Dorf, das nicht geplündert worden war. In der wunderbaren Errettung vor der Schmach, die fast alle anderen Mädchen und Frauen erleiden mußten, fanden die

Überlebenden der Familie mit Recht die Gebete von Vater und Schwester erhört und ihren Opfertod von Gott angenommen.

Am nächsten Morgen nach der Messe für die Seelenruhe der Ermordeten, die ich am gleichen Hausaltar zelebrierte, vor dem die ganze Familie zum letzten Mal zusammen gebetet hatte, nahmen Schwester Imelda und ich wieder unseren Rundgang durch die nahegelegenen Bauernhöfe auf. Wir hatten die Toten zu begraben und die Überlebenden zu trösten.

Wir stapften querfeldein. Es war kalt, und Monika hatte mir ihres Vaters Pelzjoppe gegeben, die er getragen hatte, als er erschossen wurde. Sorgfältig hatte sie die Blutflecken ausgewaschen. Gerade über dem Herzen war das Loch der Kugel zu sehen, ein größeres auf dem Rücken der Jacke. Die Ärmel waren mit frischem Lammfell gefüttert. Dieses sehr praktische Stück, von dem sich ›Väterchen‹ im Frühjahr immer so schwer trennen konnte, war für mich ideal. Von innen warm, von außen, besonders an den Ärmelenden und vor der Brust [wegen der sparsam benutzten Taschentücher und Servietten] wenig appetitlich und durch die beiden Löcher nicht allzu luftdicht abgeschlossen, sollte es mir unersetzliche Dienste leisten.

Fast ebenso wie die eigene Not bedrückte Mutter Werr die Sorge um ihre Nachbarn über dem Berg, insbesondere um den alten Moschall, den mir Vater Werr wenige Tage zuvor so warm ans Herz gelegt hatte, weil er wußte, wie starrköpfig der alte Geizkragen war und wie schwer es sein werde, ihn auf das Kommende vorzubereiten. Mehr damit beschäftigt, sein Brennholz vor den frierenden Flüchtlingen zu retten als seine Seele vor dem Teufel, hatte er mich noch vor wenigen Tagen vom Hof gejagt. - Erst nach einigem Suchen auf dem wüsten Platz fanden wir endlich Marie, seine dreiundfünfzigjährige Tochter; sie war im Kälberstall auf dem Heuboden. »Marie, laß doch nur das Füttern des Viehs!«, rief ich ihr zu. »Die Russen werden sich schon morgen selbst darum kümmern. Wir haben doch Wichtigeres zu tun. Wo ist der Vater?«

Mit heißem Kopf kam sie die Leiter herunter. Ihr rechter Arm hing in einer schmutzigen, blutbefleckten Schlinge, die aus den Fetzen eines Hemdes gefertigt war. Schwester Imelda führte die Fiebernde ins Haus, wusch die infizierte Schußwunde in ihrer rechten Brustseite und legte sie zu Bett.
Eine masurische Flüchtlingsfrau berichtete uns trocken in ihrem wasserpolnischen Dialekt: »Kam sich Ruß, brillt: ›Uhrr, Schnaps, daitsche Soldat!‹, alte Mann kriegt Gnuffs mit Schießpriegel, Ruß schubst ihm am Geldschaff. Brillt Ruß: ›Mach auf! job tuoj matj!‹ Alte Mann nerväs, fingert um Schlisselloch. Ruß schießt, ein Schuß alte Mann kaput, andre Schuß Marie im Brust. Flucht Ruß, rennt weg - o mein liebes Jottchen!«
Wir fanden den Leichnam des Bauern auf einer Strohschütte in seinem Bienenhaus. Die Bienenstöcke waren umgeworfen und die Bienen auf die gleiche Weise vernichtet, wie es in diesen Tagen überall im Land geschah: die Stöcke wurden über ein Feuer gehalten und ausgeräuchert, der Honig ausgelassen und an Ort und Stelle aufgeschleckt.
Wir beerdigten den alten Bauern nach der Art der Kartäusermönche. Sein Leichnam wurde auf ein Brett gelegt, sein Kopf auf Stroh gebettet. Ich bog die Finger seiner rechten Hand auf, die noch immer den Schlüssel zum Geldschrank umklammert hielten, und steckte ein Kruzifix an seine Stelle. Wir deckten ein Leichentuch über den Körper, wickelten eine feste Pferdedecke um das Ganze und befestigten das Bündel mit Telephondraht.
Während ich den Leichnam für die Bestattung vorbereitete, schaufelten die Frauen das Grab. Franziska und Johanna, die beiden Enkelkinder des alten Bauern, legten das Grab mit Zweigen von Immergrün aus. Die Mädchen, fast noch Kinder, hatten sich beide als alte Frauen verkleidet; sie trugen Kittel und Schürzen, die bis auf den Boden reichten, alte Babuschka-Schauertücher und hatten die Gesichter mit Ruß beschmiert.
Gegen Ende des Begräbnisses kam Marie heraus, um das Salve Regina mitzusingen und die erste Schaufel Erde in die

Grube zu werfen. Auf ein einfaches hölzernes Kreuz schrieb ich Namen, Geburts- und Todesdatum des Bauern und markierte die Grabstelle.
Schwester Imelda führte indessen Marie wieder ins Haus und versorgte sie, so gut es ging. Die beiden jungen Mädchen bestärkten wir in ihrem Entschluß, zu Verwandten auf einen abgelegenen Hof zu gehen; dort würden sie vielleicht weniger belästigt werden. Nie werde ich die furchtbare Angst vergessen, die in ihren großen Augen zu lesen war, als sie um einen besonderen Segen zum Geleit baten und wie Gespenster über die dunkelnden Felder davonhuschten.
Auch Schwester Imelda und ich mußten uns beeilen. Wir schlugen den Pfad ein, der durch die Schlucht führte, vorbei an verschiedenen verwüsteten Bauerngehöften. Bei Grimms hielten wir an. Stumm, mit Tränen in den Augen, nötigte uns Großvater Grimm, hereinzukommen. Sein Bart, sonst immer schmuck und sauber, glich einem verhagelten Roggenfeld. Die Russen hatten ihn in seiner Scheune überrascht, mit den Kolben ihrer Gewehre übel zugerichtet, in sein Haus geschleppt, seine Frau und seine drei Töchter in seiner Gegenwart vergewaltigt und seinen Neffen Hugo erschossen. Hugo, ein todkranker Invalide, konnte nicht aufstehen, weil er gerade erst eine schwere Lungenoperation hinter sich hatte. Als die Russen ein Soldatenbild des gefallenen Sohnes entdeckten, warfen sie den Kranken in blinder Wut aus dem Bett, schleppten ihn hinaus in den Schnee, mißhandelten ihn und schossen ihn schließlich tot. Während alle noch vor Schrecken wie gelähmt waren, wurden die Frauen aus dem Haus beordert und vor der Kartoffelmiete in einer Reihe aufgestellt. Plötzlich fielen einige Schüsse. Ein vierzehnjähriges Mädchen, Grete Radau, fiel zu Boden. Ein Soldat stülpte einen Sack über sie, und als er sah, daß sich das Kind noch ein wenig bewegte, trampelte er mit seinen schweren Stiefeln auf dem Sack herum.
Die übrigen Frauen wurden einer Prüfung unterzogen, bei der niemand anwesend sein durfte. Schließlich wurden drei Frauen ausgewählt, die angeblich ›zum Kartoffelschälen‹ mit-

gehen sollten. Alle drei waren Töchter der Familie Grimm. Die Mutter flehte die Soldaten an, wenigstens die Älteste, deren Mann vermißt sei, dazulassen, damit sie sich um ihre Kinder kümmern könne. Als Frau Grimm die beiden Kleinen nach vorne schob, kam einer der Soldaten, hob die Kinder auf, küßte sie und streichelte ihnen die Wangen. Nachdem er mit ihnen eine Weile gespielt hatte, gab er ihnen die Mutter zurück.
Als die Russen abgezogen waren, schaute Mutter Radau durchs Fenster nach dem Sack vor der Kartoffelmiete. »Mein Gott, sie rührt sich noch!« stieß sie hervor und rannte hinaus. Ihre Tochter lebte noch, wenngleich sie aus vier Wunden blutete. Sie wurde verbunden, erholte sich dann erstaunlich schnell und empfing jetzt mit großer Andacht und Freude die heilige Kommunion.
Von unserm Standquartier aus zogen wir am nächsten Morgen auf das Gehöft der Nieswandts, das am Waldrand gelegen war. Nieswandts hatten neun Kinder. Vier von ihnen waren eben erst von einer schweren Diphtherie genesen, als eine berittene russische Vorhut eintraf. Die Soldaten forderten die üblichen Dinge und töteten, als sie nicht auf gütliche Weise ans Ziel kamen, die sechzehnjährige Tochter Maria und die Mutter mit einer Salve aus der Maschinenpistole. Alle Kinder hatten die Szene mit angesehen, und die vier, die gerade auf dem Weg der Genesung waren, erlitten von dem Schock einen Rückfall in ihre kaum überstandene Krankheit.
Als ich zwei Tage später wieder hinkam, hatte ich auch noch die Leichen der siebzehnjährigen Dorothea und ihrer kleinen Schwestern, der fünfjährigen Klara und der dreijährigen Cäcilia, einzusegnen. Der siebenjährige Paul schwebte in Lebensgefahr. Ich brach ein kleines Partikelchen von der heiligen Hostie ab und reichte ihm nach einer kurzen Unterweisung die erste heilige Kommunion. Er sprach mit mir ein Dankgebet, so gut er es in seiner Atemnot konnte. Kurz nach der heiligen Ölung hatte auch er ausgekämpft. - Viermal sah ich den schwergeprüften Vater seine toten Kinder über die

Schwelle tragen, bevor er selbst noch in der gleichen Nacht von den Russen fortgeschleppt wurde.
Für die Bevölkerung der besetzten Dörfer waren inzwischen auf einem primitiv gedruckten Flugblatt Verfügungen erlassen worden. Nach einer langatmigen Einführung über unsere Befreiung und die großartigen Aussichten für ein neues, demokratisches System wurde verordnet, daß niemand das Haus oder gar das Dorf verlassen dürfe, daß alle sich registrieren lassen müßten und daß die männlichen Bewohner von siebzehn bis sechzig Jahren sich mit Decken und Verpflegung für vierzehn Tage bis zum 15. Februar zur Mobilisierung in der Zweiten Weißrussischen Armee zu stellen hätten.
Diese Verfügung bestärkte mich darin, meinen Rundgang durch die schwer heimgesuchte Gemeinde zu beschleunigen. Schwester Imelda aber ließ ich von jetzt ab lieber zu Hause.
Es war Nacht, als ich das Haus der Werrs erreichte. Auf dem Heimweg über Felder und Zäune hatte ich mir ein klaffendes Loch in meine gute Oberhose gerissen. Diesem segensvollen Umstand verdankte ich es, daß die plündernden Soldaten von nun an kein gefährliches Interesse an diesem wertvollen Kleidungsstück zeigten. Ich hatte mich an Mutter Werrs Kachelofen noch nicht wieder aufgewärmt, als der immer noch lebende Hofhund Fido nervös aufjaulte. Ich trat auf die Schwelle des Hauses hinaus, hieß die neuen nächtlichen Besucher willkommen und fragte sie nach ihren Wünschen. Sie schenkten mir keine Beachtung, schlenderten pfeifend von Zimmer zu Zimmer, stiegen über die Trümmer, die überall herumlagen, und spielten mit Fausthandschuhen Klavier. Sie beendeten ihren Rundgang im Wohnzimmer und ließen sich dort mit Brot, Butter und Kaffee bewirten. Während sie aßen, wanderten ihre Augen die ganze Zeit mit scharfer Wachsamkeit umher.
Der Anführer, ein hochgewachsener, blonder Hauptmann, setzte sich mir gegenüber und sah sich das Kruzifix an, das ich in der inneren Tasche meines Rockes trug. Seine beiden Genossen blickten verwundert auf meine Soutane, die in der Nähe des Ofens hing. Ich zeigte ihnen meine liturgischen

Bücher und versuchte, sie davon zu überzeugen, daß ich ein katholischer Priester sei. Der Hauptmann durchforschte sehr gründlich meine Taschen und brachte auch den letzten Bleistift, das letzte Taschentuch zutage. Ich hatte ihn noch soeben seine Nase elegant mit den Fingern schneuzen sehen. Sein Hauptinteresse galt meiner Brieftasche. Er fand darin ein schmales deutsch-russisches Bildwörterbuch, das für die russischen Arbeiter in Deutschland herausgebracht worden war. Der Russe war von der originellen Bildwiedergabe der Wörter entzückt und vergnügte sich einige Minuten mit seiner Beute.

Schließlich fragte er mich nach der Bedeutung einiger weiterer Dokumente, die ihm in die Hände fielen: die Urkunde meiner Priesterweihe, mein Abitur-Zeugnis, mein Doktor-Diplom. Als ich bei dem letzten einen Augenblick zögerte, wurde er sofort mißtrauisch. Monika versuchte mir zu helfen und erklärte ihm mit naivem Stolz, das Zeugnis bestätige, daß ich zum Doktor der Theologie ernannt worden sei.

Als der Hauptmann das Wort ›Doktor‹ hörte, sprang er auf, und seine ganze Haltung veränderte sich. Ich versuchte ihn zu überzeugen, daß das nichts mit Medizin zu tun habe. Selbst Heinrich, der Ukrainer - er war noch immer da und fungierte als unser Dolmetscher - konnte sein Mißtrauen nicht mildern, geschweige denn ihn überzeugen. Seine beiden Begleiter wärmten sich inzwischen schweigend am Ofen. Ohne weitere Umstände zu machen, steckte der Hauptmann das Diplom ein, gab mir aber die anderen Dokumente zurück.

Bevor er ging, riß er das auf dünnes Papier gedruckte Diplom in Stücke und teilte es mit seinen Kameraden. Alle drei kramten etwas Tabak aus ihren Taschen, schütteten ihn auf das Papier, rollten es zusammen und zündeten ihre ›Papiroska‹ an. Als ich mein stolzes Zeugnis in Dunst und Rauch aufgehen sah, dachte ich an die Zeremonie, die der Krönung des Papstes unmittelbar vorausgeht, wenn der Kardinaldiakon eine Handvoll Werg anbrennt und dazu die Worte spricht: »So vergeht die Herrlichkeit der Welt!« - Als die Offiziere uns schließlich paffend verließen, fragten wir uns, welches

Nachspiel dieser Besuch wohl haben werde. Die Sache war nicht geheuer.
Am nächsten Morgen mußte ich helfen, die Wurstmaschine mit gequollenem Getreide zu drehen, da uns das Brot ausging. Meine friedliche Arbeit wurde jäh unterbrochen, als ein Schuß auf dem Hof fiel und Fido jämmerlich aufheulte. Als ich den Kopf zur Tür hinaussteckte, um zu sehen, was los sei, erhielt ich mit einer Reitpeitsche einen kräftigen Schlag auf den Kopf. Einen Augenblick lang war ich benommen, bis mir dämmerte, daß die Russen mich anbrüllten: »Ruki wjerch - Hände hoch!«
Unsere rüden Besucher waren die gemütlichen Bekannten vom Abend zuvor. Sie befahlen jedermann herauszukommen. Als ich über die Schwelle trat, sah ich in das wutverzerrte Gesicht des Hauptmanns. Er zog seine Pistole, überschüttete mich mit obszönen Schimpfworten und schlug mir mit der anderen Hand rechts und links ins Gesicht. Zwischendurch gestikulierte er in Richtung auf das Neuwaldsche Gehöft. Schließlich begriff ich, was er wollte: Frau Neuwald. Sie war am Abend zuvor, als der Hauptmann nach ihren beiden Töchtern fahndete, aus dem Fenster gesprungen und hatte sich in einer nahegelegenen Torfmulde verborgen, bis ihr die Füße anfroren. Gegen Morgen schlich sie zu uns herüber, um sich aufzuwärmen. Der Hauptmann war wütend, weil er vergeblich nach ihr gesucht hatte.
Die Frauen waren inzwischen im Hof in einer Reihe aufgestellt worden. Ein Blick diese Reihe entlang vergewisserte mich, daß Frau Neuwald sich der Gefahr ihrer Lage nicht bewußt war. Offensichtlich wurde sie nicht erkannt. - Ich mußte rasch denken! Am gegenüberliegenden Hang lag der Leichnam einer anderen Frau, der wir noch kein Grab hatten bereiten können, da der Boden zu hart gefroren war. Auf diese Leiche zeigte ich und antwortete dem ungeduldigen Offizier, so ruhig ich vermochte: »Die tote Frau, die Sie dort am Hang liegen sehen, stammt nicht von dem Hof, auf den Sie zeigen, sondern von dem letzten Hof oberhalb des Hügels, jenseits der Straße.«

Einen Augenblick lang war der Russe abgelenkt. Doch dann schlug er mich um so wütender ins Gesicht. Noch deutlicher als bisher zeigte er, welches Bauernhaus er meine, und fragte mich wiederum, wo die Frau sei, die am Abend zuvor aus dem Fenster dieses Hauses gesprungen sei. Er sei an der lebenden Frau interessiert und nicht an der toten. Ebenso unermüdlich wie er seine Frage, wiederholte ich meine Antwort und sagte, selbst wenn er mich totschießen würde, könne ich nichts anderes sagen, als daß die tote Frau am Hang nicht von dem Bauernhaus stamme, auf das er zeige, sondern von dem Haus weiter oben. In heller Wut entsicherte er seine Pistole, trat mich mit seinen schweren Stiefeln in die Seite und stieß mich, hinter mir dreinstapfend, zu einem Strohhaufen zwischen Holzlege und Hühnerstall.

Die Gesichter der Frauen, an denen ich vorbeitrottete, waren starr vor Furcht. Ich befahl sie und alle meine anderen Pfarrkinder der Obhut des Guten Hirten. Merkwürdigerweise empfand ich in diesem Augenblick, da ich meine letzten Schritte zu machen glaubte, keine Furcht. Vielmehr überkam mich eine wunderbare Ruhe und Freude.

Als wir bei dem Strohhaufen angelangt waren, befahl mir der Hauptmann, mich umzudrehen und ihm ins Gesicht zu sehen. Bombastisch wiederholte er seine Forderung und sagte mir, daß dies meine letzte Chance sei. Ich blieb ruhig und erklärte ein letztes Mal: »Sie können mich erschießen, wenn Sie wollen, aber es ist wahr, die Frau dort am Hang stammt nicht von dem Hof, auf den Sie zeigen, sondern von dem Hof weiter oben.«

Unschlüssig zögerte er einen Augenblick wie ein böser Hund, dem man sich ganz ruhig entgegenstellt. Die atemlose Stille wurde durch das Geklapper eines Wagens unterbrochen, der in den Hof einfuhr. Zwei Offiziere sprangen herunter, der ältere von ihnen schien ein Kommissar höheren Ranges zu sein. Kurzangebunden fragte er den Hauptmann: »Was geht hier vor?«

Der Hauptmann mußte sein wahres Motiv verschleiern, denn die ersten hundert Stunden uneingeschränkter Willkür, zu schießen, zu rauben und zu vergewaltigen, waren vorüber. Er gab dem Kommissar eine gewundene Antwort, aus der ich mit Mühe entnehmen konnte, er habe herausbekommen, ich sei ein ›wratsch‹, ein Arzt in der Armee. Ich protestierte dagegen und rief dem Kommissar zu: »Nix wratsch! Documenti! Pope!«

Beflissen, mich der Ziellinie der gezückten Pistole zu entziehen, ging ich zu dem Kommissar hinüber und hielt ihm meinen Führerschein vor die Nase, dessen Paßbild mich in Priesterkleidung zeigte. Der Kommissar nahm ihn in die Hand und gab vor, ihn sachverständig zu lesen. Mit hoheitsvollem Wink erteilte er schließlich den Befehl: »Lassen Sie ihn laufen, ein dummer Pfaffe ist keinen Schuß Pulver wert!«

Die Angst, die mir in der äußersten Gefahr erspart geblieben war, kam reichlich nach, als wir wieder allein im Haus waren und überlegen mußten, was nun zu tun sei. Erst nach einer Weile fiel mir ein, daß ich, allen Regeln des Katechismus zuwider, ganz vergessen hatte, ›Reue und Leid‹ über meine Sünden zu erwecken. Mir wurde nicht wohler zumute, als die alten Neuwalds recht offenherzig meiner Gastgeberin einzureden suchten, daß der Pfarrer der Grund für ihre Unsicherheit sei und es besser wäre, wenn er verschwände. Frau Werr blieb jedoch unerschrocken und bestärkte mich in meinem Entschluß, wenigstens noch einen Tag zu bleiben. Sie war davon überzeugt, daß mein sofortiges Verschwinden nach dem Zwischenfall nur neues Mißtrauen hervorrufen würde. Niemand widersprach, als nach einigem Hin und Her die Neuwalds sich entschlossen, ihrerseits zu gehen.

Am späteren Vormittag gingen wir in die Scheune, um Monika beim Dreschen von etwas Getreide zu helfen. Plötzlich warf sich das Mädchen über einen Strohhaufen und brach in schallendes Gelächter aus. Es dauerte eine ganze Weile, bis sie sich so weit wieder in der Gewalt hatte, daß sie uns den Grund ihres unerwarteten Ausbruchs erklären konnte. Sie zeigte auf eine Bettschüssel, die zu ihren Füßen im Stroh lag. Die ahnungslosen Kultursoldaten hatten das praktische Geschirr zur Würde einer Bratpfanne erhoben, wie zu Mo-

nikas und unser aller Vergnügen der verrußte Boden und die zurückgelassenen Saucen- und Fleischreste verrieten.
Das heitere Vorkommnis hatte unseren angespannten Nerven wohlgetan. Doch kaum waren wir ins Wohnhaus zurückgekehrt, als wir wieder das erschrockene Geheul des einzigen noch vorhandenen Hundes hörten, das sofort von ein paar Schüssen erstickt wurde. Unsere drei russischen ›Freunde‹ waren wieder erschienen. Pfeifend kamen sie ins Wohnzimmer, streunten gutgelaunt, als ob nichts geschehen wäre, durchs Haus, taten, als hätten sie etwas auf dem Klavier vergessen, und setzten sich schließlich nieder, um mit uns ein Glas Milch zu trinken und unser neugebackenes Brot zu versuchen. Sie waren aber nicht hungrig und verließen uns ebenso unvermittelt, wie sie gekommen waren.
Am andern Morgen machte die Nachricht die Runde, daß neuerlich ein halbes Dutzend Männer mitgenommen worden sei. Alle hatten große Familien. Unser dreiundsiebzigjähriger Bürgermeister war darunter und Gorks, der Dorfschmied. Der sechzigjährige Kleinbauer Greif war so krank, daß er sechs Kilometer von uns entfernt im Straßengraben zurückgelassen wurde; dort wurde er später tot aufgefunden.
Am Sonntag Quinquagesima brachte mir nach der Messe eine der Frauen ein kleines Buch, die Feldausgabe des Sonntagsmeßbuches für die deutschen Soldaten. »Herr Pfarrer«, sagte sie, »dies stammt von einem der drei deutschen Soldaten, die wir in unserem Garten beerdigt haben.« Sie gehörten zu jenen fünfzehn Mann, die vierundzwanzig Stunden lang den Eingang zu unserem Dorf verteidigt hatten. »Sie hatten den ersten schweren Angriff der Russen zurückgeschlagen«, berichtete die Frau weiter, »und in der Kampfpause wurde ein schwer verwundeter Sanitäter in unser Haus gebracht; er hatte einen Schuß durch die Hüfte bekommen. Wir legten ihn auf ein Bett; seine erste Bitte war, wir möchten aus seiner mit Blut verklebten Tasche ein Buch ziehen; es war dieses Meßbuch. Da kein Arzt kam, versuchten wir selbst, das Blut zu stillen. Trotz großer Schmerzen mühte sich der Mann, aus dem Buch zu beten. Etwas später wurden zwei weitere Ver-

wundete hereingebracht. Er betete laut weiter und versuchte, seine Kameraden zu trösten. Dann griffen die Russen wieder an, diesmal mit zwei schweren Tanks. Diese zwangen die Handvoll Deutsche, sich zurückzuziehen. Sobald die ersten Russen das Zimmer betraten, schossen sie die drei Schwerverwundeten auf der Stelle tot.«

Ich öffnete das blutbefleckte und von einer Kugel durchlöcherte Buch und fand auf der ersten Seite den Namen Josef Gries. Dann waren alle Orte verzeichnet, durch die er gekommen war: von Polen im Jahr 1939 zum Westwall, dann durch Belgien und Frankreich bis Bordeaux, durch Bulgarien und Griechenland. Im Jahr 1942 wurde er an die russische Südfront geschickt und marschierte durch die Ukraine nach Stalingrad. Dort wurde er verwundet und nach Danzig herausgeflogen, kam in ein Lazarett und kehrte zur russischen Front zurück. Als letzter Ort war Insterburg eingetragen. Der Soldat stammte aus Seeburg, fünfzehn Kilometer von uns entfernt. Sein kostbares Buch hatte ihn über alle Schlachtfelder Europas zu seiner irdischen und himmlischen Heimat geleitet.

Der kommende Tag brachte zwei besondere Ereignisse: das eine war die Ankunft eines russischen Arztes, des ersten, den wir bisher zu Gesicht bekamen. Er eröffnete seine Praxis in Berta Poschmanns Haus. Es hieß, er sei freundlich und gemütlich. Er operierte wacker drauf los, aber freilich stellte sich bald heraus, daß seine Patienten fast alle starben, an die fünfundreißig in der ersten Woche. Das andere Ereignis versetzte uns in Schrecken: im Dorf war an verschiedenen Stellen ein russisch und in schlechtem, kaum lesbarem Deutsch abgefaßter Befehl angeschlagen. Ich sah mir den ›Prikas‹ genau an und machte folgendes aus:

Der Kommandierende General der Zweiten Weißrussischen Armee befahl unter Androhung langjähriger Gefängnisstrafen, ja selbst der Todesstrafe, daß die gesamte Bevölkerung dieses Dorfes in der Kommandantur zu Wernegitten zu erscheinen habe, um dort registriert zu werden. - Alle Männer im Alter zwischen siebzehn und fünfzig Jahren sollten in die

Zweite Weißrussische Armee eingezogen werden. Sie hatten pro Mann je eine Ausrüstung Winter- und Sommerbekleidung mitzubringen, eine Matratze und Lebensmittel für vierzehn Tage.
Ich fühlte mich verpflichtet, dem russischen Feldarzt einen Willkommensbesuch abzustatten, und hoffte, dabei herauszubringen, was von dem neuen Befehl zu halten sei. Verlangten sie wirklich, daß alle, die Kinder, die Frauen, die Alten und die Kranken inbegriffen, nach Wernegitten zu gehen hatten, um dort registriert zu werden? Noch sinnloser erschien der Stellungsbefehl zur Armee, nachdem unsere Männer im entsprechenden Alter entweder umgebracht oder verschleppt worden waren.
Am Eingang des Poschmannschen Hauses begegnete ich einem älteren russischen Soldaten, dessen Fahrrad mir sehr bekannt vorkam. Es war das gleiche, von dem ich in jener Nacht hinuntergefallen war, als Berta Fuhge uns zur Flucht aufgerufen hatte. - Ich solle nur geradewegs in den Operationsraum gehen, nickte mir der Soldat freundlich zu. Dort war der große Eßtisch zu seiner vollen Länge ausgezogen. Am oberen Ende standen zwei Eimer; eine Handvoll chirurgischer Instrumente waren neben einer Flasche mit Desinfektionsmitteln auf einen Stuhl geworfen, ein paar weitere Flaschen standen auf dem Fensterbrett.
Auf dem Tisch lag ein nackter mongolischer Soldat, der am Bauch operiert wurde und entsetzlich stöhnte. Er wurde von einem bräunlichen Soldaten mit schmutzigen Händen festgehalten. Als der Arzt meiner ansichtig wurde, deutete er mit dem chirurgischen Messer nach der Tür des anschließenden Zimmers; ich solle auf ihn warten. Nach Beendigung seiner Operation kam er heiter und aufgeräumt zu mir herüber, forderte mich auf, mich hinzusetzen, bot mir ein Stück Papier und ein paar Krümel Tabak an und lud mich ein, mir selbst eine ›Papiroska‹ zu drehen.
»Sie sind gewiß der rangälteste Offizier dieses Standortes«, machte ich ihm mein Kompliment, »es freut mich sehr, daß wir nun hier einen Kommandanten haben.« Da er geschmei-

chelt lächelte, stellte ich mich als Ortspfarrer vor und bat um die Erlaubnis, die noch unbestatteten Toten begraben zu dürfen.
»Begraben Sie, so viele Sie wollen!« sagte er, »sehr gut, daß Sie sich darum kümmern. Wenn es taut, könnte eine Seuche ausbrechen.«
Wir versuchten, ein Gespräch miteinander zu führen. Ich holte ihn vorsichtig betreffs der Militärverordnungen aus, und er betonte, es gebe keinerlei Ausnahmen. *Jedermann* habe nach Wernegitten zu gehen, um dort registriert zu werden.
»Kommt irgend jemand von uns nach Rußland, um dort zu arbeiten?« fragte ich. »Nein«, versicherte er, »alle werden hier am Ort, hier in der Gegend Arbeit bekommen.«
Dann wies er auf die Leiche eines russischen Soldaten in der Nähe eines niedergebrannten Hauses hin und bat mich, den Mann zu beerdigen. Als ich zustimmte, fügte er hinzu, dieser Soldat dürfe kein ehrenvolles Begräbnis und kein geschmücktes Grab erhalten, er sei ein Verbrecher. Sein vorgesetzter Offizier habe ihn auf der Stelle erschossen, weil er seinem Befehl nicht gehorcht habe. Er hatte das Haus eines alten Ehepaares ohne Erlaubnis niedergebrannt, noch ehe es amtlich durchsucht worden war.
Auf diese Weise erfuhr ich zum ersten Mal, daß die russische Besatzungsmacht rigoros die Disziplin wiederherzustellen suchte, die sie vorher im Interesse rücksichtslosen Terrors aufgegeben hatte. Ich fragte den Feldarzt, ob es nicht auch irgendeinen Schutz für unsere Frauen gegen die ständigen Notzüchtigungen gebe? »Nein«, war die klare Antwort, »deutsche Frauen sind Beute der russischen Soldaten. Hitler: ›Rasse!‹ Stalin: ›Rasse kaputt!‹ Deutsche Frau und russischer Soldat: gute Rasse!«
Die zynische Rechtfertigung der unmenschlichen, planvollen Vergewaltigung unserer Frauen und Mädchen, die alle anderen Greuel des Krieges in den Schatten stellte, wirkte um so niederschmetternder, als sie von einem offensichtlich gutmütigen, gebildeten Russen ganz gelassen ausgesprochen wurde. Auch wenn mein Gastgeber mir nichts Neues erzählte,

als er mir Beispiele der brutalen Behandlung, Verschleppung und Ausrottung seines Volkes in seiner Heimatstadt Charkow durch die deutsche Besatzung gab, deckte das Gespräch doch noch einmal die grausige Kette des Unheils auf, welche die verbrecherische Rassenpolitik Hitlers ausgelöst hatte. Wie konnte diese Kette anders unterbrochen werden als durch die Annahme des uns zugemessenen Leids zur Sühne der gemeinsamen, uns alle verschlingenden Schuld!

Die Finger des Arztes waren grindig von Blut und Schmutz, und ebenso befleckt war sein weißer Kittel, offenbar der einzige, den er besaß. »Würden Sie mir die Erlaubnis geben, meine Kirche wieder zu öffnen?«, fragte ich ihn am Schluß der Unterhaltung. »Das steht nicht in meiner Macht«, antwortete er, »danach müssen Sie sich in der Kommandantur in Wernegitten erkundigen.«

Als ich des Doktors Zimmer verließ und durch den ›Operationssaal‹ hinausging, sah ich den Patienten noch immer auf dem Tisch liegen. Seine nackten Glieder waren blau angelaufen, und sein Stöhnen wurde allmählich schwächer.

Ich ließ mir Zeit, bevor ich nach Wernegitten ging. Als ich mich endlich dazu entschloß, zog ich mich an, als ob ich eine weite Reise anträte. Man wußte ja nie, ob man zurückkam, wenn man das Haus verließ. Ich trug also drei Satz wollene Untersachen, zwei Paar Hosen, zwei wollene Pullover und einen grünen Lodenmantel. Über all dies hatte ich Vater Werrs Gehpelz angezogen, den Monika mir nach seinem Tod gegeben hatte. Beglückt stellte ich fest, daß kein Russe mit einiger Selbstachtung Lust haben würde, eine solche Kollektion zu rauben, noch sonderliches Interesse an den alten Galoschen zeigen würde, die an den Knöcheln aufgeschlitzt waren.

Unterwegs traf ich keinen einzigen russischen Posten. Aber es lagen mehrere tote Soldaten am Wege, deutsche und russische. Gegen zehn Uhr morgens erreichte ich das Dorf und besuchte erst meinen lieben Mitbruder. Ich fand Pfarrer Teschner in einer Dachstube seines Pfarrhauses. Er war sehr verändert und von dem gezeichnet, was er mit seiner Gemeinde erlitten hatte. Der Humor war ihm vergangen. »Die ersten, die hier ankamen«, berichtete er, »waren sibirische Elitetruppen, und ihr Kommandant war ein wahrer Teufel. Sobald er herausbekommen hatte, wer ich war, gab er Order, mich zu erschießen. ›Weg mit dem alten Kerl!‹ entschied er. Ein Posten erhielt Befehl, die Exekution durchzuführen. Der Soldat führte mich freundlich in den Hof an die Tür des Hühnerstalls und lud sein Gewehr. Dabei murmelte er immer wieder: ›Keine Angst, lieber, kleiner, alter Mann!‹ Dann hob er sein Gewehr und gab drei Schüsse ab, die an meinem Kopf vorbeiflogen, und bellte mich gleich darauf an: ›Hinein, zum Donnerwetter, in den Stall, du alter, verrückter Kerl! Nicht alle Kommandanten sind solche Schweine wie unserer!‹ Dann machte er kehrt, ging zu seinem Chef und meldete ihm: ›Befehl ausgeführt.‹ Meine alte Haushälterin beobachtete, wie ihm zum Lohn ein Glas Wodka gereicht wurde. Als es dunkel war, schlich ich mich zu einem kleinen Gehöft am See und verschwand dort, bis ich nach ein paar Tagen von einem der nachfolgenden Offiziere ins Pfarrhaus zurückgebracht wurde.«

Ich durfte mich nicht lange bei Pfarrer Teschner aufhalten. Im Herausgehen warf ich einen Blick in das große Amtszimmer; es war bis zur Decke mit wertvollen Möbeln vollgestopft. Draußen im Pfarrgarten standen ein Dutzend Klaviere und Harmoniums. Im Schnee lagen ringsum an die fünfzig Wand- und Standuhren aller Art. Die Zifferblätter zeigten durchweg Einschläge von Übungsschüssen. Auch die Kirche war mit Möbeln vollgepackt. Auf dem Friedhof standen weitere Möbel, die in den Seitenschiffen aufgeschichtet werden sollten.

Als ich die Kommandantur im Schulhaus betrat, hörte ich das Gedudel eines Schifferklaviers. Ich ging in der Richtung weiter, aus der die schläfrige Musik kam, bis ich auf einen Beamten stieß. Er war Wachtmeister der Miliz, der die grünen Abzeichen der NKVD, der russischen Staatspolizei, trug. Dicht neben ihm saß eine dicke, junge Polin und unterhielt ihn mit ihrem Akkordeon. Ihre Uniform bestand aus einer Küchenhaube. - Ein Blick in die von den vorausgegangenen Orgien verwüsteten Gesichter genügte, um festzustellen, was wir von der neuen ›Verwaltung‹ zu erwarten hatten. Obgleich die Dicke keinerlei Rang innehatte - sie war offenbar eben als Dolmetscherin aufgegriffen worden und hatte sich schnell den neuen Herren unentbehrlich gemacht -, schien *sie* das Feld zu beherrschen!

Mit einiger Mühe brachte ich heraus, daß die Registrierung für ein paar Tage aufgeschoben worden sei, bis der Stabsschreiber wieder nüchtern genug sei, um schreiben zu können. Wer bis zur festgesetzten Frist aber nicht erscheine, werde von der Miliz zu Paaren getrieben.

Ich nahm die Gelegenheit wahr, zu erklären, daß ich gemäß den Regeln des Internationalen Roten Kreuzes aus zwei Gründen nicht in die Armee eingezogen werden dürfe: einmal, weil ich aktiver Pfarrer von Süßenberg sei, und sodann, weil ich nur mehr *eine* gesunde Lunge hätte. Aus diesen Gründen sei ich nicht einmal von Hitler einberufen worden.

Die Dicke antwortete hinter ihrem Akkordeon hervor lakonisch: »In Sowjetunion nix Pope! In Sowjetunion nix Invalid! In Rossia neue Lunge wachsen!«

Ich verließ die ›Kommendantura‹ in der unheimlichen Gewißheit, daß viele von uns verschleppt würden; doch zunächst hatten wir noch drei oder vier Tage Zeit.

Auf dem Rückweg nach Süßenberg hielt ich in der kleinen Kate meiner Verwandten an. Als Tante Elisabeth von der Gnadenfrist hörte, strahlte sie: »Das ist fein! Drei Tage genügen mir, um die langen wollenen Strümpfe fertigzustrikken, die ich für dich in Arbeit habe. Die werden deine Beine warm halten, wenn ihr in Sibirien Iltisse greifen müßt!«

Schon in diesen Tagen spürten wir, daß uns die Heimat immer fremder wurde. Selbst das äußere Antlitz der Landschaft war uns nicht mehr vertraut. Was sie nach jahrhundertelanger Pflege in Feld und Flur, an Wegen und Pfaden, Gärten und Hainen, Häusern und Scheunen, Kreuzen und Kapellen schmückte, war in wenigen Tagen geschändet und verwüstet worden.

Noch entsetzlicher waren die Verwüstungen in der sozialen Struktur und dem wirtschaftlichen Leben der Gemeinde.
Die Kirche und die meisten Häuser verödeten schon jetzt. Die überlebenden Bewohner wurden in wenigen großen Höfen zusammengetrieben, in der Hauptsache, um alles, was transportabel war, Vieh, Lebensmittel, Möbel, Betten und Hausrat, zur endgültigen Ausplünderung bereitzustellen.
Auch die unvernünftige Kreatur litt unsäglich unter den Freveln der Menschen. Selbst alte, harte Waldarbeiter, mit denen ich in den letzten freien Tagen Gräber schaufelte, wurden weich und wischten sich die Augen, wenn sie ohnmächtig zusehen mußten, wie die kostbaren Herdbuchrinder zu Hunderten die Straßen entlang zu größeren Sammelstellen getrieben wurden, wo sie dann an den sich rasch ausbreitenden Seuchen zugrunde gingen. Das Klappern ihrer Hufe wurde übertönt von dem schmerzlichen Brüllen der durstigen, hungrigen und ungemolkenen Tiere und von den verdrießlichen Rufen der rohen Treiber, meist aufgegriffener Marodeure und Jugendlicher. Was unterwegs vor Ermüdung zusammenbrach, blieb liegen.
Doch selbst in diesem grauenvollen Untergang erlebten wir einen tröstlichen Triumph über die stupide Gewalt. Auf einer Anhöhe ging mitten in einer Herde eine große, starke Kuh auf der Straße zu Boden und blieb liegen. Weder Brüllen und Fluchen, noch Stoßen und Schlagen rückten auch nur ihren Schwanz von der Stelle. Den für den Treck verantwortlichen Iwan sah sie einfach dumm an, bis er sie in Ruhe ließ. Er war aber noch keine zwanzig Schritt die Straße weitergezogen, da sprang die gescheite Kuh auf die Füße, machte kehrt und galoppierte mit gestrecktem Zagel nach Hause. Sie wußte offenbar besser als wir, wie mit dem neuen Regime umzugehen war.
Am jammervollsten war das Elend der von der Truppe zurückgelassenen kranken Pferde. In Rudeln streunten sie über die verschneiten Felder und knabberten an Strohhaufen und Baumrinden. Vergeblich schlugen sie mit ihren Hufen auf die dicke Eisschicht der tief eingefrorenen Teiche. Nachts ka-

men sie auf die Höfe, um Schutz vor der Kälte zu finden, aber die Ställe waren entweder offen und kalt oder verschlossen. Wo noch ein altes Pferd oder Fohlen übriggeblieben war, suchten die Leute es vor der Ansteckung durch die verseuchten Pferde zu schützen, auch wenn es ihnen das Herz brach, die armen Gäule stundenlang an die Stalltüre klopfen zu hören. Wenn Hunger, Kälte und Fieber die Kräfte der Tiere verzehrt hatten, blieben sie an einer vom Wind geschützten Stelle bewegungslos stehen, bis sie umfielen.

Zwei solcher verendender Pferde fand ich in der Frühe eines der letzten Tage in Werrs Garten. Das schwächste lehnte an einem Birnbaum und ließ den Kopf fast zu Boden hängen. Aus einer offenen Halswunde sickerte dicker Eiter bis zum Maul herab. Ich versuchte, ihm eine Brotkruste zu reichen, aber es fraß nicht mehr. Es öffnete nur noch einmal das edle, große Auge, aus dem mich vorwurfsvoll das unsägliche Elend der stummen, geschundenen Kreatur anklagte.

Seit die NKVD mit der systematischen Plünderung alles beweglichen Gutes begonnen hatte, lebten wir Tag und Nacht in neuer, ständiger Unruhe. Die einzige Zeit, in der wir hoffen durften, nicht belästigt zu werden, war während jener Nächte, die von dem Gebrüll der Orgien widerhallten, denen sich die Russen mit ihren Freunden hingaben, sooft sie etwas Trinkbares auftrieben. Wir konnten dann auch am sichersten zusammenkommen, um das heilige Opfer darzubringen. Um möglichst vielen den Trost der heiligen Sakramente zu geben, wechselte ich jeden Tag den Unterschlupf.

»Sie sind alle tot!«, hatte der sonst etwas ›schoarsche‹, das heißt leicht unterbelichtete Hofknecht Franz seinen Nachbarn zugerufen und damit seinen Brotherrn, dessen Frau und Bruder gemeint. Sie wohnten an der gefährdeten Straße nach Heilsberg, und ich wartete, bis ich einen alten Mann fand, der bereit war, mit mir zu diesem Hof hinüberzugehen und nachzusehen, was geschehen sei. - Ich ahnte nichts Gutes, als ich schließlich den einst so blitzblanken Hof betrat. Der Besitzer war jener reiche Bauer gewesen, der dem polnischen Mädchen und ihrem Säugling keine Wolle gegeben und an

Weihnachten ›Caruso‹ nicht einmal mit einer Tasse schwarzen Kaffees das Herz erwärmt hatte.
Auf der Treppe des Hauses stand ein bärtiger Soldat mit asiatischen Gesichtszügen und gezückter Maschinenpistole. Ich ging klopfenden Herzens auf ihn zu und versuchte, ihm im besten Russisch, dessen ich mächtig war, mitzuteilen, daß ich gekommen sei, die Toten zu begraben. Ohne ein Wort zu sagen, stieg er die Treppe herunter und verließ den Hof. Doch aus dem Hause drang Lärm. Mein Begleiter und ich wagten nicht, hineinzugehen. Wir sahen uns erst in der Scheune, dann in den Schuppen und schließlich im Schweinestall nach den Toten um. Im Schweinestall fanden wir weder Leichen noch Schweine. Ich entdeckte aber ein tragbares Paar alter, enger, gestreifter Sonntagshosen, die ich unter meinen anderen Sachen anlegen konnte. So verleibte ich sie meiner Garderobe ein, in der Absicht, sie unter meiner geräumigeren Hose wie ein Doppelfenster zum Schutz gegen die Unbilden der Witterung zu tragen, denen ich dieses Jahr etwas länger als gewöhnlich ausgesetzt zu werden fürchtete.
Während wir uns noch in den Stallungen aufhielten, trat ein Trupp plündernden Gesindels, etwa ein Dutzend Polen und Russen, Männlein und Weiblein, mit Beute beladen aus dem Haus. Wir glaubten, wir seien nun sicher und könnten endlich das Wohnhaus betreten; doch als wir näherkamen, hörten wir noch immer Geräusche. Mein Begleiter schlich vorsichtig um das Haus herum, um die Ursache des Lärms zu ergründen. Er spähte durch eines der Fenster und sah ein Kalb und eine große Sau in der Wohnung herumgeistern. Wir faßten Mut und traten ein. Nach dem Gestank zu urteilen, hatten die Tiere es verstanden, sich recht gemütlich im Wohnzimmer und anschließenden ›Salon‹ einzurichten. Papiergeld, gute Kleider, Familienbilder hatten sie als Lagerstätte benutzt. Das ›liebe Geld‹ aller Sorten, von Tausendmarkscheinen aus der Zeit Kaiser Wilhelms bis zu Reichsmarkscheinen Hitlers, lag über den Fußboden verstreut und war in den Kot getreten.

Inmitten dieser grausigen Umwertung der in diesem Haus bisher gültigen Werte fanden wir endlich auf der Schwelle zwischen dem Wohnzimmer und dem ›Heiligtum‹ der Guten Stube die Leiche des Bauern liegen; daneben lagen die seiner Frau und seines älteren Bruders. An den Quetschungen im Gesicht und am Körper konnte man sehen, daß die Tiere über die Toten hinweggeklettert waren. Die feinen wollenen Kleider und die Pelze, mit denen die Leichen bepackt waren, waren so verschmutzt, daß kein Leichenfledderer sie angerührt hatte. Neben ihnen lagen noch zwei große Bündel guter Sachen, die aus den Vorratsschränken aussortiert zu sein schienen, aber den durchziehenden Plünderern offenbar zu schwer zu transportieren waren. Der Anblick war so grauenerregend und der Gestank so unerträglich, daß mein Begleiter es nicht aushalten konnte, mir bei der Bergung der Toten zu helfen. Er wandte sich ab und lief entsetzt davon.

Die Szene war so spukhaft, daß ich im ersten Schock das Furchtbarste noch gar nicht sah: Gleich dem zynischen Gegenbild eines Totenkranzes waren die Leichen von großen Knäueln frisch gesponnener Schafwolle umrahmt. Davor lagen die Säcke, in denen sie in der Tiefe der ausgeraubten riesigen Eichenschränke gehortet worden waren. Auf der Suche nach kostbareren Wertsachen hatten die Plünderer sie vor den Leichen ausgeschüttet und achtlos liegenlassen. Sie konnten nicht ahnen, wie bezeichnend der Ruheplatz war, den sie diesen Menschen bereitet hatten, die nur wenige Wochen zuvor um eines einzigen dieser Wollknäuel willen ihre polnische Magd in die Verzweiflung und zum Mord ihres Kindes getrieben hatten.

Mit einem Päckchen aufgefundenen Schnupftabaks gelang es mir schließlich, einen alten Instmann, der als Viehtreiber aus dem Nachbardorf bei uns vorbeikam, zu bewegen, bei der Bestattung der Leichen im Garten zu helfen. Als ich ihn bat, die Totengebete mit mir zu sprechen und Gott zu bitten, das schaurige Ende dieses stolzen Bauerngeschlechts zur Sühne für alle ungesühnte Schuld auch der vorausgegangenen Geschlechter unserer Gemeinde anzunehmen, nickte mein Helfer so kräftig, daß ihm ein Tropfen von der Nase auf den Weihwassersprengel fiel: »Ja, die Alten waren noch viel genauer; als ich in jungen Jahren als Knecht bei ihnen arbeitete, gab die Großmutter uns nur die gelben Kanten vom Speck in den Mus. Die Junge schnitt schon mal was Durchwachsenes ab. Der Großvater zahlte den Lohn auf der Treppe aus, der Sohn schon in der Stube, aber ›wirtschaftlich‹ war auch er. Das lag im Blutchen.«

Meine Zeit war nur noch kurz bemessen. Die NKVD in Stolzhagen hatte strengen Befehl gegeben, daß alle Einwohner in den nächsten Tagen in Wernegitten zu erscheinen hätten, und sie hatte schwere Strafen angedroht, wenn auch nur ein einziger diesem Befehl nicht nachkommen würde. Ich mußte mich also beeilen. Ich hatte aber bis jetzt noch nicht Zeit gefunden, ein kleines Gehöft auf dem Abbau aufzusuchen. Dort hatten mehrere Familien Zuflucht gefunden. Auch mußte noch etwas für die gefallenen deutschen Soldaten geschehen.

Mit einem kleinen Trupp alter Männer machten wir uns noch am gleichen Nachmittag zum Ziegenberg, der kleinen Anhöhe am Eingang des Dorfes, auf, wo unsere Soldaten ihren letzten Widerstand geleistet hatten. Mehrere Gefallene lagen noch immer unbeerdigt auf den Feldern.

Wir versuchten, die ausgeplünderten Leichen zu identifizieren. Bei denen, die ihre Erkennungsmarke nicht mehr hatten, fanden wir wenigstens einige Briefe oder ein Notizbuch, aus denen wir Namen und Adressen entnehmen konnten. Die Bilder ihrer Angehörigen, Eltern, Frauen, Bräute, Kinder, lagen verstreut neben den in ganz neuen gefütterten Uniformen erfrorenen Toten, zusammen mit Briefen, die mitunter gerade in ihrer Banalität erschütternd waren. Die Skala der persönlichen Besitztümer reichte von Bibeln und Rosenkränzen, von säuberlich geführten Tagebüchern, von echten Zeugnissen der Liebe hinunter zu obszönen Photos und der Mitgift des Lasters.

Beim Bergen der verstreuten Gefallenen entdeckten wir die

Leiche eines russischen Soldaten, die von einem russischen Panzer in einer Ackerfurche platt gewalzt war. Ich benachrichtigte vorsichtshalber den russischen Feldarzt und bat ihn, jemand zu schicken, der die Leiche identifizieren könne. Er gab mir einen freundlichen älteren Sibiriaken mit. Wir kannten uns schon. Einige Tage zuvor hatte er seine blaue Nase ausgerechnet in dem Augenblick in Frau Hirschbergs Küche gesteckt, als ich der Familie samt dem taubstummen Jungen die heilige Kommunion reichte. Leise und behutsam hatte er nur um ein Ei für seine Kranken gebeten und war dann ruhig wieder gegangen, um uns nicht weiter zu stören.
Als er jetzt gemächlich neben mir trottete, erzählte er mir, daß seine Frau weinend daheim in Sibirien auf ihn warte. Bevor sich der gutmütige Iwan mit der Leiche seines Kameraden befaßte, hob er ein deutsches Gewehr, das in der Nähe lag, vom Boden auf, prüfte es mit Kennermiene, feuerte einen Schuß ab, warf dann seine russische Flinte weg und hängte sich die deutsche um den Hals. Dann buddelte er mit dem Bajonett den Leichnam aus.
Es war kein Wunder, daß der Mann von einem seiner eigenen Tanks überfahren worden war. Seine russische Uniform war unter zwei blauen Zivilanzügen und einem gefütterten deutschen Tarnanzug verborgen. Sämtliche Taschen hatte er mit Eßbestecken, Silberlöffeln und anderem Beutegut vollgestopft. Er hatte sich spezialisiert, aber offenbar übernommen. - Der alte Rotarmist machte nicht einmal den Versuch, diesen Mann zu identifizieren; er stocherte nur mit seinem Bajonett um ihn herum und wiederholte immer wieder: »Woina sslaa! Der Krieg ist schlecht!« Und er fügte mit entsprechender Geste hinzu: »Matka - seine Mutter - wird weinen!«
Darnach wandte er sich ab und wies uns an, den Mann in dem russischen Massengrab zu beerdigen, in dem schon dreizehn andere russische Soldaten lagen. Das Grabzeichen bestand aus einem etwa eineinhalb Meter hohen, nach oben zugespitzen blauen Pfahl mit einem roten Stern aus Konservendosenblech. Unser sibirischer Freund war sehr stolz, uns zei-

gen zu können, daß er imstande war, die auf dem Monument aufgezeichneten Namen der gefallenen Rotarmisten zu lesen.

Als ich endlich wieder allein war und durch die sinkende Dämmerung schritt, dachte ich an alle, die in meiner kleinen Pfarrei während der letzten Woche dahingegangen waren. Der ›Terror der Nacht‹ schien für uns Tod an Seele und Leib bestimmt zu haben. Verzweiflung und Furcht im Herzen, Leiden aller Art am Leibe, Verwüstung ringsum, die geliebten Menschen jedes einzelnen tot, krank, geschändet oder in Gefahr - das alles war der natürliche Tod, dem niemand entfliehen konnte, selbst wenn einer übrigblieb, als sei er noch am Leben. Aber inmitten des Todes stand der Glaube gleich einem grünen Baum, und dieser Glaube bezeugt: »Wenn Christus, der euer Leben ist, erscheinen wird, dann werdet auch ihr mit ihm erscheinen in der Herrlichkeit.«

Meine größte Freude in diesen Tagen war, daß meine Gläubigen nach dem ›Brot des Lebens‹ geradezu hungerten, wie sie es niemals zuvor getan hatten. Auch konnte ich förmlich mit Händen greifen, daß bei denen, die lebendigen Glauben hatten, er in diesen Tagen wuchs und reiche Frucht brachte. Selbst solche, die sich in friedlichen Zeiten durch nichts hätten bewegen lassen, ihrem Gott mehr zu geben, als was sie in ihrem in den Kinderschuhen steckengebliebenen Glauben für ihre ›religiöse Pflicht‹ hielten, waren jetzt wie umgewandelt. Dieses Erlebnis war ein Geschenk, für das mir kein Preis zu hoch erschien.

In der Kraft dieser Freude führte ich meinen Rundgang über das Totenfeld meiner Gemeinde zu Ende und besuchte endlich auch den abgelegenen Hof der Familie Zyball. Wir hatten keine genaue Nachricht von ihnen, nur, daß Mutter Zyball am Leben war und Hilfe brauchte. Als ich das Haus betrat, wahrten alle ein beklommenes Schweigen. Doch als ich auf die Frage der Mutter nach dem heiligen Sakrament bejahend nickte, weinten sie vor Freude.

Nachdem alle ihre Danksagung beendet hatten, führte mich Frau Zyball in die Scheune. Der Anblick war so grausig, daß

viele Plünderer dieses Gehöft fluchtartig wieder verlassen hatten, sobald sie das Scheunentor öffneten.
Gleich der erste Russe hatte den alten Küster Achzenick erschossen. Bauer Krause, ein Flüchtling aus einem Dorf bei Allenstein, und Vater Zyball mußten die Leiche in die Scheune tragen. Zwei Soldaten begleiteten sie und erschossen sie von hinten, allem Anschein nach, während sie die Leiche von Küster Achzenick auf den Boden legten. Neben ihnen lagen die mit Kugeln durchsiebten Leichen von Opa Hippel und einem anderen alten Mann von über achtzig Jahren. Diese beiden Greise hatten das Unglück gehabt, vom Füttern ihrer letzten Kuh auf den Nachbarhöfen gerade des Wegs zu kommen, als die Soldaten wieder aus der Scheune heraustraten.
Wir gingen gleich ans Werk, das Begräbnis im Garten vorzubereiten. Am energischsten und eifrigsten packte dabei Frau Radau zu. Ich war verwundert, denn die beiden Frauen hatten es als Nachbarn schwer miteinander gehabt. Frau Radau wurde weder mit ihrem Mann noch mit ihren Kindern fertig, und auch mit dem Kleinvieh geschah ab und an etwas, was die überaus ordentliche Nachbarin nicht ohne erheblichen Ärger hinnehmen konnte. Wie erklärte sich die jetzige Eintracht? Mutter Achzenick, der trotz ihres Herzleidens so leicht nichts entging, was sich im Dorf ereignete, klärte mich auf. - Nach dem Schreckenstag hatte Mutter Zyball nur noch zwei Rundsel Brot im Haus und kein Stäubchen Mehl mehr, um für die vielen hungrigen Mäuler neu zu backen. Als sie eben diese traurige Feststellung machte, klopfte es an die Tür. Frau Radau stand draußen und bat um Brot; in ihrem Haus sei für ihre fünf Kinder auch nicht ein Krümelchen mehr da. Ohne auch nur eine Sekunde zu zögern, gab Frau Zyball ihrer Nachbarin eines von ihren beiden letzten Broten.
Bald danach kam wieder ein Trupp Russen auf den Hof; der Offizier, der sie anführte, verlangte den Bauern zu sprechen. Als er die sieben Kinder sah, fragte er die Mutter, ob das alle seien. Frau Zyball berichtete dem Offizier, daß ihre Toch-

ter Luzia ›zum Kartoffelschälen‹ fortgeführt worden sei und daß sie auch nicht wisse, was mit ihrem ältesten Sohn Erich geschehen sei. Dann führte sie den Offizier in die Scheune und zeigte ihm den Vater der großen Familie neben den anderen vier Männern tot auf dem Boden.
Der Offizier schüttelte den Kopf. »Das war die SS!« meinte er. »Die SS war gar nicht hier«, sagte Frau Zyball, »russische Soldaten haben alle diese alten Männer erschossen.« Der Offizier schüttelte nochmals den Kopf und stob mit seinem Gefährt davon. Wenige Stunden später war er wieder da, diesmal mit einem vollbeladenen Schlitten. Strahlend brachte er persönlich drei Säcke weißes Mehl, zwei Säcke Zucker und ein großes Stück Speck in die Stube, küßte die Kinder und ging zur Tür. »Woina sla«, sprach er vor sich hin, als er nochmals nach der verwaisten Familie schaute, bevor er verschwand.
In der Scheune waren genug Kartoffelsäcke und Bretter. Wir hatten inzwischen Übung als Totengräber und kamen mit unserem Werk gut voran. Als wir im vollen Zug bei der Arbeit waren, standen plötzlich vier Mongolen vor uns, die gezückte Waffe in der Faust. Lautlos wie Katzen hatten sie sich an der Wand herangeschlichen. Doch die Arbeit, mit der sie uns beschäftigt fanden, schien ihnen nicht geheuer zu sein, und so verschwanden sie ebenso leise, wie sie gekommen waren.
Als ich am nächsten Morgen um fünf Uhr wieder die Wohnstube der Familie Zyball betrat, fand ich sie in eine kleine Kapelle verwandelt. Während der Nacht hatte es sich herumgesprochen, daß nun endgültig der Termin festgesetzt sei, an dem wir alle nach Wernegitten zur Registrierung gehen mußten. Die Stube füllte sich zu dieser letzten Messe in meiner Gemeinde. Natürlich waren auch Werrs herübergekommen. Die Mutter hatte zusammen mit Monika die Leichen ihres Mannes und Ursulas ausgegraben und bat mich, sie auf den geweihten Friedhof zu überführen. - Unsere Begräbnisprozession setzte sich bei Morgengrauen in Bewegung. Niemand trat uns in den Weg. Ein krankes Pferd, das bis-

her noch nicht requiriert war, zog den Schlitten mit der traurigen Last der aus Scheunenbrettern roh gezimmerten Kastensärge.
Kurz vor dem Dorf mußten wir halten, um einen heranrasenden Kutschwagen passieren zu lassen. Sechs ausgelassene Russen saßen um die totenblasse Margret Funk herum, jenes fünfzehnjährige Mädchen, das wir in Tante Elisabeths Kartoffelkeller verborgen hatten. Die Soldaten waren durch den unerwarteten Anblick unserer Prozession sichtlich verblüfft, bremsten und starrten uns an. Im Talar mit dem Kreuz auf der Brust trat ich vor und rief: »Margret, wohin fährst du?« Schneebleich mit schreckensweiten Augen schrie sie gellend zurück: »Drei Tag' Schucke schäle!« »Komm lieber gleich heem!« rief ich zurück. Die Soldaten guckten sich unschlüssig an, aber schließlich knallte die Peitsche, und sie fuhren im Trab weiter.
Unsere Totenprozession zog nun noch langsamer dem Friedhof entgegen. Als wir dort ankamen, warteten die Eltern Funk am Tor auf uns. Die verzweifelte Mutter war untröstlich, Margret war ihr drittes Kind, das auf diese Weise verschwand.
Wir hatten das Grab noch nicht fertig ausgehoben, als das Tor aufflog und Margret atemlos angerannt kam und sich ihrer Mutter in die Arme warf. »Wie bist du nur weggekommen?« fragten wir alle auf einmal. »Ich weiß es selbst nicht«, sagte sie, »sie fuhren grad über den Berg, da hielten sie den Wagen an und ließen mich laufen!« Die Freude über die Errettung des Mädchens beschleunigte unsere Arbeit und ließ uns das Begräbnis in geradezu froher Stimmung beenden, so daß wir die Einladung einer Frau nicht ablehnten, bei ihr einen Leichenschmaus mit Kuchen zu halten. Sie war vor Freude über Margrets Errettung rasch heimgelaufen und hatte irgendwo etwas Mehl, Zucker und Eier »organisiert«. - Bei diesem ›Zärm‹, wie der Leichenschmaus im Ermland genannt wird, kamen wir dann überein, am folgenden Morgen gemeinsam zur Registrierung nach Wernegitten aufzubrechen.

Jeder hatte nun seine eigenen Vorbereitungen zu treffen. Am lauwarmen Ofen Tante Annas fand ich die gestreifte Sonntagshose wieder, die ich aus dem Schweinestall geerbt hatte. Sie war inzwischen gewaschen, aber nach drei Tagen immer noch nicht ganz trocken. Tante Elisabeth hatte die langen Wollstrümpfe, die sie mir in Aussicht gestellt hatte, zu Ende gestrickt. Die Frau meines Vetters Josef hatte mehr Brot, Speck und eingedoste Lebensmittel für mich bereitgestellt, als ich in meinem Rucksack verstauen konnte. Ein zehn Pfund schweres Stück Speck, das die Nachbarin herüberbrachte, konnte ich nicht mehr tragen.
Zum letzten Mal stieg ich den Kirchberg zu unserem Gotteshaus hinauf und befahl meine zerstreute, geschändete Herde der Sorge des Guten Hirten. Wir waren ja nicht die erste Christengemeinde, die gerufen war, in der Heimsuchung und Verstreuung zum Vollalter des Herrn heranzuwachsen.
Während ich in der Kirche kniete, kuschelten sich ein Paar junger, rassiger Langhaardackel um meine Beine. Herrenlos, halb verhungert und frierend irrten sie umher, ein getreues Abbild meiner Pfarrkinder.
Mit einem letzten Blick nahm ich Abschied von dem mir ans Herz gewachsenen Gotteshaus, das dann mit einem großen Loch im Dach und zerschlagenen Fenstern noch einmal zu mir herübersah. Ich nahm Abschied von meinem Pfarrhaus, von den Prozessionswegen, von den einst so friedlichen Wiesen und von allem, was mir Heimat gewesen war.
Noch war mir der schwerste Abschied aufgespart, die Trennung von meinen Pfarrkindern. Als wir in Wernegitten ankamen, wurden alle Süßenberger in ein verlassenes Haus gewiesen. Dort wurden wir jeweils zu ungefähr vierzig Personen in einen Raum gepfercht und konnten zunächst nichts tun als warten. Die Registrierung wurde im ehemaligen Wohnzimmer des Hauptlehrers vorgenommen. Am einstigen Familientisch saß der Schreiber, und neben ihm stand mit gelangweilter Miene der Kommandant. Doch das eigentliche Kommando hatte die dicke Polin, die ich einige Tage zuvor mit dem Akkordeon angetroffen hatte. Sie saß neben dem

Schreiber und strickte Socken. Jedesmal wenn der Registrator seine Eintragungen gemacht hatte, blickte er fragend zu ihr auf. Er erhielt immer die gleiche Antwort, ganz gleich, ob ein Halbwüchsiger, ein Greis, ein Invalide oder Krüppel vor ihm stand: mit einer Abwärtsbewegung ihrer Stricknadel entschied sie über das Los des ihr vorgeführten Opfers: »Weg mit ihm!«

Als die Reihe an mich kam, hatte ich den blinden und lahmen Heinrich Matthew am Arm, der im Krieg beide Augen und ein Bein verloren hatte. Der Schreiber zögerte einen Augenblick. Doch die Stricknadel winkte abwärts wie gewöhnlich. Auf meinen Einspruch, dieser Mann sei doch völlig hilflos, gab sie die stereotype Antwort: »In der Sowjetunion gibt's keine Invaliden!« Da ich noch beide Augen und Beine hatte, sah ich ein, daß es zwecklos war, mich nochmals auf den schweren Schaden an meiner Lunge zu berufen.

Nach der Eintragung in die fatalen Listen der neuen ›Verwaltung‹ waren wir Gefangene, wie wir bald spüren sollten. Wir wurden unverzüglich in verschiedene Arbeitsgruppen eingeteilt. Die Arbeit bestand zunächst im systematischen Ausplündern der Dörfer in einem Umkreis von zehn Kilometern, deren Bewohner zur ›Registrierung‹ in Wernegitten weilten.

Pfarrer Langwald und ich wurden dazu abgestellt, das Beutegut abzuladen. Die von lahmen Pferden gezogenen Wagen kamen hochbepackt daher; unten lagen Getreide- und Mehlsäcke, darüber stapelten sich Klaviere, Möbel, Waschmaschinen, Wanduhren, Nähmaschinen, Butterfässer, landwirtschaftliche Geräte, Betten, Matratzen, ja selbst rostige Wasserpumpen und Haustüren. Als wir die Säcke mit Roggen, Weizen, Hafer und Gerste ins Schulhaus schleppten, las ich viele vertraute Namen auf den Eigentümerstempeln. Es war das Saatgetreide für das Frühjahr, das hier durcheinandergeschüttet wurde.

Sobald die Anfuhren stockten, mußten wir Schrott, alte Fahrzeuge und Maschinen eine Böschung hinunterstoßen, um Platz für weitere Beutehaufen zu machen. Bis in die Nacht hinein waren wir beschäftigt und vergaßen dabei unsere Sorgen, bis ich dem alten Schneider Matthew, dem Vater des einbeinigen, blinden Heinrich, vor einem Stapel im Schnee zusammengeworfener Nähmaschinen in seine verzweifelten Augen sah. Er zeigte mir seine alte ›Singer‹. »Sehen Sie, da liegt meine! Zweiunddreißig Jahre lang hat sie mir treu gedient und meine neun Kinder ernährt. Was soll nun aus ihr und aus uns werden? Wenigstens das Schiffchen habe ich gerettet. Niemand wird sie benutzen können.« Ich konnte ihn nicht trösten. Binnen kurzem würde seine getreue Nähmaschine ohnehin über die Böschung zum übrigen Schrott geschmettert werden.

Die letzte Sorge unseres Aufräumkommandos galt den Leichen, die unbestattet auf den Höfen und Feldern lagen. Wir Priester erwirkten schließlich die Erlaubnis, sie zu sammeln. Mit Rodelschlitten schleppten wir sie auf den Friedhof, um sie in einem großen Massengrab zur Ruhe zu legen. Wir brachten über fünfzig Tote zusammen, unter ihnen fünfzehn Soldaten, viele von ihnen furchtbar verstümmelt. Hinter dem Höpfnerschen Gehöft allein fanden wir vier ermordete Frauen und Mädchen und zwei alte Männer. Noch einmal zog das ganze Grauen des Totentanzes der letzten Wochen an uns vorüber.

Ohne die guten Nerven und das Geschick unseres Seniors, des Pfarrers Podlech aus Reichenberg, der hier in der Nacht vorher zu uns gekommen war, hätten wir die uns gestellte Aufgabe nicht erfüllen können. Dank seiner Findigkeit und Ausdauer vermochten wir auf dem letzten Gang über einen verschneiten, gepflügten Acker einer untröstlichen Mutter Gewißheit über das Schicksal ihrer jüngsten Tochter zu verschaffen. Dem jungen Mädchen war es gelungen, den Schändern ihrer Schwester und ihrer Mutter zu entkommen. Ihre Verfolger hatten ihr einige Salven aus ihren Maschinenpistolen nachgefeuert, und seither hatte jede Spur gefehlt. - Am Ende des Feldes in der Nähe des Weidegartens entdeckten wir schließlich etwas, das wie ein zu kurzer Zaunpfahl aussah. Als wir näherkamen, erkannten wir einen steifgefrorenen, steil aufgerichteten Frauenarm. Irgendwelche Leichenfledderer mußten sich an der Toten zu schaffen gemacht und sie in die Furche gedreht haben. In der erstarrten Faust hielt das Mädchen das Kreuz des Rosenkranzes umklammert. Die Mörder und Plünderer haben gewiß nicht geahnt, welch ein Siegesdenkmal sie auf dem abgelegenen Sturzacker errichtet hatten.

ICH BIN DENEN GLEICH GEACHTET, DIE ZU GRABE GEHEN

Von Pilatus zu Herodes

Die Frauen, die in Gruppen zu dreißig die Pferdekadaver in eine Sandgrube schleppen mußten, hatten es zwischenhinein fertiggebracht, für uns eine Mahlzeit zu kochen. Ich hatte gerade angefangen, ein paar Kartoffeln zu essen, als zwei Posten mit gezogener Pistole in die überfüllte Stube hereinstapften und allen Männern herauszukommen befahlen. Ich langte nach meinem Rucksack und meiner Ledertasche und schloß mich dem Trupp der Männer an, die von den zurückbleibenden Frauen mit angstvollen Augen verfolgt wurden. Wir wurden zu zweien mitten auf der Dorfstraße aufgestellt. Ungefähr zehn Soldaten der NKVD liefen hin und her und schwangen dabei die geflochtene Lederpeitsche, die ›Nagajka‹, ein trauriges Überbleibsel aus der Zarenzeit.
Wir verstanden zu wenig von ihrer Sprache, um herauszubekommen, warum die Wachleute sich so lebhaft stritten. Aber eins hatten wir bald heraus: die russischen Zahlen. Bis zum Überdruß wiederholte ein etwa dreißigjähriger Iwan die Zahlenreihe: »Ras, dwa ..., tschetiri ...«, während er die Kugeln seines primitiven Rechenbretts hin und her schob. Endlich schien er sicher zu sein, daß sein Ergebnis, vorwärts und rückwärts, immer das gleiche blieb: zweiundzwanzig.
Die Auseinandersetzungen zwischen den Soldaten dauerten an. Schließlich trieben sie uns hinter eine Scheune, wo wir dem Blick eines etwa zufällig vorbeikommenden höheren Offiziers entzogen waren. Sie plünderten uns nochmals gründlich aus, konnten sich aber anscheinend nicht einigen, wer uns abzuführen habe und wer bei dem Beutegut zu belassen sei. Erstaunt beobachteten wir, daß die gemeinen Soldaten ihren Vorgesetzten wenig Respekt zollten. Von der militärischen Disziplin der Fronttruppen hatten wir einen ganz anderen Eindruck gewonnen.

Es war klar: die Schlinge war um unseren Hals gelegt, aber wir blieben in quälender Ungewißheit, ob und wann sie zusammengezogen werden würde. Zwei angstvolle Stunden sahen wir dem Streit der Soldaten zu, bis sie schließlich zu einer Entscheidung kamen. Ein von zwei Pferden gezogener Erntewagen, auf dem ein halbes Dutzend Fahrräder lagen, fuhr vor; einige Posten stiegen auf und befahlen uns, hinterdrein zu marschieren. Das übrige Wachpersonal folgte auf den Fahrrädern.

Als wir an der Dorfschule vorbeitrotteten, stürzte eine ältere, resolute Frau auf den Wachtmeister am Ende des kümmerlichen Zuges zu und wies mit lebhaften Gesten auf ihren etwa siebzigjährigen, weißbärtigen Mann hin, der mühsam mithinkte. Ohne Widerrede und unbemerkt von der Mehrzahl der übrigen russischen Soldaten, ließ der Führer des Trupps den alten Mann laufen und bedeutete ihm, mit seiner Frau schleunigst zu verschwinden.

Wir übrigen schulterten unsere Bündel und Rucksäcke und machten uns unsere Gedanken. Wie lange würde dieser Marsch wohl dauern? Ich fürchtete, die Strecke bis zum Ziel werde weit und schwer sein.

Nach einigen Kilometern mußte ich die Pelzjoppe aufknöpfen, die ich von Herrn Werr geerbt hatte. Das scharfe Tempo des Marsches brachte mich in Schweiß. Später mußte ich auch die Knöpfe des leichteren Mantels lösen, den ich unter dem Pelz trug. Einige der älteren Männer stöhnten, aber wir mußten weiter. - Vom Stadtrand aus sahen wir die vergoldete Statue des Erzengels Michael auf der Spitze des Kirchturms hell in der spätnachmittäglichen Sonne leuchten. Das rote Ziegeldach auf den vier Türmen des alten Bischofs-Schlosses glühte wie Feuer, und der Schnee glitzerte in der Sonne. Die Straße war mit zurückgelassenen Schlitten übersät, mit zerbrochenen Wagen, Karren, Betten, Gepäck, Pferdekadavern - stummen und doch beredten Zeugen eines grauenvollen Untergangs.

Hinter der Stadt hielten die Posten den Wagen einen Augenblick an und befahlen uns, unser Gepäck hinaufzuwerfen.

Wie befreit trotteten wir weiter. Um die Heilsberger Sendestation des Königsberger Rundfunks hatten offensichtlich schwere Kämpfe getobt. Soweit das Auge reichte, waren die Bauerngehöfte bis auf die Grundmauern niedergebrannt.
Zwei weitere Stunden scharfen Marsches brachten uns endlich nach Großendorf, einem neu eingerichteten Standort der NKVD. Auf dem Dorfanger befahl man uns zu halten und ließ uns dann stehen. In unserer schweißdurchtränkten Kleidung klapperten uns bald die Zähne in der eisigen Winternacht. Das Hin- und Herhetzen im Ort während der folgenden Nachtstunden brachte uns kaum Erleichterung. Die Wachen trieben uns mehrmals von einem Ende des Dorfes zum andern. Dann mußten wir wieder zurück zum Stabsquartier der NKVD, wo wir abermals endlos zu warten hatten. Da dort noch niemand Zeit für uns hatte, mußten wir wieder woanders hingehen. Von Pilatus zu Herodes, von Kaiphas zu Annas - irgendwer hatte offenbar die Absicht, uns in dieser Nacht noch zu verhören.
Schließlich zog eine neue Wachabteilung auf. Sie begann ihren Dienst damit, sich eine ganze Weile über uns lustig zu machen. Zynisch versprach man uns, wenn wir nur erst einmal in Moskau seien, würden wir endlich lernen, was wirkliche Arbeit bedeute! Ein bißchen Wodka hatte sie offensichtlich in Stimmung gebracht. Diese Andeutungen waren neu für uns. Bisher hatten alle Russen, mit denen wir in Fühlung gekommen waren, in beachtlicher Disziplin immer wieder versichert, daß wir zu Arbeiten in unserem eigenen Land herangezogen würden.
Natürlich ließ sich die neue Wache nicht die Gelegenheit entgehen, über unsere Rucksäcke herzufallen. Der Gründlichkeit halber mußte der gesamte Inhalt des Gepäcks auf einen Haufen geschüttet werden, aus dem sich jeder der Posten heraussuchte, was ihm gefiel. Nach Abschluß der Prozedur bot uns ein freundlicher Iwan großmütig deutschen Tabak an, den er uns eben erst abgenommen hatte.
Es war bereits tiefe Nacht, als wir endlich in den Keller eines zerschossenen Hauses getrieben wurden. Wir bekamen nicht

etwa den ganzen Keller für uns, sondern wurden in zwei Kartoffelkammern gepfercht, die schon von Litauern, Polen und etwa dreißig deutschen Zivilgefangenen hinreichend voll waren. Der Zementboden des Kellers war mit einer dünnen Schicht feuchten, schmutzigen Strohs bedeckt. Da es für die Eingesperrten keine Möglichkeit zum Austreten gab, mußte ein Winkel als Abort freigehalten werden.

Unter den Gefangenen, die in der gegenüberliegenden Ecke kauerten, erkannte ich meinen Mitbruder Pfarrer Podlech von Reichenberg. Ich hätte ihn gern angestoßen, um mit ihm zu plaudern; aber ich brachte es nicht übers Herz, ihn aufzuwecken, obgleich ich wußte, daß es ihm nicht schwerfallen würde, rasch wieder einzuschlafen. Von seiner Seminarzeit her war er wegen seiner guten Nerven bekannt. Nicht die Aufregungen der Hitlerzeit und nicht einmal die Greuel der bolschewistischen Invasion hatten sein inneres Gleichgewicht zu stören vermocht. Den Kopf an Pfarrer Langwalds Schulter gelehnt, schnarchte er friedlich und regelmäßig, während ich mir von einem seiner Gemeindemitglieder einiges über die Prüfungen erzählen ließ, die er in den letzten Wochen überstanden hatte.

Wiederholte Einladungen deutscher Offiziere zur Flucht hatte er ausgeschlagen. Nach dem Einmarsch der Russen hatte er die Frauen und Mädchen, die auf seinem Pfarrhof Schutz suchten, mit großer Entschlossenheit verteidigt. Die roten Frauenjäger zerrten ihn aus seinem Haus, stellten ihn an die Wand und feuerten ein Dutzend Kugeln an seinem Kopf vorbei. Er blieb unerschütterlich. Dann trieben sie ihn mit schußbereiten Pistolen durch das ganze Dorf und sperrten ihn mehrere Tage in eine kalte Scheune. Als sie ihn schließlich freiließen, brachten sie durch ihre letzten Fragen nichts anderes aus ihm heraus als die lakonische Feststellung, daß er den Schlaf in der Scheune sehr nötig gehabt habe.

Übermüdet von den Strapazen der vorausgegangenen Woche, fiel er auch in unserem Kellerloch schnell in einen bleiernen Schlaf. Er schnarchte so kräftig, daß ich ungestört einige Beichten hören konnte.

Nach Mitternacht trieb uns ein Posten in größter Hast aus dem Keller und führte uns in ein Haus am andern Ende des Dorfes. Unser neues Gefängnis war der eiskalte und zugige Bodenraum eines Bauernhauses, das durch Artillerieeinschläge schwer gelitten hatte. Mit dem Rücken lehnte ich gegen eine Mauerspalte und wartete gespannt auf das, was uns hinter der geheimnisvollen Tür der Dachkammer bevorstand; ab und an wurde diese Tür geöffnet und ein Name aufgerufen.

Die nervöse Spannung der in der Kälte zitternden Männer wurde noch erhöht durch das Gebaren eines halbwüchsigen Jungen, der in unverfälschtem ermländischem Dialekt verdächtige Flüsterpropaganda trieb. In seiner Beflissenheit versicherte er ein über das andere Mal, er wolle uns helfen, obwohl er in der gleichen Lage sei wie wir. »In der Kammer dort sitzt der Kommissar«, instruierte er uns ungebeten. »Er hat die Mitgliederlisten der Partei und kennt die Dienstgrade eines jeden beim Militär. Er weiß auch, wie groß eure Grundstücke waren. Versucht darum gar nicht erst, ihm etwas vorzumachen. Wer die volle Wahrheit sagt, braucht keine Angst zu haben!«

Erstaunt und entsetzt bemerkte ich, daß die meisten der übermüdeten und verängstigten Männer eifrig hinhörten, was der Junge daherredete. Er gab vor, ein Evakuierter ›aus dem Reich‹ zu sein, aber sein bodenständiger Dialekt verriet seine Herkunft aus der Nachbarschaft. Mit aller gebührenden Vorsicht versuchte ich, meine arglosen Mitgefangenen davon zu überzeugen, daß der Junge offensichtlich ein ungeschickter Spitzel sei, der uns aushorchen und für die bevorstehenden Verhöre mürbe machen solle. Überzeugender als meine Bedenken wirkten die freundlichen Zurufe, die der Junge wiederholt von den russischen Posten erhielt; in wessen Diensten er stand, wurde vollends klar, als er mit einem Schlag fetter Erbsensuppe in seinem Kochgeschirr von seinem letzten Ausflug zurückkam.

Pastor Langwald allerdings blieb zuversichtlich. Er zeigte mir eine abgegriffene Mitgliedskarte einer nationalen Polenorganisation aus dem Jahre 1925. Ich konnte seinen Optimismus

nicht teilen. Von meinen Vernehmungen bei der Gestapo wußte ich, daß es grundverkehrt ist, den Inquisitoren mehr zu beantworten, als man gefragt wird. Jede zusätzliche Information macht sie nur noch mißtrauischer. Im übrigen ist das Urteil ohnehin von vornherein gefällt, so daß es ganz zwecklos ist, sich in längere Gespräche einzulassen.
Als einer der ersten wurde mein Name aufgerufen. Aus der Dachkammer, in die mich der Posten einließ, schlug mir eine stickige Hitzewelle entgegen. Ich wurde höflich aufgefordert, mich auf einen Hocker direkt vor dem überheizten Ofen zu setzen. Während ich vorsichtig einige Knöpfe meiner verschiedenen Kleiderschichten öffnete, sah ich über einen kleinen Tisch hinweg in das Gesicht des Kommissars. Er war ein überraschend sympathischer junger Beamter von ungefähr fünfundzwanzig Jahren. Seine klugen, dunklen, durchdringenden Augen glitten über mich hinweg. Bevor er ans Werk ging, schüttete er etwas Tabak auf ein Stück Zeitungspapier und rollte sich mit seinen gepflegten Händen eine Zigarette. Dann strich er sich über die gut gebügelte Offiziersuniform, fuhr sich mit den Fingern durchs Haar, breitete vier große Bogen Papier vor sich auf dem Tisch aus und winkte dem Dolmetscher, anzufangen.
Dieser saß an der rechten Seite des Tisches zwischen dem Kommissar und mir. Er sprach ein gebrochenes Deutsch mit polnischem Akzent. Die Fragen nach meinem Lebenslauf suchte ich so genau wie möglich zu beantworten, um mich bei späteren Kreuzverhören nicht unnötigen Schwierigkeiten auszusetzen. Ich berichtete wahrheitsgemäß über den Gang meiner Studien und über meine Verwendung nach der Priesterweihe. Da mein Lebenslauf von dem der anderen Befragten erheblich abwich, hatte der Dolmetscher nicht geringe Mühe, dem Kommissar meine Auskünfte zu übermitteln.
Die Lage begann ernst zu werden, als ich mich bemühte, dem Dolmetscher begreiflich zu machen, warum ich vier Jahre vor meiner Weihe außerhalb Deutschlands studiert hatte. Noch rätselhafter erschien meinem Gegenüber die Fortsetzung meiner theologischen Studien während des Krieges in Breslau.

Daß Priester so lange studieren müßten, schien ihm höchst verwunderlich, und vollends unbegreiflich blieb ihm, was unter einem ›Doktor der Theologie‹ zu verstehen sei.
Mein verdächtiges Studium schien seine Meinung zu stützen, ich sei im besonderen Dienst der nationalsozialistischen Regierung gestanden. Weder der Hinweis darauf, daß ich schon zwei Jahre vor der Machtübernahme Hitlers im Ausland studiert hatte, noch die Tatsache, daß meine theologische Arbeit nicht einmal die Druckerlaubnis von der Regierung erhalten hatte, überzeugte den Kommissar von meiner Harmlosigkeit. Selbst eine schriftliche Verwarnung von der Staatspolizeihauptstelle in Königsberg, die ich glücklicherweise bis dahin gerettet hatte, machte wenig Eindruck. Wegen der Vervielfältigung und Verbreitung der Hirtenbriefe Bischof Kallers war nämlich meine Schreibmaschine als ›staatsfeindliches Eigentum‹ beschlagnahmt worden. Auf meinen Protest hin hatte ich eine scharfe Verwarnung der Regierung erhalten, und die Gestapo hatte während der Kriegsjahre ihre besondere Aufmerksamkeit auf mich gerichtet. Meine Inquisitoren forschten weiter und wollten wissen, wann ich das letzte Mal gegen die Rote Armee gepredigt hätte. Ich versicherte ihnen, daß ich die Themen meiner Predigten immer aus dem Evangelium Jesu Christi und der Liturgie der Kirche entnommen und bisher keine Veranlassung gesehen hätte, gegen die Rote Armee zu predigen. Unvermittelt ging der Kommissar darauf zu einer Sturzflut von Fragen über meine Verwandten über. Beruf, Wohnort, Besitzverhältnisse, militärischer Rang des Vaters, der Geschwister, der Onkel wurden ausgefragt und notiert.
Zwischenhinein interessierte sich der Kommissar für die Mitglieder der NSDAP in Stadt und Land. Ich konnte ihm beim besten Willen nicht mehr nennen als einige Namen, die jeder und wahrscheinlich auch er selbst längst kannte.
Das erste positive Ergebnis des langen Verhörs war die sorgfältig notierte Feststellung, daß mein Vater nur eine einzige Kuh besaß und mein eigenes lebendes Inventar sich bislang auf vier Hennen beschränkte. Mit freundlichem Interesse ver-

nahm schließlich der Kommissar, daß meine zweiunddreißig Morgen Pfarrland an sechs verschiedene Kätner verpachtet waren. Glücklicherweise hatte mein Vater zufällig vor einigen Wochen seine zweite Kuh verkauft. Außerdem fügte es sich günstig, daß sich meine Schwester standhaft geweigert hatte, die junge Ziege, die ich für unseren Haushalt bestellt hatte, vor dem Zickeln in unseren Stall aufzunehmen. Sonst wäre ich wohl als Kapitalist eingestuft worden.

Allem Anschein nach gab der Kommissar nicht die Hoffnung auf, mich in ein nützliches Glied der sich ausdehnenden sowjetischen Gesellschaft umzuwandeln. Ohne viele Umschweife legte er mir nahe, den Priesterberuf aufzugeben und mit der sowjetischen Regierung zusammenzuarbeiten. In der sozialistischen Gesellschaftsordnung sei mein Beruf überholt. Der Vorschlag und seine Begründung wurde in verblüffend ähnlicher Weise vorgetragen, wie er mir schon zu Beginn des Krieges von einem Gestapobeamten in einem langen, höflichen Verhör in Frauenburg unterbreitet worden war. Diesmal war die Unterhaltung allerdings durch die Minderwertigkeit des Dolmetschers erheblich erschwert.

In herablassender Naivität erklärte der Kommissar, die modernen Wissenschaften hätten mit dem Aberglauben des Christentums aufgeräumt und bewiesen, daß Christus nie gelebt habe. Die Christen hätten zwei Bibeln, die einander widersprächen. Ich versuchte, das Verhältnis des Alten und Neuen Testaments am Bild des Fundaments und des darauf errichteten Hauses zu erklären. Der Kommissar gab auf meine Frage zu, weder das Alte noch das Neue Testament gelesen zu haben. Das Studium der Bibel mache es mir aber unmöglich, so versicherte ich ihm, meinen Beruf aufzugeben. Nicht nur gehe nämlich aus der Bibel hervor, daß Christus die größte Gestalt der alten Geschichte sei, von dem klare historische Zeugnisse vorhanden seien und an den die Völker ununterbrochen durch die Jahrhunderte geglaubt hätten; vielmehr lebe er noch heute. Auch das russische Volk bezeuge dies durch seinen Ostergruß: »Christos Woskresye!« Christ ist erstanden!

»Ja«, lächelte der Kommissar etwas konfus durch seine dicke Tabakswolke hindurch, »ich weiß, irgend jemand hat dieses Gerücht von der Auferstehung ausgestreut. Aber die Juden brachten es wieder zum Schweigen und zahlten dafür dreißig Rubel.«

Abschließend teilte er mir mit, ich hätte nichts zu fürchten und würde bei der nächsten Kommandantur sicher wieder entlassen werden. Als ich fragte, warum dies nicht sofort geschehen könne, bedauerte er, dies stehe nicht in seiner Macht. »Bei der nächsten Kommandantur wird Sie eine ärztliche Kommission untersuchen. Wenn die Ärzte feststellen, daß Sie für die Arbeit, die man Ihnen zuweisen will, körperlich ungeeignet sind, wird man Sie wieder nach Hause schicken.«

Bevor ich die vier vollgeschriebenen Bögen unterzeichnete, die sie mir zur viermaligen Unterschrift hinhielten, bat ich den Dolmetscher um eine Übersetzung des mir unverständlichen russischen Protokolls. Was mir vorgelesen wurde, klang recht harmlos. Ich unterschrieb.

Kurz bevor wir wieder zu unserem ursprünglichen Kellergefängnis zurückgeführt wurden, wankte Pfarrer Langwald aus der verqualmten Dachkammer, wo er ein viel längeres Verhör als ich durchgemacht hatte. Erschöpft sank er neben dem Schornstein nieder und berichtete sehr schleppend, wie es ihm ergangen war. Es sei schon schlimm genug gewesen, daß er habe zugeben müssen, vierhundert sandige Morgen Pfarrland zu besitzen, von dem er im übrigen nicht viel mehr als Ärger und Verdruß gehabt hatte. Als er aber noch seine Mitgliedskarte von dem polnischen Nationalverband hervorgeholt habe, sei der polnische Dolmetscher in helle Wut geraten und habe ihn unter wüsten Beschimpfungen beschuldigt, für die Nazis und ›die Reaktionäre in London‹ spioniert zu haben.

Nach der Rückkehr in unser Kellerloch konnten wir den tief erschütterten Pfarrer Langwald mit ein wenig Wasser stärken, das wir eben als erste russische Mahlzeit bekommen hatten. Das Wasser war aus einem nahen Teich in einer schmutzigen Milchkanne geschöpft worden. Eisstücke schwammen obenauf. Pfarrer Podlech erwachte und brachte aus seiner bunten Kopfkissenzüche einen kleinen Laib Brot hervor, den er rundgehen ließ. Ich war in der Lage, einen Streifen kalten Speck beizusteuern. Es dauerte nicht lang, bis sich die Folgen dieser ungesunden Mahlzeit zeigten: die reservierte Ecke war ständig besetzt.

Immer neue Gruppen Gefangener wurden in unseren Keller gestoßen. Wir standen schon so dicht gedrängt, daß wir uns nicht vorstellen konnten, wo noch jemand Platz zum Stehen finden sollte, als an die vierzig Mann aufgerufen und nach draußen beordert wurden. Wir drei Geistlichen waren mit dabei. Wir wurden in Reih und Glied aufgestellt und zurück nach Heilsberg in Marsch gesetzt.

In der entgegengesetzten Richtung passierten uns unablässig schwer beladene Lastwagen der Roten Armee mit Truppen und Munition. Flugzeuge strichen in kleinen Formationen niedrig über unsere Köpfe hinweg. Das alles waren grimmige Anzeichen, daß der Krieg noch immer nicht beendet war. Die Front schien aber schon weit entfernt zu sein und vermutlich in der Nähe von Königsberg zu verlaufen.

Die Straßen des Stadtrands von Heilsberg waren ebenso leer und tot wie schon einige Tage zuvor. Schweigend trottete unser Trupp dahin. Hinter der schwer bewachten Eisenbahnbrücke der Seeburger Strecke wurde uns Halt befohlen. Wir nahmen an einem Zaun des Eisenbahngeländes Aufstellung.

Durch den Marsch wieder in Schweiß gebadet, mußten wir abermals zwei lange Stunden in der Kälte stehen. Selbst Pfarrer Podlech wußte keinen rechten Rat, uns die Lage erträglicher zu machen. Vorsichtig setzte er sich auf seinen aus einem Kissenbezug gefertigten Rucksack. Doch er hatte sich kaum eine Minute auf diese Weise ausgeruht, als ein etwa zwölfjähriger, uniformierter Junge ihn zum Gaudium der Posten mit einem Fußtritt wieder aufscheuchte. Wir teilten Pfarrer Podlechs Elend. Unter dem Hohn der Posten durfte der fanatisierte halbwüchsige Rotarmist, der kaum seine schwere Flinte tragen konnte, sein Mütchen an den wehrlosen ›Fritzkis‹ kühlen.

Während wir wartend dastanden, beobachteten wir vor uns in den beiden modernen Wohnbauten am Fuß der Eisenbahnböschung eine verdächtige Geschäftigkeit der NKVD-Miliz. Wir wurden schließlich auf den Hof des einen Gebäudes geführt und fanden dort etwa zweihundertfünfzig Gefangene aufgestellt, die noch schlimmer dran waren als wir. Alte Männer, Krüppel und Jungen unter fünfzehn Jahren, die noch nicht einmal zum Volkssturm aufgeboten waren, standen hier in verschmutzten Lumpen herum. Völlig erschöpft und apathisch, boten sie ein groteskes Bild des Jammers. Einige trugen Holzpantoffeln, aber viele hatten nur Fußlappen um ihre Füße gewickelt. Einige Glückliche hatten eine grobe Decke um die Schultern geworfen, alle aber zitterten in der Kälte und starrten vor sich hin wie die sterbenden Pferde in Werrs Garten. Der Offizier, der diesen Haufen menschlichen Elends besichtigte, schien sich an dem Anblick zu weiden.
Er war fast zwei Meter groß und trug einen neuen, olivgrünen Mantel mit goldenen Schulterstücken und einen roten Emaillestern an der Offiziersmütze. Seine Uniform war eindrucksvoll, sein Gesicht jedoch durch Pockennarben entstellt. Er hüstelte dünn und schwindsüchtig und spie seinen Auswurf über den Zaun. Mit seinem Paradesäbel spaltete er ein Dutzend Latten des Gartenzauns und prüfte die Schärfe der Schneide mit einigen Hieben in einen Klumpen tierischer Eingeweide.
Als der Offizier sich ausgiebig an seiner Macht über den elenden Sklavenhaufen auf dem Gefängnishof ergötzt hatte, verschwand er. Die Posten ließen uns aber bis zum Einbruch der Dunkelheit herumstehen, ehe sie uns wie eine Horde Vieh zum Eingang eines Kellers trieben. Die älteren Männer, die in der Aufregung stolperten und zurückblieben, wurden durch Peitschenhiebe Hals über Kopf die Treppe hinuntergehetzt. Ein Wachmann riß die Tür auf, doch die Stauung auf der Treppe gab nicht nach, denn der Keller war schon völlig überfüllt. Kolbenstöße und Peitschenhiebe auf die zuhinterst Stehenden brachten das fast Unmögliche fertig: der Wall der Körper wich doch noch etwas zurück, und wir wurden hin-

eingepreßt. Es war so dunkel, daß man nicht einmal den unmittelbaren Nebenmann erkennen konnte. Unter Stöhnen und Fluchen versuchte sich die aneinandergeschweißte Masse der müden Körper zurechtzuschieben und etwas Bewegungsfreiheit zu gewinnen. Als wir uns an diese Unterkunft ein wenig gewöhnt hatten, erfuhren wir, daß wir uns in den Verliesen eines Bezirkskommandos der NKVD befanden.
Infolge der furchtbaren Überfüllung war die Luft warm und stickig. Trotzdem konnte ich in dieser Nacht den ersten Schlaf seit drei Tagen finden. Viermal wurden wir von den Wachen aufgejagt und systematisch durcheinandergebracht. Die Insassen der verschiedenen Kellerunterkünfte wurden ununterbrochen gegeneinander ausgewechselt. Einige Männer wurden aufgerufen; sie mußten sich ihren Weg durch das Gedränge boxen, um dann wieder in irgendeinen anderen und ebenso überfüllten Keller eingewiesen zu werden. Der Zweck dieses aufregenden Manövers war offensichtlich die völlige Vermischung der Gefangenen und ihre Trennung von Nachbarn und Bekannten. Während eines solchen Wechsels gelang es mir, eine Zeitlang einen annehmbaren Ruheplatz auf einem Kohlen- und Holzstapel zu finden. Nach einer weiteren Umgruppierung traf ich mit Pfarrer Langwald zusammen. Alle anderen im Morgendämmern auftauchenden Gesichter waren mir neu.
Pfarrer Langwald schob mich zu zwei Männern hinüber, die in einer Ecke auf dem Zementboden hockten. Der erste war ein Mann von ungefähr fünfundsechzig Jahren. Er hatte freundliche graue Augen und die Stirn voll feiner Runzeln. Seine Hände hielt er im Schoß gefaltet und den Kopf ein wenig geneigt. Jetzt schaute er auf und begrüßte mich mit einem herzlichen Händedruck. Als er sagte: »Ich bin der evangelische Pfarrer von Rössel«, erinnerte ich mich dankbar meiner billigen Gymnasiastenbude im evangelischen Gemeindehaus in Rössel und der herzlichen Wünsche, die mir der gute Pastor Ebel auf meinen Weg zum katholischen Priestertum mitgegeben hatte. Später hatte ich ihn nicht mehr wiedergesehen, aber wiederholt von seinem tapferen Wider-

stand gegen die christentumsfeindlichen Mächte des Dritten Reiches gehört.
Mit vielen Amtsbrüdern der ›Bekennenden Kirche‹ hatte Pastor Ebel nicht nur für die gefangenen Glaubensgenossen in seiner evangelischen Kirche öffentlich gebetet, sondern auch für die in Ketten geworfenen katholischen Glaubensbrüder. Jetzt, da er für die Verbrechen seiner erbitterten Gegner mit uns allen sühnen mußte, hatte er seine Leidensgefährten wiederholt aufgefordert, mit ihm gemeinsam Gott um Ergebung in Seinen heiligen Willen zu bitten.
Nach der ersten Andacht, die Pastor Ebel in dem Kellerloch gehalten hatte, gesellte sich ein Mann in einem braunen Überwurf und abgetragenen hölzernen Sandalen zu ihm. Mit einiger Anstrengung erkannte ich das immer noch heitere Gesicht des Pfortenbruders vom nahen Franziskanerkloster Springborn. Er ließ mit franziskanischer Gastfreundlichkeit seine Schnupftabaksdose herumgehen. Um auch etwas beizutragen, holte ich aus meinem Rucksack ein Schächtelchen mit den Resten vom Weihnachtsgebäck meiner Schwester. Natürlich waren von den ›Kuchchen‹ nur mehr Krümel übriggeblieben. Pastor Ebel entschuldigte sich, daß seine Hände so schmutzig seien, als er einige süße Krümel in seine Kappe streute. Er aß mit Hingabe und gab sich große Mühe, daß auch nicht eines in seinem Spitzbart hängenblieb.
Während wir uns mit den Kuchenkrümeln und dem Schnupftabak trösteten, bemerkte Pastor Ebel sehr nachdenklich: »Ist es nicht seltsam, daß erst die Russen kommen mußten, damit wir wieder miteinander zu unserem gemeinsamen Herrn beten? Ihr könnt euch gar nicht vorstellen, welchen Trost ich aus dem gemeinsamen Gebet mit Bruder Antonius geschöpft habe. Wir verstehen ja nicht die Wege der göttlichen Vorsehung. Vielleicht will uns Gott jetzt durch das neue gemeinsame Leiden lehren, was wir durch den Widerstand gegen unseren alten gemeinsamen Gegner noch nicht ausreichend gelernt haben.« Gern stimmte Pastor Ebel meinem Vorschlag zu, aus meiner Taschenausgabe des Neuen Testaments das siebzehnte Kapitel des Johannesevangeliums vorzulesen.

Noch ehe die Lesung beendet war, kam ein junger polnischer Dolmetscher lautlos zu uns herübergeschlichen. Jeder machte dem verdächtigen Kerl Platz, der bei Tag und Nacht überall herumschnüffelte und offensichtlich seinen Meistern mit Hingabe und Eifer diente. Er trug eine lederne Fliegerkappe. Nachdem er uns gemustert hatte, sagte er schließlich: »Fittkau, Gerhard, folgen Sie mir!«

Ich drückte rasch das Neue Testament meiner Schwester in Pastor Ebels dankbare Hände und folgte dem Mann nach draußen. Auf einem frisch angelegten Fußpfad aus Sperrholzplatten von zerschlagenen Büromöbeln führte er mich quer über den Hof, wo bereits wieder neue Gruppen von Männern warteten. Zu meiner großen Erleichterung durfte ich in der frischen Luft bleiben und wurde einem Arbeitskommando zugeteilt.

Ein jüngerer Zivilist, der dem Wachpersonal zugeordnet war, zog mich und noch einen anderen Mann aus der Formation heraus und führte uns einige hundert Meter weiter weg zu einem Haus, das einer wohlhabenden Familie gehört haben mußte. Er zeigte uns den Holzstall und bedeutete uns, wir könnten uns ruhig etwas Zeit lassen, um ein paar Arme voll Brennholz ins Haus zu tragen.

Das weiträumige Wohnzimmer des Hauses bot einen ungewohnten Anblick. An Stelle der Möbel, die auf dem Hof herumlagen, standen nun an drei Seiten des Raumes lange Bänke mit kleinen Waschbütten. An der vierten Wand war ein primitiver Ziegelofen errichtet. Darauf lag ein ehemaliges Jauchefaß, wie es die Bauern zur Berieselung ihrer Wiesen benutzen. Unter diesem Wassertank befand sich das Feuerloch. Wir hatten hier eine typische russische Badestube vor uns. Die ganze Einrichtung war ebenso einfach wie praktisch. In der Mitte des Zimmers hatten sie ein Loch in den Fußboden gehauen, um für das Wasser einen Abfluß zu schaffen.

Der Wachmann war sehr freundlich. Er erlaubte uns eine kleine Rast, bevor wir uns daran machten, den Ofen anzuheizen. In aller Ruhe sammelte mein Kamerad sodann trokkene Rinde und Späne zum Feuermachen, und wir konnten uns ungestört unterhalten. Ohne viele Umstände bekannte er, sieben Jahre lang Mitglied der KPD gewesen zu sein. »Während der Nazizeit konnten wir unsere politische Aktivität noch einige Jahre fortsetzen. Aber dann wurde ich von einem meiner Genossen verraten. Der Lump hatte die Farbe gewechselt, als sich ihm die Gelegenheit bot, bei den Nazis ein Beamtenpöstchen zu ergattern. Zum Dank für alles, was ich für ihn getan hatte, brachte er mich auf fünf Jahre ins Zuchthaus. Nach meiner Entlassung wurde ich für wehrunwürdig erklärt und als Landarbeiter nach Ostpreußen dienstverpflichtet.«

»Da mußt du ja nun nach dem Sieg der Sowjetunion gut dran sein«, sagte ich. »Vielleicht machen dich die Russen jetzt bald zum Bürgermeister von Heilsberg!«

»Nein«, antwortete er bitter, »das kommt gar nicht in Frage. Für meine jahrelange treue Mitarbeit in der KPD habe ich nichts anderes als das hier bekommen!« Er zeigte mir die blutunterlaufenen Striemen im Nacken und sein blutverklebtes Haar am Hinterkopf. »Ich bin jetzt fertig mit dem ganzen kommunistischen Schwindel«, erklärte er mit Nachdruck.

Als ich ungläubig den Kopf schüttelte, ereiferte er sich von neuem: »Sie haben mir gesagt, ich hätte die Sache der Revolution verraten und den Faschisten geholfen. Nach der Meinung der Bonzen, die sich in Moskau in Sicherheit gebracht haben, hätte ich niemals diese harmlose Landarbeit annehmen dürfen, die mir nach meiner Entlassung aufgezwungen wurde. Ich hätte statt dessen sofort wieder von vorn mit meiner politischen Tätigkeit anfangen und Sabotage in der Rüstungsindustrie treiben sollen. Die haben leicht reden! Nachdem es zu spät ist, durchschaue ich jetzt den ganzen Schwindel und weiß, daß wir von diesen Genossen nichts zu hoffen haben. Das ganze Leben ist nichts weiter als eine verdammte Scheiße!«

Unser Gespräch wurde durch einen fetten russischen Unteroffizier abgebrochen, der gut über zweihundertfünfzig Pfund schwer sein mochte. Auf seinen O-Beinen daherwatschelnd, untersuchte er sorgfältig den Raum. Als er festgestellt hatte,

daß das Feuer gut brannte, trieb er uns mitsamt dem jungen Posten aus dem Haus.
Wir kamen gerade zur rechten Zeit in den Hof zurück, um uns einem Aufräumungstrupp von zehn Männern anzuschließen. Vor einem vierstöckigen Hause machten wir halt. Nach etwa zehn Minuten kamen gegen zwanzig Soldaten feldmarschmäßig ausgerüstet heraus und bestiegen einen gepanzerten Lastwagen. Als sie in Richtung Königsberg abgefahren waren, wurden wir ins Haus gelassen, um das Quartier zu reinigen, das die Soldaten soeben aufgegeben hatten.
Jedes Stockwerk war gründlich verwüstet. Aus den Etagenküchen mußte ich sämtliches Geschirr durchs Fenster in den Hof werfen. Bei dieser Gelegenheit fand ich ein paar köstliche Stachelbeeren, die in der Scherbe eines zerbrochenen Einmachglases übriggeblieben waren. In einer Schublade fand ich ein kleines Sterbekreuz, das ich einsteckte. Aus der Küche verscheuchte mich bald ein Posten und gab mir den Auftrag, sämtliche Federbetten auf den Dachboden zu schaffen. In einem Winkel des Bodens stand eine aufgebrochene, verstaubte Truhe, deren Inhalt durchwühlt und rings herum verstreut war. Ein rotseidenes Abendkleid lag über dem Durcheinander ausgebreitet. Als ich ein scharfes Stück Glas dicht daneben liegen sah, schnitt ich mir aus dem Kleid schnell ein großes Taschentuch aus, wie es unsere Bauern in den guten Zeiten benutzten, als sie sich noch mit einer Prise Wormditter Schnupftabak den Kopf klar halten konnten. Unter dem Tanzkleid lag ein Buch in Lexikonformat mit dem Titel »Geschichte der Deutschen«. Auf der letzten Seite dieses Werkes stand das Versprechen, der Führer werde in kurzer Zeit das deutsche Volk einem Zeitalter der Macht, Ehre und nie dagewesenen Wohlstandes entgegenführen.
Tritte schwerer Stiefel auf der Treppe ließen mich das Buch rasch wieder in den Kasten werfen. Es kam der Posten und schickte mich nach unten, zum Wasserkommando. Aus einem schmutzigen Teich mußten wir Wasser in eine alte Heringstonne füllen, das Faß auf einem primitiven Schlitten in den Gefängnishof ziehen und es dort in eine große Waschwanne

leeren, deren Boden noch mit schmutzigem Schleim bedeckt war. Darauf wurde das gelbliche Teichwasser geschüttet; es wirbelte den dreckigen Grund auf, der vom Tag zuvor in der Wanne geblieben war. In diesen Sud wurden ein paar grob geschnittene Kartoffeln geschüttet - und unsere Mahlzeit war fertig zum Kochen.

Während ich dabei war, das Wasser aus der Tonne in die Wanne zu schütten, füllte ich in einem unbewachten Augenblick meine Schöpfkanne und ging auf ein Kellerfenster zu, hinter dem meine halbverdursteten Mitgefangenen mit ihren Gefäßen lauerten. Ich war noch keine drei Schritt gegangen, als ein junger Posten mir aufgeregt zuwinkte, einen Augenblick zu warten. Er deutete auf einen seiner älteren Kameraden hin, der dafür bekannt war, rasch zuzuschlagen. Der junge Wachmann war ungefähr achtzehn Jahre alt und hatte ein gutmütiges, rundes, echt russisches Gesicht.

Nachdem der gefürchtete ältere Posten verschwunden war, lief ich rasch zum nächsten Kellerfenster, aus dem mich ein großes rotbärtiges Gesicht freundlich anlächelte. Da ich nicht gleich erwartungsgemäß reagierte, fragte mich der gute Mann, der aus dem Dunkeln des Kellerraums um eine Kopflänge über seine Mitgefangenen herausragte, etwas enttäuscht: »Erkennen Sie mich denn nicht?« So vertraut mir die Züge vorkamen, ich wußte im Augenblick beim besten Willen nicht, um wen es sich handelte. Als ich den Inhalt meiner Schöpfkanne in seine rostige Blechbüchse goß, sagte er: »Schämen Sie sich, Pfarrer Fittkau, daß Sie den Pater von Freudenberg nicht wiedererkennen!« Jetzt ging mir ein Licht auf: ich hatte Pater Josef Kolfenbach vor mir, einen Redemptoristen, der die Pfarrei Freudenberg verwaltet hatte, seitdem der rechtmäßige Pfarrer vor einigen Jahren von der Gestapo ausgewiesen worden war, weil er nach der Schule den Kindern Religionsunterricht erteilt hatte.

Nach der Entdeckung Pater Kolfenbachs kehrte ich mit sehr viel leichterem Herzen zu meiner Arbeit zurück. Wir schleppten weiter Wasser herbei und lasen Glassplitter auf, die überall um das Haus herum lagen, bis wir müde, doch vom Aufenthalt in der kühlen Luft auch erfrischt, in unser Kellergefängnis zurückgebracht wurden. Die Posten mußten ihre breiten Schultern eine ganze Weile gegen die Tür unseres Verschlags stemmen, bis sie es fertigbrachten, einen Spalt zu öffnen, der breit genug war, auch uns noch hineinzupressen. Der Platz war während der folgenden furchtbaren Nacht so eng, daß man kaum den Fuß, auf den man sich lehnte, wechseln konnte, ohne mit dem Fuß eines Nachbarn in Konflikt zu kommen, der sofort den für einen Augenblick frei werdenden Zoll des Bodens belegte.

Stundenlang blieb ich an den gleichen Platz festgenagelt, dicht neben dem erbarmungswürdigen Wrack eines Mannes, der mit seiner Vorderseite an die Tür gedrängt stand. Er litt so entsetzlich unter ruhrähnlichem Durchfall, daß er seinen Schließmuskel nicht mehr kontrollieren konnte. Die ganze Nacht hindurch stammelte er irr vor sich hin. Auf sein verzweifeltes Klopfen an die Tür reagierte der Posten auf dem Gang nicht, sondern fuhr fort, unentwegt Schlagertexte vor sich hin zu plärren. - Nach Mitternacht stieß endlich ein junger Wachmann die Tür auf, doch leider nicht, um uns Erleichterung zu bringen. Er hielt einen Mann beim Kragen und Hosenboden gepackt und warf ihn auf uns. Etwa eine Viertelstunde lang hatten wir vorher draußen irgend jemand wie einen Wahnsinnigen heulen und schreien hören. Den Insassen des uns gegenüberliegenden Verschlags war es offenbar gelungen, durch anhaltenden Lärm den Posten zum Öffnen der Tür zu bewegen und ihm den lästigen Irren auf den Flur vor die Füße zu werfen. Von dem Aufschlag auf den Zementboden hatte er Schrammen und Abschürfungen an Kinn, Nase und Stirn, aus denen er heftig blutete. Er war ein großer, schwerer, glatzköpfiger Mann von ungefähr fünfundsechzig Jahren. Seine kräftigen Bauernarme hingen schlaff herunter, und seine ausdruckslosen Augen starrten uns wirr an.

Als er sich von der russischen Behandlung beim Wechsel seines Quartiers etwas erholt hatte und bemerkte, daß er auch hier keinen Ruheplatz finden konnte, fing er laut an zu rufen: »Mutter, Mutter, mach Licht - hier sind so viele Leute in unserem Bett, sie lassen mich nicht hinein!« In der Wahnvorstellung, in sein Bett zu steigen, machte er immer von neuem den Versuch, sich auf den Boden zu werfen. Unter den Flüchen und Fußtritten der von ihm Angerempelten und Gequetschten wälzte er sich ruhelos hin und her. Zwischendurch weinte er laut wie ein Kind vor sich hin. Sobald er wieder etwas zu sich kam, begann er von neuem: »Mutter, Mutter, mach Licht . . .!«

Noch vor Anbruch der Morgendämmerung hörten wir die Schritte vorübergehender Wachleute und Frauenstimmen. Dünner Rauch kroch durch das Kellerfenster auf den Boden und zog durch die Türschwelle wieder ab. Sie waren offenbar dabei, unsere Mahlzeit zu kochen. Der ätzende, säuerliche Dunst steigerte meine Übelkeit so sehr, daß mir der Kopf zu schwimmen begann. Die schwere Benommenheit mochte teilweise ihren Grund in heilloser Verstopfung haben. Seit acht Tagen wurden wir mit raffiniertem Sadismus an der Verrichtung unserer Notdurft gehindert. Posten, jung genug, um die Enkel dieser gequälten Gefangenen zu sein, machten sich einen Spaß daraus, mit Ziegeln nach jedem Gesäß zu werfen, das über der Böschung auftauchte, an die wir täglich zweimal getrieben wurden. Die ständige Unruhe, die Angst vor den Verhören, Hunger, Kälte, Ermüdung bis zur Erschöpfung und selbst die Verweigerung der Notdurft waren ein Teil jener ausgeklügelten Methode der NKVD, die körperlichen und geistigen Kräfte selbst der widerstandsfähigsten Opfer zu brechen.

Der Tag begann zu grauen und machte unser Elend noch trostloser. Als ich bemerkte, daß Pfarrer Langwald nicht weit von mir weg stand, griff ich unter meinem Rock nach dem Leinenbeutelchen unter der Hosenträgerklemme, das noch drei konsekrierte Hostien barg. Ich nahm eine der Hostien aus dem Versteck, brach sie durch und teilte sie mit meinem Mitbruder, der des Brotes des Lebens ebenso bedurfte wie ich.

Den ganzen Tag lang wurden Namen aufgerufen und neue Trupps auf dem Kellerflur zwischen den Verschlägen aufgestellt. Oft hatten wir keine Ahnung, daß ein Bekannter im gleichen Keller wie wir untergebracht war, bis wir seinen Namen aufrufen hörten. Niemand wußte, wohin diese Männer gebracht wurden. Zum Verhör? Nach Sibirien?

Schließlich kam die Reihe an Pastor Ebel. Er zwängte sich an mir vorüber, schob mein Neues Testament in meine Hand zurück und flüsterte mir zu: »Der Herr sei mit Ihnen!« Bevor ich das Buch zurückgeben und ihn bitten konnte, es zu behalten, war er fort. Aufrecht und würdig stand er in der Formation, sein Antlitz frei von aller Bitterkeit. Ein letzter Blick, mit dem er mich noch einmal grüßte, war so voll Friede und Ergebung, daß ich mich tief beschämt fühlte.

Nach dieser Umgruppierung hatten wir Platz genug, uns auf den Boden zu hocken und etwas zu rasten, bis der nächste Schub Gefangener den Verschlag wieder zum Bersten füllte. Unter den Neuankömmlingen befanden sich drei aufgeregte Jungen, alle im Alter von etwa vierzehn Jahren. Gerhard hatte das Gymnasium in Rössel besucht, wo ich einst selbst mein Abitur gemacht hatte,. Josef war bei einem Zimmermann und Franz bei einem Gärtner in der Lehre. Alle drei hatten keinen Mantel, und nur Josef trug eine Wintermütze.

»Wir sind aus Bischofsstein und wohnen im gleichen Hause«, erzählte mir Josef, »aber wir sind keine Brüder. Wir waren zusammen ausgegangen, um Wasser für unsere Mütter zu holen. Auf dem Heimweg liefen wir ein paar russischen Posten in den Weg, die mit Gefangenen die Straße herunterkamen. Sie zwangen uns mitzumarschieren, und so sind wir schließlich hier gelandet. Es wäre alles nicht so schlimm, wenn wir wenigstens unseren Müttern hätten Bescheid geben können!«

Josef trug noch die kleine Milchkanne in der Hand, mit der er zum Wasserholen fortgegangen war. Es dauerte nicht lange, bis der geweckte Junge herausbekommen hatte, welchen Wert diese Milchkanne in unserer Lage hatte. Nur sehr wenige unter uns besaßen ein Gefäß irgendwelcher Art. Josef fand bald einen Platz am Fenster und konnte Wasser von Gefangenen fassen, die dem Wasserkommando zugeteilt waren und an unserem Keller vorüberkamen. Dann verteilte er das kostbare Naß an seine Freunde und solche Gefangene, die ihm dafür eine Schnitte Brot oder sonst etwas zum Beißen abtraten. Durch seine Milchkanne brachte Josef es auch fertig, mir einen Platz am Fenster zu verschaffen, was für mich eine große Wohltat war.

Von unserem Ausguck sahen wir Pater Kolfenbach über den berüchtigten Fußpfad von feinen Sperr- und Furnierholzplatten dem bewußten Agenten mit der Lederkappe folgen. Seine große, hohe Gestalt schwankte von einer Seite auf die andere, und er mußte sich große Mühe geben, nicht kopfüber in den Matsch zu stürzen. Selbst sein roter Bart wirkte müde und schlaff. Aber trotz seines schwankenden Ganges und der trostlosen Umgebung gaben ihm seine dicke Pelzmütze, sein römisches Koller und sein langer schwarzer Mantel ein würdiges und klerikales Aussehen. Meine Hand glitt in die Tasche, und ich begann, den Rosenkranz zu beten; denn Pater Kolfenbach war auf dem Weg zum Verhör im Bezirkskommando der NKVD.

Die drei jungen Burschen waren in ihrem vorletzten Kellerverschlag mit ihm zusammengewesen; als man sie von dort in unser Quartier überführte, hatten sie sich ungern von ihm getrennt. Um so größer war ihre Freude, als er nach einem dreistündigen Verhör wieder zu uns hereingelassen wurde.

Pater Kolfenbach wankte und wischte sich mit dem Ärmel den Schweiß von der Stirn. Er war so erschöpft, daß er nur heiser vor sich hinflüsterte: »Keiner kommt hier lebendig heraus!« Josef, Franz und Gerhard rückten dichter zusammen, um Pater Kolfenbach Platz genug zum Hocken zu verschaffen. Ich konnte ihm eine Decke als Unterlage geben. Josef hielt dem Pater seine Kanne zu einem erfrischenden Trunk an den Mund. Jeder gab, was er konnte. Nach sorgfältiger Fahndung förderte Pfarrer Langwald seinen letzten Bratklops ans Licht. »Aber wie sollen wir ihn teilen?«, fragte er. »Wir haben sechs Mäuler und nur einen Klops!«

Die drei Jungen verzichteten großmütig auf ihren Anteil.

»Wir können mit Hilfe unserer Milchkanne so viel Speck bekommen, wie wir brauchen! Diesen Klops sollen die drei Pfarrer allein essen!« So teilte Pfarrer Langwald den Klops sorgfältig in drei Teile, gab Pater Kolfenbach und mir ein Stück und behielt das kleinste für sich.
»Ich habe eine Botschaft für euch beide«, sagte Pater Kolfenbach, nachdem er sich ein wenig erholt hatte. »Sie stammt von dem Dolmetscher da drin. Er sagte: ›Alle Priester werden sehr bald entlassen werden!‹ Sie haben ihren Spaß daran, mit uns zu spielen wie die Katze mit der Maus!«
Der aalglatte, unheimliche polnische Agent mit der Lederkappe tauchte wieder einmal auf. Diesmal wollte er mich haben. Er rief mich in den Gang zwischen die Kellerverschläge und befahl mir, alle persönlichen Papiere abzugeben, die ich noch bei mir trug. Es war mein Autoführerschein, der mir schon einmal das Leben gerettet hatte, mein Weihezeugnis und der kleine Ausweis, den der Generalvikar von Ermland jedem Priester der Diözese für den Fall seiner Entfernung aus dem Bistum zugesandt hatte. Diese Dokumente wurden einem Dolmetscher, der am Tisch des Wachpersonals saß, ausgehändigt. Nachdem der verschlagene Pole kehrtgemacht hatte und in einem andern Kellerverschlag verschwunden war, blickte der hinter dem Tisch sitzende Dolmetscher mit erstaunlich freundlichem Gesichtsausdruck zu mir herüber und sagte: »Sie sind ein katholischer Priester, nicht wahr?« Er hielt meinen Führerschein in der Hand, der meine Photographie in klerikaler Kleidung zeigte.
»Ja, das bin ich. Meine Pfarrei ist Süßenberg.«
»Ich bin froh, daß Sie mit uns gehen«, sagte er, »wir werden einen Priester nötig haben!«
»Wo gehen wir denn hin?« fragte ich.
»Haben Sie sich das bis jetzt noch nicht von den Fingern abzählen können?« fragte er niedergedrückt. »Keiner von uns wird entlassen werden! Auch ich habe meine Papiere heute morgen abgeben müssen, genau wie Sie.«
Auch dieser Mann war fünf Jahre lang Mitglied der Kommunistischen Partei gewesen.

Jetzt kam der katzenhafte Agent zurück, die Faust voll weiterer Papiere, die er seinem Kollegen übergab. Danach befahl er mir brüsk, ihm zu folgen.
Der Fußweg aus den zerschlagenen Möbelplatten war inzwischen völlig verschmutzt. Mein Kopf war schwer, und der Puls schlug heftig in meinen Schläfen. Mit letzter Willenskraft suchte ich mich auf die bevorstehende Sitzung innerlich vorzubereiten.
In dem Raum, in dem das Verhör stattfinden sollte, saß ein mir noch fremder, schweigsamer Offizier vor seinen Papieren. Auch der Dolmetscher war neu. Ich wurde dicht unter die grellstrahlende Birne einer niedrig hängenden Lampe auf einen Stuhl gesetzt. Mein lautloser Begleiter bezeigte seine Dienstfertigkeit, indem er in den bereits rotglühenden Ofen hinter meinem Rücken noch einige Scheite Brennholz stopfte.
Es kam die gleiche Serie ermüdender Fragen, die ich schon einmal hatte über mich ergehen lassen müssen. Alles ging ohne Zwischenfall vonstatten, bis das Thema meiner Predigten an die Reihe kam. Als ich dem Dolmetscher sagte, ich könne mich nicht mehr genau an den Inhalt aller meiner Predigten erinnern, aber er könne deren Themen im Pfarrhaus von Süßenberg in meinem Predigtbuch nachschlagen, sprang er von seinem Stuhl auf und brüllte mich wütend an: »Ich werde Ihnen helfen, sich zu erinnern, Sie Lump! In diesen Predigten haben Sie gegen die Rote Armee und gegen die Sowjetunion gehetzt! Ich weiß, daß Sie das getan haben, denn alle Pfaffen tun das!« Der schweigsame Offizier am anderen Ende des Tisches zeigte nicht das geringste Interesse und schrieb ruhig weiter.
Ich überlegte, ob ich nicht das Thema wechseln könne. »Da Sie so gut Deutsch sprechen, nehme ich an, daß Sie als Kriegsgefangener in dieser Gegend gearbeitet haben.« Sein harter Akzent verriet seine russische Herkunft.
»Ja«, sagte er und kehrte hartnäckig zu seinem Thema zurück, »deshalb weiß ich auch über Euch Pfaffen Bescheid!«
Auf meine zweite Frage nach dem Ort seiner Gefangenschaft

gab er die überraschende Auskunft: »Rössel!« Das war die Stadt Pastor Ebels, in der auch die katholischen Geistlichen bei der Partei sehr schlecht angeschrieben waren und wiederholt gemaßregelt wurden. Ich konnte nicht an mich halten: »In Rössel haben Sie in der Kirche niemals ein einziges Wort gegen das russische Volk gehört!«

»Schluß!« donnerte er. »Wer hat hier Fragen zu stellen, Sie oder ich?« Dann beruhigte er sich wieder etwas und sagte schließlich fast ratlos: »Ich will Ihnen noch eine Chance geben. Nun, was haben Sie gegen die Rote Armee und die Sowjetunion gepredigt?«

Als ich ihm versicherte, ich hätte genug damit zu tun gehabt, das Evangelium Jesu Christi zu predigen, traf mich ein flammender Blick. »Ich will Ihnen helfen, sich zu erinnern!« schrie mich der Dolmetscher an und rannte aus dem Raum.

Einen Augenblick später kam er mit einem Hauptmann der NKVD zurück. Um seiner Machtvollkommenheit besseren Ausdruck zu verleihen, schwang dieser ein schweres Holzscheit über meinem Kopf und drohte: »Ist Ihnen klar, daß ich Sie zu Brei schlagen kann, wenn Sie uns weiter belügen?«

Nicht gerade sehr klug gab ich zur Antwort: »Wenn Sie beweisen können, daß ich Ihnen auch nur eine einzige Lüge gesagt habe, können Sie mich meinetwegen schlagen, so viel Sie wollen!«

Der wütende Milizhauptmann hielt sein abscheuliches, von der Syphilis zerfressenes Gesicht nur einen Zoll von meinem entfernt, sooft er zu mir sprach. Sein Atem stank nach Fusel, die Stummel seiner verrotteten Zähne bleckten schwarz aus seinem schäumenden Mund, aus dem der Speichel mir während seiner mißtönenden Tiraden ins Gesicht spritzte. Mit dröhnender Lautstärke hielt er mir einen halbstündigen Vortrag über die Ruhmestaten der Roten Armee, wobei er hin und wieder sein Holzscheit im Kreis schwang, um mir einen wichtigen Punkt besonders einzubleuen. Mit dramatischer Pose hob er am Schluß seiner Deklamation die geballte Faust in die Luft und schrie triumphierend: »Die Rote Armee hat Hitlers Faschistenhorden vernichtet. Sie wird auch die römischen Popen und alle andern Hitlerschweine liquidieren!«

Eine kurze Pause entstand, als er sich den Schweiß von der Stirn und den Schaum vom Mund wischte. Da ich ebenfalls genug Geifer im Gesicht hatte, wischte auch ich es mir rasch ab, während ich den Dolmetscher fragte, was der Mann eigentlich von mir wolle.

»Der Herr Hauptmann will Sie davon in Kenntnis setzen«, antwortete der Dolmetscher feierlich, »daß die Rote Armee allein Hitler und alle Schweine in seinem Gefolge zerschmettert hat. Und er sagt, daß auch der allerletzte, der in irgendeiner Weise Hitler geholfen hat, ebenso vernichtet werden wird!«

Inzwischen hatte der Hauptmann sich verschnauft und fing wieder von neuem an. Für diesmal konnte ich nichts weiter verstehen, als daß auch die Amerikaner irgend etwas getan haben sollten. Als er anhielt, um Atem zu holen, blickte ich fragend nach dem Dolmetscher hinüber und suchte den Eindruck zu erwecken, als verstünde ich überhaupt nichts. Daraufhin sagte der Dolmetscher mit öliger Stimme: »Der Herr Hauptmann wünscht zu wissen, ob Sie der Meinung sind, daß die Amerikaner imstande sein werden, den Endsieg der Roten Armee aufzuhalten?«

Die Frage überraschte mich, und so antwortete ich: »Das kann ich nicht verstehen! Die Amerikaner sind Ihre Alliierten und besten Freunde. Sie haben Ihnen die Lastwagen gegeben, mit denen Sie hierher kamen. Warum sollten sie jetzt Ihren Sieg aufhalten?«

Wütend zischte der Dolmetscher zwischen seinen Zähnen das Schimpfwort: »Diiiiplomat!« hervor. Als sie schließlich einsahen, daß diese Methoden nicht ausreichten, mich zu einem brauchbaren Schuldbekenntnis zu bringen, eröffnete mir der Dolmetscher: »Sie haben Glück, daß wir human sind, sonst wären Sie schon liquidiert. Aber wir beschmutzen unsere Hände nicht mit Popenblut.« Darauf verschwand er.

Inzwischen stolzierte der Hauptmann wie ein Pfau im Raum herum und betrachtete von Zeit zu Zeit mit Wohlgefallen die blanken, eng sitzenden Stiefel, die er von einem deutschen Offizier geerbt hatte. Er schien in seine Deklamation verliebt zu sein, wenngleich sein kahler Kopf vor Anstrengung rot und seine Kehle von dem Geschrei heiser war. Vom anderen Ende des Raumes her warf er das Scheit in kühnem Schwung dicht über meinen Kopf weg auf den Brennholzstapel zurück. Dann verließ auch er schnell den Raum.
Ich nahm an, das Verhör sei damit abgeschlossen. Doch der zurückkehrende Dolmetscher nahm plötzlich einen neuen Anlauf: »Wir wissen ganz genau, daß Sie ein Mitglied der Nazipartei gewesen sind und enge Verbindung zur SS haben. Sie wären niemals ins Ausland geschickt worden, wenn Sie von der Nazipartei nicht Order bekommen hätten, Spionage zu treiben!«
Meine Augen brannten von dem grellen Blendlicht. Die entsetzliche Hitze des glühenden Ofens im Rücken trieb mir das Blut in die Schläfen. ›Mein Gott‹, betete ich, ›Du hast uns das rechte Wort vor den ungerechten Richtern versprochen, steh mir bei, ich bin am Ende meiner Kraft!‹ Ich hörte die gleichen Antworten von meinen Lippen kommen, die ich bei meinem ersten Verhör gegeben hatte; aber es schien mir, als sei ich selbst weit weg und hörte von ferne meiner eigenen Stimme zu.
Der Dolmetscher war noch immer nicht zufriedengestellt. Er kam auf seine Anschuldigung zurück, die Nazis hätten mich ins Ausland geschickt, um Spionage zu treiben. »Ich kann Ihnen beweisen, daß Ihre Anklage nicht zutreffend ist«, wiederholte ich nochmals, jetzt schon fast mutlos. »Als ich im Jahr 1930 zum Studium nach Rom ging, hatten wir eine demokratische Regierung in Deutschland. Das war lange, bevor Hitler an die Macht kam. Seine Partei hatte zu dieser Zeit noch nicht einmal fünf Prozent der Sitze im Reichstag. Als Hitler Reichskanzler wurde, lag ich mit schwerer Tuberkulose krank in der Schweiz. Glauben Sie, daß die Gestapo, die über fünfhundert deutsche Priester ins Konzentrations-

lager gesperrt hat, ausgerechnet einen katholischen Theologiestudenten in ihre Dienste nahm?«

»Na gut, Sie waren also kein Nazi«, fauchte er mich wieder an. »Aber es hilft Ihnen nichts, sich stumm und taub zu stellen. Ihre Bauern haben alles ausgesagt, was wir über Sie wissen wollten!« Seine Erregung steigerte sich zu einem neuen Höhepunkt: »Sie haben ein Buch geschrieben, das lauter Lügen über die Rote Armee enthält!«

Ich hatte nicht einmal mehr die Kraft zu lachen. »Mein Buch ist die Auslegung gewisser Lehren des griechischen Kirchenvaters Johannes Chrysostomus«, versuchte ich, ihm auseinanderzusetzen. »Nicht ein einziges Mal habe ich in den achtzehn dicken Bänden seiner Predigten und Schriften die Rote Armee erwähnt gefunden. Er starb nämlich bereits im Jahre 407 nach Christi Geburt.«

Ohne dieses Thema weiter zu verfolgen, brachte der Dolmetscher schließlich mit geballter Faust die Frage vor, die ich am meisten gefürchtet hatte: »Aber Sie sind gegen den Kommunismus und deshalb ein Feind der Sowjetunion!«

»Auch hierzu will ich Ihnen die Wahrheit sagen«, antwortete ich: »Über die gegenwärtige Kriegspolitik der Sowjetunion bin ich nicht genug unterrichtet, um mir ein Urteil erlauben zu können. Aber für das Volk der Sowjetunion habe ich aufrichtige Anteilnahme und bin bereit, für mein Teil Sühne zu leisten für das Leid, das ihm von verbrecherischen Führern im Namen des deutschen Volkes angetan wurde.«

Der schweigende Offizier im Hintergrund des Zimmers gab nun einen Wink. Es war das erlösende Zeichen, daß die drei furchtbaren Stunden des Verhörs zu Ende gingen. Der Schweiß rann über mein Gesicht und auf den bereits durchnäßten Pelzkragen von Vater Werrs Joppe. Meine Knie gehorchten mir kaum, als ich aufgefordert wurde aufzustehen. Der Offizier legte mir vier lange, vollbeschriebene Bogen Papier zur Unterschrift vor. Da sie in russischer Sprache abgefaßt waren, bat ich erneut um die Übersetzung des Protokolls. Die Zusammenfassung, die mir der Dolmetscher gab, klang harmlos. »Wenn das alles ist, was Sie gegen mich haben«,

sagte ich, »warum entlassen Sie mich dann nicht? Meine Gemeinde braucht mich.«
»Schweigen Sie!« donnerte der Dolmetscher. »Sie sollten froh sein, daß wir so viel Geduld mit Ihnen haben. Sie werden noch dahinter kommen, daß Sie mit Ihrem lächerlichen Aberglauben überflüssig sind. Wir werden Ihnen beibringen, nützliche Arbeit zu tun!«
Damit war dieses Kapitel abgeschlossen. Aber die Ungewißheit über unser weiteres Schicksal blieb bestehen, und sie war schlimmer als alle körperliche Qual.
Der Wachmann hatte Mühe, mich schnell wieder in meinen Keller zurückzubringen; noch schwer benommen, taumelte ich über den Hinterhof. In meinem Verschlag grüßte mich eine flackernde Kerze. Sie stand in einem der geleerten Regale, die früher Weckgläser beherbergt hatten. Der Kerzenstumpf, den ich beim Wasserholen aus der Alle gefischt hatte, gab gerade so viel Licht, daß die Männer, die zum Verhör gerufen wurden, es vermeiden konnten, auf ihren Kameraden herumzutrampeln, die auf dem Boden hockten und dösten.
Der Posten ließ Pater Kolfenbach keine Möglichkeit, sich meiner etwas anzunehmen; er führte ihn sofort zu einem zweiten Verhör ab. Ich wußte, daß mein Mitbruder zu dem gleichen Stuhl geführt wurde, den ich gerade verlassen hatte. Als er aufstand, reichte er mir meinen Rucksack und meine Tasche herüber, die er für mich gehütet hatte. Doch als ich versuchte, seinen Platz einzunehmen, war er bereits wieder von jemand anderem besetzt. Ich mußte mich nach einem neuen Platz umsehen, wo ich mich für eine kurze Rast niederkauern konnte.
Pfarrer Langwald war von Natur aus nicht sonderlich dazu angelegt, in der Öffentlichkeit für seinen Glauben Zeugnis zu geben. Ich war erstaunt, daß er jetzt den Mut fand, klar und sehr deutlich das Credo, das Vaterunser und das Gegrüßt seist Du, Maria, für alle jene zu beten, die während dieser Nacht zum Verhör geführt würden. Er hatte schon manchen Gefangenen blutüberströmt zurückkommen sehen.

Nachdem sie die ersten schweren Hiebe in den Nacken oder auf den Hinterkopf bekommen hatten, begannen die Leute alles zu ›bekennen‹, was ihre Ausfrager von ihnen hören wollten. Sie ›gestanden‹ dann, daß sie entweder Mitglieder der Nationalsozialistischen Partei oder Kapitalisten oder beides gewesen seien. Wenn ich die Verfassung, in der andere von ihrem Verhör zu uns hereinstolperten, mit der meinen verglich, mußte ich dankbar anerkennen, daß ich trotz allem noch recht ›human‹ behandelt worden war.
Bei Einbruch der Dämmerung wurden die Motoren der Lastwagen draußen im Hof angelassen. Für Pfarrer Langwald und ein Dutzend anderer Insassen des Kellerraums schlug die Schicksalsstunde. Auch Pater Kolfenbach wurde aufgerufen. Aber er war von seinem zweiten Verhör noch nicht zurückgekehrt.
Pfarrer Langwald griff rasch nach seinem Rucksack und wühlte aufgeregt darin herum. Als er das Gesuchte gefunden hatte, gab er mir die Hand und schob mir eine kleine Flasche Rizinusöl zu. »Nimm das eine Stunde vor dem nächsten Appell«, sagte er. In seiner milden und ruhigen Art versuchte er, mich anzulächeln; doch seine großen Augen verrieten nur zu gut, daß er wußte, was vor ihm lag. »Auf Wiedersehen! Gott befohlen!« flüsterte er mir noch zu, bevor der Posten sein »Biestra, biestra! Schnell, schnell!« schrie. Der Luftzug von der offenen Tür sog eine dicke Rauchwolke von dem Feuer unter unserer Kartoffelsuppe durch die eingeschlagenen Kellerfenster.
Die dreizehn Gefangenen, die uns verlassen hatten, schlossen sich einem Trupp von über hundert Männern aus andern Kellerräumen an, die auf dem Hof zu Vieren aufgestellt und durch nochmaligen Namensaufruf identifiziert wurden. Als sie zu den Lastwagen am anderen Ende des Hofes marschierten, kamen sie dicht an unseren Kellerfenstern vorbei. Wir sahen nichts als die sich mühsam dahinschleppenden Füße. Bei uns drinnen sprach niemand ein Wort. Wir starrten nur auf die vorbeischlurfenden Schuhe. Ab und zu sahen wir auch, wie magere Taschen und Beu-

tel über den Boden geschleift wurden. Nach einer kurzen Pause schwollen die Motorengeräusche an, und die Lastwagen rollten aus dem Hof. Danach war wiederum alles still.

Sobald mein Kopf wieder etwas klarer wurde, ging ich daran, die Überbleibsel meines Gepäcks neu zu ordnen. Mein eigener Abtransport konnte nun nicht mehr lang auf sich warten lassen. Eine Stunde vor unserem ›Abfütterungsappell‹ machte ich dann guten Gebrauch von Pfarrer Langwalds Abschiedsgeschenk. Zum ersten Mal nach neun Tagen fühlte ich so große Erleichterung, daß mir war, als schwebte ich auf einer Wolke. Erlöst schleuderte ich das Weckglas, das ich benutzt hatte, zum Fenster hinaus. In der nächsten Sekunde mußte ich freilich in Deckung gehen, denn der überraschte Posten hielt fluchend seinen Flintenlauf durchs Fenster. Doch mir war jetzt alles einerlei. Ich hockte mich auf den Boden nieder, schlug die Beine übereinander und nickte ein. Als Pater Kolfenbach von seinem Verhör zurückkam, gab ich ihm meinen Platz. Ich fühlte mich so befreit, daß ich jetzt selbst im Stehen schlafen konnte.

Lämmer für die Schlachtbank

Beim Morgengrauen des folgenden Tages erschien ein Posten mit einer Namenliste in unserer Tür. Mit einiger Mühe rief er die in russische Schrift übertragenen Namen auf, darunter sehr bald den Pater Kolfenbachs. Mein Herz stockte einen Augenblick - würde ich von ihm getrennt werden und allein zurückbleiben? Bald merkte ich, daß die Liste diesmal alphabetisch geordnet war. Da der Buchstabe F wie im griechischen, so auch im russischen Alphabet fast am Ende steht, mußte ich warten. Im Hof liefen sich inzwischen die Motoren der schweren Lastwagen warm, während einer nach dem anderen aus unserem Verschlag sein Bündel ergriff und verschwand. Nur noch eine Handvoll Männer war im Keller, als die Namen mit F an die Reihe kamen und schließlich auch mein

Name in der Form fiel, wie ich ihn von nun an täglich mehrmals hören sollte: »Fittkau, Gergard Gugowitsch«. Nach russischer Art war meinem Vornamen der meines Vaters Hugo hinzugefügt. Ich beeilte mich, den Anschluß an meine Kameraden zu finden.

Neuer Schneefall hatte den Schmutz und Unrat im Hof gnädig zugedeckt. Der Holzweg wand sich nun unter der Schneedecke wie eine monströse Schlange dem Eingang der Kommandantur zu. Unsere Augen hatten sich inzwischen schon so an die Dunkelheit des Kellers gewöhnt, daß wir, von der Helle und dem Glanz des Schnees geblendet, kaum etwas von der strahlenden Schönheit des Tages erkennen konnten.

Immerhin gelang es mir, Pater Kolfenbach wiederzufinden. Seine Pelzkappe ragte über die etwa einhundertfünfzig Köpfe der Gefangenen heraus. Auf dem kurzen Weg zu den wartenden Lastwagen holte ich ihn ein. Es gelang uns, auf das gleiche Fahrzeug hinaufzuklettern.

Die Autos waren so überfüllt, daß wir nicht sitzen, freilich auch nicht herausfallen konnten. Doch trotz aller Unbequemlichkeit bedeutete jeder Wechsel in unserer unerträglichen Lage eine gewisse Entspannung.

Unsere Fahrer rasten wie verrückt durch die ausgestorbenen Straßen der einst so geschäftigen Stadt Heilsberg. Die einzigen Menschen, die wir, rückwärts aus dem Wagen herausschauend, erkennen konnten, waren russische Soldaten und zwei kleine Jungen, die ein Handwägelchen zogen. Die goldene Statue des Erzengels Michael glänzte noch vom hohen Turm der Pfarrkirche auf die ausgebrannten Ruinen um den toten Marktplatz herab. Die verschneite Landschaft unserer Heimat, die wir in nordöstlicher Richtung durchfuhren, war ebenso leblos wie die ausgebrannte Stadt. Nirgendwo stieg Herdrauch aus den Schornsteinen der über die Felder verstreuten Höfe. Die Dörfer schienen ausgestorben. Die Landstraße war mit Schlitten, Kleidern, Wäsche, Betten, Speck, toten Pferden und Munition gesäumt. Bald merkten wir, daß wir die Grenze des Ermlandes passiert hatten. Kein Wegkreuz und keine Gedächtniskapelle, wie sie unsere katholischen Vorfahren in Kriegs- und Notzeiten an ihren Wegen und Straßen errichtet hatten, mahnten uns mehr daran, daß an allen Stationen unseres Kreuzwegs Einer vorausgegangen ist, der am Ende dieser Reise ins Ungewisse auf uns wartet.

Nach einstündiger scharfer Fahrt zog der Fahrer plötzlich hart die Bremse an. Wir hielten in der Straße einer Stadt, und als wir aus dem Lastwagen krochen, froh, unsere Beine wieder strecken zu können, fanden wir uns vor dem Eingang eines großen, roten Ziegelgebäudes. Die hohen Mauern, die das Gebäude umgaben, waren manchen von uns nur zu gut bekannt. Wir waren in Bartenstein vor dem Tor des Strafgefängnisses.

Der Appell im Gefängnishof zog sich in die Länge. Für die Posten war das Abzählen keine Kleinigkeit, denn es handelte sich jetzt um eine dreistellige Zahl. Als sie es endlich geschafft hatten, brachten sie uns durch lange, schmale Korridore in eine bläulich gestrichene Halle mit einer leeren Bühne und einigen geschmacklosen Requisiten der ehemaligen Gefängniskapelle. Der Raum war kalt und klang hohl, doch als wir uns in die Gestühle setzten, deren hohe Seitenwände die Gefangenen beim Gottesdienst voneinander trennen sollten, kamen wir uns einen Augenblick lang wie Domkapitulare in einer Kathedrale vor. Welch ein Luxus, wieder einmal auf einer richtigen Bank zu sitzen!

Ein Posten nahm an der Tür Aufstellung und begann, einen nach dem anderen von uns herauszurufen. Nach wenigen Minuten kamen die Aufgerufenen wieder zurück. In einer Hand schleppten sie ihre erheblich erleichterten Rucksäcke oder Beutel und Taschen, mit der anderen hielten sie ihre Hosen fest. Wir waren wieder einmal ›Kultursoldaten‹ in die Hände gefallen. Um die Prozession zu beschleunigen, befahl der Posten, die Hosenträger und Lederriemen abzulegen und zur Abgabe bereitzuhalten.

Meine Verlegenheit mit drei Paar Unterhosen und zwei Paar Hosen ohne Halt war peinlich genug. Doch meine größere

Sorge galt in diesem Augenblick jenem Schatz, den ich mit Hilfe einer Hosenträgerschnalle bisher durch alle Plünderungen gerettet hatte: einigen Partikeln der letzten heiligen Hostie, die ich in einem Leinensäckchen zwischen den beiden Bändern der Träger mit mir getragen hatte.

Die Zeit drängte. Ohne viele Worte verständigte ich Pater Kolfenbach und reichte ihm das Beutelchen mit der letzten Partikel für seine letzte heilige Kommunion. Nur wenige stille Minuten blieben uns, um Gott für diese Wegzehrung zu danken und uns mit allem, was uns bevorstand, unserem Herrn und Meister zu übergeben.

Wir hatten unsere Hosenträger noch nicht abgeknöpft, als der Posten uns auch schon zuwinkte, uns mit unserem Bündel an den Schluß der abnehmenden Reihe zu stellen, die in eine geöffnete Zelle am Ende des Ganges führte. Pater Kolfenbach trug meine Handtasche voran. Er selbst hatte fast gar nichts mehr, was er hätte sein eigen nennen können. Mit Rucksack und Tasche wäre ich mir wie ein Kapitalist vorgekommen.

Als ich dann dem plündernden Offizier gegenüberstand, riß er mir hastig die Hosenträger aus der Hand und legte sie säuberlich in eine große Holzkiste über den Leibriemen, den er soeben Pater Kolfenbach abgenommen hatte .Wie ein sachverständiger Krämer musterte er die Sachen Stück für Stück, die ich vor ihm auf den Boden ausschütten mußte. Faden, Nadel, Knöpfe und Schere warf er auf einen besonderen Haufen; meine Schachtel mit den letzten Krümeln des Weihnachtsgebäcks auf einen anderen; meine Decke endlich auf einen dritten. Eine kleine Hautcreme-Dose, in der ich einen Tupfen in heiligem Öl getränkter Watte bei mir trug, prüfte er sorgsam: »Was ist das?« fragte er streng. »Medizin!« gab ich schnell zur Antwort. Das russische Wort dafür hatte mir Tatjana, das Russenmädchen aus unserem Armenhaus, auf dem Weg zu Opa Schenk beigebracht.

Der Offizier wies mich nun an, meinen leeren Rucksack an beiden Schulterstrippen hochzuhalten, zog einen Dolch aus seiner Koppeltasche und schnitt mit zwei eleganten Hieben

die Tragbänder an beiden Seiten des Rucksackes ab. Des würdelosen Treibens noch nicht müde, befahl er mir sodann, den Sack zu öffnen und vor ihn hinzuhalten. Ich mußte zusehen, wie er immer wieder nach der festen Kordel hieb, die meinen Rucksack zusammenhielt. Verzweifelt und wütend über diese Schikane, fragte ich ihn: »Wozu müssen Sie uns auch noch den leeren Sack zerschneiden?« Seine lakonische Antwort war: »Germania kaputt!« Dann begann er sein niederträchtiges Geschäft mit dem Nächsten in der Reihe.
Mir ließ er schließlich den Inhalt der Hautcremebüchse, nach der ich mich bückte, bevor ich den Raum verließ. Aber es gelang mir nicht, die kleine Medizinflasche mit Meßwein oder den Karton mit unkonsekrierten Hostien zu retten. Immerhin hatte ich noch mein rotes Taschentuch, ein Stück Rollschinken, eine halbvolle Büchse Schmalz, ein paar Gramm Speck, meine Handschuhe und eine Dose unbekannten Inhalts in meinem Rucksack. Der Offizier war großmütig genug, mir an Stelle meiner sauberen warmen Wolldecke eine schmutzige Pferdedecke auszuhändigen. Pater Kolfenbach war es gelungen, mit meiner Tasche wieder herauszukommen, ohne mein Missale, Gesangbuch, ein Handtuch und ein Paar Socken preisgegeben zu haben.
Als die Sonne unterging und jeder von uns sich gerade einen Quadratfuß Platz für die nächste Nacht erobert hatte, wurden wir wiederum in den Gefängnishof hinausgejagt. Ich hatte inzwischen meiner ärgsten Verlegenheit insofern abgeholfen, als ich meinen rotwollenen Schal in der Mitte aufschlitzte und hinten und vorn um die lockeren Hosen knüpfte. Leider war die Lösung unvollkommen, denn meine Hosen hatten keine Ösen, durch die ich den Schal hätte ziehen können. Bei entsprechender Vorsicht konnte ich aber einige hundert Meter weit gehen, ehe meine Hosen dem Ersatzgurt wieder entglitten und danach verlangten, von neuem befestigt zu werden.
Wir mußten uns beeilen. Die Lastwagen warteten bereits auf uns. Diesmal wurden wir noch dichter aufeinandergepackt, zum ersten Mal seit unserer Gefangennahme zusammen mit

Frauen und Mädchen. In unserem Wagen waren die Frauen sogar in der Überzahl. Die Motoren heulten auf, und es ging auf und davon mit der ächzenden, stöhnenden, fluchenden Menschenfracht, die bis zu drei Lagen übereinander und durcheinander geschichtet war. In hockender Stellung fest an eine Wand des Wagens gerammt, vermochte ich kein Glied zu rühren. Die rückwärtige Klappe des Wagenaufbaus bewachte ein schwer bewaffneter Posten. Von Zeit zu Zeit schlug der Fahrtwind die Zeltbahn an der Rückseite des Wagens beiseite. Im Scheinwerferlicht des nächsten Wagens sahen wir dicke Schneeflocken träg vom Himmel herabgleiten. Es war tiefe Nacht, draußen und drinnen.

Die Fahrer meisterten mit großem Geschick ihre Aufgabe, in raschem Tempo die glitschigen, gewundenen Straßen hinunterzujagen und dabei jeder in Sichtweite des anderen zu bleiben. Nach drei, vier Stunden Fahrt hielten wir an. Der Posten sprang ab, nahm die Kette herunter und schlug die Wagenklappe nieder. Ich glitt hinab und landete glücklich auf meinen Füßen. Doch im nächsten Augenblick kroch ich wieder auf allen Vieren am Boden. Meine Füße waren völlig abgestorben.

Unsere Wagen machten sofort wieder kehrt und fuhren den Weg zurück, den sie gekommen waren. Die Silhouetten der Gebäude und Fabrikschornsteine am Horizont verrieten uns die Nähe einer größeren Stadt, vermutlich Insterburg. Der Friede, den der sacht fallende Schnee verbreitete, wurde durch gespenstige, jaulende Pfeifsignale verscheucht. Wie das Geheul hungriger Schakale und Hyänen in der Wüste drang uns die heisere Stimme russischer Lokomotiven durch Mark und Bein. Wenn die Lokomotivsirenen schwiegen, hörten wir die Posten ihre scharfen Hunde anrufen. Ihr wütendes Gebell begleitete eine lange Prozession von Menschen, meist Frauen, die eilig durch einen Torweg aus dem inneren Hof eines großen Gebäudes in der Richtung auf die rangierenden Eisenbahnzüge zustrebte. Von Zeit zu Zeit riefen Verwandte oder Nachbarn einander laut beim Vornamen, um den verlorenen Anschluß wiederzufinden. Im Licht aufblitzen-

der Taschenlampen sahen wir einen stundenlang nicht abnehmenden Strom hilfloser Menschen ihre Bündel durch den Schnee schleifen und wie gehetzte Schafe ihrem Verhängnis zustolpern. Wir warteten draußen im Schnee auf das Ende des Elendszuges, während hinter uns bereits andere Lastwagen neue Gefangenentransporte ausluden.
Nachdem endlich die Letzten dieser Prozession im Dunkel der grausigen Nacht verschwunden waren, wurden wir durch den gleichen Torweg, durch den die anderen eben herausgekommen waren, in einen weiten Hof getrieben. Wir wurden aufgestellt, gezählt und dann in ein Gebäude geführt, das sich als die Insterburger Strafanstalt erwies. Wir kamen in einen geräumigen, leeren Saal, der früher offensichtlich auch als Gottesdienstraum benutzt worden war. Reste eines Altars und einer Kanzel standen noch an der Ecke der Bühne. Die einzigen sonstigen Einrichtungsgegenstände waren ein paar große Heringstonnen. Sie standen an der Hinterwand, wo sich früher eine kleine Orgel befunden hatte, und mußten die Abortgruben ersetzen. Da fast alle Gefangenen jetzt an Durchfall litten, flossen die Tonnen ständig über.
Offiziere erschienen, riefen lange Namenlisten aus und verschwanden wieder von der Bildfläche, während die ganze Zeit über neue Menschenmassen in den Saal strömten, fünfundsiebzig Prozent davon Frauen. Schließlich wurde uns klar, wozu wir hier im Saal waren: wir wurden für die Verschleppung in Gruppen eingeteilt.
Pater Kolfenbach und ich nahmen die Gelegenheit wahr, uns auf einem Rundgang durch die Halle nach bekannten Gesichtern umzusehen. Das erste, das wir fanden, war das von Fräulein Gertrud Graw, der Haushälterin unseres Generalvikars in Frauenburg. »Mein Gott, Herr Pfarrer, sind Sie das wirklich?« rief sie aus und musterte mich entsetzt von oben bis unten.
»Warum denn nicht?« fragte ich erstaunt.
»Weil Sie, entschuldigen Sie, fast wie ein russischer Jude aussehen mit Ihrem Bart und dem roten Schal um den Bauch.«
Das schmale, schlanke Mädchen, das neben ihr stand, war

Gertruds Schwester Lena. In allem Elend hatten sie doch den Trost, beisammengeblieben zu sein.
Ich überschüttete Fräulein Gertrud mit einem Strom von Fragen. »Sind die Russen schon bis nach Frauenburg gekommen? Was ist dem Bischof zugestoßen? Wo ist er? Wie geht es dem Generalvikar?«
»Nicht so schnell, Herr Pfarrer!« protestierte Fräulein Gertrud. Dann erzählte sie: »Nach den ersten schrecklichen Tagen haben die Russen die meisten von uns an einem eiskalten Tag vierzig Kilometer aus der Stadt hinaus bis nach Preußisch-Holland getrieben. Heute früh wurden Lena und ich hierher gebracht. Viele haben nicht einmal den ersten Marsch geschafft. Der Herr Generalvikar und ein halbes Dutzend andere Geistliche sind noch in der Haft der NKVD. Und der Hochwürdigste Herr Bischof -«, hier wurde Fräulein Gertruds Stimme leise und bewegt, »ist wahrscheinlich tot. Am Tag bevor die Russen in Braunsberg einmarschierten, holten SS-Offiziere den Bischof aus dem Keller des Palais' heraus und führten ihn ab. Er betete gerade den Rosenkranz mit ungefähr dreihundert Menschen, die bei ihm Zuflucht gesucht hatten. Niemand weiß, wohin sie ihn verschleppt haben. Doch es hieß, er sei auf dem Weg über das schon halb aufgetaute Frische Haff im Eis eingebrochen und ertrunken.«
Ich drückte noch rasch jeder der beiden Frauen einen Rosenkranz in die Hand, bevor ein großer, freundlicher junger Offizier auf der Bühne erschien, die Hände voller Listen. Einen nach dem andern rief er auf, um bestimmte Gruppen zu formieren. Er machte sich selbst lustig über die Art, wie er unsere Namen aussprach. Wenn er gebeugte Männer, die bereits über siebzig Jahre alt waren, die Treppe heraufschwanken sah, nahm er sie auf die Seite, beruhigte sie und stellte sie in eine besondere Ecke.
Nach dieser Musterung wurden wir neuerdings in den Hof getrieben und in Zwölferreihen aufgestellt. Noch einmal wurden unsere Namen aufgerufen. Über die Gefängnismauern drang das schaurige Heulen der russischen Lokomotiven. Wir glaubten, unsere Stunde sei gekommen. Wir konnten nicht

ahnen, daß wir weitere drei Tage in diesem Gefängnis festgehalten würden ohne eine andere Beschäftigung, als kurz vor Sonnenaufgang und kurz nach Sonnenuntergang zum Appell anzutreten. Jedesmal glaubten wir, es sei die letzte Musterung vor der Abreise. Immer wieder wurden wir in einen überheizten Bodenraum unter dem Dach des Gefängnisses zurückgebracht. Dort mußten wir hilflos Nacht für Nacht die Schreie der Frauen im benachbarten Raum mit anhören, wenn die Wachen mit Taschenlampen hereinkamen, um ihre Opfer zu wählen. Einige der Unglücklichen hämmerten wie wahnsinnig an unsere Wände und schrien: »Erich, Erich! Josef, Josef! Hans, Hans!« Es war zum Verzweifeln, denn wir konnten nicht das Geringste tun, um ihnen zu helfen.

Wenn diese Schreie verebbt waren, füllten Unruhe, Streit und Schlägereien zwischen den Gefangenen die Zeit aus. Russische Zivilgefangene, Polen und Litauer versuchten sich an der Hilflosigkeit der älteren, entkräfteten deutschen Zivilisten schadlos zu halten. Die russischen Posten ließen sie gewähren. In einer dieser Raufereien riß mir ein junger Russe in aller Öffentlichkeit den Untersatz meines verbeulten Kochgeschirrs aus der Hand, als ich durch eine eingeschlagene Dachluke ein paar Tropfen Wasser von einem schmelzenden Eiszapfen auffangen wollte. Wie so viele andere Russen teilte auch dieser junge Bursche unser Los, weil man ihn als wohlgefütterten Landarbeiter auf einem deutschen Bauernhof aufgefunden hatte.

Als in einer Ruhepause Hunderte erschöpfter Leute versuchten, sich auf trockenen Inseln zwischen den Schmutzlachen niederzukauern, blieb einer der älteren Männer unseres Haufens aufrecht stehen. Er trug die gutsitzende Uniform eines preußischen Staatsförsters. Was er von seinem Platz am Fenster übersah, ekelte ihn so an, daß er seiner Erbitterung Luft machen mußte: »Schuld an der ganzen Scheiße hier sind die Juden und der Papst!« Er war sehr überrascht, als die Menge mit Schweigen antwortete. Ich hatte einige noch kräftige Ermländer um mich, stand auf und rief ihm ins Gesicht: »Wenn

Sie noch immer nicht herausbekommen haben, wer uns in diesen Dreck hier gebracht hat, dann haben Sie ja jetzt Zeit, sich bei Ihrem Führer dafür zu bedanken, daß er uns in das selbe Elend schickt, das er Juden und Christen zugedacht und angetan hat!« Der Förster hielt für eine Weile den Mund.
Während der Wartetage vertrieben sich die Posten mit kleinen und größeren Plündereien die Zeit. Sie stellten die gesamte Belegschaft einer Halle gegen die Wand und nahmen sich dann jeden einzeln vor. Bei derartigen Durchsuchungen stießen sie gewöhnlich auf das handgroße Kruzifix, das ich um den Hals gehängt hatte und in der Brusttasche meines Mantels trug. Nur ein einziges Mal reizte das Kreuz den Mutwillen eines Postens. Ohne es von meinem Hals zu nehmen, hob er es in die Luft, zeigte es seinen Kameraden und rief in gutgelauntem Spott: »Alleluja!« Ich hatte nichts gegen das ›Alleluja‹, wenngleich es in der Fastenzeit liturgisch nicht am Platze war, und bat nur unseren gekreuzigten Herrn, meine Demütigungen und Leiden dafür anzunehmen, daß dieses Alleluja eines Tages nicht nur von den zynischen Lippen, sondern auch aus dem gläubigen Herzen dieses Rotarmisten kommen möge. Er behielt das Kreuz nicht, sondern ließ es wieder an seinen Platz zurückgleiten.
Das kleine Erlebnis half mit, mich für mein nächstes Amt zu rüsten. Meine Gemeinde würde bald von den vier Wänden eines Viehwagens eingeschlossen sein, daran war nicht mehr zu zweifeln, als ein Arbeitskommando von zehn Mann in unsere Halle zurückkam.
»Was habt ihr draußen getan?« fragten wir gespannt.
»Zuerst haben wir die Fenster an den Viehwagen eines langen Güterzuges von außen verschalt. Dann mußten wir an der Seite jedes Wagens ein Loch schlagen und eine Rinne aus zwei Brettern reinstecken. Wofür, könnt ihr euch denken!«
Nach einem letzten blinden Alarm wurde es nach Mitternacht endlich Ernst. Von allen Seiten wurden die Gefangenen mit viel Lärm auch aus anderen Abteilungen des Gefängnisses in die verschiedenen Höfe getrieben.
Wieder war frischer Schnee gefallen. Dankbar hielten wir

einen kleinen Augenblick an, um unseren Durst zu löschen und uns Gesicht und Hände zu waschen. Im Licht einer Taschenlampe, mit der ein Posten uns am Tor ableuchtete, gelang es mir dann wieder, Pater Kolfenbachs vertraute, alles überragende Pelzkappe zu erspähen. Ich nahm meine Chance wahr und schlängelte mich durch das Gewühl der vorwärtstrottenden Gefangenen durch, bis ich aufatmend ihm zur Seite marschierte. Auch die drei Jungen Josef, Franz und Gerhard hatten seine schwarze Mütze als Erkennungszeichen benutzt und sich herangeschlichen.

»Lassen Sie mich Ihren Rucksack tragen, Herr Pfarrer!« sagte einer von ihnen. Ich gab den Rucksack willig her; denn auf diese Weise konnte ich meine volle Aufmerksamkeit meinen Hosen zuwenden und schneller gehen, ohne befürchten zu müssen, sie zu verlieren.

Als wir so durch die Nacht zogen, machte niemand einen Versuch zu entfliehen; zu beiden Seiten des Weges hatten schwerbewaffnete Posten Aufstellung genommen; ihre abgerichteten Hunde hielten sie an kurzer Leine. Und nun wiederholte sich die gleiche Szene, deren Zeugen wir bereits vor drei Nächten gewesen waren. Da waren wieder Posten, die heiser »Schnell, schnell! Biestra, biestra!« schrien. Da waren wieder die Rufe der Gefangenen, die irgendwo in dem Zug Verwandte oder Freunde wiedererkannten. Weiter hinten, am Ende des Gebäudes, waren die gleichen Lastwagen vorgefahren, die uns hierher gebracht hatten, und luden neue Zivilgefangene aus, die sich unserem Elendszug in wenigen Tagen anschließen würden.

In der Aufregung der ersten Minuten unseres Marsches hatte ich die Verbindung mit den Kameraden der letzten Tage verloren. Laut rief ich verschiedene Namen, doch bekam ich keine Antwort. Sehr schnell waren viele von uns wieder allein.

Wir stapften die Straße hinunter, vorüber an den verlassenen Häusern, zu dem verödeten Bahnhof. Dort erwartete uns eine unübersehbare Reihe von Güterwagen, deren Ende sich in der Nacht verlor. Man gebot uns Halt, und wir mußten warten, bis jeweils eine bestimmte Anzahl für den nächsten Wag-

gon ausgezählt und Hals über Kopf hineingepfercht wurde. Wir hatten nur fünfzehn Minuten gebraucht, um vom Gefängnis zur Bahn zu gehen; aber es dauerte Stunden, bis wir alle verladen waren.
Die Posten machten ihre Arbeit gründlich. In Trupps suchten sie immer wieder den Zug auf beiden Seiten ab und leuchteten mit ihren Taschenlampen zwischen die Puffer und Kupplungen, krochen unter die Waggons und stapften über die Wagendächer, um jeden Fluchtversuch unmöglich zu machen. Der sich langsam vermindernde Zug der Gefangenen wurde wie eine zur Schur oder Schlachtbank getriebene Herde ständig von aufgeregten Posten umkreist, die ihn wie Hunde anbellten: »Schnell, schnell, biestra, biestra!«

Auf dem Kreuzweg

Pater Josef Kolfenbach und ich gehörten zu den Ersten eines zufällig zusammengewürfelten Gefangenenhaufens, der einen noch leeren Waggon füllen sollte. Hastig griffen wir nach den eisernen Beschlägen und der Laufschiene der Schiebetür und zogen uns mühsam, geschubst, gestoßen von Nachdrängenden, in die dunkle Höhle. Eine aufblitzende Taschenlampe der Wachleute erleichterte uns die schnelle Wahl eines Platzes in der Mitte der rechten Rückwand des Waggons, bevor es für die Wahrnehmung dieses lebenswichtigen Vorteils zu spät war. Als die letzten des wehrlosen Menschenknäuels mit Hilfe der Gewehrkolben der Wachen die hohe Plattform des Viehwagens erklommen hatten, wurde die schwere Tür geschlossen. Wachsoldaten brachten sie von draußen in die richtige Lage, und von innen mußten zwei unserer Männer kräftig mitschieben, um uns in unser eigenes Gefängnis einzuschließen. Dann hörten wir den Riegel einklinken. In die beklemmende Stille fiel das Rasseln der Ketten und das Quietschen des Drahtes, mit denen das Schloß gesichert wurde.
Ganz gleich, wohin uns der grausige Zug bringen würde - das Ende der vorausgegangenen ›wissenschaftlichen Behand-

lung‹ in Keller- und Gefängnishaft war da und ließ uns den neuen Aufenthaltsort zunächst als eine Entspannung und Erleichterung unseres Elends empfinden; doch Kälte, Hunger, Erschöpfung und der rücksichtslose Kampf ums Leben sollten uns schnell wieder auf den Boden der bitteren Wirklichkeit stellen. Die scharfe Kälte der frostklaren Nacht kroch bald durch die Pferdedecke hindurch, die ich über Pater Josefs und meinen Kopf gezogen hatte. Mit unseren neuen Gefährten versuchten wir, es uns auf dem Boden bequem zu machen. Wer wie wir einen Platz an der Wand erwischt hatte, war ruhig und zufrieden. Aber sobald die andern, die erschöpft in der Mitte des Wagens übereinanderfielen, merkten, daß sie schlechter dran waren, weil sie keine Rückenlehne fanden, begann der Kampf um die Plätze und die Unruhe, die uns für die nächsten drei Wochen in Bewegung halten sollte. Es dauerte einige Zeit, bis wir uns an die Dunkelheit gewöhnt hatten, und wenigstens einige von uns begriffen, daß der Platzmangel nicht nur von der Böswilligkeit des Nachbarn, sondern von der Enge des russischen 18 t-Waggons herrührte.

Schließlich fiel der erste Schimmer des grauenden Morgens, des 6. März, durch das Loch in der rechten Seitenwand auf die Gestalten, die an den Wänden und um einen winzigen eisernen Ofen kauerten. Mangels Heizmaterials konnte dieser allerdings noch nicht angeheizt werden. Die einzige Bewegung im Wagen war der nicht abreißende Verkehr zu der Rinne, deren Öffnung die einzige Quelle für Licht, Luft und Sonne in unserem Verlies war. Die Eisenbeschläge des Waggons waren von unserem Atem bereift, noch ehe der Zug anfuhr. Die ganze Nacht hindurch hörten wir die russischen Wachen an der langen Wagenreihe auf- und ablaufen und über die Waggondächer trampeln.

In der Frühe jedoch schwollen Reden und Rufe der Posten an, und ohne ein Signal setzte sich plötzlich der Zug mit einem solchen Ruck in Bewegung, daß mein Kopf hart an die Wand stieß und mich unsanft mit der Tatsache vertraut machte, daß russische Güterwagen nicht gefedert sind. Ich folgte Pater

Kolfenbachs Beispiel, machte das Zeichen des Kreuzes und befahl mich mit meinen Gefährten der besonderen Hut des Erzengels Raphael, des Patrons der Reisenden.
Der fahrende Zug belebte nicht nur die erstarrten Glieder, sondern auch die Gemüter der Männer. Sie spekulierten über das Ziel der Reise und vergaßen zunächst, wie hungrig sie waren. Ein alter Mann, der auf einer Ecke unseres ungeheizten Ofens saß, erinnerte mich an einen alttestamentlichen Propheten. Sein weißer Spitzbart gab seinen Worten Nachdruck, als er sagte: »Es ist nicht schlimm, daß wir jetzt keine Feuerung haben, denn in Sibirien ist es noch viel kälter. Es ist gut für uns, daß wir uns jetzt schon an die Kälte gewöhnen.« Vier seiner fünfundsechzig Jahre hatte er bereits während des ersten Weltkrieges in Sibirien zugebracht.
Seltsamerweise vermochten die Leute die Zukunft nur im Licht ihrer Vergangenheit zu sehen. Hermann Steputat, der Geschäftsführer einer Ziegelei, nahm umständlich seine Hornbrille von der Nase und entschied: »Sie werden uns nach Stalingrad schicken oder sonstwohin in eine große Stadt. Dort werden wir Steine klopfen und Ziegel brennen, damit die zerstörten Städte wieder aufgebaut werden können.«
Seine Biberkappe ein wenig zurückschiebend, gab Karl, ein zäher, alter masurischer Bauer, seine Idee zum besten: »Wenn sie vernünftig sind, schicken sie uns in die Ukraine und lassen uns das weite, gute Land so bestellen, wie es die russischen und polnischen Gefangenen im Krieg bei uns getan haben.«
Jan, der Sprecher der vier deutschen Soldaten, die in unserem Waggon gelandet waren, war ein überzeugter Kommunist aus dem Nordseehafen Emden. In seinem Beruf stellte er eine Verbindung von Bewässerungsfachmann und Erdarbeiter dar. Er beanspruchte mehr Raum im Wagen als irgend jemand anderer, legte seinen Kopf in den Winkel und versuchte immer wieder, die Beine ungeniert bis zur Mitte des Wagens auszustrecken. Verhältnismäßig gut ausgeruht, gab Jan uns folgende Aussicht zum besten: »Wer an schwere Arbeit gewöhnt ist, dem ist es ganz egal, was er macht. Aber für all

die Sesselpupser und anderen Bonzen wirds eine schöne Überraschung geben, das kann ich euch versichern! Die Ausbeuter, die den Profit unserer Arbeit eingesteckt haben, werden nun lernen, was arbeiten heißt. Ist auch höchste Zeit! Und sie werden bald merken, daß in der Sowjetunion nur der was zu fressen kriegt, der richtig arbeitet.«
Jan fand lebhafte Zustimmung bei Gregor, der in der gegenüberliegenden Ecke hockte. Er war Vorarbeiter in der Schichau-Werft in Elbing. »Wie ich die Sache sehe«, hub Gregor an, »ist es ganz wurscht, ob wir nun eine Zeitlang U-Boote in Leningrad anstatt in Elbing bauen. Auch in Leningrad wird ein Mann, der seine Arbeit versteht, seinen Wodka kriegen, und zwischen Wodka und Schnaps ist kein erschütternder Unterschied!«
Die Unterhaltung über unsere Zukunftsaussichten verstummte, als Georg, der nach dem ersten Weltkrieg lange Zeit in harter französischer Gefangenschaft gewesen war, sich in scharfem Ton an Gregor wandte: »Die werden sicher auf Genossen wie dich gewartet haben! Ich glaube, daß wir alle verrecken, bevor wir überhaupt Gelegenheit haben, unsere herrlichen Fertigkeiten zu erproben. Wir können verdammt froh sein, wenn wir auf eine Kollektivfarm geschickt werden, wo wir vielleicht ein paar Körner auflesen und mit Gras vermengen können, um nicht zu verhungern.«
So schepperte der Zug mit unseren Ängsten, Ungewißheiten und Hoffnungen in östlicher Richtung über die deutsche Grenze. Nachdem wir uns an das anfänglich als Erleichterung empfundene Rütteln und Stoßen des Wagens, das unser Blut wieder in Umlauf brachte, gewöhnt hatten, setzte von neuem der unentwegte, peinvolle Kampf um mehr Platz ein. Als wir einen Tag lang dahingerumpelt waren, wurde sehr deutlich, daß die selbstsüchtigeren, grobschlächtigeren Männer allmählich zu immer größerem Vorteil kamen und die übrigen in größere Bedrängnis gerieten.
Georg, mein linker Nebenmann, war verbindlicher und umgänglicher im Ton, aber wenn es galt, seine Lage zu verbessern, war er nicht weniger gerissen als sein Kamerad Jan.

Vor seinen Füßen saß Alois Jendrock, Kriegsinvalide vom ersten Weltkrieg, der jetzt als Forstaufseher tätig war. Alois litt sehr darunter, vor den beiden jüngeren Soldaten sitzen zu müssen. Er war an Schulter und Hüfte schwer beschädigt, und es kam ihn hart an, ohne Rückenstütze zu sitzen. Er regte sich furchtbar auf, wenn Jan und Georg ihn stießen, und bedeutete ihnen bitter, sie sollten ihre netten Vorschläge für sich behalten.

Doch der Brutalste war Hermann Steputat, der Geschäftsführer der Ziegelei. Er verlangte unablässig mehr und mehr Platz und war höchst verwundert, als er schließlich in seine Schranken gewiesen wurde. Noch nicht zufriedengestellt, daß er Franz, den Schwächsten der drei Jungen, unbarmherzig in seine Ecke stieß, bedrängte er auch Kretschmann, seinen Nachbarn zur Rechten, einen Fleischermeister aus Elbing. Der alte Mann konnte unmöglich noch weiter wegrücken, weil er dicht neben der Latrinenrinne saß. Mit beiden Händen umklammerte er ein Blecheimerchen mit etwa zwei Pfund Schmalz. Die zunächst freundlich gehaltenen Annäherungsversuche Hermanns, die weniger Kretschmann selbst als seinem Schmalztopf galten, wies er standhaft zurück und stellte lakonisch fest, eines sei sicher: wenn dieser Schmalztopf alle sei, werde es auch mit ihm zu Ende gehen.

Indessen machte der durch die Bewegung des Zuges belebte Blutkreislauf die Leere des Magens spürbar, und so wurde das fehlende Essen zum Hauptthema aller Gespräche. Mehrere Männer konnten stundenlang höchst anschauliche, wollüstige Beschreibungen über die Herstellung der verschiedensten Gerichte geben. Georg, der in guten Verhältnissen als Buchdrucker in Breslau gelebt hatte, gab über die unterschiedlichen Möglichkeiten, Bratkartoffeln zu bereiten, lange Abhandlungen zum besten. Als endlich die ersten Sonnenstrahlen am zweiten Morgen durch die Rinne in den Wagen fielen, hatten wir schon sechsunddreißig Stunden ohne Nahrung und Wasser zubringen müssen.

Karl, der masurische Bauer rechts von uns, stellte aus der Richtung der Schatten fest, daß wir nach Osten fuhren. Auch er war ein stiller, zäher Fechter um mehr Platz. Unablässig sprach er auf seine Nachbarn ein und versuchte sie davon zu überzeugen, daß es sehr gut möglich sei, ihm noch ein paar Zentimeter einzuräumen. Obgleich er jedem auf die Nerven fiel, glückte es ihm mit der Zeit doch, sich auf Kosten anderer recht gemütlich zurechtzusetzen. Als auch das allzu offensichtlich wurde, ließ er sich bewegen, ein winziges Bißchen seines eroberten Platzes mit der Miene eines Mannes wieder herzugeben, dessen guten Willen man völlig mißverstand. Selbst Pater Kolfenbach, der hinter ihm kauerte, war oft am Ende seiner großen Geduld, besonders wenn Karl sich stundenlang an ihn lehnte.

Aber der Unglücklichste von allen war Karl Stramm. Er hatte seinen Hut verloren, als er in den Wagen stieg, und der Kragen seines bayerischen Lodenmantels war nicht hoch genug, um seinen kahlen Kopf warmzuhalten. Er war der ältliche Geschäftsführer einer gutgehenden Mühle. Er konnte nicht mit der Tatsache fertig werden, daß es ihm nicht gelungen war, rechtzeitig mit seiner erheblich jüngeren Frau und seinen drei kleinen Kindern zu fliehen. Sein letzter Trost war eine allerdings jetzt leere Thermosflasche. Ängstlich hütete er diesen Schatz und wagte nicht, die Flasche in seinen Kissenüberzug zu legen, den er als Rucksack benützte. Wie ein Baby hielt er sie die ganze Zeit im Arm.

Alois Jendrock versuchte, ihn von seinem jammervollen Selbstmitleid abzubringen. »Was soll denn ich sagen mit meinen sieben Kindern, das Jüngste erst vierzehn Tage alt? Sei ein Mann und hör auf, dich selbst zu bedauern. Wenn du dich für deine Familie erhalten willst, mußt du versuchen, dich in deiner Lage zurechtzufinden.« Die Mahnung half Kamerad Stramm wenig. Lang kroch er im Kreis herum, immer nach einem besseren Plätzchen Ausschau haltend, bis er schließlich, vor Pater Kolfenbachs und meinen Füßen angelangt, einigermaßen zur Ruhe kam.

Antonas, ein litauischer Maurer, kaute inzwischen gemächlich an einem großen Stück Speck, das er in unserem letzten Gefängnis irgend jemand gestohlen hatte. Antonas war kräftig genug, um allen Annäherungsversuchen und Bitten zu widerstehen, den Speck doch mit einigen seiner hungrigen Nachbarn zu teilen. Gemütlich schmatzend saß er auf einer größeren Dose Schmalz und unterhielt uns mit der Erzählung, wie viele Flaschen Schnaps er jede Woche von seinem Lohn habe kaufen können und wie sehr ihm diese jetzt fehlten, um seine Verdauung zu fördern. So sehr uns dieses Geschwätz auch anwiderte, wir waren darauf angewiesen, uns mit ihm gut zu stellen, denn Antonas war der einzige unter uns, der sich im glücklichen Besitz eines Messers befand.

Ich selbst hatte an diesem Morgen anderes als Essen im Sinn. Niemand war darum glücklicher als ich, als der alte Staatsförster dem Geschnatter vorläufig ein Ende machte. Unverhofft ließ er seine Kommandostimme vernehmen: »Hört jetzt endlich auf mit dem Quatsch! Euer ganzes Geschwätz hilft unserem leeren Magen nichts. Es macht uns bloß noch hungriger. Wir sollten an wichtigere Sachen denken. Ist euch denn gar nicht klar, daß wir alle kaputt gehen?«

Vor meinen Augen wurde wieder lebendig, was der heutige Tag für mich selbst bedeutete: der 7. März 1945 war die achte Wiederkehr des Tages meiner Priesterweihe in der ermländischen Kathedrale zu Frauenburg.

Schon während der Nacht und dann den Morgen hindurch hatten mir die Worte im Ohr geklungen, die Bischof Kaller damals zu uns gesprochen hatte. Ich fühlte, daß ich sie jetzt zum erstenmal richtig verstand: »Jesus hat außerhalb des Tores gelitten. So laßt uns denn mit ihm vors Tor hinaus gehen und seine Schmach mit ihm tragen. Wir haben hienieden keine bleibende Stätte: wir trachten vielmehr nach der kommenden« [Hebr 13, 12-14]. Der Bischof hatte diese Sätze im Hinblick auf die nationalsozialistische Bedrohung gesprochen. Die ersten Propagandaprozesse gegen Priester hatten gerade stattgefunden, und Goebbels bereitete sich zur offenen Kampfansage gegen die Kirche vor. Damals ahnte keiner von uns, daß die prophetischen Worte unseres Bischofs in so kurzer Zeit und auf solche Weise in Erfüllung gehen sollten.

Während die Kälte des frostigen Morgens von der bereiften

Waggonwand durch die schütteren Stellen des Schafspelzes kroch, gingen meine Gedanken zurück zu Hubert Teschner, der uns als erster in der Nachfolge unseres Hohenpriesters vorausgegangen war. Wir beide waren von frühester Kindheit an Freunde gewesen. Zusammen zogen wir später zur Universität Innsbruck, trotz des Protestes seiner Großmutter, die fürchtete, eine so weite Reise müsse uns ›bald bei de Negers‹ bringen. Wir wurden zusammen geweiht und waren Nachbarn, als sein junges Priesterleben so früh seine Erfüllung fand. - In seiner nicht ohne Schuld seiner geistlichen Vorgänger leicht verlotterten Gemeinde hatten lokale Parteibonzen versucht, die im Ermland streng eingehaltene Arbeitsruhe an den Sonntagen zu brechen. In einer deutlichen Predigt schärfte Hubert der Gemeinde wiederum das Sonntagsgebot Gottes ein und erbot sich, auf seine Ferien zu verzichten und jedem Bauern in der Ernte zu helfen, der die notwendige Arbeit nicht vor dem Sonntag schaffen könne. Da er selbst ein Bauernsohn war und über ungewöhnliche Körperkräfte verfügte, nahmen ihn einige Bauern tatsächlich beim Wort; doch selbst jene, die über sein Angebot gespottet hatten, wurden zum Schweigen gebracht, als sie sahen, daß er sein Versprechen in die Tat umsetzte. Die Parteiclique rächte sich aber für die Blamage und sorgte dafür, daß der wegen Schwerhörigkeit aus dem Sanitätsdienst entlassene Priester sofort wieder eingezogen und an die russische Front geschickt wurde. Auf dem Weg zum Wolchow schrieb er mir, Gott wisse am besten, wie seiner Pfarrgemeinde zu helfen sei, und er sei auch bereit, sein Leben zur Sühne hinzugeben, wenn Gott es so wolle. Als ich den Brief erhielt, hatte er bereits einen schmerzvollen Tod erlitten.

Ich begann, mich meiner Angst vor dem schleichenden, schmachvollen Ende zu schämen, das mir bevorzustehen schien. Wäre es nicht vielleicht ein gnadenvollerer Weg, das Vollalter des Herrn zu erreichen, als in langer, friedlicher Arbeit? Ich bat nur noch, zuvor wenigstens einigen meiner verzweifelten Mitgefangenen den Zugang zu dem erlösenden Leiden ihres Heilands erschließen zu dürfen.

Ich brauchte nicht lange zu warten, bis mein Gebet erhört wurde. Die rostige Stimme des alten Staatsförsters polterte plötzlich durch den Wagen: »Der kleene Pfarrer soll mal herkommen!« Die Gefangenen waren über diese Aufforderung von seiten eines Mannes, der keinen Hehl daraus gemacht hatte, welche Gefühle er für »Pfaffen und Juden« hegte, so überrascht, daß sie mich, ohne mich allzu sehr zu verwünschen, über das Gewirr ihrer Arme und Beine kriechen ließen.
»Was kann ich für dich tun, Kamerad?« fragte ich, als ich bei ihm angelangt war. Ich nahm seine Hand in die meine, denn ich sah, daß er sehr schwach war.
»Paster, ich gehe jetzt ein!« sagte er trocken.
»Meinst du wirklich, du ›verreckst‹ wie einer deiner Dackel, und danach ist alles vorbei? Und nichts soll diesem Leben nachfolgen! Alles in allem, wofür hast du denn gelebt?«
»Vielleicht gibt es doch was nach dem Tod«, sagte er. »Aber was weiß man davon?«
Wir hatten keine Zeit, uns auf lange Erörterungen einzulassen. So sagte ich ihm schlicht, daß er in kurzem seinem Schöpfer und Erlöser für sein ganzes Leben Rede und Antwort stehen müsse. Es gebe sicher manches in seinem Gewissen, was er lieber vorher bereinigen wolle.
Der alte Mann nickte. »Ja, ich bin ein Schweinehund gewesen, so kann ich nicht vor den Herrgott kommen.«
Die Totenstille im Wagen wurde nur vom Rattern des Zuges unterbrochen, während der Alte mit seiner öffentlichen Beichte begann.
»Solange du noch einen Atemzug in deiner Brust hast, kannst du von Gott Vergebung erbitten. Und darauf kannst du dich verlassen. Er versteht dich viel besser als der beste Pfarrer auf der ganzen Welt. Wir wollen jetzt nur schnell das Wichtigste durchgehen.« Als sein Atem schwerer ging, er mir aber fester die Hand drückte, fragte ich ihn: »Wie hast du deine Frau behandelt?«
»Ich habe zweie kaputt gemacht.«
»Und wie hast du dich gegen andere Menschen benommen, vor allem gegen deine Untergebenen, gegen die Rekruten,

die du zur Sau gemacht hast, damit du schneller deine Litzen bekamst? Wie bist du mit deinen Forstarbeitern umgegangen, besonders mit den Fremdarbeitern? Hast du sie so behandelt, wie du selbst behandelt werden möchtest? Könntest du ihnen jetzt und in der Ewigkeit gegenübertreten?«

Er war sehr nachdenklich geworden und erhob gegen meine Fragen keine Einwände. »Die würden mich schnell fertigmachen, wenn ich ihnen in den Weg käme«, gab er zu.

Als mein Blick auf seine blaue Nase fiel, konnte ich mich nicht enthalten zu fragen: »Und wieviel hast du in deinem Leben getrunken?«

Mit einem matten Lächeln erklärte er: »Einen guten Durchschnitt.«

Die unregelmäßigen Bewegungen seiner beklemmten Brust mahnten zur Eile.

»Selbst wenn du wie ein Hund dahingelebt und Gott gar keine Beachtung geschenkt hättest, wäre Er noch willens, dir zu vergeben. Er weiß, wie wenig man dich über Ihn gelehrt hat. Wenn du jemals in deinem Leben irgend etwas Gutes getan hast, so hat Gott das nicht vergessen. Und Er hat uns, schwarz auf weiß, in der Bibel zugesichert, daß Er jeden willkommen heißen wird, wenn er auch nur mit dem letzten Atemzug bekennt: ›Mein Gott, Du weißt, was für ein Schweinehund ich gewesen bin. Aber wenn Du nur willst, so kannst Du mich rein machen und mich zurück in Dein Haus bringen wie den verlorenen Sohn!‹«

»Es ist nun Zeit für dich«, drängte ich voran, »daß du direkt mit dem Herrgott zurecht kommst. Kannst du beten? Kannst du das Vaterunser?«

Sofort hub er mit lauter, rauher Stimme an zu beten und schloß das Vaterunser mit der altliturgischen Schlußformel, wie die protestantischen Christen sie gebrauchen: »Denn Dein ist das Reich und die Kraft und die Herrlichkeit in Ewigkeit. Amen.«

Dreimal wiederholten wir dann den Lobpreis des Dreieinigen Gottes. Mit einer letzten Anstrengung gelang es ihm noch, das letzte »Amen« herauszustoßen. Dann reckte er den

Kopf steil auf, röchelte und fiel mit dem Kopf vornüber. Rasch machte ich das Zeichen des Kreuzes über ihn und sprach die Worte der Lossprechung. Es war alles so schnell gegangen, daß ich fast darauf vergessen hätte. Dann begann ich die Totengebete der Kirche. Das abschließende Gebet, in das die Gefangenen alle einstimmten, war für denjenigen aus unserer Mitte bestimmt, der als nächster unserem ersten Toten aus diesem Waggon in die Ewigkeit nachfolgen würde.

Während der dritten Nacht, die wir ohne Nahrung im Güterwagen verbrachten, lockerte sich die Tür auf der Seite unserer Latrinenrinne um etwa zwei Zentimeter und ließ durch den Spalt nicht nur frische Luft und ein wenig Schnee zu uns herein, sondern gab auch die Aussicht auf die Landschaft frei.

Am Morgen hielt der Zug auf dem Nebengleis einer großen Bahnstation an. Antonas, unser litauischer Kamerad, hatte während der Nacht den alten Staatsförster auf seine Weise zur letzten Ruhe vorbereitet, indem er ihm seine Schuhe, seinen Mantel und seinen schmalen Rucksack abgenommen hatte. Beim Anblick der Bahnstation wurde Antonas lebhaft. Er war fest überzeugt, daß die verkohlten Ruinen, die er durch den Türspalt erkennen konnte, die Reste des Güterbahnhofs von Kaunas, seiner Heimatstadt, waren.

Draußen trommelten die Wachleute an unsere Tür, die seit unserer Abreise verrammelt geblieben war. Wir wurden aufgefordert, von innen stoßen zu helfen. Bevor die Tür zur Hälfte geöffnet war, brüllten zwei mit Bajonetten ausgerüstete Soldaten etwas, was wir nicht verstehen konnten. Antonas schnellte mit einem gewaltigen Satz zur Tür, und bald erschien dort eine alte verbeulte Milchkanne, die mit schmutzigem Wasser gefüllt war. »Diese Wasserkanne muß in einer Minute geleert sein!« rief Antonas in großer Aufregung, »und wer nicht genau macht, was ich sage, bekommt kein Wasser!«

Die letzten Worte waren noch nicht über seine Lippen gekommen, als die Männer jede Selbstbeherrschung verloren und alle zugleich auf die Wasserkanne zustürzten. Sie stießen, schoben, zwängten in größter Eile alle möglichen Arten von Behältern nach vorn. Antonas tat sein Bestes, um jedem Mann im Wagen etwas von dem kalten schmutzigen Wasser auszuteilen; aber als die Minute herum war, hatten dennoch etwa ein Dutzend Leute noch kein Wasser. Eine Revolte brach aus gegen Fritz, einen sechzehnjährigen masurischen Hütejungen, dem es gelungen war, unter falschem Vorwand einen zweiten halben Liter in ein Kuchenblech zu fassen.

Meine Portion war in meinen Kochgeschirrdeckel geschüttet worden. Ich versuchte, der Gier des Durstes zu widerstehen, nahm immer nur zwei Tropfen auf einmal in den Mund und behielt sie dort lange genug, um sie anzuwärmen. Doch da dieses dreckige Wasser uns so gut schmeckte wie der beste Rheinwein, hatte ich meinen Behälter schon fast geleert, als die Tür nochmals geöffnet und Antonas und seinem Helfer befohlen wurde, dem Posten mit einer Decke zu folgen. Wenige Minuten später kamen die beiden zurück. Antonas trug die Decke an vier Zipfeln wie einen Sack. Kaum war er und sein Kamerad wieder bei uns herinnen, als die Tür wieder verrammelt wurde.

Antonas schaffte energisch Platz, breitete die Decke auf dem Boden aus und enthüllte feierlich einen Haufen ›Sakari‹, harten Maisbrotes, das die Russen rösten, monatelang aufbewahren und in ihre Kohlsuppe brocken. Wir berechneten unsere Rationen und fanden zu guter Letzt heraus, daß genug von den zolldicken, handflächengroßen Brocken vorhanden waren, um jedem von uns zwei und zusätzlich eine Handvoll Krümel zu geben.

Die anfängliche Stille bei unserer ersten Mahlzeit wich bald neuer Unruhe und Empörung. Denn nur diejenigen, die noch etwas Wasser übrig hatten, waren imstande, diese bitteren, steinharten Krusten herunterzuwürgen. Verschiedene ältere Männer klagten nach einigen Versuchen, das Brot zu kauen, über wundes Zahnfleisch und geschwollenen Gaumen. Alois, der invalide Forstaufseher, gab eine Reihe masurischer Flüche zum besten, die immer mit dem Refrain schlossen: »Wir gehen alle kaputt!« Und dann fügte er für sich selbst hinzu: »Es ist zu dumm, daß ich nicht in unserem Wald geblieben bin. Ich hätte wenigstens einige dieser Bestien noch umlegen können.« Seine Bitterkeit schien ihm fast das Herz abzudrücken.

Wir waren in dieser Nacht noch nicht weit gekommen, als der Zug abermals hielt. Wir spitzten unsere Ohren und konnten bald heraushören, daß die Frauen in den Nachbarwaggons in immer wiederholtem Sprechchor riefen: »Wodi, Wodi! Wasser! Wasser!« Auch unser Wagen schloß sich diesem Notschrei an. Kamerad Stramm, der einstmals Dirigent einer Stahlhelm-Kapelle gewesen war, gab uns die richtigen Einsätze mit seiner leeren Thermosflasche, die er wie einen Taktstock schwang.

Eine halbe Stunde später hörten wir draußen Schritte, und im nächsten Augenblick wurde laut an die Tür gepocht. In der Meinung, dies sei eine Antwort auf unsere verzweifelten Rufe, sprangen wir an die Tür. Es schien, als wolle sie nicht aufgehen. Schließlich steckte ein Wachmann den Kopf zu uns herein und fragte: »Pomerti? Leichen?« Wir wichen von der Tür zurück. Er brauchte nicht lang nach der Leiche des Staatsförsters zu suchen, die bereits durch Antonas der Schuhe, des Mantels und des Rucksackes beraubt worden war. Andere hatten die Fledderei fortgesetzt, bis nur noch die schmutzige Unterwäsche den Körper bedeckte.

Der Posten beorderte drei Mann, den Leichnam in eine Decke zu legen und ihm nachzutragen. Bei ihrer Rückkehr waren die drei nicht sonderlich mitteilsam. Sie sagten nur, sie hofften, niemals wieder zu dieser Arbeit bestimmt zu werden.

In dieser Nacht begannen meine Gummistiefel mehr als bisher zu drücken. Ich spürte, daß die mangelhafte Blutzirkulation meine Füße zum Schwellen brachte. Die zu engen Stiefel verschlimmerten das Übel nur noch mehr. Franz, dessen Füße schmaler als die meinen waren, konnte die Stiefel besser brauchen. Der Junge wurde die ganze Zeit von Frost geschüttelt und war bereits so schwach, daß er Hilfe nötig hatte, um aufrecht sitzen zu können. Stundenlang flehte er

seine Nachbarn an: »E Schluckche Wasser, een Schluckche Wasser!«
»Selbst wenn wir Wasser hätten«, suchte ich ihn zu beruhigen, »dürften wir es dir nicht geben. In deinem jetzigen Zustand wäre kaltes Wasser das reine Gift für dich!« Aber so wahr das sein mochte, es machte auf ihn keinen Eindruck; die ganze Nacht hindurch wiederholte er unablässig seine Bitte.
Mitternacht war schon vorüber, als der Zug sich wieder in Bewegung setzte. Wir waren so durchgefroren, daß auch das Rattern des Zuges nicht mehr half, uns in Schlaf zu wiegen. Plötzlich hielt der Zug mit einem harten Ruck an, Maschinengewehrfeuer zerriß die Stille, Hunde heulten auf; schwergenagelte Stiefel stapften an beiden Seiten des Zuges entlang; und wir hörten, wie andere Wachleute auf die Dächer kletterten. »Stoy! Stoy! Halt! Halt!« brüllten sie. Wir konnten durch unsere schmale Öffnung nicht viel erkennen; doch später erfuhren wir, daß drei unserer Mitgefangenen auf einem Fluchtversuch erschossen worden waren. Es war ihnen gelungen, mit einem primitiven Messer die Waggonwand zu durchbohren, den Verschluß zu öffnen und abzuspringen.
Als wir nach dieser aufregenden Unterbrechung weiterfuhren, beobachtete ich durch unseren Türspalt etwa eine halbe Stunde lang die Landschaft, konnte aber während dieser Zeit nur eine einzige hölzerne Hütte erkennen, die zur Hälfte unter Schnee begraben war. Von Zeit zu Zeit hallte, einem Echo gleich, der Schrei: »Wasser! Wasser!« durch den ganzen Zug. Erst am Abend des kommenden Tages wurde wiederum an unsere Tür geschlagen. Der Wachmann befahl barsch, daß zwei von uns ihm zu folgen hätten. Antonas, der sich selbst zum Senior unseres Wagens gemacht hatte, gab Pater Kolfenbach und mir einen Wink, daß wir gehen sollten. Wir waren nicht unglücklich über diese Wahl. Nur einmal aus dem Wagen aussteigen zu können, erschien uns schon als große Befreiung. Wir konnten einen Blick auf die unbekannte Umgebung werfen, und unsere steifen, geschwollenen Glieder kamen endlich wieder in Bewegung.

Wir stolperten über viele Gleise, bis wir einen Ausblick auf eine völlig verwüstete Stadt gewannen, die sich hügelabwärts bis zu den Eisenbahnschienen erstreckte. Auf der Anhöhe standen die Ruinen einer Kathedrale oder eines Klosters. Die Kirchtürme wie auch alle anderen Gebäude waren überragt von einigen halbzerstörten Zementhäusern, die den sowjetischen Beitrag zur Architektur dieser alten russischen Stadt darstellten. Gegenüber dem zerstörten Bahnhof waren die leergebrannten Reste einer anderen großen Kirche zu sehen.

Weiter und weiter wurden wir über die Trümmer des Bahnhofsgebäudes getrieben, bis wir auf eine Reihe Gefangener stießen; sie hatten sich vor dem einzigen Wasserhahn angestellt, der am Mauerfetzen eines bröckeligen Gebäudes noch funktionierte. Hier gab es sauberes Wasser. Als wir selbst endlich an die Reihe kamen, mußten wir vorsichtig sein, um nicht auf den Eisflächen auszurutschen, die sich von dem verschütteten Wasser gebildet hatten. Der Zugang war so eng, daß nur ein einziger Mann an der Zapfstelle stehen konnte; so ging Pater Kolfenbach mit der schweren Milchkanne allein voran.

Unterdessen beobachtete ich einen russischen Greis, der sich von der anderen Seite des Zaunes langsam näherte. Er war so schwach, daß er seine Füße in den schäbigen Filzschuhen nur mühsam dahinschleppen konnte. Er blieb am Zaun stehen und sah uns zu. Ich grüßte ihn und fragte ihn, wo wir seien.

»Das ist einmal Smolensk gewesen«, sagte er, hob langsam den Arm und wies traurig auf die zerstörte Stadt. Er wirkte in dieser Szenerie wie ein toter Baumstumpf in einem verwüsteten Wald. Als ich ihn betrachtete, konnte ich keinen Haß in seinem Gesicht entdecken, nur tiefe Trauer über das gemeinsame Elend, das über seine Stadt und die, welche sie zerstört hatten, hereingebrochen war.

Da Pater Kolfenbach viel größer war als ich, hatten wir es nicht leicht, die gefüllte Milchkanne über die Trümmer und Gleise hinüberzubalancieren. Bei unseren Waggons angekommen, mußten wir warten, um einen langen Güterzug vorüberzulassen, der in der gleichen Richtung fuhr wie wir. Durch einige der halboffenen Türen konnten wir Frauen auf Säcken sitzen sehen und Kinder, die sich an sie drängten. Auch ältere Männer schauten heraus. Offensichtlich waren diese Leute Russen. Nach dem Ziel ihrer Reise befragt, zuckten sie nur die Schultern. Sie wußten nicht mehr als wir.

Der Wachtposten führte uns zu einem Wagen unseres Zuges, dessen Insassen Frauen waren. Schon von weitem hörten wir ihre flehentlichen Schreie: »Wodi! Wodi! Wasser! Wasser!« Als wir die Tür aufstießen und die Kanne in den Güterwagen hinaufreichten, stürzte sich das Knäuel der fünfzig Frauen wie wahnsinnig darauf, sie rissen sich gegenseitig bei den Haaren von der Wasserkanne weg. Es gelang nur einigen wenigen, ihre Portion mit allen möglichen Arten armseliger Behälter, Kuchenformen, Büchsen, Baby-Milchflaschen, Medizinfläschchen und Filzhüten oder mit schmutzigen Händen zu schöpfen.

Wir waren gegenüber ihrer Not machtlos. Hinter unserem Rücken stelzten einige russische Verwundete heran und blieben stehen, um sich an dem Gebaren der Frauen zu weiden. Diese jungen Soldaten schienen in Smolensker Lazaretten zu liegen. »Germanski kultura!« höhnten sie. Sie teilten ihren Spaß und Hohn über das Elend der gefürchteten und gehaßten ›Fritzkis‹ mit zerlumpten Kindern, die um die Züge herumstreunten. Von der Meute dieser lästigen Zuschauer hoben sich drei russische Frauen ab; die schwarzen Kopftücher über das streng gescheitelte Haar geschlagen, standen sie schweigend da und schienen andere Gefühle zu hegen. Sympathie und Mitleid sprachen aus ihren Zügen. Eine dieser Frauen bedeutete einem Posten ruhig, er solle die Soldaten weitergehen heißen; doch diese Bitte ging in dem Hohngeschrei der Kinder unter.

Während wir auf unsere Kanne warteten, trat plötzlich einer der verwundeten Soldaten, der offensichtlich angetrunken war, einen Schritt vor und schlug Pater Kolfenbach mit der flachen Hand ins Gesicht. Unter den Flüchen, die er dabei hervorsprudelte, war einer, den wir verstehen konnten: »Du Hitlerschwein!« Dies war sogar für unseren barschen Posten zu viel; er packte den Rotarmisten beim Kragen und schob ihn weg, mußte sich aber gleich danach ducken, denn einer seiner Kameraden griff ihn seinerseits als ›Hitlerschwein‹ an.

Während dieser Unruhe nahm ich rasch die Gelegenheit wahr, um mit einer der gefangenen Frauen, die ihre Sinne noch beisammen zu haben schien, ein paar Worte zu wechseln. »Wie viele von euch sind schon gestorben?« fragte ich sie. »Drei«, sagte sie, »aber es werden bald mehr sein.«

Der Posten befahl uns, drei weitere Kannen zu diesen Waggons zu schleppen. Dann durften wir für unseren eigenen fassen und, gänzlich erschöpft, wieder in unseren Wagen hinaufklettern.

Bald danach rollte der Zug wieder an. Wir bemerkten, daß Franz zusehends schwächer wurde, und obgleich Pater Kolfenbach heftige Nierenschmerzen hatte, bemühte er sich doch, den Buben von seinem Jammer abzulenken und auf irgendeine Art zu beschäftigen.

Der kommende Tag war der Sonntag Laetare, der vierte Sonntag in der Fastenzeit. Wir Priester beteten mit unseren Kameraden und versuchten, sie zu trösten. Das Evangelium handelte von den fünf Laib Brot und den beiden Fischen. Ich erklärte meinen Zuhörern den Sinn der wunderbaren Vermehrung des Brotes und der Fische und sagte ihnen, weil die meisten Menschen mehr oder minder den Glauben und die Kenntnis dieser Dinge verloren hätten, sei uns auch das natürliche Brot ausgegangen.

Der erste, der uns in aller Öffentlichkeit dankte, war Jan, der aus seinem Winkel heraus aufmerksam zugehört hatte. »Von solchen Sachen habe ich noch nie etwas gehört«, erklärte er, »Ihr müßt uns mehr davon erzählen.«

In der gleichen Nacht wurde ich gerufen, um Opa Pietsch, einem pensionierten Lehrer, beizustehen, dessen Gesichtszüge mir schon aufgefallen waren. Still und ergeben siechte er langsam dahin, mit beiden Händen seinen letzten, unentbehrlichen Besitz umklammernd, seine Hornbrille. Er bat mich, ihm zu helfen, da er jetzt nicht mehr selbst für seine Notdurft sorgen könne. Sogar als ich ihn aufrichtete und durch den Wagen nach der Latrinenrinne zog, wollte er seine Brille nicht aus der Hand geben. »Wenn ich die Brille zerbreche oder verliere«, rief er mir angstvoll zu, »kann ich nie mehr lesen! Stellen Sie sich vor: nie mehr lesen!«

»Machen Sie sich doch wegen der Brille nicht zu große Sorgen«, suchte ich ihn zu beruhigen. »Unser Herrgott wird Ihnen bald andere Augen geben, mit denen Sie Ihn selbst schauen und alles erkennen können, was Sie hier hinter sich lassen.« Verwirrt blickte er zu mir auf, und es dauerte geraume Weile, bis er mich verstand.

Er sollte nicht mehr lang bei uns bleiben. Ein anderer Mann starb während dieser Nacht in unserem Wagen, und wir spürten alle, daß auch unsere Kräfte nachließen. Als der Zug beim Tagesgrauen wieder anhielt, brüllte ein Posten von draußen durch die Wand zu uns herein: »Kranke?« Wir waren alle krank; doch der einzige, der töricht genug war, sich zu melden, war Opa Pietsch. Er fing sofort an zu schreien und zeigte mit dem Arm auf wie ein Schuljunge. Die große Tür wurde aufgestoßen, und der Posten befahl, ihn herauszuschaffen. Als sie ihn zum Wagen hinauslangten, konnte ich noch hören, wie er ängstlich rief: »Meine Brille, meine Brille! Seid doch vorsichtig mit meiner Brille!«

Er wurde in den ›Rote-Kreuz-Wagen‹ am Ende des Zuges gebracht. Das aufgemalte rote Kreuz war schon recht abgenutzt, aber man konnte es noch schwach erkennen. Der Wagen war mit sterbenden Männern und Frauen gefüllt. Nicht einmal eine Bank oder einen Stuhl gab es darin. Die einzige Krankenausrüstung bestand in einer Kanne Wasser.

Als wir auf einem Nebengleis warten mußten und bereits wieder eingeschlossen waren, fingen einige Männer zu mutmaßen an, wer wohl nun der Nächste von uns sein werde, den man hinaustragen werde. Karl, der liebenswürdige, aber gerissene Masure, war an dieser Art Unterhaltung nicht interessiert. In aller Ruhe hatte er es fertiggebracht, den Platz von Opa Pietsch zu erben. Der arme Stramm bemerkte zu spät, daß er wieder der Ausgeschmierte war, und beklagte sich bitter darüber. Ich versuchte Kamerad Stramm gerade mit einigen Tropfen Wasser zu trösten, damit er mit den Streitereien aufhören möge, als Karl plötzlich anfing, zusammenhanglose Worte vor sich hin zu stammeln. Er murmelte irgend etwas von einem Schlitten und vom Heimfahren. Plötzlich wurde seine Stimme ganz schrill, und er schrie laut heraus: »Karl, Karl! Wir gehen jetzt heim!« Dann war alles still. An den Schatten konnte ich erkennen, wie Urban, sein Nebenmann, unter Karls Mantel griff und sein Hemd öffnete. Als er es wieder zuknöpfte, sagte er erschauernd: »Karl ist tot.«

Nach einer Weile kamen mehrere Posten herbei; sie befahlen vier von uns, herauszukommen. Wir wurden längs des Zuges zu einem Frauenwagen geführt. Dort wurde aus einer halboffnen Tür eine schmutzige Decke herausgereicht und die Leiche eines ungefähr vierzehn Jahre alten Mädchens daraufgerollt. Unter den gewohnten Rufen: »Schnell, schnell! Biestra, biestra!« trieben uns die Wachleute an, mit unserer Last voranzueilen. Der Kopf des Mädchens und seine Arme hingen über die Decke heraus und schleiften am Boden.

An der Tür eines riesigen Güterwagens, dreimal so groß wie der, in dem wir selbst eingeschlossen waren, wurde uns zu halten befohlen. Wir legten unsere Last in den Schnee und stemmten unsere Hände und Schultern gegen das Tor, um es aufzustoßen. Das war eine schwere Sache. Das Tor schien zu klemmen. Wir konnten es immer nur um Zentimeter weiter aufstoßen, doch endlich gelang es uns.

Der Anblick, der sich uns bot, war einer der grausigsten, die ich je gesehen habe. Der riesige Güterwagen war bis zur halben Höhe mit Leichen angefüllt, die in sieben Lagen aufeinandergeschichtet waren. Durch den Druck der oberen waren die zu unterst liegenden Leichen gegen die Schiebetür gedrückt worden, und als wir den Versuch machten, die Tür mit Gewalt zu öffnen, war von Hüfte und Schenkeln einer

Frau aus der zweiten Lage das Fleisch bis auf den nackten Knochen abgerissen worden.

»Schnell, schnell! Biestra, biestra!« Zwei von uns mußten auf den Leichenberg klettern und die neue Leiche auffangen. Vom Rand wurde sie dann zum äußersten Ende des Wagens geworfen, wo die Lagen schon bis zur Decke reichten.

Andere Gruppen von Leichenträgern trafen vor dem entsetzlichen Waggon ein, als unser schauriges Werk noch nicht beendet war. Noch zweimal mußten wir die gleiche Prozedur wiederholen. Wir bemerkten, daß die drei letzten Wagen des Zuges allein für diesen grausigen Zweck vorgesehen waren.

Die Szene, deren Zeugen wir gewesen waren, war so furchtbar und unmenschlich, daß mir der Gedanke durch den Kopf schoß: »Weil du dies jetzt gesehen hast, ist dein Schicksal besiegelt. Sie werden niemand zur zivilisierten Menschheit zurückkehren lassen, der Zeugnis ablegen könnte über das, was du jetzt gesehen hast.«

Wir alle waren verstummt. Ein abgehärteter Bauer murmelte vor sich hin: »Mein Gott, wie kannst Du da zusehen, ohne die Welt zu vernichten?« Es war verboten, laut zu sprechen; darum war die einzige Antwort, die er erhielt, ein Kolbenstoß von einem der Posten.

Gleich Sterbenden wankten wir zu unserem Wagen zurück, bis wir wie angewurzelt an einem der Waggons innehielten. Selbst der Posten war einen Augenblick lang verdutzt. Wir hörten auf einmal Gesang. Als wir näher an den Wagen herantraten, um besser hören zu können, erkannten wir Frauenstimmen. Die Stimmen waren trocken und heiser von all dem Schreien: »Wodi, Wodi! Wasser, Wasser!« Doch wenn es auch schwer war, einzelne Worte zu verstehen, so konnte ich mich doch in der Melodie nicht irren. Die Frauen sangen: »Großer Gott, wir loben Dich!«

Bald hatte sich der Wachmann wieder so weit gefaßt, daß er uns von neuem antreiben konnte. Doch wir hatten inzwischen genug gehört, um aus unserem dumpfen Entsetzen durch diese schwachen Stimmen herausgerufen zu werden.

Sie waren kaum ein paar Meter weit zu hören, aber sie durchdrangen die Wolken des Himmels.
Wem der Gesang der gepeinigten Frauen nicht über die Bilder des Grauens hinweggeholfen hatte, den belebte ein anderes Ereignis: Wir bekamen in dieser Nacht unsere erste warme Mahlzeit. Wenn auch nur noch lauwarm, war es doch etwas Gekochtes, eine Art Gerstengrütze. Die in der Finsternis mit Disziplin und Sammlung verteilte Mahlzeit machte neue Menschen aus uns.
Nach dem Essen überraschten uns die Posten mit einem weiteren Geschenk: wir bekamen ein Bündel Holz für unser Öfchen. Antonas nahm den Ofen in Regie und bereitete das Feuerungsmaterial für den Tag, an dem wir einige Streichhölzer bekommen sollten. »Damit wir das Feuer in Gang bringen können, müssen wir Späne machen«, schärfte er uns ein. »Und jeder von uns, der noch irgendwelches Papier bei sich hat, sollte wenigstens ein kleines Schnitzel davon beisteuern.« Mein bescheidener Beitrag bestand in einem Briefumschlag, in dem ich ein paar Pillen gegen Durchfall eingewickelt hatte. Das billigste Papier, das die meisten Kameraden bereitwillig beisteuerten, waren deutsche Banknoten.
Als der Zug das nächste Mal anhielt, wurden die beiden Jungen, Gerhard und Josef, aus dem Wagen beordert, um einige Dienste zu leisten. Pater Kolfenbach nahm die Gelegenheit wahr, um die Beichte des dritten Buben, Franz, zu hören und ihm die Letzte Ölung zu geben. Franz lag bewegungslos da, zu schwach oder zu gleichgültig, um selbst die Schuhe anzuziehen, die ich ihm geborgt hatte. Pater Kolfenbach sprach ihm gütig zu und suchte vergeblich, ihn aus seiner Teilnahmslosigkeit aufzurütteln.
Als Josef und Gerhard zurückkamen, hatte Josef seine Milchkanne versetzt. Die Jungen überschütteten uns förmlich mit der aufregenden Nachricht, daß sie in einer Stadt gewesen seien. Erst waren sie zum Rote-Kreuz-Wagen beordert worden, um einige Kleidungsstücke und Schuhe zu fassen, welche die Posten den verstorbenen Patienten abgenommen hatten. Dann mußten sie diese ›Klamotten‹ auf den Markt der Stadt

schleppen, wo die Sachen schnell verhökert wurden. Für Schuhe und Hosen wurden die höchsten Preise geboten. Man konnte sie für Nahrungsmittel, Machorka und Wodka eintauschen.

Während die Jungen auf die Posten warten mußten, die mit ihrem Tauschgeschäft beschäftigt waren, hatte Josef seinen Handel gemacht. Im Austausch für seine Milchkanne bekam er vier Heringe und ein paar Streichhölzer. Er und Gerhard hatten die Heringe mit Ausnahme eines sehr kleinen Schwanzrestes, den sie großmütig Pater Kolfenbach mitbrachten, bereits verspeist. Mir versprachen sie, wenn sie das nächste Mal einen Fisch einhandeln sollten, würde ich auch einen ›Zagel‹ erhalten. Die Streichhölzer überreichten sie Antonas, doch unsere Hoffnungen sanken, als sich herausstellte, daß das Faltpäckchen keine Reibefläche hatte. Aber schließlich kramte einer der Männer doch noch ein kleines Endchen Reibefläche einer heimatlichen Streichholzschachtel hervor.

Alle hielten den Atem an, bis Papier und Span Feuer gefangen hatten. Schon der Anblick des Feuers wärmte und beglückte uns. Die meisten von uns starrten nur stumm in die brennenden Scheite. Doch Jan kam bald in Bewegung, machte sich am Ofen zu schaffen und balancierte vorsichtig einen mit Wasser gefüllten Aluminiumbehälter hinauf. Wem das Wasser gehörte, blieb ein Geheimnis, denn wir hatten alle gesehen, daß Jan seine Ration schon lang ausgetrunken hatte. Nun brach er etwas von seiner harten, trockenen Brotration ab, krümelte es in den Topf und zog aus einer tiefen Tasche ein Stück Speck hervor, das gleichfalls in das Gefäß wanderte. Der Speck mußte von irgendwem ›organisiert‹ worden sein; denn Jan selbst hatte überhaupt keine Lebensmittel besessen, als er eingestiegen war. Von Zeit zu Zeit rührte er seine Mixtur um.

Andere folgten rasch seinem Beispiel. Kleine Gemeinschaften schlossen sich zusammen. Einer stellte seinen Kochtopf zur Verfügung, ein anderer etwas Wasser, ein dritter ein Stück Brot, wieder einer eine Prise Salz. Der größte Kapitalist war Joachim, ein stiller masurischer Kleinbauer, dem es ge-

lungen war, in seiner Unterwäsche ein wertvolles Päckchen Sacharintabletten zu verstecken. Indem er jede Tablette halb und oft viertels durchbrach, stellte er den verschiedenen kleinen Kochgruppen ein Stück seiner Mangelware im Austausch für einen kräftigen Trunk von der Brühe zur Verfügung.
Ich selbst war ebenfalls bald auf der Höhe der Situation. Ich nannte noch einen Trockenwürfel Erbsensuppe mein Eigen und fand leicht Interessenten, die bereit waren, mit mir in Geschäftsverbindung zu treten; und so kam es, daß Pater Kolfenbach und ich doch etwas mehr von den Herrlichkeiten der brodelnden Kochgeschirre verkosten durften als nur die wunderbaren Düfte.
Um das Feuer die ganze Nacht hindurch zu erhalten, mußten wir einige Holzverstrebungen von der Decke und den Wänden des Waggons abreißen. Auch wenn die Wände des Wagens nach wie vor von unserem Atem beschlagen blieben und die Wärme nur rund um das dünne Ofenrohr zu spüren war, blieb das Feuer doch ein großer Segen. Es gab jedem irgend etwas zu tun, etwas, worauf der Blick ruhen, worüber man träumen konnte.
Im Lauf der nächsten beiden Tage wurden wir allerdings in peinlicher Weise gewahr, daß nicht alle Wirkungen des Feuers segensreich waren. »Wer ist das Schwein, das die verdammten Läuse in den Wagen gebracht hat?« Jan puffte sich seinen Weg durch die Menge, geradewegs auf den Ofen zu. Er zog sich nackt aus, um im Lichtschein des Feuers seine Sachen nach plötzlich aufgetauchten Lebewesen zu durchsuchen. »Hier ist die erste«, rief er und zerknackte die Laus zwischen den Nägeln seiner beiden Daumen.
Nachdem Jan seine Jagd beendet hatte und an seinen Platz zurückgegangen war, gab uns Alois, der Forstaufseher, eine ins einzelne gehende Unterweisung, wie wir unsere neuen ›Mitläufer‹ zu bekämpfen hätten. In dieser Beziehung hatte er bereits im ersten Weltkrieg an der russischen Front reiche Erfahrungen gesammelt. Er hatte seine Lektion noch nicht beendet, als ich etwas Lebendiges in meiner Achselhöhle verspürte, und bereits war auch ein halbes Dutzend anderer

Männer dabei, ihre Unterwäsche zu examinieren. Ich hatte gutes Jagdglück und erwischte bald zwei wohlentwickelte Exemplare.

Am nächsten Morgen stellte sich heraus, daß jenes Ehepaar, das ich in der Nacht gefunden hatte, Nachkommen hinterlassen hatte. Es war eine gesunde Brut, denn in den nächstfolgenden Tagen fing ich zwei weitere Matronen und siebenundzwanzig ihrer Nachkommen. Die Kameraden bestätigten mir, daß ich nun zum vollgültigen Sowjetbürger aufgestiegen sei.

Wenngleich mit unserer Jagd beschäftigt, beobachteten wir doch durch den Spalt in unserer Tür, daß wir durch die Außenbezirke einer großen Stadt fuhren. Hier waren keine Anzeichen von Bombardierungen zu sehen; beim Näherkommen konnten wir aber nur schmutzige Gebäude und Hinterhöfe erkennen. Die Gleise schwangen nach beiden Seiten aus, und als der Zug endlich zum Halten kam, beobachteten wir ein paar Gleise von uns entfernt einen ähnlichen Zug, der offensichtlich die gleiche ›Fracht‹ enthielt wie der unsere. Aus den Seitentüren sahen die verräterischen Holzrinnen heraus.

Wachen patrouillierten unablässig um den Zug. Man konnte lautes Rufen und das kurze, heisere Kommandobellen der Milizsoldaten hören. Kein Zweifel, wir waren in Moskau. Hermann Steputat hatte anläßlich dieses Ereignisses seine Brille aufgesetzt und eine Rede vom Stapel gelassen. Wir alle waren aufgeregt und voller Spannung, was mit uns geschehen werde.

Das einzige nennenswerte Ereignis an diesem ersten Tag in Moskau war jedoch das ständige Rangieren des Zuges; die Wagen wurden vor- und zurückgeschoben und endlich auf einem Nebengleis abgestellt. Dann kamen die Posten und suchten wieder in den Wagen nach Leichen. Kurze Zeit danach begann das Rangieren von neuem. Einige waren der Meinung, sie kuppelten nun die letzten drei Waggons ab, in denen die Leichen aufgetürmt lagen.

Während der Nacht konnten wir uns dann wirklich davon

überzeugen, daß wir in der Hauptstadt waren - wir bekamen unsere dritte warme Mahlzeit, seitdem wir Insterburg verlassen hatten; diesmal war es nicht allein dünne Gerstengrütze, sondern es wurden auch einige Fischgräten in der Suppe serviert. Als weiteres Zeugnis der Zivilisation wurden den meisten Waggons am anderen Morgen zwei Kannen kalten Wassers zugeteilt. Da wir anderthalb Tage an der gleichen Stelle hielten, konnte der gesamte Zug von einem Feuerhydranten, der sich nahe bei den Gleisen befand, mit Wasser versorgt werden.

Als ich wieder das Glück hatte, zum Wasserträger bestellt zu werden, war es mir möglich, mich in unserer Umgebung umzusehen. Beim Hydranten traf ich eine Gruppe Verschleppter vom gegenüberliegenden Zug. Es waren Bauern aus Rumänien. Wir konnten nur wenige Worte mit ihnen wechseln - sie antworteten in gebrochenem Deutsch -, dann jagten die Posten uns wieder auseinander.

Während wir noch beim Hydranten warteten, näherte sich uns eine Gruppe hagerer Frauen, die schmutzige Wattejacken und schwarze Babuschkaschals trugen. Ihre Beine und Füße waren mit Filzlumpen umwickelt, und über den Rücken trugen sie schwere Eisenwerkzeuge. Scheu an uns vorbeitrottend, fand eine dieser Frauen den Mut, uns vorsichtig in süddeutschem Dialekt zu fragen: »Seid's ihr daitsch?« Als wir nickten, murmelte sie: »O mei Gott!« Später erfuhren wir, daß zu Beginn des Krieges die Frauen und Kinder der alten schwäbischen Siedlungen im Süden Rußlands nach dem Norden und nach Sibirien geschafft worden waren. Manchen ihrer Männer und Söhne sollten wir bald weiter nördlich begegnen.

Die Wasserpfütze in der Nähe der Zapfstelle stellte für mich eine Versuchung dar, der ich nicht widerstehen konnte. Ich wollte endlich wieder einmal nach vier Wochen mein Gesicht waschen! Sobald ich in die Hocke niederging, um mit den hohlen Händen ein wenig Wasser zu fassen, trat der Posten mit seinem Stiefel nach mir. Es gelang mir immerhin, mit einer nassen Hand über die Augen zu fahren; ich

hatte dabei ein Gefühl, als salbte ich sie mit kostbarem Balsam, und dafür nahm man gern einen Tritt in Kauf.
Unsere letzte mit Wasser gefüllte Milchkanne mußten wir zum vordersten Wagen bringen. Alles, was wir auf dem Weg dorthin von der Stadt sahen, waren einige häßliche Schuppen, die sich um ein modernes sechsstöckiges Zementgebäude gruppierten. Ein großes Schild an der Vorderfront des Gebäudes zeigte an, daß hier ein sowjetischer Betrieb, ein ›Kombinat‹ hause. Bevor wir unsere Kanne zu dem Wagen hinaufheben konnten, der mit dem verblichenen Roten Kreuz bezeichnet war, deckte der ständig hustende Posten die Kanne ab und leerte ein paar Liter des eiskalten Wassers in seine eigene Kehle. Befriedigt, daß sein Wodka-Brand ein wenig abgekühlt war, half er uns nun freundlich, das schwere Gefäß in den Wagen hinaufzustemmen, wo es von einer Frau in Empfang genommen wurde, die ein langes, schwarzes Nonnengewand trug.
»O mein Gott, Herr Pfarrer, wie sehen Sie bloß aus!« rief sie aus. »Nitschewo!« gab ich der Nonne zur Antwort, in der ich unsere gute Schwester Imelda wiedererkannte. »In unserm Äußern müssen wir uns der Sowjetmode anpassen. Wie geht es Ihnen selbst?«
»Ach, man kann hier so viel Gutes tun«, sagte sie. »Jeden Tag stirbt von meinen Patienten ein Dutzend. Und wie dankbar sind sie, wenn man ihnen eine kleine Freundlichkeit erweisen kann.«
Ich fragte die Schwester, ob sie Medizin oder sonstige Pflegemittel zur Hand habe.
»Nein, unsere einzige Medizin ist die Kanne Wasser, die Sie uns eben gebracht haben. Doch ein höherer Kommissar hat gerade eine Inspektion vorgenommen. Er versprach, uns etwas zu schicken. Sie müssen Wind davon bekommen haben, daß in diesem Transport allzu viele gestorben sind. Der Beamte schien nicht befriedigt von den Zuständen, die er hier vorgefunden hat.«
»Hat Sie denn niemand persönlich belästigt?« fragte ich verwundert.

»Nein«, sagte sie, »da ist ein freundlicher Posten, der auf mich achtgibt und sorgt, daß mir niemand zu nahe kommt. Ich muß einen guten Schutzengel haben.«
Bei aller Freude, das tapfere, klare Gesicht der guten Schwester Imelda wiedergesehen zu haben, bedrückte es mich doch, daß meine arme Gemeinde nun auch noch dieser so dringend benötigten Stütze beraubt war.
»Ich hoffe, wir werden uns wiedersehen...« - unsere Unterhaltung wurde abrupt abgebrochen, da der Posten uns mit rauhen Kehllauten barsch wieder vorantrieb. Doch während all der Monate, die nun folgen sollten, behielt ich das hagere und trotzdem von Freude erfüllte Gesicht dieser mutigen Schwester im Sinn.
Als wir zu unserem Waggon zurückgeführt wurden, erwarteten wir allgemein, daß die Reise nun bald weitergehen werde. Doch gegen Mitternacht wurde die Tür aufgestoßen, und wir erhielten den Befehl, mit unserm Bündel herauszukommen. Einer der letzten, die aus unserm Wagen hinausklettern sollten, brach an der Schiebetür plötzlich zusammen und blieb an der Öffnung liegen. Wir übrigen stiegen über ihn hinweg und nahmen vor dem Wagen Aufstellung in Erwartung weiterer Anordnungen. Ich stand nahe der Tür und hörte, wie der zusammengebrochene Mann mich leise beim Namen rief. In der Dunkelheit konnte ich das Weiße in seinen weit aufgerissenen Augen und sein blutleeres Gesicht sehen. Sein Kopf lag auf dem schmutzstarrenden Fußboden des Waggons.
Alle Kraft zusammenraffend, hielt der Mann mir etwas entgegen. »Was willst du denn, Kamerad Stramm?« fragte ich ihn. Er stammelte in heiserem Flüsterton und streckte mir seine geliebte Thermosflasche entgegen: »Nimm sie... Dank für alles... Jetzt weiß ich, was es heißt... ›Deine Gnade bleibt bestehen!‹... Meine Frau und meine Kinder,... wenn du überleben solltest... sag ihnen nur das von mir: ›Seine Gnade bleibt bestehen!‹« Dann wies er auf den dünnen, abgeschabten Lodenmantel, den er trug und deutete mir durch Zeichen an, daß ich ihn mir nehmen solle. Seine starren

Augen folgten uns, als wir abmarschierten. Er wußte, daß er zurückblieb, um zu sterben.

An endlosen Reihen von Güterwagen vorbei wurden wir über die Gleise getrieben, mußten über frische Erdhaufen klimmen, die wohl zum Legen von Leitungen aufgeworfen waren. In der Finsternis war es schwer, über diese schlüpfrigen Aufschüttungen zu klettern, die mit einer dünnen Schicht matschigen, jetzt überfrorenen Schnees bedeckt waren. Viele von uns mußten auf Händen und Füßen kriechen. Die hölzernen Sandalen, die ich mit Einwilligung aller im Wagen von den Füßen Karls, des verstorbenen Masuren, gezogen hatte, als ich meine Gummischuhe dem sterbenskranken Franz gab, waren so glatt, daß ich dreimal ausrutschte und kräftig hinfiel. Beim dritten Mal legte ich sie ab und erklomm den Hügel lieber auf Strümpfen.

Wir fanden uns schließlich in der weiträumigen Halle eines langen, einstöckigen Schuppens aus weißem Sandstein wieder. Männer und Frauen in weiß und blau gestreiftem Drilichzeug standen bereit. Ein halbes Dutzend primitiver Karren aus Eisenröhren warteten auf uns. Ein Hilfsarbeiter kam mit einem Armvoll Drahtringen herbei. Man befahl uns, alle Kleidung abzulegen, sie in die Drahtringe zu bündeln und auf die Karren zu hängen. Kleidungsstücke, die keine Schlaufen hatten, mußten durchstochen werden. Ich streifte meine Pelzjoppe, meinen Mantel, zwei Sweater, drei Paar Unterhosen und zwei Hemden ab und fügte dem Bündel die Pferdedecke, ein kleines Kissen und den Rucksack bei. Die schwerbeladenen Karren wurden in die Heißluftkammern abgeschoben.

Wir traten inzwischen auf dem nassen Fliesenboden von einem Fuß auf den andern und klapperten vor Kälte mit den Zähnen. Ich sah mit Entsetzen, wie weit Pater Kolfenbachs Rippen und Knochen hervorstanden. Armselige Gestalten hüpften auf und nieder und schlugen mit den Armen, um sich einigermaßen warm zu halten. Eine ganze Stunde lang mußten wir so stehen. Dann endlich wurde am äußersten Ende der Halle eine Tür geöffnet, und zwei Frauen winkten uns, herüberzukommen. Wir traten nur zögernd näher. Die Gesichter der Frauen waren ausdruckslos; sie schienen von ihrem Dienst angewidert zu sein. Aus einer verrosteten Blechbüchse strichen sie mit einer Holzspachtel eine Messerspitze halbflüssiger Seife auf die hingehaltenen Zeige- und Mittelfinger unserer hohlen Hand.

Im nächsten Raum, in den sie uns einließen, befanden sich, Reihe an Reihe, vielleicht an die fünfhundert Brausen. Die ersten von uns, die eine Dusche erreichten, suchten vom Boden zur Decke nach einer Vorrichtung, wie sie anzustellen sei. Doch auch die Duschen waren sozialisiert und konnten nur gemeinsam von der Zentrale aus bedient werden. Wir mußten in den kleinen Duschabteilungen eine weitere halbe Stunde lang warten, bis die ersten Tropfen zu fallen begannen. Wir hatten wahrlich genug Zeit, um unsere Erregung über die erste Begegnung mit der Sowjetkultur abzukühlen; denn die Temperatur war hier genau so niedrig wie in dem Raum, den wir verlassen hatten. Als schließlich das Wasser über meinen Kopf tröpfelte, wagte ich kaum, mir die schwarze Fischseife über den Körper zu schmieren, aus Furcht, ich würde sie nie wieder abwaschen können. Als die Tropfen zu einem richtigen Fließen übergingen, begann ich die Seife sparsam zu benutzen und teilte die Wohltat des Bades mit Pater Kolfenbach, der wieder einmal Pech hatte. Die Seife hatte er verloren, und seine Brause war eingerostet.

Als das Wasser versiegte, eilte ich so schnell wie möglich durch die Halle, denn ich dachte, unsere warme, entlauste Kleidung werde im nächsten Raum für uns bereitliegen. Wir wurden jedoch lediglich von einer Frau erwartet, die uns befahl, in Reih und Glied anzutreten. Eine weitere halbe Stunde standen wir da, naß und mehr denn je frierend, bis uns endlich erlaubt wurde, weiterzugehen.

Wir kamen auf unserem Weg an zwei älteren Männern vorüber, die bewegungslos auf dem Boden lagen. Als ich den Versuch machte, mich um sie zu kümmern, stieß mich ein Posten grob vorwärts.

Ich mußte mich wieder den andern anschließen und in den

Raum gehen, in den soeben die ersten dampfenden Karren hereingerollt wurden. Mit einem Seufzer der Erleichterung griff ich mein heißes Bündel auf und betrauerte nicht weiter den Verlust meiner Handschuhe, als es mir möglich war, meine warme Kleidung wieder anzuziehen. Die meisten Männer schimpften und suchten verzweifelt nach irgendwelchen abhanden gekommenen Sachen, wobei uns unklar blieb, ob die Wache oder jemand von uns sich daran bereichert hatte.
Doch das Klagelied verhallte rasch, als wir durch einen Vorraum geführt wurden und dort einen Wasserhahn erspähten. Wie die Verrückten rannten die Gefangenen darauf zu und versuchten, ihre Behälter zu füllen. Mit irrer Gier goß sich ein älterer Mann seinen mit mehreren Litern gefüllten Topf, ohne auch nur einmal Atem zu schöpfen, durch die Kehle. Wenige Minuten später, als wir uns auf den Weg machten, um zum Zug zurückzukehren, brach der durstige Mann zusammen. Sein Aluminiumtopf rollte über den Boden, und jemand anderer griff rasch danach.
Pater Kolfenbach und ich kamen nicht mehr in den Wagen, den wir verlassen hatten. Als die Wachleute die Tür verriegelt hatten, entdeckten wir außer den unzertrennlichen Jungen nur wenige unserer früheren Gefährten. Der neue Waggon war genau so klein wie unser früherer, hatte aber mehr Insassen. Da wir als die letzten hineingestoßen wurden, erwarteten uns natürlich auch die schlechtesten Plätze, dicht vor einem zollbreiten Spalt der Schiebetür, die nicht vollständig geschlossen werden konnte.
Wir kamen allerdings kaum dazu, unsere verschärfte Not zu gewahren, da vor uns Franz seinen Todeskampf durchlitt. Franz hatte weinend vor dem gefüllten Wagen gestanden, in dem seine beiden Gefährten waren. Er hatte nicht mehr die Kraft, selbst hinaufzuklettern. Der Posten faßte ihn beim Kragen und Hosenboden und stieß ihn hinauf. Der arme Junge landete mit dem Gesicht auf dem schmutzigen Boden. In seiner Schwäche und Apathie war er nicht imstande gewesen, sich unter den Duschen zu waschen. Mit dem Ausdruck unsäglichen Schmerzes schauten die weit offenen Augen

des sterbenden Jungen aus seinem verschmutzten Gesicht zu uns auf. - Noch bevor er ausgelitten hatte, bekamen wir den Befehl, wieder in einen andern Waggon umzusteigen. Franz war bereits bewußtlos, und wir mußten ihn zurücklassen. Von seinen erkaltenden Füßen zog ich sacht die Schuhe herunter, die ich ihm geliehen hatte.
Auch Pater Kolfenbachs Kräfte verfielen erschreckend. Sein tastendes Suchen nach einem Platz, wo er sich niederkauern konnte, wurde mit Flüchen und Rippenstößen zurückgewiesen. Auch in diesem Wagen waren an die sechzig Mann zusammengepfercht. Die heftigen Nierenschmerzen, an denen der Pater litt, ließen ihn endlich ungeduldig auffahren, als er grob erst von einem, dann von einem andern Mann gestoßen wurde. Er schrie nun seinerseits jene an, die ihm die Flüche entgegenschleuderten, und protestierte gegen ihre Selbstsucht und Grobheit. Einige brutale Typen saßen auf ihren riesigen Rucksäcken, die sie mit Kleidungsstücken der Toten angefüllt hatten, und nahmen über doppelt soviel Raum ein als die andern.
Infolge der rapid ansteigenden Todesfälle verkürzte sich unser Zug mehr und mehr. Die Gruppe anständiger Kameraden, mit der wir bisher gefahren waren, hatten wir gegen eine zähe Bande von etwa einem Dutzend Jugendlichen vertauscht, die sich im Wagen mausig machten. Sie wurden von einem achtzehnjährigen Häuptling kommandiert, der sich selbst zum Spott den Namen ›Pastor‹ beigelegt hatte. Mit seinen Gefolgsleuten hielt er die besten Plätze im Wagen besetzt und schmiedete gerissen und skrupellos weitere Pläne, um sich Vorteile zu verschaffen. Gegen den Terror der jungen Gangster waren wir fast machtlos.
Als der Zug nach abermals endlosem Rangieren am 20. März 1945 endlich aus Moskau herausfuhr, brach eine Revolte im Wagen los. Einer der Bengel aus der Bande vermißte seine Handschuhe. Nach einem Schema, das sie den Russen abgeguckt hatten, führten unsere Gangster eine strenge Untersuchung bei uns durch. Wir wurden alle zu einem Ende des Wagens getrieben, während das Gepäck auf dem Boden der

anderen Waggonhälfte liegenbleiben mußte. Mit Triumphgeheul wurden die Handschuhe schließlich im Rucksack des jüngsten und harmlosesten Mitglieds der Bande gefunden. Ein buckliger Mann, in unserer Gruppe ein Neuling, schien über die Verwegenheit des Anführers besonders belustigt zu sein. Aus seinem Winkel her plädierte er für eine exemplarische Bestrafung. Der übertölpelte und sprachlose Junge fing an zu weinen, doch er beruhigte sich rasch, als Lothar, ein siebzehnjähriger, besonnener Junge, der nicht zu der Bande gehörte, ruhig feststellte: »Wenn jemand verhauen werden soll, dann der Bucklige. Ich habe gesehen, wie er die Handschuhe in den Rucksack des Jungen geschoben hat, bevor mit der Durchsuchung begonnen wurde. Doch ich schlage vor, daß wir unsere Hände mit diesem Stück Mist nicht beschmutzen.«
Der kaltblütige Gnom beteuerte seine Unschuld, ja, er versuchte, die Schuld auf Lothar abzuwälzen. Er kam damit schlecht an und hielt schließlich nach einem scharfen Anpfiff von dem Waggonältesten den verlogenen Mund. In seiner Schande abgebrüht, thronte er aber unerschüttert auf seinem Rucksack und baute seine Machtposition weiter aus, indem er einige Krümel Machorka-Tabak verteilte, den er im Austausch für gestohlene Kleidungsstücke ergaunert hatte.
Pater Kolfenbach und ich spürten mit Grauen, wie sich unsere Gesellschaft entmenschlichte. Wir fühlten, daß unsere aktive Rolle als Priester dem Ende zuging. Lothar ließ sich indes durch nichts einschüchtern. Mit viel Geduld brachte er es schließlich fertig, daß einige der Jungen etwas näher zusammenrückten, so daß sich der erschöpfte Pater Kolfenbach niederhocken konnte. Aber auch das verschaffte ihm wenig Erleichterung, denn er hatte nicht mehr die Kraft, sich sitzend aufrecht zu halten, ohne sich irgendwo anzulehnen. In seiner Schwäche fiel er über seine Nachbarn, die um ihn herumsaßen, und wurde von einem Platz zum andern gestoßen.
Sein Befinden verschlechterte sich noch mehr, als wir am folgenden Tag wieder verpflegt wurden. Er wurde das Opfer eines neuen Tricks der Bande, die Rationen stahl, wäh-

rend sie vorgab, sie an Kameraden im Hintergrund weiterzureichen.
Wenn nach diesen fürchterlichen Nächten der Morgen graute, blickte ich durch die Spalten in den Wänden auf die weitgestreckten, leicht gewellten Felder und die unermeßlichen Wälder des nördlichen Rußland hinaus. Der Schatten, der durch die Rinne in den Wagen fiel, zeigte an, daß wir zunächst nordostwärts fuhren, dann aber scharf nordwärts.
Ich bemühte mich, meine Kameraden langsam darauf vorzubereiten, daß wohl die berüchtigten Zwangsarbeitslager an der Petschora und bei Workuta das Ziel unserer Reise sein würden, fand jedoch für meine Vorhersage wenig Glauben. Die tonangebenden Leute hingen lieber ihrem eigenen Wunschtraum nach, daß wir nach einigen Umwegen schließlich doch noch an irgendeinem sonnigen Fleck in der Ukraine landen würden.
Am vierten Morgen nach unserer Abreise aus Moskau mußten wir unseren Waggon wieder verlassen. Der Wagen hielt zwischen zwei Palisadenzäunen an. Durch die Spalten entdeckten wir eine Reihe niederer Hütten. Es schienen Unterstände zu sein; ihre Dächer reichten fast bis auf die Erde und waren tief eingeschneit. Man ließ uns in Reih und Glied durch ein Tor auf diese Unterstände zumarschieren; vor einer Blockhütte mußten wir Aufstellung nehmen.
Während wir dort warteten, betrachteten uns ohne besonderes Interesse kleinere Gruppen von Menschen, die meist in Lumpen gekleidet waren. Nach der Größe des Lagers zu schätzen, mochten wohl Tausende dieser Armseligen - überwiegend ältere Männer oder Kinder zwischen sechs und fünfzehn Jahren und alle offensichtlich Russen - hier ihr Leben fristen.
Ein fettes Weib winkte uns endlich, in einen kleinen Raum einzutreten, in welchem drei dreckige, verwegene Kerle mittleren Alters auf Schemeln vor je einer Bank saßen. Auf engsten Raum zusammengepfercht, mußten wir in wenigen Minuten unsere Kleidung abstreifen und gebündelt in eine heiße Kammer werfen. Das Ganze war eine armselige Nachahmung

des Moskauer Entlausungsprozesses. Während wir auf unsere Kleider warteten, begannen jene drei Männer ihr Werk. Mit vier oder fünf groben Schnitten fuhr uns der erste mit einer stumpfen Haarschneidemaschine über den Kopf. Der nächste schüttete ein paar Tropfen Wasser in unsere Hand und wies uns an, alle behaarten Körperteile zu befeuchten und uns dann flach auf die Bank zu legen. Der dritte schabte uns mit einem Rasiermesser in der gleichen Geschwindigkeit ab, mit der uns der erste die Haare geschnitten hatte. Diese Sowjethygieniker hatten es mit ihrem Handwerk leichter als unsere Bauern, die ihre Schafe erst fesseln oder ihre Schweine erst totschlagen mußten, um sie einer so entwürdigenden Prozedur zu unterwerfen. Noch etwas benommen, bekamen wir von der dicken Helferin die uns bereits bekannte Portion Seife auf die Fingerspitzen gestrichen; dann schob sie uns in den nächsten Raum; dort durften wir uns in einem Dutzend hölzerner Kübel, die mit lauwarmem Wasser gefüllt waren, waschen. Als wir wieder herauskaumen, stellten wir fest, daß unsere Bündel inzwischen so gründlich desinfiziert worden waren, daß aus ihnen jeweils das eine oder andere Stück ›verdunstet‹ war. Ich büßte diesmal einen Sweater und ein Hemd ein.

Sobald wir wieder in unserem Wagen saßen, beruhigten wir uns schnell über die uns widerfahrene Behandlung. Abgesehen von der Roheit ihrer Durchführung war die Prozedur, vom Standpunkt einer primitiven Massenhygiene betrachtet, nicht ohne Sinn. Wir trösteten uns, daß unser Kampf gegen unsere kleinen grauen ›Mitläufer‹, die gefährlichen Überträger des Typhus, wiederum bessere Aussichten auf Erfolg hatte.

Erleichtert stellten wir fest, daß die Bande der Halbwüchsigen in einem anderen Waggon untergebracht war. Doch je länger der furchtbare Transport dauerte, desto brutaler und unmenschlicher wurde überall der Kampf der Überlebenden um den geringsten Vorteil. Rücksichtslos wurde Pater Kolfenbach, der sich vor Nierenschmerzen kaum auf den geschwollenen Beinen halten konnte, mit mir auf die beiden schlimmsten Plätze im Wagen gestoßen, rechts und links der Latrinenrinne. So sehr wir uns wehrten, wir mußten uns auf dem mit gefrorenen Exkrementen bedeckten Boden niederlassen. Die ganze Nacht hindurch wehte Schnee durch die Rinne und deckte uns nach und nach zu. Es war so kalt, daß der Schnee auf unseren Kleidern nicht mehr schmolz. Ich rückte so nah wie möglich an meinen Nachbarn, einen alten lutherischen Volksschullehrer aus Masuren. Er hatte sich mit seinem Los abgefunden und bereitete sich in aller Stille auf den Tod vor.

Auch diese Nacht ging vorüber, aber wir fuhren noch vier Tage lang weiter nach Nordosten. Während der letzten Tage brachen immer mehr ältere Männer vor Hunger und Kälte vollkommen zusammen, so daß sie in den Rote-Kreuz-Wagen getragen werden mußten. Dadurch bekamen wir die Möglichkeit, etwas von der Latrinenrinne abzurücken. Schließlich konnten Pater Kolfenbach und ich wieder nebeneinander kauern und uns gegenseitig zu wärmen versuchen; wir teilten unsere vereiste Decke miteinander und breiteten über unsere Köpfe den dünnen Mantel von Kamerad Stramm. Wir konnten uns kaum vorstellen, wie wir das alles noch länger ertragen sollten.

Als Sitz benutzten wir abwechselnd eine schon recht verbeulte Konservendose in meinem Rucksack, die ich bisher als ›eiserne Ration‹ gehortet hatte. Obgleich ich nicht wußte, was sie enthielt, war ich doch davon überzeugt, daß Tante Anna mir nicht das Schlechteste aus ihrer Speisekammer mitgegeben hatte. Merkwürdigerweise war mir diese Büchse niemals abgenommen worden. Da wir am Ende unserer Widerstandskraft waren, entschloß ich mich, sie zu opfern, ehe es zu spät war. Beflissen reichten mir zwei Männer im Wagen ein Messer herüber, um die Büchse zu öffnen. Der Duft von Majoran verriet die herrliche Leberwurst und elektrisierte sämtliche Insassen des Waggons. Ein Dutzend in meiner Nähe hielten mir ein trockenes Stück Sakari entgegen, was mich etwa ein Drittel des Büchseninhalts kostete, bevor wir beide uns daran laben konnten. Obwohl wir nur sehr vorsichtig aßen, fanden wir, daß die Mahlzeit für unser entwöhntes Verdauungssystem nicht ungefährlich war; die meisten, die an dem Bankett teilgenommen hatten, mußten in den folgenden Stunden einen bitteren Preis dafür zahlen.

Die Nacht hindurch war wieder viel Schnee gefallen, und wir bekamen unsere letzte warme Mahlzeit, die fünfte in den zwanzig Tagen, die wir unterwegs waren. Es schien, als hätten die Posten in dieser Nacht größere Eile, unsere Suppe auszuteilen. Sie bestand wieder aus der nämlichen dünnen Graupenbrühe, die wir bekommen hatten, ehe wir Moskau erreichten.

Nachdem die Balgerei um die winzigen Rationen dieser armseligen Speise vorüber war, stellte ich beim Aufräumen meines Rucksackes fest, daß ich Tante Annas Leberwurst zum letztenmal verkostet hatte. Mein Protest wurde mit viel Sympathie von einem masurischen Bauern und von Jan und Georg aufgenommen, den beiden alten Soldaten, die wieder im Waggon aufgetaucht waren. Alle drei hatten am Abend vorher die Eigenschaften der Leberwurst gebührend gewürdigt, als ich ihnen eine Kostprobe nicht verwehren konnte. Sie schlugen vor, eine ähnliche Durchsuchung vorzunehmen, wie seinerzeit in dem anderen Waggon wegen der Handschuhe. Ihre Geschäftigkeit war so verdächtig, daß ich es vorzog, diese Prozedur zu unterlassen. Ich war nahezu sicher, wer die Wurst gestohlen und vertilgt hatte. Das sagte ich ihnen auch geradeheraus ins Gesicht. Da entdeckte Jan ganz ›zufällig‹ die leere Büchse in Lothars Rucksack. Das genügte, um mich vollständig davon zu überzeugen, daß der gute Junge das Opfer des nämlichen Tricks geworden war wie jener andere ein paar Tage zuvor. Ich hatte nach dem ärgerlichen Zwischenfall noch Leben genug in mir, um dem lumpigen Dieb etwas erheblich Schlimmeres als schlechte Verdauung zu wünschen.

Lothar hatte trotz der Aufregung um die Wurstdose die ganze Nacht über gewacht und sich verzweifelt bemüht, ein Feuer in Gang zu bringen, um etwas Tee für einen Sterbenden zu bereiten. Doch all seine Mühe war vergeblich. Der halb erstarrte Patient wurde in bewußtlosem Zustand in den Rote-Kreuz-Wagen abgeschleppt.

Wenn wir ab und zu durch ein Astloch in der Verschalung des Waggons in das verschneite Land hinausschauten, sahen wir gewöhnlich nichts als schütteren Wald. Zuweilen, in großen Abständen, tauchte auch einmal eine frisch gezimmerte Blockhütte auf. Vermutlich wohnten dort Aufsichtsbeamte der Bahnlinie. Nur einmal erblickten wir in einer weiten, flachen Waldsenke eine größere Niederlassung. Die bescheidenen Holzhäuser waren um eine Kirche mit Zwiebeltürmen gruppiert. Das Dorf war wohl eine Siedlung von Altgläubigen, die von den Zaren in diese unwirtliche Gegend verbannt worden waren.

Erbarmungslos fuhr der Zug weiter nach Norden. Die Landschaft wurde immer öder und die Kälte unerträglicher. Um meine Hände vor dem Erfrieren zu schützen, hatte ich nichts als einen alten Strumpf, und der konnte nicht viel ausrichten.

Zitternd öffnete ich mein Schott-Meßbuch und versuchte, mit Pater Kolfenbach Palmsonntag zu feiern. Mit der Kirche beteten wir: »Am Abend sollt ihr wissen, daß unser Herr euch aus dem Land Ägypten herausgeführt hat, und am Morgen sollt ihr sehen die Glorie des Herrn« [Ex 16, 6-7].

Ecce homo

Der Zug hielt an. Draußen hörten wir Stimmen. Die schwere Schiebetür wurde aufgestoßen, und es wurde uns befohlen, mit unserem Gepäck herauszukommen. Nach drei Wochen Finsternis im Güterwagen stach uns das grelle Licht der Außenwelt in die geblendeten Augen. Viele von uns sanken sofort im Schnee um, als sie versuchten, den Posten zu folgen. Die Lokomotive dampfte davon und ließ sechs Waggons auf dem Gleis stehen, drei mit Männern und drei mit Frauen.

Vor uns lagen tiefe Gruben. Der glitzernde Pulverschnee hatte sie bedeckt, aber immer noch paßten sie schlecht in die freundliche, leicht gewellte Landschaft. Das erste Gebäude, das wir zu Gesicht bekamen, war ein baufälliger Schuppen, der bis zur Decke mit Strohschneeschuhen gefüllt war. Der Schnee war locker, und ich war derart müde, daß ich nach wenigen Schritten der Länge nach hinfiel. Pater Kolfenbach mußte mir helfen, mich wieder aufzurichten. Hinter uns brach ein alter Mann zusammen und blieb liegen. Wir bissen die Zähne zusammen und schleppten uns auf unseren geschwollenen Beinen an unseren neuen Bestimmungsort. Der Baracken-Komplex, der bald vor unseren Augen lag, war von einem hölzernen Palisadenzaun von etwa drei Meter Höhe umgeben. An den vier Ecken überwachte ihn je ein bewaffneter Posten von einem Wachtturm aus. Weil das Gelände anstieg, sahen wir jenseits des Zaunes die schneebedeckten Dächer der tief in die Erde gebauten Blockhütten. Auf dem hölzernen Torbogen über dem Eingang stand in rohen russischen Lettern unter einem arg verwitterten roten Stern die gerade noch lesbare, verwaschene Aufschrift »Kolonne sieben«.

Wenngleich der erste Anblick unseres künftigen Lagers uns den Atem verschlug, wurde uns doch keine Zeit gelassen,

uns Gedanken zu machen. Mit dem üblichen Ruf: »Schnell, schnell!« wurden wir durch das Tor gehetzt. An einem kleinen Wachschuppen vorbei marschierten wir zu dem engen, niedrigen Eingang eines primitiven, halbdunklen Bauwerks aus Baumstämmen, das nur wenig über den Boden herausragte. Ein schmaler, knapp einen Meter breiter Gang teilte die Unterkunft in zwei Hälften; an jeder Seite des Gangs standen zwei Lagen Pritschen. Die Liegestätten waren aus rohem, ungehobeltem Holz zusammengeschlagen. Die Planken bestanden aus durchhängenden Schalbrettern verschiedener Stärke. Das einzige Licht im Raum kam durch vier kleine, mit Ölpapier verklebte Luken von etwa zwei Fuß Breite und einem Fuß Höhe. Die Luft konnte lediglich durch die Tür zirkulieren. Ein altes Benzinfaß, auf einigen Ziegeln montiert, diente als Ofen und Herd. Es wurde mit Holzkloben geheizt, die mit etwas Kleinholz vor der Tür der Erdhütte aufgestapelt waren.
Nach der schaurigen Bedrängnis der Güterwagenfahrt erschien uns diese rauhe Unterkunft geräumig und bequem. Hastig sah ich mich nach einem erträglichen Platz um und kletterte auf eine Pritsche der oberen Reihe. Pater Kolfenbach folgte mir. Er mußte freilich sofort wieder hinuntersteigen. Er wußte, daß er schon viel zu schwach war, um öfters herauf- und hinunterklettern zu können. Drei andere Männer beeilten sich, die knapp zwei Meter breite obere Pritsche mit mir zu teilen. Ich legte meinen Kopf auf die Handtasche und streckte die Beine aus. Nachdem man uns vierzehn Tage in Kellern und drei Wochen in Viehwagen zusammengepfercht hatte, empfanden wir es wie eine Erlösung, daß wir uns endlich wieder einmal lang ausstrecken konnten.
Auch mein Nebenmann hatte eben mit einem Seufzer der Erleichterung seine blau geschwollenen Beine langgestreckt, als die Posten erschienen und uns mit all unseren Sachen von den Pritschen trieben. Die Wachleute, die uns von Insterburg bis hierher begleitet hatten, wollten uns auf ihre Weise Lebewohl sagen, indem sie noch ein letztes Mal gründlich unsere Kleidung und unser Gepäck ›filzten‹. Es war wohl das vier-

zigste Mal, daß wir auf diese Weise durchsucht und ausgeplündert wurden.
Als ein mongolischer Posten mit abgelutschten Fingern gierig einen Rosenkranz aus der Hand meines Nachbarn riß, verlor ich die Geduld. »Stalin hat Freiheit der Religion garantiert!« schrie ich den Wachmann an, »und das ist ein religiöser Gegenstand. Es ist dir verboten, ihn zu rauben!« Der energische Ton meiner Stimme, meine Bewegungen und der Name Stalins, wahrscheinlich das einzige Wort der Rede, das er verstand, schienen den ziegenbärtigen Mann zu beeindrucken. Erschrocken ließ er den Rosenkranz wieder fallen.
Als er schon weiterging, gurgelte von der gegenüberliegenden Seite des Ganges eine rohe Stimme: »Warum versaust du dem Posten mit so lächerlichem, abergläubischem Zeug die Laune?«
Bevor ich noch antworten konnte, fuhr eine andere Stimme von einer Pritsche des oberen Stockwerks in scharfem Ton dazwischen: »Halt den Mund, Fritz! Ich bin auch kein Katholik, aber warum sollen wir nicht wenigstens hier den Glauben unseres Kameraden respektieren. Bitte ihn lieber, für dich zu beten. Das brauchst du, denn du hast ja keine Ahnung mehr, was glauben heißt.«
In einer Umgebung wie dieser hatte ich wahrhaftig solche Worte nicht erwartet. Ich kletterte hinauf, um meinen unbekannten Bundesgenossen kennenzulernen. Ich fand ihn damit beschäftigt, seine wenigen Habseligkeiten, die ihm noch verblieben waren, zu sortieren. Er war ein hochgewachsener Mann, der gebückt auf seiner Pritsche sitzen mußte, um nicht mit dem Kopf an die niedere Decke zu stoßen. Als er sich zu mir niederbeugte, bemerkte ich eine frische Narbe über seinem rechten Auge. Er hielt ein kleines Buch mit Rotschnitt in Händen.
»Du hast ein Buch retten können?« »Mein größter Schatz!«, gab er zur Antwort; »stell' dir vor, es ist die ganze Bibel.« Er zeigte mir das kleine Buch, das keinen Einband mehr hatte. »Als wir in Moskau entlaust wurden, ist der Einband verschmort«, erklärte er mir. »Aber der Text ist vollständig ge-

blieben. In der Kette der Durchsuchungen haben sie mir meine letzte Decke, meinen Brotbeutel, mein Kochgeschirr, mein Eßbesteck und selbst die Bilder meiner Frau und meiner drei Kinder genommen. Aber sein Wort hat mir der Herr gelassen.«

»Was bist du von Beruf?« fragte ich ihn.

»Evangelischer Pfarrer, Theodor Goebel, Pastor von Burgsolms bei Wetzlar«, stellte er sich vor.

»Da sind wir sozusagen Stiefbrüder in Christus. Ich bin ein katholischer Pfarrer aus dem Ermland. Komm herunter, drüben ist noch ein Kollege, Pater Josef Kolfenbach aus Honnef am Rhein.« Eine gute, feste Hand ergriff die meine, und ein klares, männliches Gesicht strahlte mich an: »Stiefbrüder? Nein, Brüder wollen wir sein, wie der Herr uns gebietet.« - Pater Kolfenbach war ebenso erfreut wie ich, den evangelischen Mitbruder kennenzulernen. Während die beiden sich weiter unterhielten, kroch ich auf meine Pritsche hinauf und brachte meine Sachen in Ordnung. Ich kam mit dem Schott-Meßbuch zurück, um mit meinen Freunden auch diesen Schatz zu teilen.

Wir machten gleich Pläne für die Karwoche, die gerade begonnen hatte. Wir einigten uns, daß, wenn eben möglich, Pastor Goebel am Karfreitag eine Andacht halten solle und ich in der Osternacht. Obwohl Pater Kolfenbach offensichtlich recht schwach war, blieben wir noch auf seiner Pritsche sitzen und plauderten weiter, bis der Posten erschien und uns abermals nach draußen beorderte. Zu zwei und zwei wurden wir aufgestellt und auf einem frisch ausgeschaufelten Pfad durch anderthalb Meter hohen Schnee über den Lagerplatz abgeführt.

Vor dem Eingang zu einer langgestreckten Baracke in der Mitte des Lagers mußten wir anhalten, um einen Pferdeschlitten vorüberfahren zu lassen. Der abgeschundene Panjegaul hatte große Kahlstellen in seinem Fell und zog mit hängendem Kopf mühsam eine seltsame Last durch den Schnee. Was im fahlen Zwielicht zunächst wie eine Ladung Knüppelholz aussah, stellte sich bei näherem Hinschauen als Haufen

nackter, gefrorener Leichen von etwa einem halben Dutzend Männer und Frauen heraus, die in bizarren Stellungen übereinandergeworfen waren. Einigen hatte man noch nicht einmal die weit offenen, erstarrten Augen zugedrückt.
Als das Pferd vorübergetrottet und unseren entsetzten Augen durch den Haupteingang des Lagers entschwunden war, öffnete man uns die Tür zu einem spärlich erleuchteten Raum mit drei Reihen langer Tische und Bänke. Auf ein Zeichen hin nahmen wir Platz und warteten auf unsere erste Lagermahlzeit. Etwa in der Mitte der Baracke trennte eine Bretterwand die Küche vom Eßsaal. Durch eine schmale Tür erschienen drei deutsche Mädchen aus dem geheimnisvollen Küchenraum und stellten sich mit Tabletts vor einem Schiebefenster in der Mitte der Wand auf. Nach einigen Minuten gespannter Aufmerksamkeit öffnete sich die Luke, und wir erspähten für einige Augenblicke eine zünftige weiße Kochmütze in geschäftiger Bewegung. Unsere Erwartungen steigerten sich.
Mit der Würde einer Kulthandlung füllte der Koch die zu ihm hineingeschobenen Auftragebretter mit unserem Menü. Der erste Gang, den die Mädchen uns servierten, bestand aus sorgfältig in der Form brauner Halbziegel zurechtgeschnittenen Brotklumpen. Jede Portion war genau 200 g schwer und wurde mit skrupulöser Genauigkeit vor den Austrägerinnen gewogen. Wenn eine Differenz von nur wenigen Gramm an der uns zustehenden Ration festgestellt wurde, heftete der Brotverteiler mit einem Holzspan das fehlende Stückchen an das Hauptstück fest oder schnitt den Überschuß ab.
Gierig griffen wir nach dem einladend duftenden Stück Brot, das die Mädchen jedem einzelnen vor seinen Platz legten, um einen erbitterten Kampf um die besser durchgebackenen Kantenstücke zu vermeiden. Trotz unseres Hungers kauten wir lange an den ersten Happen. Aus grobem Maisschrot und einer Beimischung muffigen, undefinierbaren Getreides mit sehr viel Wasser gebacken, war es bitter und klitschig und nur für einen ledernen Sowjetmagen verdaulich.
Wir schauten ernüchtert nach dem zweiten Gang aus, der be-

reits unterwegs war. Jeder von uns erhielt eine Schüssel aus roh gebranntem Ton und dazu einen Blechlöffel. Das Gefäß war mit einer lauwarmen Suppe gefüllt, die einen faden, widerlichen Geruch hatte. Auf dem Boden schwammen einige Schnitten halbfauler Steckrüben mit Resten von Blättern und Wurzeln. Die gefrorenen Rüben waren nicht gekocht, sondern ohne jegliches Gewürz, ja nicht einmal gesalzen, ins warme Wasser geworfen worden; immerhin taute dieses die Rüben auf und war auch nicht so heiß, daß es etwa vorhandene Vitamine gefährdet hätte.

Wir waren überrascht, als die Serviermädchen noch ein drittes Mal ihre Speisebretter in die Küchenluke schoben. Diesmal erhielten sie für jeden von uns eine zweite Tonschüssel mit unserer Portion Kascha, etwa zwei Eßlöffel Maisbrei, auf den der Koch feierlich einen Teelöffel wächsernen Talgs schüttete.

Den meisten von uns gelang es nicht, das bittere, schwere Brot hinunterzubringen, und wir quälten uns nicht minder mit dem Brei. Die ›Suppe‹ ließ sich noch am ehesten hinunterspülen. Dafür sorgte unser durch den Hunger gesteigerter Durst. - Brot, Suppe und Kascha blieben unsere Speisefolge während der kommenden vier Wochen. Beim Vergleich mit dem, was wir in den fünf Wochen der Haft und des Transports bekommen hatten, fanden wir noch Grund genug für ein Dankgebet.

Die zweite Schicht war zum Essen angerückt. So mußten wir uns beeilen, den Saal für sie zu räumen. Beim Überqueren des Hofes begegneten wir einem Trupp von sieben zerlumpten Männern, die aus einem mit Stacheldraht umgebenen Strafbunker in der Nordostecke des Lagerhofes kamen. Verschmutzt und unrasiert, schlurften sie mit bleiernen Füßen wie Achtzigjährige über den Hof. Doch konnten sie kaum älter als zwischen dreißig und vierzig sein. Diese sieben waren die letzten Überlebenden der alten Lagerbelegschaft. Nach den Aussagen einiger Aufsichtsbeamter, die sich später verplapperten, hatten etwa dreihundert aus der Ukraine und dem östlichen Polen Verschleppte nach der Annexion dieser Gebiete durch die Sowjetunion im Jahr 1939 das Lager aufgebaut. Als diese Pioniere fast restlos ausgestorben waren, wurde das Lager neuerlich mit Russen, Ukrainern und Tataren aufgefüllt, die nach dem Rückzug der deutschen Besatzungsmacht der Kollaboration mit dem Feinde verdächtigt wurden.

Der Anblick jenes Elendshaufens war nicht minder schaurig als der des Leichenhaufens auf dem Brotschlitten, dem wir vor der Küchenbaracke begegnet waren. Trotzdem beschäftigte uns nach der Rückkehr in unsere Unterkünfte zunächst ausschließlich die unmittelbar einsetzende Wirkung der ersten Mahlzeit. Eine ununterbrochene Prozession nach dem hinter unserer Baracke gelegenen offenen Bretterverschlag kam in Bewegung und hielt die ganze Nacht hindurch an. Wir spürten mit aller Deutlichkeit, daß unsere Konstitution schon zu sehr geschwächt war, um sich schnell an die grobe Lagerkost zu gewöhnen.

In unserer Unterkunft schlug uns aus dem glühenden Benzinfaß eine Hitzewelle entgegen. Zunächst war das wohltuend, aber sobald ich mich auf meiner Pritsche unter dem niederen Dach zur Ruhe legen wollte, wurden Hitze und Dunst unerträglich. Es war wie eine Erlösung, anläßlich der wiederholten Gänge nach dem bewußten Ort wieder hinaus in die Kälte zu können. Hielt irgend jemand die Tür etwas länger offen, um in unsere halb in die Erde gegrabene Blockhütte frische Luft hereinzulassen, so protestierten gleich diejenigen laut, die nah an der Tür lagen. Das Feuer sog den Sauerstoff der Luft auf und erschwerte uns im Fortschreiten der Nacht immer mehr das Atmen.

Benommen und mit aufgequollenen Gliedern waren wir zu unserem ersten vollen Tag im Lager kaum aufgewacht, als bereits ein hagerer, hochgeschossener Beamter uns seinen Besuch machte. Wegen seines pechschwarzen Haares und seiner langen, klapperdürren Gliedmaßen erhielt er den Spitznamen ›Der schwarze Storch‹. Er brüllte als Morgengruß eine Reihe von Flüchen durch den Türeingang, packte dann den am nächsten bei der Tür Liegenden und riß ihm die Kleider vom Leib.

Das wütende Gebaren des Russen war uns unverständlich, bis wir erfuhren, daß wir unseren Lagerarzt vor uns hatten, der uns befahl, ohne Kleidung zu schlafen, damit unser Blut besser zirkulieren könne. Wir sollten noch spüren, daß die Order bei aller Brutalität ihrer Übermittlung nicht unvernünftig war, sobald wir an die harten, rohen Schalbretter als Liegestatt gewöhnt waren und sich an gewissen Aufliegestellen eine schützende Hornhaut gebildet hatte.

Den nächsten Mann begrüßte der ›Doktor‹ mit Fußtritten, aber der reagierte überhaupt nicht. Als ihm der Mantel, in den er sich gehüllt hatte, abgerissen wurde, stellte sich heraus, daß er tot war.

Er war nicht der einzige Tote dieser Nacht. In unserer Baracke allein waren noch drei Mann unbemerkt von ihren Pritschennachbarn gestorben. Ein Leichenkommando mußte die Toten mit allem, was ihnen gehört hatte, zum Eingang einer Blockhütte hinter der Küchenbaracke tragen. Die Träger erfuhren, daß von den andern Baracken noch sechs weitere Tote herangeschleppt wurden. Die Leichen wurden übereinander gestapelt und auf den gleichen Schlitten geworfen, der die neue Brotration ins Lager brachte.

Als der neu ernannte Barackenälteste zum Frühstück antreten ließ, kam ein halbes Dutzend Männer nicht mehr auf die Beine. Selbst die Flüche und Roheiten des ›Schwarzen Storches‹ vermochten sie nicht in Bewegung zu setzen. Schließlich erhielt Joachim, der gutmütige Älteste, den Befehl, eine kleine Abteilung zusammenzustellen und die Schwerkranken in die gleiche Baracke zu bringen, zu der vorhin die Leichen geschafft worden waren. Es stellte sich heraus, daß der Leichenschuppen auch als Krankenrevier des Lagers diente.

Während wir in der Kantine auf das Frühstück warteten, erschraken wir über das seltsam veränderte Aussehen unserer Gesichter. Fast alle waren aufgedunsen, und unsere Augen waren halb zugeschwollen. Das mußte die Wirkung der Flüssigkeit sein, die wir nach fünf Wochen entsetzlichen Durstes zu uns genommen hatten, und auch die Reaktion unserer geschwächten Körper auf den warmen ›Mief‹ in der überheiz-

ten Baracke nach fünfwöchigem Aufenthalt in eiskalten Räumen.
Während wir unsere Brotration erhielten, erschien ein anderer russischer Beamter auf dem Plan. In schmerzlich anheimelndem schwäbischem Dialekt, der ihn als Wolgadeutschen kenntlich machte, stellte er sich als Kommissar Hellwig vor, der für unsere politische Disziplin verantwortlich war. Er ermutigte uns freundlich, doch ja das Brot zu essen, da es die Grundlage unserer Ernährung darstelle, und ermahnte uns, möglichst wenig Wasser zu trinken.
An unserem Tisch boten drei Mann ihre Ration den Kameraden an. Aber sie fanden nur einen Interessenten, der imstande war, alle drei Portionen zu essen: Robert, ein älterer Bauernknecht, der Deutsch mit polnischem Akzent sprach. Trotz seines interessanten Gesichtes, das er von einem gebildeten, ihm aber nicht näher bekannten Vater geerbt hatte, schaute er ziemlich unterbelichtet drein. Während er die drei zusätzlichen Portionen hinunterschlang, sinnierte er traurig vor sich hin: »Bin ich immer hungrig. Hab' ich zu Haus den Schweinen was Besseres eingeschüttet, als was sie uns hier geben zu fressen.« Als er seine Klage mehrmals wiederholte, schrie ihn einer von der Tischrunde an: »Du Rindvieh, merkst du denn nicht, daß wir alle genau so hungrig sind wie du? Es hilft uns nichts, von dir zu hören, womit du deine Schweine gefüttert hast!« Unbeeindruckt von dem Zwischenruf fing Robert von neuem an.
Wir ließen ihn vor sich hin jammern, während Alois, der Forstaufseher, uns erzählte, was in dem sogenannten Krankenrevier vor sich ging, wohin die Kranken geschleppt wurden. »Wenn es Euch noch so dreckig geht, paßt auf, daß Ihr nicht in diesem Loch landet. Da kommt Ihr nie mehr heraus. Der Gestank genügt schon, einen fertigzumachen. Und wenn Ihr bis jetzt noch keinen Typhus habt, - dort kriegt Ihr ihn sicher!«
Sofort nach dem Frühstück zog ich von meinem oberen Stockwerk hinunter, um der heißen Stickluft zu entgehen. Ich übernahm den Platz eines Mannes, der während der Nacht ge-

storben war, ganz in der Nähe von Pater Kolfenbach. Zwischen uns beiden lag ein alter masurischer Bauer. Auf meine Bitte, entweder mit mir oder mit Pater Kolfenbach den Platz zu wechseln, damit wir beide nebeneinander liegen könnten, reagierte er zunächst überhaupt nicht. Schließlich zog er Decke und Pelzmantel weiter über den Kopf und brummte vor sich hin: »Mir ist alles egal, mich bewegt keiner mehr vom Fleck.« Mit beiden Armen umklammerte er eine grüne Strickjacke, die er nicht anzog. Wie ein Nachbar aus seinem Heimatdorf feststellte, gehörte diese Wolljacke seiner Frau, die auf dem Hof zurückgeblieben war. Als er auf dem Transport tote Frauen heraustragen mußte, hatte er bei einer fremden Leiche die Jacke seiner Frau am Monogramm erkannt. Nun malte er sich aus, wie sein Weib schändlich geplündert worden und umgekommen sei, und während er das warme Kleidungsstück umklammerte, fraß er Gram und Bitterkeit in sich hinein.

»Achtung! Alle raus in den Gang!« kommandierte der Stubenälteste. Drei Offiziere quetschten sich durch den schmalen Mittelgang zwischen den Pritschenreihen an uns vorbei. Einer von den dreien war ein kurzbeiniger, dicker Mann in der wohlbekannten Uniform der NKVD, die, wie wir hier erfuhren, nun MVD hieß, aber trotz des harmlosen Namens die gleiche Sklavenhaltermiliz blieb. - Die Pelzkappe tief über seine kleinen Augen gezogen, die Hände in den Taschen, murmelte er lässig ein paar unverständliche Worte, die Politruk Hellwig vervollständigte und uns übersetzte. »Der hohe Kommandant«, begann er mit einer Verbeugung, »heißt Sie willkommen als Mitarbeiter an einem der bedeutsamsten Unternehmen der Sowjetunion. Dieses Werk hat wesentlich dazu beigetragen, den Sieg während des Vaterländischen Krieges zu erringen. Ihre Aufgabe wird es sein, das Eisenbahnnetz des Komi-Gebietes zu vervollständigen, das die Industriebezirke von Gorki und Moskau mit den Kohlen- und Naphthagruben an der Petschora und von Workuta verbindet. Einige hunderttausend Arbeiter haben ihr Leben bereits für den Aufbau dieses großen Projektes hin-

gegeben. Sie dürfen daher nicht zimperlich sein, wenn einige aus Ihrer Gruppe das gleiche Opfer bringen müssen. Damit wir uns über die Sache ganz klar werden: Sie sind hier in keinem Sanatorium. Dies ist ein Arbeitslager. Hier, wie überall in der Sowjetunion, bekommen nur solche zu essen, die arbeiten. Wer nicht arbeiten will, muß sterben.«
Wiederum rief der Barackenälteste: »Achtung«!, und der hohe Befehlshaber ging hinaus. Hellwig riß dienstbeflissen die Tür auf und verabschiedete unterwürfig die drei Offiziere.
Das Wort »Petschora« ging mir durch Mark und Bein. Nun wußte ich mit Sicherheit, daß wir uns in einem schon von der Zarenzeit her berüchtigten ›Katorga‹-Gebiet befanden. Manche Zwangsarbeiterlager der Petschora und Workuta waren noch gefürchteter als die im Innern Sibiriens. Das Komi-Gebiet, in dem diese Lagersysteme lagen, ist größer als Deutschland. Das riesige Gebiet mußte von den Zwangsarbeitern unter Bedingungen erschlossen werden, die kein freier Arbeiter in der ganzen Welt angenommen hätte. Aus dem Rachen der Petschoralager konnte nur Gott uns befreien.
Noch ganz erschlagen von den Eröffnungen unseres Politruks, die wie ein Vorwort zu unserm Todesurteil klangen, hörten wir ihn schon seine Ankündigung von vorhin ergänzen: »Der Offizier, der Sie soeben inspiziert hat, ist der Oberbefehlshaber über alle Lager im Gebiet Knasch-Pogoss. Ihre Aufgabe wird sein, einen kurzen Kanal auf der anderen Seite der Eisenbahnschienen auszuheben. Die Arbeit am Kanal wird schwer sein. Darum bekommen Sie jetzt, bevor Sie anfangen, zehn Tage Erholung. Nützen Sie diese Zeit gut. Hinaus mit allen in die Sonne! Die Baracken werden jetzt gesäubert.«
Es war ungefähr zehn Uhr morgens, und die Sonne schien auf die Südseite der Baracken. Der Schnee schmolz von den Dächern, und das Wasser lief an den Eiszapfen herab. Manche von uns waren zu schwach, um sich einen guten Platz an der sonnenbeschienenen Wand zu erkämpfen; wie sie gingen

und standen, sackten sie irgendwo in dem matschigen Schnee zusammen. Einer von ihnen war Pater Kolfenbach, der in der frischen Kühle zitterte. Sein großer Mantel war nun zweimal zu weit für ihn. Die meisten von uns standen gegen die niedrige Wand gelehnt und dösten vor sich hin. Ein kleiner, energischer Mann mit rotem Gesicht versuchte, uns aufzuheitern. Max Abromeit humpelte an einem Stock herum, schleppte ein steifes Bein hinter sich her und fing an, eine Unterhaltung in Gang zu bringen. »Warum seid Ihr denn alle so traurig und hängt Eure Köpfe? Lauft ein bißchen spazieren. Ihr werdet Euch gleich viel besser fühlen. Und holt tief Atem! Ihr seid nur dann verloren, wenn Ihr den Kampf aufgebt. Wenn Kinderlähmung und zwei Kriege mich nicht haben umbringen können, so werde ich auch hier nicht kaputtgehen. Ich habe eine Braut zu Hause, und ich werde zu ihr zurückkehren. Wartet nur, Ihr werdet's erleben!«

Er erhielt begeisterte Zustimmung von Horst, einem etwa zwanzigjährigen Burschen, der auf seinen Hacken saß und seine Hände und Fingernägel sorgfältig betrachtete. »Max, du hast recht!«, erklärte er, »aber ich mache Euch noch einen besseren technischen Vorschlag. Ich war drei Jahre in einem KZ, ich weiß also, wovon ich spreche. Klipp und klar gesagt, jeder einzige Spatenstich, den Ihr macht, ohne daß es absolut notwendig ist, ist glatter Selbstmord. Hier, seht Euch meine Finger an!« Er hielt seine lange, dünne Hand in die Höhe. Die ersten beiden Glieder seines Zeigefingers und Mittelfingers waren schwarz; sie waren im dritten Grad erfroren, und der Brand hatte bereits eingesetzt. »Seht Ihr sie? Es ist nicht sehr hübsch und fühlt sich auch nicht gerade angenehm an, aber es ist das kleinere von zwei Übeln. Diese Finger werden mich durch den Sommer bringen, und eines Tages werde ich zu meiner Mutter nach Berlin zurückkehren!«

Horsts Pritsche lag am äußersten Ende unserer Baracke, dicht neben der von Pater Kolfenbach. Als ich wieder auf meinem Liegeplatz war, kam Horst an meine Stelle geschlichen und flüsterte mir zu: »Ihr Freund ist sozusagen erledigt, nicht

wahr? Bestehen einige Chancen, daß ich seine Schuhe und seinen Mantel erben kann?«
»Nur man sachte!« dämpfte ich den Geschäftstüchtigen. »Erst mal abwarten, wer zuerst kaputtgeht, er oder du.« Horst hatte einen bellenden Husten. - Bald nach dieser netten Unterhaltung vermißte ich die halbvolle Käsebüchse, die Pater Josef und ich noch aus dem Zug gerettet hatten.
Den ganzen Tag über wurden kleine Arbeitsgruppen formiert; einige hatten Brennholz für den Küchenofen zu hakken, andere mußten Wasser zu den Tonnen in der Entlausungsanstalt schleppen. - Beim Abendessen wurde mir derart übel, daß ich nichts anderes hinunterwürgen konnte als ein Stück harter, trockener Brotkruste. Ein Blick auf die in der Brühe schwimmenden Rüben und den Maisbrei genügte, daß sich mir der Magen umdrehte.
Als wir abends aus der Kantine wieder herausmarschierten, erkannte ich ein aus Duisburg in unsere Nachbarschaft evakuiertes junges Mädchen namens Lili Glaser. Sie begrüßte mich und verriet mir, daß mich noch jemand in der Küche zu sehen wünsche: Fräulein Gertrud aus Frauenburg. - Gertruds Gesicht glühte von der Hitze und war leicht geschwollen. Über der Freude, daß sie die furchtbaren Wochen, seitdem wir uns im Insterburger Gefängnis gesehen hatten, lebend überstanden hatte, bemerkte ich kaum die Spuren ihrer verfallenden Gesundheit.
»Was für ein Glück, daß noch ein Priester bei uns ist!«, waren ihre ersten Worte, als sie mich begrüßte. »Das ist die erste gute Nachricht, seitdem ich hier bin. Als ich noch für den Herrn Generalvikar kochte, hätte ich es mir nicht träumen lassen, daß ich eines Tages in einem russischen Lager kochen müßte. Aber nun weiß ich, daß wir nicht ganz verlassen sind, wenn wir sterben müssen!«
Ich beglückwünschte sie zu der Arbeit in der Küche, die ihr eine bessere Möglichkeit zu überleben gebe. Doch Gertrud fiel mir ernst und nüchtern ins Wort: »Ich bin dessen noch nicht so sicher. Der Koch und die anderen Russen verlangen von uns Frauen mehr als allein die Arbeit. Ich rechne nicht

damit, daß ich lang in der Küche bleiben darf, wenn ich ihnen nicht zu Willen bin. Bitte beten Sie für mich, Herr Pfarrer.«
»Wie geht es Ihrer Schwester Lena?« fragte ich.
»Wenigstens sind wir noch beieinander«, sagte Gertrud, »doch Lena macht mir große Sorge; sie ist so elend.« - Ein Posten machte unserem Gespräch ein Ende und befahl mir hinauszugehen.
In dieser Nacht schlief ich viel besser. Das Ölpapier am Fenster hatte sich mit etwas Nachhilfe soweit gelöst, daß eine frische Brise auf mein Gesicht herabblies. Der Zugwind störte mich nicht. Ich besaß noch meine Motorradkappe aus Segeltuch, über die ich außerdem eine grüne Bauernmütze zog. Das einzige Ungemach war, daß die Nieren munter wurden, sobald man lang lag, und nachts das Wasser auszustoßen suchten, das sich infolge der schlechten Ernährung im Körper aufgestaut hatte. Meine Pritschennachbarn beruhigten mich, es sei noch nicht schlimm, wenn ich nur fünfmal nachts hinter den Bretterverschlag müsse.
Als ich von einem solchen Gang zurückkam, fand ich Horst mit gekreuzten Beinen auf einem Klotz vor dem Feuer sitzen und die Glut schüren. Er war gerade dabei, die von mir gesuchte Käsebüchse zu leeren. »Du sorgst ja gut für dich«, sagte ich. Er grinste, ohne im geringsten verlegen zu sein. »Verrat mir doch wenigstens, wie du die Büchse aus meiner Tasche ergattern konntest, ohne daß ich es gemerkt habe.«
»Bedaure«, antwortete er schließlich, »das ist Berufsgeheimnis. Aber weil du in dieser Sache anständig und vernünftig bist, will ich dich nicht weiter belästigen. Vielleicht gelingt es mir sogar, mal was für dich zu organisieren.«
»Bemüh dich nicht, etwas für mich zu stehlen«, sagte ich, »es liegt mir daran, daß auch noch andere Leute als du und ich hier wieder lebend herauskommen.«
Der folgende Tag war der Gründonnerstag. Auf dem Rückweg vom Frühstück stolperte Pater Kolfenbach und mußte seine letzte Energie zusammenreißen, um sich zu seiner Pritsche zurückzuschleppen. In die Ecke gelehnt, so daß das Licht der Fensterluke auf mein Missale fiel, las ich Pater

Kolfenbach dann die Gründonnerstagsliturgie vor. In der Epistel hörten wir: »Wenn wir vom Herrn gezüchtigt werden, so geschieht es, damit wir nicht mit dieser Welt verdammt werden.« Dann die Stelle im Graduale: »Christus ist für uns gehorsam geworden bis zum Tode, ja bis zum Tod am Kreuze. Darum hat Ihn Gott auch erhöht.« Und nach dem erschütternden Evangelium von der Fußwaschung der Jünger in der Nacht, bevor Er verraten wurde, fanden wir im Offertorium die triumphierenden Worte des schwergeprüften David: »Ich werde nicht sterben, sondern leben und die Wunderwerke des Herrn verkündigen!«
Als ich das Offertorium las, bemerkte ich, daß nicht allein Pater Kolfenbach, sondern auch unser Nachbar, der alte masurische Bauer, mir sehr aufmerksam zuhörte. - Doch plötzlich warnte mich ein Blick Pater Kolfenbachs, daß Gefahr im Verzug sei. Als ich mich umdrehte, sah ich Politruk Hellwig vor mir stehen.
»Entschuldigen Sie, daß ich störe«, sagte er mit geheuchelter Höflichkeit.
»Sie stören uns nicht im geringsten«, antwortete ich nicht weniger unaufrichtig.
»Sie beten, nicht wahr?«
»Ja, wir sind katholische Priester, wie Sie wissen; und heute ist ein hoher liturgischer Festtag. Haben Sie etwas dagegen?«
»Keineswegs. Dies sind Ihre freien Tage, und da können Sie tun, was Sie wollen. Sie wissen sicher, daß die sowjetrussische Verfassung volle Freiheit der Religion garantiert; jedermann kann beten, wann und was er will.«
»Ich freue mich sehr, das zu hören«, antwortete ich höflich.
»Aber hat Sie nicht etwas anderes hierher gebracht?«
»Richtig. Ich denke, Sie könnten mir einen Dienst leisten. Sie können doch die Buchstaben des russischen Alphabets schreiben, nicht wahr?«
»Nur die großen Buchstaben, und selbst die nur mit Mühe.«
»Das genügt schon. Von Moskau ist ein Befehl gekommen, daß die Namen aller, die im Lager sterben, mit ihrem Todes-

datum auf einer Liste notiert werden sollen. Nun bitte ich Sie, mir die Namen der neun Männer aufzuschreiben, die bisher gestorben sind.«

»Ich will tun, was ich kann. Doch es wird schwer sein, die Namen aller Verstorbenen festzustellen, denn manche haben wir überhaupt nicht gekannt. Ich habe, zum Beispiel, keine Ahnung, wie mein Nachbar hier heißt. Ich kann nur dann die Totenliste ordentlich führen, wenn Sie mir Gelegenheit geben, auch die Namen der Lebenden aufzuschreiben, solange ich sie noch fragen kann. Auch werde ich Bleistift und Papier brauchen.«

Mein Vorschlag leuchtete dem Kommissar ein, und er nahm mich mit auf die Suche nach Schreibmaterial. Er ließ mich vor einem Holzschuppen stehen, der laut Aufschrift das ›Ambulatorium‹ oder das Arztbüro war. Nach lebhafter Diskussion erschien der Kommissar mit dem Schwarzen Storch, der mir ein Stück Pappe und einen Bleistift übergab mit der Drohung: »Wehe dir, wenn du mir nicht heute nacht noch den Bleistift wiederbringst! Ohne ihn kann ich nicht weiterarbeiten.«

Mit Hilfe unseres Barackenältesten konnte ich die Namen der bisher Verstorbenen bis auf zwei ermitteln. Danach nahmen wir die Namen der Lebenden auf. Dieses Amt gab mir unversehens die willkommene Gelegenheit, meine neue ›Pfarrei‹ zu überblicken und meinen ›Pfarrkindern‹ die Versicherung zu geben, daß ich trotz meines sowjetisierten Äußeren ein katholischer Priester sei, bei dem sie ihre Osterbeichte ablegen könnten. Wir verabredeten uns je nach Geschmack und Gelegenheit: auf meiner Pritsche in der Baracke, draußen hinter dem Bretterverschlag oder beim Brennholzsägen. So ermöglichte mir ein Moskauer Befehl, meinen Mitgefangenen zu ihrem Frieden mit Gott zu verhelfen.

In der folgenden Nacht wurde Pater Kolfenbachs Gesundheitszustand ernst. Da ich mir keinen anderen Rat mehr wußte, bat ich den Posten auf dem Lagerhof, etwas Medizin für ihn zu beschaffen, was mir lediglich ein paar obszöne Flüche einbrachte. Ich dachte an das altbewährte Mittel gegen

Durchfall: gemahlene Holzkohle. Pater Kolfenbach würgte mit der größten Anstrengung etwas von der frisch zerriebenen Kohle hinunter. Seine Kehle war vom Durst ausgedörrt, den der ständige Durchfall noch steigerte. Es war jammervoll, diesen kräftigen Mann, der noch nicht einmal in den Vierzigern stand und keinen einzigen Tag in seinem Leben krank gewesen war, nun in solcher Verfassung zu sehen. Ein bißchen Medizin und etwas gute Nahrung hätten ihn retten können, aber wir hatten nichts.

Die Holzkohle schlug nicht mehr an. Alles, was Pastor Goebel und ich für unseren Freund tun konnten, war, daß wir abwechselnd bei ihm wachten. Einmal, als die Reihe wieder an mich kam, war ich eingeduselt; als ich aufwachte, sah ich Pater Kolfenbach wie einen Betrunkenen den Gang entlang wanken, indem er sich an den Pritschen auf beiden Seiten festhielt. Bevor ich noch aufstehen konnte, um ihm nachzueilen, war Pastor Goebel schon heruntergeklettert, um ihm beizustehen, und zwar nicht nur auf dem Weg zum Verschlag, sondern um ihn auch über der Abortgrube abzustützen. Denn Pater Kolfenbach war jetzt nicht mehr kräftig genug dazu [aus Gründen der ›Massenhygiene‹ war uns ja nicht einmal ein Sitzbalken genehmigt].

Es muß nach Mitternacht in den ersten Stunden des Karfreitags gewesen sein, als die beiden von dem verdemütigenden Gang zurückkamen. Pater Kolfenbach streckte seine fleischlosen Glieder wieder auf der harten Bank aus. Er stöhnte: »Nun bin ich wirklich wie ans Kreuz geschlagen. Aber schlaft nun. Ich kann mir noch selbst etwas helfen.«

Trotz seines sichtlichen Verfalls mußte Pater Kolfenbach am Karfreitag zum Appell auf dem Hof antreten. Er und ein paar andere Kranke waren außerstande, zum Frühstück zu kommen, doch der Schwarze Storch stieß sie von den Pritschen herunter. Wenn sie auf den Boden fielen wie Holzkloben, bearbeitete er sie so lang mit seinen Stiefeln, bis sie aufstanden. Das hatte Erfolg; alle bis auf einen wankten hinaus, und der war bereits bewußtlos. Als wir vom Appell wieder zurückkamen, war er schon auf den Leichenhaufen

geschmissen, der an diesem Tag vor der Krankenbaracke aufgetürmt war.
Nach dem Frühstück wurden wir zu dem kleinen, hölzernen Ambulatorium abgeführt. In Gruppen zu zwanzig ließ man uns in den Vorraum, um die Kleider abzulegen. Durch die offene Tür des Behandlungsraums hörten wir die Routinefragen: »Durchfall? Wievielmal Tag und Nacht? Mit oder ohne Blut? Zunge heraus! Umdrehen!« Dann verkündete eine andere Stimme: »Eins, zwei, drei oder ›o.K.‹ [ohne Kategorie].«
Als wir an die Reihe kamen, stützten Pastor Goebel und ich Pater Kolfenbach von beiden Seiten. So traten wir vor die Musterungskommission, der ein älterer Mann vorstand. Er trug eine Hornbrille, hatte graue Haare, einen langen, zynischen Mund, der sein Gesicht wie ein schmales Messer durchschnitt. Seine markanten Gesichtszüge verrieten Spuren alter Bildung, aber auch trübe Resignation. Seltsamerweise erinnerte mich seine Physiognomie an den Gesichtsausdruck des Erasmus von Rotterdam auf Holbeins berühmtem Gemälde. Wir nannten ihn ›Brillenaugust‹. - Das letzte Wort in dieser Kommission hatte jedoch offensichtlich eine Frau, die einen sauberen weißen Ärztekittel trug und mit ihrem Stethoskop spielte. Sie war wohlgenährt, gepflegt und stark geschminkt, als ob sie geradewegs aus einem Moskauer Damensalon käme.
Der Dritte in der Kommission war unser Schwarzer Storch, der vierte aber der unvermeidliche politische Kommissar und Dolmetscher Hellwig, der sich während der letzten Tage so freundlich gezeigt und solches Verständnis für unsere religiöse Überzeugung an den Tag gelegt hatte. Bevor die üblichen Fragen an uns gerichtet wurden, grinste der Politruk uns teuflisch an und sagte: »Das sind Popen, die Nazi-Kanonen gesegnet haben, he?« Er sah sich beifallheischend nach Brillenaugust und den anderen Kollegen um, die aber keinerlei Reaktion zeigten. Vom Gesinnungswandel unseres tückischen Freundes nicht allzu überrascht, antwortete Pastor Goebel für uns alle: »Ich kann mich nicht erinnern, jemals

eine Waffe gesegnet zu haben; aber ich erinnere mich sehr wohl, daß ich bestraft worden bin, weil ich der Nazifahne den Hitlergruß verweigert habe; deshalb bin ich während der letzten Monate des Krieges eingezogen und an die Front geschickt worden, trotz meiner Lungenkrankheit und meiner Stellung als Pfarrer einer größeren Gemeinde. Meine katholischen Freunde hier haben eine ähnliche Vorgeschichte.«

»Ist ja auch ganz egal«, erklärte der Politruk mit einer verächtlichen Handbewegung.

Dann wurde Pastor Goebel in der üblichen Weise befragt. Als er sich umdrehen mußte, befühlte der Brillenaugust die Festigkeit seiner Gesäßmuskeln. Er tat das gleiche bei Pater Kolfenbach und dann bei mir. Die letzte Frage richtete die Ärztin an mich: »Warum ist Ihr Brustkorb deformiert?«

»Ich hatte Tuberkulose und erhielt einen Pneumothorax«, antwortete ich.

Wir wurden in die ›o.K.-Brigade‹ eingestuft. Diese wurde gewöhnlich nur zu Arbeiten innerhalb des Lagers bestimmt; zum Außendienst sollte sie nur in besonderen Fällen herangezogen werden. Dies war die erste ärztliche Untersuchung seit unserer Verschleppung vor fast sechs Wochen.

Als wir eine gute Weile vor dem Essen auf unsere Pritschen zurückkamen, war Pater Kolfenbach vollständig erschöpft. Er war nicht mehr imstande, dem Passionsbericht zu folgen, den ich ihm aus meinem Schott-Meßbuch vorlas. Öfters mußte ich aussetzen, während er in einen halb bewußtlosen Zustand glitt. Doch jedesmal, wenn er daraus wieder erwachte, bat er mich, mit der Lesung fortzufahren. »Nun beginne ich zu begreifen, was unser Herr gelitten hat«, sagte er einmal.

Nach dem Essen erschien der Schwarze Storch wieder auf dem Plan, zerrte einen Mann nach dem andern von den Pritschen und stieß sie zur Tür hinaus. Selbst schwerkranke Leute mit hohem Fieber mußten sich der Prozession anschließen, die er in die Entlausungsanstalt führte. Diese war wesentlich primitiver als die ersten beiden, die wir durchlaufen hatten. In

einer zugigen Holzkabine händigte man uns die bereits bekannten Drahtringe aus, an denen wir unsere Habseligkeiten zu befestigen hatten. Zwei unserer Leute wurden angewiesen, die Kleiderbündel durch einen engen Graben in einen Stollen zu schleppen und hinter dem geheizten Ziegelofen aufzuhängen. Wir standen einstweilen nackt da und warteten zitternd vor Kälte, bis wir endlich Holz bekamen, um den Ofen anzufeuern. In Gruppen zu je zwölf Mann ließ man uns schließlich in eine Art Badestube, wo wir uns etwa zehn Minuten lang aus kleinen Holzbütten waschen sollten.
In den Vorraum zurückgekehrt, warteten wir naß und frierend auf unsere Kleider. Vieles von ihnen, was allzu nah an der Ofenmauer gehangen hatte, war angesengt und durchlöchert. Meine Pelzjoppe fand ich, wenn auch angebrannt, wieder; mein Hemd allerdings war verschwunden.
Als wir nach der Beendigung des Entlausungsritus in unsere Baracken zurückstolperten, konnte Pater Kolfenbach keinen Schritt machen, ohne daß wir ihn stützten. Vom Abendessen brachte ich ihm ein Stück Hering, das uns bei unserer Mahlzeit sehr beglückt hatte. Doch sein Magen verweigerte bereits jegliche Nahrungsaufnahme.
Verabredungsgemäß begann Pastor Goebel, auf seiner Oberpritsche sitzend, seine Karfreitagspredigt. Aus seiner kleinen Bibel verlas er die Stelle vom guten Schächer, der zugleich mit Christus gekreuzigt worden war. Die Gefangenen hörten auf, sich zu zanken und in ihren Sachen herumzukramen. Der einzige Laut, der außer der warmen Stimme des Lesenden zu hören war, war das Knacken des Holzes im Ofen. Die anschließende Predigt war kurz und packend. Er schloß sie mit einem Gebet zu unserem gekreuzigten Herrn, er möge in unserer verzweifelten Lage bei uns bleiben und auch zu uns in unserer letzten Stunde sprechen: »Heute noch wirst du mit Mir im Paradiese sein!«
Nach der Andacht dankte Pater Kolfenbach dem evangelischen Mitbruder für seine Worte und bat ihn um sein Gebet. Er war sich klar bewußt, daß er sterben mußte. Wir beschlossen, gegenseitig unsere Beichte zu hören. Um mir die

Absolution zu geben, konnte er nicht mehr die Hand vom Knie erheben, sondern nur mit einem Finger ein kleines Zeichen des Kreuzes machen.
Zuletzt bat er mich, ihm das Sakrament der heiligen Ölung zu spenden. Ich griff in meine tiefste Tasche nach der kleinen Hautcreme-Dose mit dem geweihten Öl. Dieses Öl war genau ein Jahr zuvor am Gründonnerstag von unserem Bischof in Frauenburg geweiht worden. Wer hätte gedacht, daß seine Segensmacht bis in die gottverlassene Einöde der arktischen Tundra dringen werde?
Noch einmal überkam ihn die ganze Bitternis seines Elends, und er seufzte: »Meine arme alte Mutter. Sie ist jetzt zweiundachtzig Jahre alt, hat ihr ganzes Leben lang gearbeitet, damit wir eine gute Erziehung bekommen konnten. Sie hofft, daß ich wiederkomme. Und mein Bruder ist auch verschollen. Er hat sechs Kinder. Wenn du zurückkommst, gib meiner Mutter diesen Rosenkranz und dieses Kreuz. Sage ihr, daß ich beim Sterben beides in meinen Händen gehalten habe. Und wenn du kannst, tröste sie und hilf meiner Schwägerin und ihren sechs Kindern.«
Dann saßen wir schweigend da und schauten in die verlöschende Glut im Ofen, bis Pater Kolfenbach nicht mehr sitzen konnte. Ich bat Pastor Goebel, mir zu helfen, ihn von dem Balken, an den er sich gelehnt hatte, wegzuheben und auf seine Pritsche niederzulegen. Allein konnte ich dies nicht mehr schaffen.
Sein Gesicht verzog sich vor Schmerz, als wir ihn aufhoben. Dann verlor er für eine halbe Stunde das Bewußtsein. Im Fieber stammelte er: »Ich habe Durst. Nur einen Schluck Zitronensaft durch einen Strohhalm ... durch einen Strohhalm ...«
Wieder rief ich Pastor Goebel, bei ihm zu wachen, während ich auszog, um irgend etwas zu trinken für ihn aufzutreiben. Während der Nacht durften wir den Hof nicht überschreiten; doch als ich noch Licht in der Küche brennen sah, wagte ich es. Nach einigem Zögern klopfte ich schließlich leise an die hölzerne Schiebetür. Ein Spalt öffnete sich, und da stand

Gertrud. »Gott sei Dank, daß Sie es sind!«, atmete ich erleichtert auf.
»Was gibt es, Herr Pfarrer? Wir müssen vorsichtig sein!«
Ich sagte ihr, ob ich nicht etwas Ersatzkaffee für Pater Kolfenbach bekommen könne. Sie schüttelte den Kopf und brachte mir etwas warmes Wasser. »Rösten Sie ein paar Krumen Ihrer Brotkante vom Maisbrot auf dem Ofen, und wenn sie schwarz sind, schütten Sie sie in das heiße Wasser«, wies sie mich an. »Auf diese Weise kochen wir uns in der Frauenbaracke unseren Kaffee.«
Ich befolgte ihr Rezept und bereitete einen Sud von undefinierbarer Farbe und gleichem Geschmack. Pater Kolfenbach versuchte mit letzter Kraft zu trinken, aber es ging nicht mehr. Er konnte nur eben seinen Gaumen und seine gesprungenen, schwarzen Lippen befeuchten.
Am Morgen des Karsamstags versuchte ich, mit ihm die heilige Liturgie des Tages zu beten. Aber schon nach wenigen Minuten bat er mich, nicht weiterzulesen. »Ich kann nicht mehr folgen. Nie hätte ich geglaubt, daß der Tod eines Priesters so schwer sein kann.« Er schloß seine Augen und atmete schwer durch den offenen Mund. Ich schob den sturen alten Masuren zur Seite und kroch auf dessen Pritsche zu Häupten meines Mitbruders. Rechts stand Pastor Goebel im Gang und hielt die eine Hand des Sterbenden, ich ergriff die andere, und so beteten wir die Sterbegebete. Dabei wurden wir vom Schwarzen Storch überrascht, der wieder kam, um alle, die nicht zum Frühstück gegangen waren, von ihren Pritschen zu zerren und auf den Boden zu werfen. Der Stubenälteste hatte ihn sofort am Eingang bemerkt und ihn gebeten: »Der da vorn liegt gerade im Sterben. Lassen Sie ihn doch bei seinen Freunden. Er ist ein Pfarrer wie die beiden anderen.«
»Pfaffe oder nicht, er hat im Revier zu verrecken«, bellte der Arzt, packte den mit dem Tod Ringenden bei den Beinen und schleifte ihn über die Pritsche weg zum Gang, bis sein Kopf auf dem Boden aufschlug. In verzweifelter Empörung hätten wir uns am liebsten auf den rohen Schinder gestürzt. Aber

es waren uns ja die Hände gebunden. Der Stubenälteste brachte eine Decke von seiner Pritsche, legte sie unter unseren sterbenden Freund, und zu dritt machten wir uns dann daran, ihn ins ›Lazarett‹ zu tragen. Seine kaum mehr als hundertfünfzig Pfund waren jedoch schon zu viel für unsere eingeschrumpften Muskeln. Wir mußten uns damit abfinden, ihn vorsichtig auf dem Boden entlang durch die Baracke und über den verschneiten Hof zu schleifen. Wir schafften es, wenn auch mit erheblicher Anstrengung, bis zum Eingang des Reviers, waren aber dann nicht imstande, seinen Körper über die vereisten vier Stufen der Treppe hinaufzubringen.
Schließlich öffnete sich die Tür des Reviers, und es erschien ein Sanitäter. Er musterte uns mit seinem linken Auge; das andere bestand nur mehr aus einem schmalen Hautschlitz. Mit einem gönnerhaften Grinsen auf seinem fetten, rötlichen Gesicht zerrte er den Körper auf den Absatz hinauf und packte uns bei der Hand: »Los, immer rauf! Hier ist noch reichlich Platz in der guten Stube.« Wir traten in einen kleinen Vorraum mit drei Türen, von denen er die mittlere mit einem Fußtritt aufstieß, um uns in sein Reich einzuführen.
Trotz aller Gerüchte, die über diese Stätte bereits zu uns gedrungen waren, und trotz all der furchtbaren Dinge, die wir inzwischen erlebt hatten, erschraken wir über das, was wir hier sahen. Der kleine Raum von etwa fünf mal fünf Meter beherbergte ungefähr zwanzig Tote und Sterbende, die durcheinander auf einer niederen Bretterbühne lagen. An einigen Stellen lagen die Leichen sogar in zwei Schichten übereinander getürmt, aber es war noch immer nicht Platz genug für alle. Einige mußten deshalb einfach auf den Fußboden gebettet werden. Die einzige Einrichtung, die den Anspruch des Raumes rechtfertigen konnte, so etwas wie ein Krankenzimmer zu sein, war ein offener hölzerner Kübel, der in der Mitte auf dem Boden stand und als Toilette gedacht war. Wir konnten für Pater Kolfenbach keinen Platz finden, aber der einäugige Herrscher über dieses Reich des Grauens war nicht in der geringsten Verlegenheit. Mit einem großen Schwung wuchtete er das Knochengerüst des Sterbenden auf

ein schmales Brett zwischen einer Leiche und einem armen Kerl, der in den letzten Zügen lag. Pater Kolfenbachs Glieder waren zu lang für die Liegestatt, so daß sein Kopf über den Rand der Pritsche hinabhing. Ich kletterte über die Leiche, um seinen Kopf hochzuhalten, und kam gerade zurecht, ihm die brechenden Augen zu schließen, als er seinen letzten schweren Atemzug tat.

Ich durfte nicht lange bei ihm bleiben. Nach einem kurzen Gebet nahm ich ihm das Kreuz ab, das er um seinen Hals trug, und zog seine Pelzmütze und seinen Mantel unter ihm hervor.

Dann fragte ich ›Polyphem‹ - so hatten Pastor Goebel und ich den einäugigen Sanitäter benannt -, ob noch mehr Katholiken in dem Revier seien. »Selbstverständlich«, versicherte er beflissen. »Ich bin selber einer. Ich war sogar mal Meßdiener und habe in unserer Blasmusik die Trompete geblasen. Zur Not kann ich auch Orgel spielen!« Ich bat ihn, mir alle sterbenden Katholiken zu zeigen und mich immer herüberzurufen, wenn er wisse, daß ein Katholik im Sterben liege. Den gleichen Dienst mußte er Pastor Goebel für die evangelischen Sterbenden versprechen.

»Komm her«, schrie er, »hier hast du gleich Arbeit: zwei Männer aus dem gleichen Dorf, aus Kurau bei Braunsberg. Der alte Griehl da hat seinen sechzehn Jahre alten Sohn in der Bude nebenan. Der Junge bekam zu seiner Ruhr noch Lungenentzündung, und es geht rasch bergab mit ihnen.«

Die beiden braven Bauern waren bei klarem Bewußtsein und sehr glücklich über den priesterlichen Beistand vor ihrem Tode. ›Polyphem‹ war inzwischen hastig damit beschäftigt, Pater Kolfenbachs Leiche für die Beerdigung ›vorzubereiten‹, indem er nichts an ihm ließ als seine schmutzige Unterhose. Sein Haupt sank über die Kante herab, sein Mund stand klaffend offen, und alle Knochen seines Skeletts waren unter der zerschundenen Haut zu zählen. Es war ein Bild, das, mit Goyas oder Hieronymus Boschs Pinsel gemalt, jeden zivilisierten Menschen in Schrecken versetzt hätte. Doch dann dachte ich daran, daß der getreue Priester in der Entblößung

seines ausgeplünderten Leichnams ein letztes und beredtes Gleichnis der Passion Christi geworden war. Ecce homo!
Wie im Traum wankte ich zu meiner Baracke zurück. Am Stand der Sonne konnte ich sehen, daß es ungefähr neun Uhr vormittags sein mußte, die Zeit, in der das jubelnde, dreifache Alleluja nach der Karsamstagsepistel aus allen Kirchen der Welt zum Himmel hinaufhallte.
Dem Stubenältesten gab ich Pater Kolfenbachs Mantel, und Theo, wie ich Pastor Goebel von jetzt ab nannte, bot ich seine Decke an. Im Gefühl, daß er keinen materiellen Nutzen aus Leiden und Tod eines Freundes ziehen dürfe, zögerte dieser erst, sie anzunehmen. Erst als ich ihm sagte, daß Pater Kolfenbach sie ihm selbst geben würde, willigte er ein.
›Polyphem‹ hatte noch versprochen, mir Nachricht zu geben, wenn die Leichen abgeholt würden.

Kolonne sieben

Unsere ›zehn Ruhetage‹ waren bereits nach vier Tagen vorüber. Noch am Karsamstag wurden wir für die Aufnahme der Arbeit hergerichtet. Wir mußten zum Appell im Lagerhof antreten. In einem Karree standen wir mit dem Gesicht zur Mitte, wo sich die Offiziere und Beamten des Lagers in ihrer Würde und Machtvollkommenheit postiert hatten. Der kurze, stämmige Kommandant machte den Eindruck eines stupiden, aber energischen Vollzugsbeamten. Auf seinem runden Kopf trug er eine imposante Offiziersmütze, und auf den Schultern seines langen Mantels strahlten die goldenen Achselstücke mit dem Stern eines Oberleutnants der NKVD. Sein Stab umgab ihn in gebührendem Abstand: ein dicker Feldwebel, der Kommandant unserer Wachleute, und Hellwig, der politische Kommissar. Daneben stand in gewöhnlicher Arbeitskleidung der Normer, unser Arbeitsaufseher, und schließlich der Buchhalter, dem sein faltiges, pockennarbiges Gesicht ein greisenhaftes Aussehen verlieh, obgleich er nicht viel älter als vierzig war. Weil er hinkte, nannten wir ihn ›Krumm-

stiebel‹. Der Schwarze Storch war nicht erschienen, da er wieder mit denen zu tun hatte, die nicht mehr antreten konnten.
Unsere Namen wurden aufgerufen, und jeder von uns wurde einem der fünf Arbeitstrupps zugeteilt, die ›Brigaden‹ genannt wurden. Jede Brigade umfaßte zwanzig bis dreißig Mann und wurde nach ihrem Aufseher benannt, dem sogenannten Brigadier. Abermals wurde uns eingeschärft, daß nur die, welche die ihnen aufgetragene ›Norm‹ erfüllten, zu essen bekämen. Der Kommandant beschloß seine Ansprache mit der klassischen Bemerkung: »Die Russen sind human, aber selbst ihre Humanität hat ihre Grenzen, wenn jemand nicht arbeiten will!« Er teilte uns mit, daß wir mit einer niederen ›Norm‹ anfangen dürften, damit wir unsern guten Willen zeigen und mehr leisten könnten, als gefordert sei. »Die am besten arbeiten und am meisten leisten, werden eine besondere Ration bekommen«, wurde uns vom Politruk versprochen. Dankbarer als für diese blutsaugerische Verheißung waren wir für die Eröffnung, daß uns nicht zugemutet werde, unsere Vorgesetzten zu grüßen, wenn sie uns während der Arbeit begegneten [obwohl diese Konzession weniger auf demokratische als auf arbeitsökonomische Grundsätze zurückzuführen war].
Zunächst mußten wir in der Entlausungsstation Arbeitskleidung fassen. Wir bündelten unsere Zivilkleider an die üblichen Drahtringe und standen vor einer kleinen Luke Schlange. Aus der Kammer hinter der Luke hörten wir mit rauher, müder Stimme die Zahlen: »Eins, zwei, drei, vier, fünf, sechs, sieben« für jeden Gefangenen wiederholt, sobald die Reihe an ihn kam. ›Nummer eins‹ war ein Hemd. Viele Hemden hatten überhaupt keinen Rücken, und die meisten reichten kaum bis zur Hüfte: offensichtlich hatten unsere Vorgänger Taschentücher gebraucht. Das zweite Kleidungsstück waren Unterhosen, deren Beine oftmals bis zum Knie oder noch höher abgeschnitten waren. Nummer drei bis fünf hatten den größten Wert: es waren saubere, bisher ungebrauchte Wattehosen und Steppjacken, eine praktische und warme Oberkleidung, sowie eine Tschapka, eine Klappmütze, die ebenfalls

aus gesteppter Baumwolle bestand und zuweilen sogar einen Pelzrand besaß. Das sechste Stück waren Batschinki, eine Kombination von Stiefel und Strumpf aus gesteppter Baumwolle als Fuß- und Beinbekleidung. Den Abschluß bildete ein neues Paar Strohschuhe, die hinten am Fuß mit einem geflochtenen Strohband befestigt wurden. Alle diese Kleidungsstücke wurden in sozialistischer Gleichmacherei aus dem besagten Fenster geschleudert, ohne daß auch nur ein Blick auf den Mann geworfen wurde, der sie tragen sollte.

Die ganze Aktion mußte in wenigen Minuten erledigt sein. So griffen wir in aller Hast unsere sieben Sachen auf und versuchten das Kunststück, uns damit anzukleiden. Da ich selbst mittelgroß bin, kam ich glücklicherweise nahe an das heran, was den kollektivistischen Planern als Format eines Durchschnittsarbeiters vorgeschwebt hatte. Die größten Schwierigkeiten hatte ich mit den Strohschuhen, die zu kurz waren und überdies mit den Strohstrippen nicht rückwärts über der Ferse befestigt werden konnten. Als unsere Zeit abgelaufen war, standen immer noch einige von uns hilflos herum, ihre ›Klamotten‹ in der Hand. Die traurigste Figur machte der fast zwei Meter große Max, der längste in der Gruppe. Sein Hemd bedeckte nicht mehr als seine Brust, und in die Hosen kam er überhaupt nicht hinein. Als er hilflos und jammervoll nach Mitleid ausschaute, wurde er obendrein noch ausgelacht. Im letzten Augenblick, bevor wir aus dem Raum getrieben wurden, tauschte er die Hosen mit Adalbert aus, einem Gemüsegärtner aus Wien, der nicht größer als 1,50 m war. Allerdings konnte Max Adalberts größere Kleidung nicht mehr anziehen, weil unsere Zeit abgelaufen war; so wurde er halb nackt aus der Entlausungsstation getrieben. Nur mit Strohschuhen und dem viel zu kurzen Hemd bekleidet, marschierte er mit uns durch den Schnee zurück in unsere Baracke, wo es ihm endlich mit Hilfe eines Nachbarn gelang, in Adalberts Hosen zu schlüpfen. Wir stellten uns gegenseitig in unseren neuen ›Uniformen‹ vor und hatten unseren Spaß daran, daß wir wie Eskimos aussahen.

Zeitig am nächsten Morgen wünschte ich Theo gesegnete

Ostern, gerade als wir zur Arbeit hinausgetrieben wurden. Ich war einer Brigade zugeteilt, deren Aufseher ein forscher, wohlgenährter Pole mit kalten, wasserblauen Augen war. Aus einem Geräteschuppen gab er jedem von uns eine grobe hölzerne Schneeschaufel.

Drei Brigaden wurden an den Kanal beordert, und die anderen erhielten den Auftrag, im Bereich des Lagers Schnee zu schaufeln. Jeder Gruppe war eine Norm genannt worden, die wir bei unserem Gesundheistzustand nicht erfüllen konnten. Fast ein Drittel unseres Trupps stand gewöhnlich Schlange vor der Latrine, und die übrigen konnten sich gerade auf ihren geschwollenen Füßen aufrecht halten. Die Polarluft war so stark mit Sauerstoff geladen, daß der Atem uns die Lungen zu verbrennen schien.

Meine Gruppe hatte die Aufgabe, die zwei bis drei Meter hohen Schneewehen um die Küche wegzuschaufeln. Die Küchenabfälle und das Waschwasser, die den Winter über auf jene Schneehalden geschüttet wurden, waren festgefroren und mußten mit Picken losgehackt werden. Wenn ich alle Kräfte zusammennahm, konnte ich gerade noch die Picke hochheben und wieder auf das Eis zurückfallen lassen. Dabei waren wir uns klar, daß dies eine verhältnismäßig leichte Arbeit sein sollte.

Wenn ich mich bemühte, meine Gedanken auf das Ostergeheimnis zu konzentrieren, wurde ich gewöhnlich durch Max davon abgelenkt, der den ganzen lieben langen Tag daherplapperte. Obgleich er bereits sechzig Jahre alt war und über achtzig Pfund an Gewicht eingebüßt hatte, war er noch der Kräftigste von uns. Er kaute am Schaft seiner leeren Pfeife und gab endlose Geschichten über die Kneipen in drei ostpreußischen Kreisen zum besten, in denen er als Fuhrmann seinen Durst gelöscht hatte. Freimütig bekannte er, daß er gleichzeitig eine Mitgliedskarte der Kommunistischen Partei und der Deutschnationalen Partei besessen hatte. Er gab für diese zunächst überraschende politische Weitherzigkeit die einleuchtende Erklärung: »Was sollte ich denn machen? Ich mußte mich mit beiden gut stellen. Geschäft ist Geschäft!«

Während Max frisch und mitteilsam war, blieb mein Arbeitskamerad zur Linken sehr schweigsam. Seine Hände und Füße waren stark geschwollen, und selbst seine Backen und Augenlider waren vom Wasser aufgedunsen. Er war höflich und umgänglich und leicht als gebildeter Mann zu erkennen. Er war Soldat gewesen. Bitter machte er schließlich seinem Herzen Luft: »Es wäre halb so schwer, wenn unsere Arbeit einen Sinn hätte. Wir schaufeln diesen Haufen nur ein paar Meter weiter, und danach fangen wir wieder den gleichen Unsinn an. Und den Graben da nennen sie einen Kanal! Jeder Tiefbauingenieur würde darüber lachen. Ich würde mich als Kriegsgefangener nicht gegen harte Arbeit sträuben, selbst nicht für die Russen; aber wer hat etwas davon, wenn ich hier sinnlos verhungere, während meine Frau und drei Kinder zu Hause ausgebombt werden?«
Wir schaufelten weiter bis zum Einbruch der Dunkelheit, verzweifelt bemüht, unsere Norm zu erfüllen. Da ich selbst meinen Teil nie geschafft hätte, half mir Max in der letzten Stunde zum Lohn für die Geduld, mit der ich ihm den ganzen Tag zugehört hatte.
Nach dem Essen wurde einer der Brigaden befohlen, unsere Baracken zu räumen, und eine andere Gruppe hatte ihre Stelle einzunehmen. Theo befand sich in dem Trupp, der auszog. Als die Neuangekommenen sich häuslich eingerichtet hatten und es im Raum etwas stiller geworden war, legte unser masurischer Stubenältester eine Bohle auf das Ofenfaß, in dem zur Zeit nur ein schwaches Feuer brannte, und lud mich ein, ein paar Worte zu sprechen, da doch heute Ostern sei. Ich nahm mein Missale und kletterte auf die improvisierte Kanzel, von der aus ich einigermaßen im ganzen Raum sichtbar war.
Der Älteste bat um fünf Minuten Ruhe und fand Gehör. Ich las das Osterevangelium vor: »Wer wird den Stein vom Eingang des Grabes wegwälzen?« [Mk 16, 3] »Kameraden, die wenigen Tage in unserem Lager haben uns mehr als das äußere Aussehen unserer Baracke davon überzeugt, daß wir hier lebendig wie in einem großen Sarg begraben sind«, so

sprach ich die Kumpels an, die zum größten Teil an das äußere Fußende ihrer Pritschen gekrochen waren, um besser hören zu können. »Wir alle haben die gleiche Frage wie die frommen Frauen der Bibel in unserem Herzen: wer wird den Stein vom Eingang dieses düsteren Gefängnisses wegwälzen, in dem wir lebend begraben sind? Machen wir uns nichts vor: niemand kann dies tun außer Gott. Er hat es zugelassen, daß wir hierher gebracht wurden. Er weiß nicht nur um die großen Dinge, die in einer Welt vorgehen, die sich von Ihm abgewandt hat, sondern Er weiß auch um das kleinste und letzte Geschehen in unser aller Leben. Ihr wundert euch jetzt, wie Er es erlauben konnte, daß wir hier an der Petschora lebendig begraben wurden. Auch ich kann euch keine volle Antwort geben. Wir sind hineingenommen in den weltweiten Plan der Heilsgeschichte Gottes, den Er uns in jeder Einzelheit erst offenbaren wird, wenn im letzten Gericht der Sohn Gottes dem Vater im Himmel alles zu Füßen legen wird.
Wir alle sind Gottes Geschöpfe und fast alle als Christen getauft, aber wie oft haben wir danach Christus im Grab unseres Herzens lebend begraben und es fest versiegelt mit unseren Sünden und Lastern! Dies nun ist unsere Osterbotschaft: In diesem Todeslager sind wir begraben, damit wir das noch viel schrecklichere Grab, das wir in unserem eigenen Innern herumschleppen, aufbrechen. Laßt uns beten um Gnade und Kraft, die roten Siegel aufzubrechen und den Stein von unserem Herzen wegzurollen, damit Christus in uns wieder auferstehen kann.«
Nach dieser kurzen Ansprache betete ich mit meinen Kameraden für alle Mitgefangenen, ihre Angehörigen, ihre Frauen und Kinder. Dann stieg ich von meiner ungewöhnlichen Kanzel wieder herunter. In der Baracke blieb es sehr still. Ich nahm die inzwischen gut getrocknete Bohle, auf der ich gestanden hatte, vom Ofen und schürte mit ihr das Feuer. Als ich mich umdrehte, stand Jan hinter mir, der mit dem neuen Schub in unserem Bau gelandet war. Er hatte noch einen Kameraden mitgebracht. Beide drückten mir die Hand und bedankten sich: »Du weißt ja, Pastor, wir sind alte rote Frei-

denker, aber wir hören doch gern mal was Anständiges über Christus. Du kannst uns ruhig mehr erzählen.«

Die Atmosphäre in der Baracke war in der folgenden Nacht spürbar friedvoller als in den Nächten zuvor. Es wurde weniger geflucht und weniger mit den Pritschennachbarn gestritten. Ich war glücklich in dem Gedanken, daß einige Strahlen des Osterlichts ihren Weg selbst in unsere düstere Höhle gefunden hatten.

Bevor wir am nächsten Morgen an die Arbeit gingen, wurden wir neuerlich zu einem Appell aufgerufen. Der Lagerkommandant ging in der Mitte des Hofes auf und ab und redete gewichtig auf den politischen Kommissar ein. Schließlich kam Hellwig auf uns zu und machte ein feierliches Gesicht: »Der Kommandant ist davon unterrichtet worden, daß in diesem Lager Gottesdienste stattgefunden haben. Er wünscht festzustellen, daß die Verfassung der Sowjetunion jedermann vollständige Glaubens- und Religionsfreiheit garantiert. Um aber diese Gewissensfreiheit voll und ganz wahren zu können und mit Rücksicht auf die religiöse Überzeugung jedes einzelnen kann im Lager niemand gestattet werden, über religiöse Dinge mit mehr als einer Person zu sprechen, und auch dies nur, wenn der andere darum bittet. Um den Frieden des Lagers zu wahren und Schwierigkeiten zu vermeiden, muß der Kommandant darauf bestehen, daß keinerlei öffentliche Gottesdienste im Lager stattfinden.«

Jans Kamerad, der alte, rote Freidenker, der gerade neben mir stand, knurrte in seinen Bart: »Ich möchte das dreckige Schwein in die Finger kriegen, das Euch angezeigt hat.« Dem Kommandanten selbst schien die ganze Sache gleichgültig zu sein. Vielleicht verachtete er im stillen den Übereifer des Politruks für die Wahrung der Parteilinie. Aber aus verständlichen Gründen mußte er ihn offiziell stützen. Wenngleich der politische Kommissar einen niedrigeren Rang bekleidete als der Kommandant, besaß der Politruk als Vertreter der kommunistischen Partei doch eine Macht, mit der selbst der ›Natschalnik‹ zu rechnen hatte.

Auch diesen ganzen Tag lang schaufelten wir Schnee. Sobald

die Abfallhaufen neben der Küchenbaracke ein paar Meter weitergeschippt waren, mußte eine Abteilung auf den Boden der Blockhütte klettern, der sich durch große Löcher im Dach mit Schnee angefüllt hatte. Die Dächer waren sehr leicht mit Holzschindeln gedeckt; man rechnete von vornherein damit, daß sie nicht länger als ein Jahr hielten. Ohne Muskeln an den Armen war es schon qualvoll genug, die Schaufeln hochzuheben, und eine wahre Pein, die Schneeklumpen durch die Löcher im Dach zu schippen. Aber schließlich gelang es uns doch, den Boden auszuräumen. Als wir damit fertig waren, schneite es von neuem. Bis zum nächsten Morgen trieb der Wind genug Schnee durch das schadhafte Dach, um uns auch den ganzen nächsten Tag über mit der gleichen Aufgabe zu beschäftigen.

Die Quartiere der Brigaden wurden fast jeden zweiten Tag gewechselt. Als unsere Gruppe in die Baracke neben dem Krankenrevier einrückte, brach ein bärtiger alter Mann mit einer schwarzen Pelzmütze im Schnee zusammen. Ich richtete ihn auf, so gut ich konnte, und führte ihn zu unserer neuen Unterkunft. Es war der alte Lehrer, der am Tage, bevor wir ausgeladen wurden, neben mir im Güterwagen gesessen hatte. »Ich kann nicht mehr weiter«, sagte er, »ich gebe dir die Adresse meiner Frau. Vielleicht wirst du oder sonst irgend ein anderer dies hier überleben. Dann gib ihr doch Nachricht, damit sie nicht weiter auf mich hofft. Aber bevor ich jetzt sterbe, lies mir bitte noch etwas aus deiner Bibel vor.«

In unserem neuen Quartier stieß ich wieder auf Pastor Goebel. Ich rief ihn an die Seite des sterbenden evangelischen Schullehrers. Zusammen richteten wir den alten Mann so bequem wie möglich auf seiner Liegestatt her, als ich plötzlich an Theos Gesichtsausdruck bemerkte, daß wir nicht allein waren. Ich wandte mich um und sah den Politruk am Fußende der Pritsche stehen. »Machen Sie nur weiter«, sagte er höflich.

Theo zeigte sich als Diplomat. »Es freut uns, Sie zu sehen«, sagte er, »denn wir möchten Ihnen danken für das, was Sie gestern früh verkündigt haben. Es hat uns sehr gefreut zu

hören, daß die sowjetische Verfassung Freiheit der Religion gewährt, und wir stimmen mit Ihnen vollkommen in dem Punkt überein, daß niemands religiöse Überzeugung angetastet werden darf. Das ist auch der christliche Standpunkt. Glauben Sie nicht auch, der Kommandant könnte uns erlauben, unter völliger Wahrung der Gewissensfreiheit der anderen mit den Kameraden gemeinsam zu beten, die uns eigens darum bitten?«
Hellwig griff das Gesprächsthema eifrig auf und sagte, er sei sehr froh, daß wir so vernünftig auf seine Anordnung eingingen. Doch auf Theos konkrete Frage gab er zur Antwort: »Wenn wir Ihnen erlauben wollten, mit einer größeren Anzahl Internierter zu beten, welche Garantie hätten wir dafür, daß Sie unsere Arbeit nicht sabotieren und die Gelegenheit wahrnehmen, um über Politik zu sprechen?«
»Kommen Sie doch selbst zu unseren Gottesdiensten, dann können Sie uns ja ins Wort fallen, wenn wir über Politik sprechen sollten«, gab Theo zur Antwort. Und ich fügte die Frage hinzu: »Würden Sie es als unerlaubte Einmischung in die Ihnen vorbehaltene Politik ansehen, wenn wir den Gefangenen sagen, daß Christus auferstanden ist und noch immer lebt?«
»Sie würden die Leute demoralisieren und ihren Arbeitswillen untergraben«, sagte Hellwig.
»Das dürfte wohl schwer zu beweisen sein«, antwortete ich. »Sie meinen, der Gedanke an das Jenseits schwäche den Willen zur Erfüllung der gegenwärtigen Aufgabe. Wir sind vom Gegenteil überzeugt. Der Glaube an den Sinn und die Erfüllung unserer irdischen Arbeit im Leben nach dem Tod und die Überzeugung, daß alle in diesem Geist getane Arbeit schon auf Erden in der Verherrlichung Gottes ihren Lohn findet, ist uns der stärkste Ansporn.«
Hellwig sah nicht überzeugt aus, und Theo führte das Gespräch weiter: »Hätten Sie etwas einzuwenden, wenn wir gemeinsam um die Kraft beteten, härter und besser arbeiten zu können, damit wir unsere tägliche Norm erfüllen?«
»Ihre Fragen sind so kompliziert, daß sie in Moskau geprüft

und entschieden werden müssen«, wich der Politruk schließlich aus. »Aber ich warne Sie davor, einstweilen Gottesdienste abzuhalten. Rauchen Sie?«
Er griff in seinen Machorka-Vorrat und bot jedem von uns eine kleine Portion an. Theo erhielt dazu ein paar Fetzen einer alten Prawda als Zigarettenpapier. Hellwig verschwand mit katzenhafter Lautlosigkeit. Ich versuchte, Theo in seiner Enttäuschung über den Ausgang unseres Gespräches mit dem gefährlichen Politruk durch meinen Anteil an dem schäbigen und doch so begehrten Tabak zu trösten. Aber trotz seiner Hochschätzung alles Rauchbaren wollte ihm die Pfeife diesmal nicht recht schmecken.
Während Hellwig noch herumschlich und die Gespräche der Gefangenen zu belauschen suchte, heckten wir einen Schlachtenplan aus. Es war uns nicht verboten, einem Gefangenen aus der Bibel vorzulesen, wenn er darum bat. Warum sollten wir bei solchen Gelegenheiten nicht laut genug lesen, daß auch die anderen mithören konnten? Wir könnten auf diese Weise Gottesdienste halten, ohne die sowjetische Verfassung zu verletzen. Diese Menschen brauchten doch das Wort Gottes so nötig; da sollte nicht einmal ein Politruk es ›anbinden‹!
Während wir uns gegenseitig noch Mut zusprachen, rief mich jemand von der oberen Pritschenreihe an: »Herr Pfarrer, machen Sie mich reisefertig. Es geht mit mir zu Ende.« Der Mann, dessen Beine so prall geschwollen waren, daß der Spann wie ein aufgeblasener Gummibalg aussah, hatte mit mir einige Tage zuvor Erinnerungen an unsere gemeinsame Volksschulzeit in Tollnigk ausgetauscht und mir von seinen beiden kleinen Kindern erzählt. Ohne Bitterkeit oder Furcht legte er jetzt seine Lebensbeichte ab.
Der nächste Tag brachte mir neuen Mut. Ich hatte die ganze Woche über streng gefastet. Es war dies meine Privatkur gegen den ruhrartigen Durchfall, an dem wir fast alle litten. Nachdem ich das klitschige Brot und den matschigen Maisbrei mit dem Talg ganz weggelassen hatte, fühlte ich mich kräftiger, und mein Unterhaus gab unverkennbar die ersehnten Zeichen, daß es willens war, noch einmal einen

Versuch mit der neuen Ernährungsweise zu machen. In gehobener Stimmung rückte ich mit meinem Trupp von vier Mann aus, der den Auftrag hatte, die Küche mit Wasser zu versorgen.
Unser Weg führte durch den Haupteingang des Lagers hinaus und einen steilen Hang hinunter auf den Grund einer Schlucht, durch die ein zugefrorener Bach rann. Jeden Morgen mußten wir ein Loch in die Eisdecke schlagen, damit wir an das Wasser konnten. Als ›Norm‹ hatten wir sechs große Tonnen vor dem Essen und sechs nach dem Essen heraufzuschleppen. Wir hatten einen kostbaren Eimer, den unsere Vorgänger aus irgendwelchen alten Büchsen ohne Lötwerkzeuge erfinderisch zusammengehämmert hatten. Sie hatten es fertiggebracht, die Kanten der Blechstücke so geschickt übereinanderzubiegen, daß die Nahtstellen nahezu wasserdicht waren. Wir lasen für weitere Gefäße herumliegende Büchsen auf. Sie trugen zumeist das Firmenschild einer Konservenfabrik in Chicago.
Auf dem Rückweg hatten wir unsere liebe Not, die schwere Tonne über den steilen Hang auf dem primitiven Schlitten hinaufzuschieben, und wir verschütteten dabei ein gut Teil unserer kostbaren Fracht.
Auf unserem Weg zur Schöpfstelle und zurück sahen wir drei Brigaden unserer Mitgefangenen bei der Arbeit am Kanal. Nach seiner Fertigstellung sollte dieser ungefähr 18 Meter breit und 6 Meter tief sein. Unsere Vorgänger hatten bereits die Hälfte ausgehoben; uns war der Rest vorbehalten. Ein Teil des Kommandos lockerte mit Spitzhacken die gefrorene Erde, die anderen luden mit ungefügen Schaufeln die Schubkarren. Zwei bis drei Mann quälten sich jeweils damit ab, die Karren über den Laufsteg die steile Böschung hinaufzuschaffen. Der breite hölzerne Ladekasten des Karrens war viel zu plump für das winzige Rad, das zudem auf einer wackeligen Achse lief. Die ärgste Steigung konnte nur mit Hilfe eines Drahtes oder Zugseiles überwunden werden. Unsere Mädchen und Frauen taten nach dem Prinzip vollkommener ›sozialistischer Gleichberechtigung‹ die gleichen schwe-

ren Arbeiten am Kanal wie die Männer. Ihre Köpfe waren geschoren, und sie trugen die gleichen Wattehosen und -jakken. Nur an ihrem Gang konnte man sie noch erkennen. Kaum noch fähig, sich auf den Beinen zu halten, knieten einige auf der Erde und versuchten, den harten Grund loszuhacken. Mühsam hoben sie die Hacke über ihre Schultern, hielten sie in der Schwebe und ließen sie erst dann wieder auf den Boden niederfallen. Nach jedem Schlag mußten sie eine Pause einlegen. Drei Frauen schunden sich mit einer Ladung Sand ab. Eine versuchte, den Karren, der ihr fast die Arme ausriß, zu schieben, die beiden anderen zogen vorn wie Zugochsen an den Drähten. Das Rad glitt alle Augenblicke vom Laufbrett herunter. Ein stämmiger Aufseher, der seine Finger nur rührte, um eine neue Papiroska zu drehen und seine Maschinenpistole auf die andere Schulter zu schieben, brüllte ständig: »Biestrey, biestrey, schneller, schneller!«

Am Tag darauf wurden wir wieder einmal verhört. In unserer Baracke erschien ein ältlicher Mann, der einen Aktendeckel unter dem Arm trug. Als die Reihe an mich kam, sah ich mir die eindrucksvollen, durchfurchten Züge dieses Mannes genau an. Ich habe nur wenige Gesichter gesehen, die in solchem Ausmaß ein leidvolles Leben widerspiegelten. Es schien ihm eine Qual zu sein, uns verhören zu müssen. Mit den Antworten, die wir ihm gaben, war er fast immer zufrieden. Während der sympathische Untersuchungsbeamte sein Protokoll abschloß, stellte ich ihm die Frage, woher er stamme; er spreche doch ein so gutes, fließendes Deutsch mit schwäbischem Akzent. Er lächelte etwas verlegen. »Wir sind Lutheraner von den alten deutschen Siedlungen an der Wolga«, sagte er, und nach einer kleinen Pause fügte er hinzu: »Sie dürfen davon keinen Gebrauch machen, - unsere Frauen und Kinder sind in Sibirien, nur wir Männer sind hier im Norden.« Ich war überrascht, daß er mir solches Vertrauen erwies; doch noch ehe ich selbst etwas sagen konnte, flüsterte er mir zu: »Sie wissen, es ist uns verboten, irgendein privates Gespräch mit den Gefangenen zu führen. Aber da Sie

ein Geistlicher sind, bin ich sicher, Sie werden mich nicht verraten.« Der letzte qualvolle Blick, mit dem er mich zum Abschied grüßte, verfolgte mich während der ganzen Nacht.
Nach dieser Unterbrechung nahm die Woche ihren für unser Lagerleben normalen Ablauf. Jeden Morgen nach dem Frühstück wurden die steifgefrorenen Leichen derer, die am Arbeitsplatz oder auf ihren Pritschen gestorben waren, neben die Treppe zum Revier gebracht; dort lud man sie auf den Brotschlitten und schleppte sie in einen Stall neben dem Geräteschuppen. Sobald zehn oder zwölf Leichen beisammen waren, mußte die Beerdigungsabteilung sie auf einem größeren Schlitten etwa zwei Kilometer vom Lager entfernt auf eine mit schütterem Föhrenwald bestandene Moräne schaffen und dort in einem Massengrab verscharren. Mein Freund Alois, der invalide Forstaufseher, gehörte zum Leichentrupp. Ein hartgesottener, altgedienter Berufssoldat, war er alles andere als feinfühlig. Doch der Ekel schüttelte ihn, als er uns erzählte, auf welche Weise die Toten begraben wurden. Der Schwarze Storch hatte die Geduld verloren, als das Bestattungskommando die Leichen mit Ketten sacht in die Grube hinabzulassen versuchte. Er packte die gefrorenen Leichen bei den Knöcheln, riß sie vom Schlitten herunter, schleifte sie fluchend durch den Schnee und stieß sie mit einem Fußtritt kopfüber in die Grube. Dann hatte die Abteilung eine dünne Schicht Sand über die Leichen zu scharren, und die Arbeit war getan. Es wurde nicht erlaubt, ein Merkzeichen oder eine Nummer an einem Massengrab anzubringen, geschweige denn ein Kreuz aufzurichten. Ich bat Alois, mich zu reklamieren, wenn er einmal einen Helfer brauche, damit ich auf diese Weise Gelegenheit hätte, die Grabstätte zu segnen.
Nach der Osterwoche verkündete uns der Politruk, daß gestern, am 8. April, Königsberg kapituliert habe. Diese Nachricht gab allen möglichen Gerüchten Nahrung, die nicht nur in den Frauenbaracken Glauben fanden. Manche meinten, daß wir nun zur Arbeit in die großen Kolchosen geschickt würden, andere wußten schon das Rückkehrdatum in unsere ostpreußische Heimat. Hellwig schien an den Gerüchten seine

heimliche Freude zu haben; er bestätigte sie weder, noch dementierte er sie jemals, sondern hielt uns in ständiger Ungewißheit.
Bei einer neuerlichen Musterung wurde ich zu meiner Freude wieder als o.K. eingestuft und kam diesmal mit Alois und Theo in die gleiche Gruppe. Wir drei wurden mit unserem o.K.-Haufen in neue Quartiere gewiesen; sie lagen in dem Schuppen, der durch den Tod der polnischen Internierten freigeworden war.
An diesem Abend wurden fünfzig Kranke, die noch von den ersten ›o.K.s‹ am Leben geblieben waren, zu einem abgestellten Güterwagen geleitet. Man hatte ihnen gesagt, der Waggon werde sie in ein Genesungslager bringen; sobald sie sich erholt hätten, würden sie dann wieder zurückkommen, um weiter am Kanal zu arbeiten. Mit vierzig Toten und fünfzig ins ›Genesungslager‹ Abgeschobenen waren nach zweiwöchigem Lageraufenthalt nur mehr ungefähr hundertundsiebzig von uns übriggeblieben.
Die einschneidendste Veränderung in unserem neuen Quartier bedeutete der neue Stubenälteste. Ich war schon bald nach unserer Ankunft im Lager mit Walter bekannt geworden, einem untersetzten Mann ungefähr in meinen Jahren, der an seiner rechten Hand nur mehr den Daumen und einen Stumpf des kleinen Fingers hatte. Seine Augen irrten ruhelos umher, und er konnte niemandem ins Gesicht sehen. Er hinkte schwer und klagte, er sei durch eine unglücklich explodierte Handgranate auf dem Exerzierplatz verwundet worden. Er rühmte sich seiner vielen Talente und Leistungen und versuchte mein Vertrauen mit dem Hinweis zu gewinnen, er sei anläßlich seiner Heirat katholisch geworden. Von seinen zudringlichen Prahlereien wenig beeindruckt, trieb ich ihn schließlich in die Enge, bis er mir zugab, in Karlshof bei Rastenburg stationiert gewesen zu sein. Diese wohlbekannte Pflegeanstalt für Epileptiker und unheilbar Kranke, die der Inneren Mission der Evangelischen Kirche gehört hatte, war brutal geräumt und von der SS übernommen worden. Walter mußte zugeben, daß er Truppführer der SS gewesen und

im Konzentrationslager Oranienburg verunglückt war. Natürlich beschwor er mich, sein Geheimnis nicht zu verraten. Doch in erstaunlich kurzer Zeit hatte er seine fragwürdige Vergangenheit vergessen und sich auf die neuen Verhältnisse umgestellt. Mit gönnerhafter Freundlichkeit kam er zu Theo und mir herübergehumpelt, um sich bei uns als der neue Brigadier vorzustellen.

Schon am nächsten Morgen zeigte er sein wahres Gesicht. Er ließ uns in militärischer Formation antreten, ehe wir zur Kantine marschierten, offensichtlich, um mit seinem Eifer dem Politruk zu gefallen. Theo war überzeugt, es sei Walter gewesen, der unsere Gottesdienste an den Kommissar verriet, und dafür habe er von Hellwig den neuen Posten als Lohn erhalten. Als wir in Reih und Glied standen, fing Walter an, uns »Pfaffen« in den üblichen Tönen wegen mangelnder militärischer Haltung zu verhöhnen. Wir waren weder überrascht noch erschüttert, aber sein Anschnauzer gewann ihm den Beifall einiger seiner Kumpane, denen er offensichtlich imponieren wollte.

Nach bewährter Methode behielt er sich trotz seiner lahmen Hüfte die Verteilung unserer Rationen in der Kantine selbst vor. Auf diese Weise konnte er die besten Stücke für sich und seine Komplizen reservieren. Außerdem hatte er mit Hilfe seiner Clique bald die Macht, jedermann aus unserer Baracke nach seiner Laune den verschiedenen Arbeitskommandos zuzuteilen.

Ich wurde der Entlausungsanstalt zugewiesen. Unser Kommando bestand aus sechs Mann; drei sägten und spalteten Brennholz für die Öfen, während die andern das Wasser herbeischleppten. Um an das Wasser heranzukommen, mußte einer von uns mit einer Kette um die Hüfte in den zugefrorenen, sechs Meter tiefen Brunnenschacht hinuntersteigen, um das Eis aufzubrechen, das sich in der Nacht immer neu bildete. Beim Ausleeren des Wassers in den über zwei Meter hohen Bottich wurden wir dann gewöhnlich durchnäßt, weil wir die Bütten kaum über den hohen Kübelrand heben konnten.

Die Härte der Arbeit wäre noch erträglich gewesen, wenn man uns dabei nicht ständig schikaniert hätte. Gorba, der polnische Hilfsaufseher, lag gewöhnlich in dem Stollen vor dem Ofen, der die Kleiderkammer erhitzte. Aus seiner schmutzigen Pfeife paffte er billigen Machorka, den er vom Erlös der Sachen einhandelte, die er während der Entlausungsprozedur stahl. Von Zeit zu Zeit überschüttete er uns mit den schmutzigsten Flüchen, die er erfinden konnte, um seinem Chef zu imponieren. Obgleich er selbst Gefangener war wie wir, bemühte er sich, uns übler zu behandeln als selbst die NKVD-Posten. Wenn er entdeckte, daß einer von uns sich einen Augenblick ausruhte, drohte er, er werde uns als Saboteure melden.

Der Chef der Entlausungsstation hatte seine Pritsche in einem Verschlag am hinteren Ende der Baracke. Zehn Jahre Zwangsarbeit und eine fortgeschrittene Syphilis hatten ihn fast arbeitsunfähig gemacht. Manchmal kam er heraus, brummte vor sich hin und beanstandete irgend etwas. Hinter der Maske seines räudigen Gesichtes hatte er sich jedoch immer noch etwas Menschliches bewahrt. Zweimal hatte Gorba mich nach dem Abendessen zurückgeholt, um mich die ganze Nacht Holz spalten zu lassen; doch der bärbeißige ›Entlausungsminister‹ kam jedesmal aus seinem Bau heraus und schickte mich auf meine Pritsche zurück.

Meine Arbeitskameraden auf der Entlausungsstation waren Alois Jendrock, der Forstaufseher, und Theo Goebel; oft waren auch Ernst und Willy dabei, zwei junge Burschen von sechzehn Jahren, die von der Straße aufgegriffen und hierher deportiert worden waren. Ernst war Gorbas bevorzugter Prügelknabe.

Der beste Holzspalter war unbestritten Alois. Ich arbeitete gern mit ihm, denn er war geduldig und hilfsbereit. Seine sieben minderjährigen Kinder und seine arme Frau bewegten unablässig seine Gedanken. Ich konnte mich mit ihm über alles unterhalten, nur nicht über religiöse Dinge; ein verzweifelter Trotz gegen den unbegreiflichen Gott machte ihn da unfrei.

Nach einigen Tagen hatte ich eine schöne Gelegenheit, unser freundschaftliches Verhältnis zu vertiefen. Walter wechselte mich vom Entlausungskommando zum Holzhackertrupp der Küche hinüber. Natürlich arbeitete jeder lieber für die Küche, zumal Stjepan, der Koch, während dieser Tage in ausgezeichneter Stimmung war; man hatte ihm kürzlich mitgeteilt, daß nach zehn Jahren Zwangsarbeit, die er als Strafe für ein massives Verbrechen erhalten hatte, beim bevorstehenden Kriegsende seine Begnadigung und Entlassung in seine südrussische Heimat zu erwarten sei. Als ich ihm den ersten Armvoll Brennholz vor den Suppenkessel warf, kam er zu mir heraus und bot mir eine halb abgerauchte Zigarette an. Er tat es mit solch freundlicher Selbstverständlichkeit, daß ich meinen Widerwillen überwand, den nassen Stummel zwischen die Lippen klemmte und einen Zug machte. Zum Glück verschwand Stjepan schnell wieder in seiner Küche. So drückte ich die Zigarette im Schnee aus, wickelte das Blatt auf und tat den Tabak in die Tasche. Bevor ich das Papier wegwarf, bemerkte ich, daß es aus einem Gebetbuch stammte. Ich sah näher hin und traute kaum meinen Augen; angebrannt und von Nikotin vergilbt, aber noch deutlich zu lesen stand da: »Es ist in Wahrheit würdig und recht, billig und heilsam, Dir immer und überall Dank zu sagen ...« Nicht minder bewegt als ich über diese sehr angebrachte Mahnung, die mir Gott mit dem klebrigen Glimmstengel des menschenfreundlichen Iwan zusteckte, war Alois, als ich ihm die paar Krümel Machorka in die kalte Pfeife stopfte.

Wir standen noch am Sägeschragen, als eine Kolonne Frauen und Mädchen aus der Entlausungsstation zu ihrer Baracke zurückmarschierte. Sie waren offensichtlich Halbinvaliden, die aus irgendeinem benachbarten Lager kamen. »Ist jemand von euch aus dem Ermland?« rief ich den Frauen zu, die müde und uninteressiert vorbeitrotteten. Beinahe hätte ich Gertruds Schwester Lena unter diesen grauen Gestalten nicht erkannt. Aber Gertrud selbst hatte sie bereits wieder gefunden.

Gertrud war fast so dünn wie ihre schweigsame Schwester

geworden; seitdem ich sie an unserem ersten Tag in der Lagerküche gesehen hatte, war ich ihr nicht mehr begegnet. Aus der Küche war sie schon nach zwei Tagen an den Kanal geschickt worden. Lenas Frauengruppe hatte die beiden vergangenen Wochen in einem Lager verbracht, das einige Tagreisen weiter nördlich gelegen war. Tagsüber hatten sie dort bis an die Taille im Schnee gestanden und Bäume gefällt. Am Abend mußten sie dann die Stämme auf ihren Schultern ins Lager schleppen. Als die Aufsichtskommission dieses Lager besuchte, fand sie die Ausfälle von etwa einem Drittel Toter und Arbeitsunfähiger doch zu hoch und den Zustand der noch Arbeitsfähigen so schlecht, daß sie die meisten Frauen in ein südlicheres Lager schickte.

In der damaligen Zeit fanden Pastor Goebel und ich kaum irgendeine Möglichkeit seelsorglicher Betätigung, auch nicht an den Sonntagen. In den beiden vergangenen Wochen seit unserem Arbeitsbeginn am Ostersonntag hatten wir keinen freien Tag gehabt. Als wir Hellwig deswegen zur Rede stellten, belehrte er uns, daß in Rußland der Sonntag abgeschafft sei. Hier gebe es nur arbeitsfreie Tage, und diese würden nur denjenigen eingeräumt, die ihre Norm erfüllten. Unter diesem System erhielt bei uns nur die aus gelernten Handwerkern zusammengestellte erste Brigade einen freien Tag. Aber auch sie konnte sich dieses Vorrechts nicht recht freuen, da rings um sie her die Arbeit weiterging und die graue Alltagsatmosphäre ununterbrochen fortdauerte.

Vom Schwarzen Storch ging die Rede, er werde uns bald verlassen. Ein neuer Feldscher hatte bereits seine Aufgabe übernommen. Als er meine geschwollenen Hände und Füße sah, versetzte er mich in Gruppe vier. Das bedeutete Einweisung in Polyphems Revier. Diese Aussicht war nun nicht gerade rosig, aber immerhin entkam ich dem Machtbereich von Walter und Gorba.

Während der letzten Woche hatte Polyphems Reich eine Erweiterung erfahren. Über die Toten- und Sterbekammer hinaus, in die ich seinerzeit Pater Kolfenbach bringen mußte, herrschte er nun noch über zwei weitere Revierstuben. Der

Raum zur Linken des Vorraums war für kranke Frauen bestimmt, der zur Rechten für männliche Patienten. Die Zahl der neu ins Revier Eingewiesenen entsprach merkwürdigerweise immer genau der Zahl der in der vorherigen Woche hinausgeschafften Toten. Polyphem hieß uns Neulinge gönnerhaft willkommen. In seinem Vorraum lagen zwei Leichen auf dem Boden; ihre nackten Füße sahen unter der über sie hingeworfenen Decke hervor. Ich schlug die Decke zurück und entdeckte meinen alten Freund Jan aus Emden. Vor zwei Tagen war er an Lungenentzündung gestorben. Sein ›Organisationstalent‹ hatte ihn hier nicht mehr retten können.
Max Abromeit befand sich ebenfalls im Revier, noch immer munter trotz seines lahmen Beins. Meine erste Frage beantwortete er mit grimmigem Humor: »Jan lag seit vorgestern tot auf meiner Pritsche, weil der Einäugige und der Bucklige, sein Adjutant, für ihn und den andern toten Kerl weiter die Rationen bezogen. Es sieht so aus, als ob dieser ganze Krankenpuff nur dazu da ist, diesen beiden Schweinen das Überleben zu ermöglichen. Paß nur auf, daß sie dich nicht um deine Ration beschuppsen.«
Polyphem erschien auf dem Plan, und wir beendeten unsere Unterhaltung. Er fragte mich, was für eine Pritsche ich haben wolle. Ich wählte die leere neben einem der beiden mit Ölpapier verklebten Fenster. Unser Raum hatte außerdem noch einen besonderen Luxus: er war weiß gekalkt. Der Ofen bestand nicht nur aus einem Benzinfaß, sondern war aus Ziegeln gemauert und hatte einen regelrechten steinernen Schornstein. Diese Vorzüge wurden leider durch die Primitivität des gemeinsamen Klosetts, eines Kübels rechts vom Eingang, aufgewogen. Schon diese Quelle unerträglichen Gestanks machte den Aufenthalt in diesem Quartier zu einer ständigen Qual.
Polyphem vergab die weniger einträglichen Dienste im Revier, wie Reinigung, Heizung und Wasserversorgung an die Kranken, behielt sich selbst aber alles vor, was mit der Küche zusammenhing. Außer den üblichen drei Mahlzeiten, die alle Lagerinsassen erhielten, gab es noch eine besondere Zulage

für die Kranken. Bevor wir sie aber bekamen, ließ Polyphem zunächst gewöhnlich eine Ansprache vom Stapel und gab uns zu wissen, daß wir diese besondere Gunst in erster Linie der Güte seines Herzens und seinen guten diplomatischen Beziehungen zu verdanken hätten. Dann schritt er feierlich von Pritsche zu Pritsche und legte in die ausgestreckten Hände ein viereckiges Stück Mehlkuchen von der Größe eines mittleren Kekses. Es sei mit Hilfe echten Eipulvers gebacken worden, das aus Amerika stamme, habe der Koch gesagt. Andächtig aßen wir diese köstliche, wenn auch winzige Speise und spürten nach einigen Minuten nur um so größeren Hunger.
Nach dem Frühstück kam der Schwarze Storch zu einer allgemeinen Untersuchung. Wie üblich schimpfte er, daß wir in den Kleidern schliefen. Bevor er wieder verschwand, ordnete er an, zwei Patienten in die Sterbekammer zu überführen. Ihre verzweifelten Proteste beschleunigten nur die Umquartierung. Ich half den Schwerkranken beim Umzug in der Hoffnung, außer ihnen auch noch einigen anderen priesterlichen Beistand leisten zu können.
Seit meinem letzten Besuch hatte sich einiges in dem schrecklichen Raum gebessert. Die Kranken hatten nun auch Platz genug, aber sie froren entsetzlich. Ich versprach ihnen, mich um Feuerholz zu bemühen und den kalten Ofen in ihrem Zimmer zu heizen. Gleichzeitig bot ich meine Dienste als Priester an und machte bekannt, daß ich jederzeit zur Verfügung stände, wenn jemand nach mir verlangen sollte.
Fast hätte ich Kretschmann, den Elbinger Fleischer aus unserem Waggon, nicht mehr wiedererkannt. Er war auf Haut und Knochen abgemagert, und sein Atem ging schwer. Sein Nebenmann, ebenfalls ein Fleischer aus Elbing, war vom Wasser derart aufgedunsen, daß man die einzelnen Gliedmaßen nur noch durch die Gelenkgruben unterscheiden konnte. »Helfen Sie mir doch an den Kübel, Herr Pfarrer«, flehte er mich an. »Dieser Bulle, dem die Bude hier untersteht, lauert nur darauf, daß wir bald eingehen, damit er unsere Klamotten und unsern Kram verscheuern kann. Er behandelt uns

wie Vieh, an dem ihn nur das Fell interessiert. Aber an diesen Milchkrug soll er seine dreckigen Pfoten nicht legen! Helfen Sie mir zum Kübel, dann sollen Sie den Pott haben!«
Es war ein hübscher, mit einem Blumenmuster bemalter Tonkrug aus dem alten kaiserlichen Majolikawerk Kadinen.
»Laß den Krug nur«, versicherte ich ihm, »ich helfe dir gern ohne Gegengabe.« Bleischwer lehnte er sich an mich; ich stützte ihn, so gut ich konnte. Als ich ihn zu seinem Pritschenlager zurückschleppte und ihm auf die Bretter hinaufzuhelfen suchte, stöhnte er tief: »O mein Gott!« Gleich darauf glitt sein kraftloser Körper aus meinen Armen. Der Mann hatte ausgelitten. Da ich die Leiche nicht allein fortschaffen konnte, rief ich nach Polyphem. Bevor er auch nur einen Finger rührte, um mir zu helfen, kroch er zum Kopfende der Pritsche, packte den Milchkrug und steckte ihn an seinen Bauchriemen.
Ein paar Schritt von dem Toten entfernt lagen zwei Frauen. Frau Gottschalk klagte über die Trennung von ihrem Mann, einem angesehenen Fleischermeister aus Tolkemit, und von ihrer Tochter, die zu Weihnachten Verlobung gefeiert hatte; sie vermutete, daß beide in einem benachbarten Lager sein müßten. Maria, ihre Pritschengenossin, ein Mädchen von etwa fünfundzwanzig Jahren aus Allenstein, lag infolge ihres akuten Rheumatismus in verkrampfter Stellung auf der harten Pritsche, ohne sich ausstrecken zu können. Ohne über ihre trostlose Lage zu klagen, bat sie mich, in das Frauenrevier nebenan zu gehen. Dort seien einige Kranke in noch schlimmerer Verfassung.
Um in das Frauenlazarett zu kommen, erinnerte ich Polyphem an seine Pflicht, Brennholz für die kalte Sterbekammer zu beschaffen, und bot ihm meine Hilfe an. Er nahm das Angebot an und beauftragte mich mit der vordringlicheren Holzversorgung für das Frauenrevier. Für die Sterbekammer lohne sich ja die Mühe nicht.
In Max Abromeit, dem unverzagten, lahmen Bauern aus der Gerdauer Gegend, der inzwischen auf die gegenüberliegende Pritsche eingerückt war, fand ich einen willigen Hel-

fer. »Glänzender Gedanke!« sagte er, »frische Luft und die Bewegung draußen werden uns gut tun!« Er griff nach seinem Stock und humpelte hinter mir drein.

Ich wußte, wo Walter, der Brigadier unseres vorigen Quartiers, Axt und Säge versteckt hatte. Ich holte die Werkzeuge, gab sie Abromeit und schärfte ihm ein, sie nicht aus den Augen zu lassen, bis ich mit etwas Holz zurückgekommen sei. Ich wußte von meinem Küchendienst her, daß um diese Tageszeit ein kleiner bulgarischer Kutscher eine Fuhre Baumstämme zur Küche zu bringen pflegte. Da der Kerl stets hungrig war, nahm ich meine halbe Brotration mit, um sie gegen einen dicken Sparren einzuhandeln. Der Bulgare erschien pünktlich auf dem Plan. Ich half ihm beim Abladen und bot ihm dabei meine Tauschware an. Eine halbe Ration genügte ihm allerdings nicht. Erst als ich ihm versprach, am kommenden Tag ein weiteres Stück Brot zu bringen, ließ er wegen des trockenen Sparrens mit sich reden.

Während wir miteinander schacherten, schnupperte der magere Gaul, der den Schlitten gezogen hatte, im Schnee nach Küchenabfällen. Ab und zu schien er einen Heringsschwanz, ein paar verrottete Kohlblätter und Rübenschalen zu finden. Vorsichtig nagte er daran herum, als ob er hohle Zähne hätte. Die arme Kreatur bot ein ebenso trauriges Bild der Vernachlässigung und des Mißbrauchs wie ihre menschlichen Mitgefangenen, die gleich ihr nur noch mühsam ihre eigene Last über den Hof schleppen konnten.

Sobald wir handelseinig waren, rollte ich meinen Stamm zum Revier hinüber, wo Max Abromeit mit Säge und Axt auf mich wartete. Wir machten uns unverzüglich ans Werk, hatten aber erst einen Kloben abgesägt, als Walter schon schimpfend dahergerannt kam und nach seinen Werkzeugen brüllte. »Reg dich nicht auf«, beruhigte ich ihn, »komm lieber helfen, du hast doch noch überschüssige Kräfte!« Verdutzt und geschmeichelt nahm er in einer Anwandlung von Großmut und Kraftmeierei die Axt in seine linke Hand und ließ sie in den Kloben krachen. Nach drei mächtigen Hieben hatte er den starken Stamm gespalten. Wir applaudierten kräftig,

damit er uns die Werkzeuge lange genug überließ, um unsere Sparren kleinzumachen.
Sobald Walter nach vollbrachter Heldentat in seinen Bau zurückgegangen war, schleppte ich ein paar Armvoll Holz in das Frauenrevier. Die kranken Frauen lagen in dem kalten Raum apathisch auf den rohen Pritschen. Einige wankten wie Geister umher. Eine kleine Gruppe stand am Ofen und bemühte sich ohne Erfolg, ein Feuer in Gang zu bringen, an ihrer Spitze Dora, der ›Polyphem‹ der Frauenbaracke. Sie war eine große, gut gebaute Frau mit mandelförmigen Augen und wirkte hoheitsvoll, kühl und gelassen, der Typ einer Stabshelferin von Rang. In gehobene Stimmung kam sie, wenn Kollege Polyphem für Frauenkleider, die ihm Dora ›organisieren‹ half, ihr etwas Tabak gab.
In aufgelesenen Blechbüchsen konnten die Frauen nun endlich auf dem Ofen ihre Taschentücher und andere Wäschestücke auskochen und aus gerösteten Brotresten Ersatzkaffee bereiten.
Ich kam rechtzeitig in unseren Bau zurück, um aus dem Mund des Schwarzen Storches eine neue Verordnung zu erfahren. Wir sollten Tannenzweige aus seinem Büro abholen und im Revier die Nadeln von den Zweigen streifen, um daraus Vitamintee zu kochen, der unseren Mangelkrankheiten entgegenwirken werde. Mit gebührendem Eifer versuchten wir das neue Heilmittel. Nach der wöchentlichen Entlausungstour bekamen wir unsere erste Dosis Tannennadel-Vitamintee. Die grüne Brühe schmeckte nicht einmal so übel; doch ihre unmittelbare Wirkung war so massiv, daß wir unsere nächtlichen Pilgerfahrten zum Kübel oder hinter den Bau mindestens verdoppeln mußten. Nach dieser Roßkur waren wir für die folgenden Tage erledigt.
Am Abend brachten mir Gertrud und Lena ein paar getrocknete Blaubeeren, die Maria, das Mädchen mit dem schweren Rheumatismus, mir aus der Sterbekammer herübersandte. Sie wiederum hatte sie von einem Mädchen aus der Elbinger Gegend bekommen, das die Ambulatorien des Schwarzen Storches und seines Assistenten säuberte. Lena hatte Maria

zu überreden versucht, die Beeren selber zu essen. Doch Maria hatte erwidert, sie wisse, daß ihr ohnehin nicht mehr zu helfen sei, vielleicht könnten die Blaubeeren mir von Nutzen sein. - Zum Abschied gab ich Gertrud von einem Toten ein Paar dicke Wollstrümpfe, die nicht einmal Polyphem gut genug waren, um damit Schacher zu treiben. Sie hatte im Kanal immer kalte und nasse Füße.
Die Todesziffer stieg weiter an. In der Sterbekammer wurden laufend Plätze frei, um neue Kandidaten aufzunehmen. Da ich kein Verlangen nach dieser Nachbarstube hatte, fastete ich während meines zehntägigen Aufenthalts im Revier und aß nur die trockenen Krusten des Brotes und die Blaubeeren. Dank dieser strengen Diät und des Holzklobens unter meinen Füßen gingen die Schwellungen an meinem Körper zurück, und auch den ruhrartigen Durchfall hatte ich überstanden. So entließ mich der Arzt bei der nächsten Untersuchung aus dem Krankenrevier und wies mich zum zweiten Mal in Walters Machtbereich ein.
Walter hieß mich mit hämischem Grinsen wieder in seiner Brigade willkommen. Meine alte Pritsche nahe der schadhaften Fensterluke war noch frei, so belegte ich sie aufs neue. Ich erhielt eine frische Garnitur Arbeitskleidung, die diesmal ohne einen einzigen Knopf war. Ich hatte damals noch nicht gelernt, daß man, um gegen solche Verlegenheiten gesichert zu sein, sämtliche Knöpfe abtrennen mußte, wenn man Kleidungsstücke zurückgab.
Walters wahre Gesinnung kam deutlich zutage, als ich nach Erfüllung eines Auftrages in die Baracke zurückging. Wilhelm, ein Mann in mittleren Jahren, den ich zuvor noch nie getroffen hatte, hatte Stubendienst und scheuerte den halbverfaulten Bretterboden des Mittelgangs. Noch während ich mir vor dem Eingang den Schnee von den ›Batschinki‹ abschüttelte, brüllte mich der Putzer an: »Ist das alles, was du kannst: den Dreck hereinschleppen und meinen sauberen Boden versauen? Euch Pfaffen kennen wir, ihr dreckigen Schweine! Solange ihr zu Hause wart, habt ihr nichts getan als eure feisten Wänste vollgeschlagen und euch mit Huren

herumgetrieben. Und jetzt meint ihr, ihr könnt hier euer schwarzes Handwerk weitertreiben! Damit muß Schluß gemacht werden!« Alois, der mit mir hereingekommen war, fiel ihm ins Wort: »Halt's Maul, du Idiot! Ich habe auch nichts für die Pfaffen übrig, aber solange sie anständige Kameraden sind wie der da, kannst du dir deine Sprüche sparen!« Dann nahm er mich beim Ärmel und schob mich zur Tür: »Komm raus, es hat keinen Sinn, die Sache noch zu verschlimmern!« Inzwischen kam Walter aus seinem Winkel hervor und sprach Wilhelm seine Anerkennung für sein männliches Auftreten ›gegen die Dunkelmänner und schwarzen Wühlmäuse‹ aus, die er aus seiner SS-Schulung so gut kannte.

Draußen im treibenden Schnee sägten Alois und ich Holz. Wir hatten Mitleid mit Martha, dem Aufräumemädchen des Schwarzen Storches. Verzweifelt suchte sie im Schnee etwas Holz für den Ofen ihres Chefs. Trotz ihres elenden Zustands war sie immer freundlich und verstand es, uns jedesmal ein paar trockene Holzscheite abzubetteln, obwohl wir schon einige Male durch unsere Freigebigkeit den Zorn Gorbas und Stjepans heraufbeschworen hatten. Unter ihrer Schürze brachte sie gewöhnlich eine kleine Schüssel mit Kascha; sie war zu krank, um den Brei selbst zu essen. Als sie diesmal blaugefroren mit hochgezogenen Schultern auf uns zukam, hielt sie uns in einem unbewachten Augenblick in ihrer linken Hand eine viel kostbarere Gegengabe vor die Augen: zwei weiße, winzige Kristallstückchen, der erste Zucker, den wir seit Monaten zu Gesicht bekamen!

»Nein, nein«, winkte ich ab, »das können wir nicht annehmen! Du hast den Zucker nötiger als wir!«

»Aber nein, essen Sie nur, nehmen Sie nur! Der Doktor gibt mir schon wieder mal etwas mehr!«

Ernst fragte ich sie: »Martha, mußt du nicht einen zu hohen Preis für diesen Zucker zahlen?« Sie verstand mich sofort und beteuerte: »Nein, Herr Pfarrer, er ist anständig und verlangt nichts für das, was er mir gibt. Er ist immer gut zu mir und gibt mir von seinen eigenen Mahlzeiten mehr, als ich essen kann. Er ist selbst sehr krank. Sein Dienst hier widert ihn so an, daß er manchmal auf seiner Bude heult. Am Ostertag gab er mir einen Birkenstrauß, den er auf seinem Ofen zum Grünen gebracht hatte. Als er ihn mir überreichte, sagte er: ›Ich weiß, daß Ihr Christen das als Zeichen des neuen Lebens an Eurem großen Festtag miteinander austauscht!‹ Ich glaube, er ist viel besser als sein Assistent. Der steckte von Anfang an mit dem einäugigen Kerl vom Revier zusammen und verstaut täglich Mäntel und bessere Kleidungsstücke, die ihm der andere von den Toten heranschleppt. Der Storch macht den Handel nicht mit. Er schuftet sich kaputt und hat nicht einmal für sich selbst ordentliche Sachen zum Anziehen.«

Was Martha über den Schwarzen Storch erzählte, beeindruckte uns tiefer als die Stückchen Zucker in ihrer Hand. Wir luden ihre Arme mit einem guten Stoß trocknen Brennholzes voll, und versprachen ihr, auch in Zukunft ihrem Chef durch sie etwas zukommen zu lassen.

Inzwischen wurde Pastor Goebel an meiner Stelle ins Revier eingewiesen. Das Besuchsverbot der Krankenbaracke wurde nicht sehr streng gehandhabt. So war es mir möglich, nach der Arbeit Theo zu besuchen. Wir konnten uns über die Brüstung seiner ›Falle‹ ungestört unterhalten, da die anderen Kranken, die nicht bettlägrig waren, gewöhnlich um den Ofen herumhockten. Auch Theo führte einen verzweifelten Kampf gegen die Ruhr.

Für etwas Brennholz, das ich in einem günstigen Moment für Polyphem ›organisieren‹ konnte, überließ mir dieser in einem Anfall von Großmut eine kleine Pfeife, die Jan aus Emden hinterlassen hatte. Eines Abends, als es Theo besonders schlecht ging, brachte ich ihm das gute Stück, um seine Lebensgeister zu beleben; mit erstaunlicher Behendigkeit schwang er seine geschwollenen Beine über die Brüstung der Pritsche und kletterte herunter, um die kostbare Errungenschaft gebührend zu würdigen. Es gelang uns, etwas Chlorkalk in einer Suppenschüssel für die Desinfektion der Pfeife herzurichten. Mit feierlicher Sorgfalt reinigte Theo das Mundstück und machte ein paar kalte Züge. Als er mit erheblicher Nachhilfe wieder auf seine Liegestatt hinaufgeklettert war, wischte er sich den Schweiß von der Stirn, lachte aber aus seinem stark geschwollenen Gesicht: »Wenn das Ding jetzt auch leer ist, trägt es doch die Verheißung in sich, daß es mal dampfen wird, und das ist jetzt schon ein Trost.«

Die gute Vorahnung erfüllte sich unerwartet schnell. Als am gleichen Abend Hellwig, der Politruk, im Revier erschien, war er in besonders guter Laune und jagte niemand hinaus, der nicht hierher gehörte. »Ich habe Sie schon längere Zeit nicht mehr gesehen«, erwiderte Theo seinen Gruß. »Könnten Sie uns nicht über die neuen politischen Entwicklungen unterrichten? Ein Mann in Ihrer Position ist doch stets gut informiert.«

Das Kompliment verfehlte nicht die Wirkung. Hellwig ließ sich auf ein Gespräch ein und bot zur Eröffnung einige Fingerspitzen voll Machorka an. Eifrig preßte Theo das Kraut in seinen kleinen Pfeifenkopf, während der Kommissar eine Seite der Prawda aus seiner Tasche zog, um für sich selbst ein Stück Zigarettenpapier abzureißen. Auf der Vorderseite der bereits arg mitgenommenen Zeitung, die der Politruk aufrauchte, konnte man ein Bild erkennen, auf dem Stalin, Roosevelt, Churchill, Eden und etwa ein Dutzend anderer Staatsmänner und Militärs um einen Tisch herumsaßen. Auf meine Bitte lieh uns Hellwig willig das Blatt zur Einsicht und teilte uns den Hauptinhalt des Leitartikels mit. Vor einigen Wochen habe in Yalta auf der Krim eine wichtige Konferenz stattgefunden. Die Alliierten hätten sich über das Vorgehen in den letzten Phasen des Krieges und die Politik nach dem bevorstehenden Zusammenbruch Deutschlands geeinigt. Die kurzen Auszüge, die Hellwig für uns übersetzte, ließen erkennen, daß die Russen mit den Ergebnissen der Konferenz sehr zufrieden waren.

Am Morgen nach diesem Intermezzo wurde das ganze Lager zu einem Appell kommandiert, um Instruktionen für die würdige Begehung der großen Feiertage der Arbeiterklasse am 1. und 2. Mai zu erhalten. Als »spontanes Geschenk« an den

»großen Führer der siegreichen Weltrevolution, Josef Stalin«, erwartete die Lagerleitung, daß wir »freiwillig« bis zum 1. Mai täglich drei Stunden über die normale Arbeitszeit hinaus arbeiteten, um in dem Wettbewerb mit den andern Lagern unseres Bezirks einen guten Platz zu erringen. Die besten Lager und ihre Leistungen würden von Stalin ausgezeichnet werden. Die Norm für die Arbeiter im Kanal sei deshalb auf vier Kubikmeter Erde an Stelle der bisher üblichen drei erhöht worden. Die beiden Maifeiertage würden uns für allen zusätzlichen Arbeitsaufwand reichlich entschädigen.
Die in starrem Schweigen entgegengenommene Ankündigung endete mit dem Hinweis auf eine neben dem Lagertor aufgestellte große schwarze Tafel. Auf ihr würden täglich die Leistungen der Brigaden und der besten und schlechtesten Arbeiter in ihrem prozentualen Verhältnis zur Norm verzeichnet werden. Die Führer der besten Brigaden und die acht besten Arbeiter würden jeden Abend eine besondere Prämie erhalten.
Schon am gleichen Abend erlebten wir das neue System in Funktion. Die preisgekrönten Stachanow-Roboter saßen auf einem bühnenartigen Podium am Ende des Speiseraums und aßen vor unseren weit geöffneten Augen und triefenden Nasen etwas Wohlriechendes, Braungebranntes von der Größe eines Handtellers. Der ›Normer‹, ein freundlicher Mann wolgadeutscher Abstammung, der für die Überwachung der Erfüllung der Norm verantwortlich war, meldete der hungrigen ›Arbeitermasse‹, daß die für ihren Arbeitseinsatz Prämiierten in Schmalz gebackene Hirsekuchen äßen. So billig der Lohn, so durchsichtig die schamlose Ausbeutung der letzten Arbeitskraft und so korrupt die Handhabung des Systems war, es verfehlte nicht seine Wirkung. Die Leistung stieg an, wenn auch auf dem Papier des Normers höher als in Wirklichkeit, und der Duft der drei Gramm gebratenen Fetts im Hirseflins wässerte nicht nur Mund und Nase, sondern verfolgte uns Tag und Nacht bis in den unruhigen, kurzen Schlaf auf den rauhen Brettern unserer Pritschen.
Bei der fieberhaften Steigerung der Leistung durften auch die

Leute der o.K.-Brigade nicht fehlen. So schleppte sich schon am ersten Tag des neuen Programms unser jammervoller Zug von zwölf Dystrophikern mit geschwollenen Beinen drei Kilometer entlang der Eisenbahnlinie auf die andere Seite des Kanals. Dort standen am Eingang einer großen Sandgrube einige Waggons mit frisch gefällten Baumstämmen, die zur Feuerung eines Dampfbaggers bestimmt waren. Die dicken, nassen Stämme waren bis zu drei Zentner schwer. Verzweifelt suchten wir, mit den bloßen Händen die Kloben über die eineinhalb Meter hohen Wände der Waggons hinauszuwuchten. Doch als unsere Zeit abgelaufen war, lagen die schwersten Stämme noch immer am Boden des Waggons. Erst als es Alois auf Grund seiner Erfahrung in der Forstarbeit gelang, eine Art schiefe Ebene zu konstruieren, konnten wir nachts in weiteren Überstunden auch die letzten Stämme hinausschaffen. Als Anerkennung für unsere schwere Arbeit erhielten wir nichts und versäumten obendrein unsere Mahlzeit.

In entsprechender Stimmung machten wir uns am nächsten Morgen auf einen noch weiteren Weg aus dem Lager. Stumm wankten wir durch den besonnten Schnee. Wären wir nicht so schwach gewesen, so hätte der Marschweg eine Freude für uns sein können. Wir zogen durch schüttere Zwergkiefern- und Lärchenwälder einer welligen Hügellandschaft. Die Bäume hatten den Winter zwar nicht ohne Schaden, aber doch siegreich überlebt. Sie begannen, die vergilbten Nadeln abzuschütteln, und nach den letzten Frühlingsstürmen schlugen die Zweige neu aus. Das Wetter war mild und sonnig, und der Schnee begann in den Mittagsstunden zu tauen.

Die Gleise der Stichbahn, denen wir folgten, führten uns zu einem verlassenen, halb abgebrochenen Lager. Wir sollten die Balken und Sparren einer bereits abgedeckten Erdbaracke niederreißen und zum Abtransport herrichten. Die gesamte Anlage war ungefähr zweihundert Meter im Quadrat und hatte mehrere tausend Menschen beherbergt. Der Posten überließ es uns, wie wir die Arbeit anpacken wollten. Ein masurischer Zimmermann übernahm das Kommando und ersparte uns durch richtige Führung viel Mühe. Indem er die Tragbalken absägte, brachte er ganze Teile des Sparrengerüstes zum Einsturz. Der Wachposten sah mit Vergnügen unserer Arbeit zu, eilte aber wiederholt in Deckung, wenn das Gebälk ins Wanken geriet. Der kleine Bulgare wartete indessen mit seinem Schlitten und seiner räudigen Mähre geruhsam auf die kurzgeschnittenen Stämme, die wir aus der sandigen Grube zu ihm hinaufschaffen mußten.

Auf dem Rückweg schaute ich von einer kleinen Anhöhe aus nochmals auf dieses Lager zurück, und ich sah im Geist die langen Reihen Verschleppter, die in dieses Tal hinabgezogen waren, um niemals wieder herauszukommen. Was immer der Zweck des Lagers gewesen sein mag, bei seiner Erbauung sind wahrscheinlich mehr Menschen zugrunde gegangen, als jemals darin Zuflucht fanden. Doch solcher Preis galt in der Sowjetunion nicht viel. Nach wie vor arbeiteten drunten am Kanal wie an tausend anderen Stellen junge Mädchen und alte Männer mit dem letzten Quentlein Kraft, das ihnen verblieben war, in stummer Verzweiflung. Und zwischen den Reihen dieser Elendsgestalten gingen die Aufseher auf und ab, selbst ohnmächtige Opfer des alles verschlingenden anonymen Molochs, zählten die Schubkarren, notierten die Kubikmeter der herausgeschafften Erde und berechneten die Prozente der Normerfüllung.

Nach Erledigung unserer Aufgabe im Abbruchlager landete auch unser Krüppelhaufen im Kanalbett, um Rollen als Unterlagen für die im Dreck versunkenen Laufstege zu sägen. Als Alois nicht mehr gehen konnte, half mir an seiner Stelle eine Frau als Sägepartner. Die Russen hatten ihren Mann erschossen und sie dann in Mohrungen auf der Straße aufgegriffen, als sie ihre drei kleinen Kinder zur Großmutter bringen wollte. Als sie mir ihr furchtbares Geschick in abgebrochenen Sätzen, aber wie es schien, ohne jede innere Bewegung erzählte, kam der ›Normer‹ zu uns her, um unsere Arbeit zu messen.

»Warum leisten Sie nicht mehr?« fragte er in ernstem, aber kaum vorwurfsvollem Ton.

Mit dem gleichen Ernst antwortete ich ihm: »Wenn Sie uns genug zu essen geben würden, um unsere Kräfte zu erneuern, würden wir gern mehr tun.«
»Sie werden mehr zu essen bekommen, wenn Sie besser arbeiten!« parierte er.
»Sagen Sie das auch zum Dampfbagger«, fragte ich ihn, »und warten Sie erst ab, wieviel Arbeit er leistet, ehe Sie ihm Feuerung geben?«
Er wurde ein wenig nervös, doch nicht böse. »Gemäß den wissenschaftlichen Erhebungen des Nahrungswissenschaftlichen Instituts in Moskau«, erklärte er mit sphinxhaftem Lächeln, das seine lückenlosen schönen Zähne freilegte, »sind die Ihnen zugemessenen Rationen für ein menschliches Wesen ausreichend, um hier leben und arbeiten zu können.«
»Aber was nützen die wissenschaftlichen Rationen, die einem abstrakten menschlichen Wesen genügen, wenn in wenigen Wochen die Hälfte der Menschen hier entweder tot oder arbeitsunfähig ist? Da muß mit dem Institut oder mit den Rationen oder mit beiden etwas nicht stimmen.«
»Die Wissenschaft stimmt. Es stimmt nicht mit Ihrem Willen. Sie *wollen* eben nicht arbeiten!« Damit wandte er sich ab und ging weiter, um den Arbeitswillen anderer Halbverhungerter aufzupulvern.
Meine Glieder schwollen sehr schnell wieder so weit an, daß selbst Walter mich nicht mehr zum Außendienst abordnete. Während der letzten Tage vor dem Maifest arbeitete ich wieder bei den Brennholzkommandos.
Aus Anlaß der Feiertage erschien der Bulgare nicht mit seinen Holzfuhren. Um dennoch die Küche für das verheißene Festmahl heizen zu können, blieb uns nichts übrig, als die nächstgelegene Latrine abzureißen und kleinzuschlagen. Um Mitternacht vor dem Festtag erhielten Alois und ich den Sonderauftrag, dem Koch für besondere Dienste zur Verfügung zu stehen. Auf dem Weg zur Küche genossen wir den Frieden und die Majestät der sternklaren Nacht, bis uns eine schrille Stimme vom Eingang des Krankenreviers aufschreckte.
»Warum laßt ihr mich nicht heim?«, wiederholte die Stimme

immer wieder. »Ich will nach Hause! Habt ihr denn nicht den Schlitten am Tor gesehen?« Ich rief zurück: »Nein, wir haben keinen Schlitten gesehen. Wer bist du?« »Nicht einmal ihr wollt mich kennen und nach Hause bringen.« Dann folgte ein lautes Gelächter der Verzweiflung. Wir gingen auf den Kranken zu und erkannten Lothar, den Bauernjungen, der seinem Kameraden im Güterwagen so treu beigestanden hatte. Er hatte im Delirium den Verstand verloren. Seine weitgeöffneten Augen waren glasig, und sein Gesicht glühte in hohem Fieber. Mit ein paar beschwichtigenden Worten gelang es uns, ihn zurück auf seine Pritsche zu bringen.

An dem Feiertag ließ uns Walter zehn Minuten früher antreten, um uns in bester Marschordnung zum Frühstück zu führen. Am Eingang der Kantine hing ein Anschlag, der die Verpflegung für den Maitag bekanntgab: außer der üblichen Brotration sollte es zum Frühstück Haferflockensuppe mit Zucker, Hirsegrütze und drei Gramm Fett geben. Zum Mittagessen: Maissuppe, Gerstengrütze, Brot und dreißig Gramm Wurst. Zum Abendessen: Maissuppe, Gerstengrütze und hundert Gramm - Kotelett!

Die Augen traten uns aus dem Kopf, als wir das alles lasen, und wir setzten uns voller Erwartung an unsere Tische. Der erste Gang entsprach denn auch der Ankündigung. Es waren wirklich Haferflocken, wenn auch eine dünne Suppe, und sie war zweifellos auch irgendwie gesüßt worden. Welche Wohltat nach fünf Wochen Steckrübensuppe am Morgen! Der Geschmack der gesüßten Haferflocken blieb uns den ganzen Vormittag im Mund und hielt uns in höherer Spannung bis zum Mittagessen, für das wir uns auf noch größere Genüsse gefaßt machen durften.

Nachdem Maissuppe, Hirsekascha und Brot vorüber waren, humpelte Walter, so schnell er konnte, hinüber zum Schiebefenster, um das heiß ersehnte Tablett mit der Wurst zu fassen. Unser Tisch mit acht Mann kam als letzter an die Reihe. Mit forcierter Gelassenheit warf Walter schließlich jedem von uns die ihm zustehende Wurstportion vor die Nase auf den Tisch. Wir schnappten danach wie gierige Hunde. Walter bediente sich selbst zuletzt und kam dabei auffallend gut weg. Ich saß still und behielt das winzige Endchen Wurst erst einmal in der Hand; es war nicht größer als zwei Glieder meines Zeigefingers und auch nicht dicker. Der ›doofe Robert‹ wälzte seine Mischung aus Sehnen, Knochen und Knorpeln von einer hohlen Backe in die andere. »Von was fü 'nem verdammten Viehzeug mag das nur stammen?« fragte er treuherzig. Jemand wollte wissen, die Wurstfüllung sei von den Knochen eines Bären abgeschabt. Walter klärte uns überlegen auf, unsere Delikatesse stamme von Rentierbeinen. Ernüchtert verließen wir die Bankethalle, trösteten uns aber mit dem Gedanken, daß uns der größte Hochgenuß ja noch am Abend bevorstand: das Kotelett!

Das Wetter ließ an diesem ersten Maitag mit seinem Segen nicht bis zum Abend warten wie die Verpflegung. Schon am Vormittag wurde es so warm, daß viele Kranke von ihren Pritschen nach draußen kamen, um sich auf den Stufen der Reviertreppe zu sonnen. Einige nahmen die Gelegenheit wahr, mit mir um die Baracke oder über den Hof zu spazieren und dabei ihre Osterbeichte abzulegen. Unter ihnen war auch ein neu eingeliefertes Mädchen von vierzehn Jahren. Seine Arme und Beine waren dünn wie Streichhölzer, aber es spazierte munter drauf los und plapperte dazu, als ich ihm half, die furchtbaren Erlebnisse der letzten Monate in sein noch kindliches Weltbild zu ordnen und es in seinem unerschütterten Glauben zu bestärken.

Polyphem hatte einen weiß Gott woher organisierten Schlips angelegt und warb fieberhaft für eine abendliche Feierstunde. An eine politische Versammlung mit offenem Forum werde sich ein Tanz anschließen, für den er bereits eine Kapelle beisammen habe.

Im Verlauf des Nachmittags fragte ich einige Frauen und Mädchen, was sie von der bevorstehenden Veranstaltung hielten. Gertrud antwortete: »Wir machen nicht mit. Das könnte doch nur ein Totentanz werden. Vielleicht wird ein Teil der Frauen doch hingehen; wenn sie weg sind, können wir ungestört unsere Maiandacht halten.«

Wegen der bevorstehenden Maifeier fand das Abendessen eine Stunde früher statt. Als unser humpelnder Brigadier uns in die Kantine führte, hatte jeder von uns nur einen einzigen Gedanken im Sinn: das Kotelett! Mir waren inzwischen Zweifel aufgestiegen, aber ich redete mir immer wieder ein: »Ein Kotelett ist ein Kotelett!« Was uns Walter schließlich vorsetzte, war allerdings ein seltsames Kotelett. Es krümelte und war weiß anstatt braun! Die Entdeckung, daß es nichts weiter als ein magerer Hirsekuchen war, versetzte Alois in helle Wut. »Dieser Schwindel ist also der Lohn für das Blut und den Schweiß, den sie aus uns für diesen verfluchten 1. Mai herausgepreßt haben! Nun weiß hoffentlich auch der Dämlichste, was wir von diesen Befreiern der Arbeiterklasse zu erwarten haben!« Er ballte seine Fäuste und zitterte am ganzen Körper.
»Verlier nicht den Kopf, Alois«, beschwichtigte ich ihn. »Spar deine Weisheit auf, bis wir wieder in unserem Bau sind und allein miteinander sprechen können.«
Doch es kamen keine Gespräche auf an diesem Abend. Die Krachmacher und Schufte waren bei der Maifeier, und die übrigen waren derart enttäuscht, daß sie sich wortlos auf ihren Pritschen langstreckten. Ich nahm meinen Rosenkranz und ging nach draußen.
Als ich am Krankenrevier vorüberkam, hörte ich Gesang von Frauenstimmen. Sie sangen das Salve Regina auf deutsch: »Gegrüßet seist Du, Königin, Mutter der Barmherzigkeit!« Ich setzte mich auf die Stufen der Baracke und summte die Melodie mit. Zur gleichen Zeit ließ der Politruk in der Kantine seine Rede vom Stapel, und Polyphem bemühte sich krampfhaft, mit dem Akkordeon Stimmung zu machen.
Die Königin der Maifeier war Bobby, Hellwigs Freundin, ein dunkelhaariges Mädel von zwanzig Jahren, das noch Kraft genug hatte, den Abend durchzutanzen. Doch trotz ihrer Ausgelassenheit blieb die Atmosphäre gespannt, und niemand fühlte sich wirklich wohl. Die Teilnehmer waren enttäuscht, weil sie weder einen Tropfen Wodka noch einen Krümel Machorka bekamen. Als schließlich die Posten und

die Lagerbeamten zu ihrer eigenen Feier gingen, verlor auch Bobby und ihr Anhang die Lust, weiterzutanzen.
Der zweite Mai war gleichfalls arbeitsfrei, in der Hauptsache, um den Russen genug Zeit zu geben, ihren Rausch auszuschlafen. Das Essen war wieder das gleiche wie sonst. Am Abend kam Hellwig aufgeregt in unsere Baracke. Seine Lider waren noch schwer, die Augen blutunterlaufen, aber er belebte sich, als er die große Neuigkeit verkündete: »Hitler ist kaputt! Die Rote Armee hat Berlin genommen!« Diese Eröffnung, die das Ende des Krieges in Sicht brachte, wurde von den apathischen Zuhörern ohne besondere Reaktion hingenommen. Nur Adalbert aus Wien ergriff das Wort: »Wenn der Hitler tot ist, dann müssen's uns heimschicken. Dann gibt's wieder unser Österreich. Ich war kein Nazi, ich war immer Sozialdemokrat!«
Etwas später torkelte der bärbeißige Entlausungsminister in die Revierstube, um mit Polyphem ein Geschäft zu machen und Wodka einzuhandeln. Die ihm tags zuvor zugeteilte Menge von 250 Gramm löste ihm die Zunge und ließ einen gefährlichen Gedanken heraus, dem wir von Herzen zustimmten: »Hitler ist tot. Aber solange das andere Schwein nicht auch kaputtgeht, haben wir keinen Frieden!« Wenn der Politruk die treffende, aber für den ›allmächtigen und geliebten Vohzd Stalin‹ wenig schmeichelhafte Bemerkung gehört oder Polyphem ihn angezeigt hätte, wären ihm zehn weitere Jahre an der Petschora sicher gewesen, obwohl vielleicht seine Richter genauso dachten wie er.
Der nüchterne Alltag führte Alois und mich wieder an unsern Holzschragen zurück. Während wir uns mit der stumpfen Säge abplagten, sahen wir dem wieder aufgetauchten bulgarischen Kutscher und seinem Gaul zu, der in den Küchenabfällen im Schnee herumschnupperte. Dabei brachte er etwas zutage, was ich für den Beinknochen eines Rentiers hielt. Ich griff schnell zu und spaltete das Gelenk mit einem Axthieb. Der Knochen war offensichtlich bereits eine Woche lang im Suppenkessel ausgekocht worden. Aber mit Hilfe eines Drahts brachte ich aus einigen Poren des aufgespaltenen Gelenks

eine Spur von Mark zutage. Ich verstaute die Knochenstücke in meiner Wattejacke und unter der Pelzkappe. Die Entdeckung war für mich jedoch so aufregend, daß ich während des Tages wiederholt ein Stück hervorzog und an ihm roch. Alois war ebenso gespannt wie ich. Er wußte, daß auch ein trockener Knochen noch eine gute Suppe abgibt, wenn er lange genug ausgekocht wird. Außer Kalk enthielten die Knochen noch andere Minerale, die unser Körper dringend nötig hatte. Er schlug vor, sein rundes russisches Kochgeschirr, für das er einen eisernen Deckel gefunden hatte, die ganze Nacht hindurch auf dem Ofen zum Kochen der Knochensuppe zu benutzen.

Wir lösten einander ab, um alle halben Stunden die verdunstete Flüssigkeit mit Wasser zu ergänzen, das ich mir von der Küche erbettelt hatte. Eine halbe Stunde vor dem Wecken teilten wir uns in das Ergebnis unseres genossenschaftlichen Unternehmens. Jeder kroch mit einem halben Liter salziger brauner Brühe - echter Knochensuppe - in seine Ecke und stärkte sich an dem Festmahl, das uns mehr belebte als die Menüs vom ersten Mai. Die noch immer ergiebigen Knochen versteckten wir für die nächste Nacht in meiner Motorradmütze unter meiner Pritsche. Es fiel nicht sonderlich auf, daß wir die ganze Nacht lang kochten, denn eine ganze Batterie Kochgefäße mit Brot, Rüben oder anderen Kleinigkeiten, die von den Tagesrationen erspart oder irgendwoher aufgetrieben waren, prutzelten gleichzeitig auf dem alten Benzinfaß, das wir als Ofen benutzten.

Am nächsten Abend steckte mir eine Küchenfrau, die ich am Tag zuvor darum gebeten hatte, ein paar neue Knochen zu. In der Dunkelheit gingen Alois und ich hinter unsere Baracke in eine für eine Latrine ausgehobene Erdgrube, wo wir hofften, unbeobachtet zu bleiben. Zusammengekauert wie Hunde nagten und lutschten wir gierig an der dünnen Knorpelschicht der Gelenkstücke. Dann schlichen wir einzeln so unauffällig wie möglich in die Baracke zurück, wo ich meine Segeltuchhaube aus dem Versteck hervorzog, um die neuen Knochen dazuzutun. Die Mütze war leer.

Alois ging zum Ofen hinüber und schnüffelte an den Töpfen und Kesselchen, die dort herumstanden. Dann schnupperte er auf verschiedenen Pritschen herum, und zu unserer Überraschung fand er Knochen an mehreren Stellen. Das große gespaltene Gelenkstück aus meiner Mütze entdeckte er in dem Geräteverschlag unter einigen Lumpen, die als Scheuerlappen benutzt wurden. Im Triumph brachte er es mir zurück.

Ich verdrückte mich ans Ende meiner Pritsche, um die Suppenknochen für die nächste Nacht herzurichten. Bevor ich damit fertig war, steckte Alo, ein zimperlicher Junge, der immer darüber jammerte, daß er keine Butter und nicht einmal Zucker aufs Brot bekam, seine Nase über meine Schulter und bettelte um »e Knochche«.

»Ich gebe dir drei«, versprach ich ihm, »wenn du ehrlich zugibst, daß du mir die alten Knochen aus meiner Kappe geklaut hast.« Er schwieg und zog mit leeren Händen ab.

Alo brauchte nicht lange über seine Abfuhr zu brüten. Noch am gleichen Abend mußten wir alle vor der Küche antreten, um eine Ration in Empfang zu nehmen, die uns bisher vorenthalten worden war. Unsere o.K.-Brigade stand am Ende der Schlange, aber Lena und Gertrud kamen glückstrahlend zu mir herüber, zeigten mir ihre Säckchen mit amerikanischem Stückzucker und ließen mich sogar eines kosten. Unsere amtliche Ration betrug 14 Gramm pro Tag; da wir bisher noch nichts davon erhalten hatten, bekamen wir nun auf einmal ein Pfund. Viele mußten den Zucker in ihren Mützen oder in den hohlen Händen in Empfang nehmen, aber Lena und Gertrud statteten mich mit einem feinen, weißen Leinensäckchen aus, das sogar mit einem Zugband verschlossen werden konnte. Sie hatten es schnell aus einem Taschentuch zusammengenäht.

Die ganze Nacht hindurch hörte ich Alo und einige andere junge Burschen, ja selbst ältere Männer an ihrem Zucker lutschen. Manche aßen den ganzen Zuckervorrat noch während der Nacht auf, mit dem Ergebnis, daß sie am nächsten Morgen schlimmeren Durchfall hatten als je zuvor.

Um das kostbare Nahrungsmittel möglichst nutzbringend auszuwerten, legte ich mich auf drei, höchstens vier Stücke Zucker pro Tag fest, die ich stets mit anderer Nahrung einnahm, insbesondere mit dem sonst so faden Kascha und der Brotsuppe, zu der ich das Brot, um es verdauen zu können, verkochte. Mit der in den nächsten Nächten weitergekochten Knochensuppe und dem Zucker glaubte ich eine neue Lebensgrundlage gefunden zu haben. Doch es stellte sich bald heraus, daß sie nicht stark genug war, um Hände, Füße und Gesicht vor dem neuerlichen Anschwellen zu bewahren. Bei der nächsten ärztlichen Untersuchung verwies mich der Assistent des Schwarzen Storches wieder ins Revier. Er warf nur einen Blick auf meine Füße und bedeutete mir, daß ich mich nicht weiter zu entkleiden brauchte.
Ich belegte wieder meinen alten Platz in der Ecke, der gerade frei geworden war. Der letzte Patient, der ihn innegehabt hatte, war in die Sterbekammer übergesiedelt. Mein früherer Nachbar, ein masurischer Bauernjunge, der sich weder waschen noch entlausen wollte, war inzwischen gleichfalls dort gelandet. Einige Boshafte sagten, die Läuse hätten ihn dorthin getragen. Der doofe Robert hatte nun seinen Platz neben mir eingenommen.
Pastor Theo Goebel war noch auf seiner Pritsche im oberen Stock. Seine Nähe tat mir wohl und gab mir selbst an diesem unheimlichen Ort ein gewisses Gefühl der Geborgenheit. In der Sterbekammer nebenan gab es immer etwas für mich zu tun. Gleich bei meinem ersten Besuch mußte ich einem alten ermländischen Dienstmädchen im Sterben beistehen. Die Getreue dachte immer noch an ihre alte »Herrschaft« in Masuren, die sie in ihrem Alter hatte hilflos zurücklassen müssen. Es war schwer, ihr begreiflich zu machen, daß jetzt die Zeit gekommen war, da sie an ihr eigenes Heil denken müsse.
Maria, die im Winkel gegenüber lag, zeigte mir stolz, daß sie ihre steifen Knie schon wieder ein klein wenig biegen könne. In ein paar Wochen, glaubte sie, werde sie wieder ohne Stock laufen können.

Dann ging ich hinüber, um nach Martha zu sehen. Sie war zusammengebrochen, während sie das Zimmer des Schwarzen Storches reinigte, und war nun das armseligste Geschöpf in der Kammer. Ihre Züge waren von Schmerz entstellt; in hohem Fieber phantasierte sie von ihrer Heimat und ihrer Mutter. Zwischendurch brachte ich ihr schonend bei, sie werde jetzt bald in eine bessere Heimat heimgeführt werden. Aus entsetzten Augen starrte sie mich an und schrie: »Sterben? Sterben? Nein, nein! Ich will nicht sterben! Nein!« Laut schluchzend warf sie sich gegen die Wand. Als sie schließlich ruhiger wurde, gab ich ihr meinen Segen. Dann mußte ich gehen, denn der Schwarze Storch war soeben hereingekommen. Er sah mich, doch er sagte nichts.

In der gleichen Nacht trug der Schwarze Storch eigenhändig Marthas Leichnam in sein Büro zurück, um eine Sektion vorzunehmen. Ihr Tod war ein schwerer Schlag für ihn. Während Marthas Krankheit war er Tag und Nacht ein- und ausgegangen, hatte alles nur Erdenkliche für sie getan und ihr seine eigenen Mahlzeiten gebracht. Maria erzählte uns, daß er über achtzig Kilometer weit zu einem ›freien Markt‹ gefahren sei, um Kartoffeln für sie zu kaufen, die er selbst für sie geröstet hatte. Am Tag vor ihrem Tod sei er fünfzehn Kilometer zu Fuß gelaufen, um für seine Patientin von einem Bahnbeamten eine Flasche Ziegenmilch einzuhandeln.

Am nächsten Morgen erschien der Schwarze Storch wie üblich zur Inspektion, aber sein Verhalten war wie umgewandelt. Er brachte auf einem Tablett einige Flaschen selbstgemachter Medizin herein und ging von Pritsche zu Pritsche, um jedem etwas in den Kiefernnadelsaft hineinzumischen. Die persönliche Art, wie er uns diese Medizin verabreichte, half uns mehr als das Gebräu selbst. Er setzte sich sogar auf die Ofenbank, um sich mit uns zu unterhalten. Georg und Franz hielten von ihren Pritschen im oberen Stock aus das Gespräch in Gang. Der ›Doktor‹ erkundigte sich nach Georgs Familiennamen Gritzner und bemerkte, es gebe gute Fahrräder dieses Namens. Ich fragte ihn, ob er selbst jemals in Deutschland ein Gritzner-Fahrrad benutzt habe. Er sagte ein wenig verlegen, er habe dort einmal Verwandte besucht, und winkte ab, es sei schon lange her. Auf die weitere Frage, wie lange er schon hier in den Petschora-Lagern sei, erzählte er trocken, er habe sechs Jahre lang in verschiedenen Lagern Dämme und Kanäle gebaut und sei seit fünf Jahren in seinem Beruf als Lagerarzt tätig. Er hoffe, nach Beendigung des Krieges entlassen zu werden. Nach seiner Entlassung werde er ein Staatsgehalt von ungefähr sechshundert Rubel im Monat erhalten.

Martha hatte recht gehabt. Das Elend seines in elfjähriger furchtbarer Gefangenschaft verpfuschten jungen Lebens und das unsägliche Leiden zahlloser anderer Menschen, dessen Zeuge er bis zur Stunde war, hatten ihn nicht völlig abgestumpft. Und jetzt hatte sich gezeigt, daß er sich erstaunlicherweise sogar die Fähigkeit erhalten hatte, einem Menschen nicht nur als Funktionär, sondern als Person zu begegnen, ja ihn zu lieben und sich nach dessen Untergang verlassen und schuldig zu fühlen.

Jetzt holte er sich Franz Gramsch von der Pritsche über mir, um ihm Marthas Posten zu übertragen. Er hatte die Kiefernnadeln für den Vitamintee zu zerstampfen, das Ambulatorium zu heizen, und durfte dafür aufessen, was der Schwarze Storch von seinen Mahlzeiten übrigließ.

Die alte Freundschaft, die ich mit Georg im Güterwagen angeknüpft hatte, lebte hier im Revier wieder auf. Wir saßen oft auf meiner Pritsche oder, wenn soviel Platz frei war, nebeneinander auf der Ofenbank, um unsere Mahlzeiten einzunehmen. Auch hier verstand es der alte Lebenskünstler, allem die beste Seite abzugewinnen. Mit Andacht und Geschick würzte er seine Suppe und die Kascha mit wohlabgewogenen Prisen Salz und Süßstoff, die er von Roman einhandelte, einem oberschlesischen Kriegsgefangenen, der einen schwunghaften Schwarzhandel betrieb. Außer den Gewürzen bezog er von Roman auch noch Zigarettenpapier und Machorka, um täglich nach dem Essen eine halbe Zigarette rauchen zu können. Nach einem immer weiter vervollkommneten Ritus präparierte er die Tabakkrümel, und mit Wollust rollte und leckte er das Papier, bis das Kunstwerk des Tages, die kurze Zigarette, fertig war, auf die er sich schon in seinen Träumen freute und nach deren Genuß er in den verduftenden Rauchschwaden befriedigt auf seine Pritsche verschwand. Roman und Hans, der bucklige Sanitäter, wetteiferten in ihren Handelsgeschäften auf Kosten der Schwächeren und Dümmeren. Mit Polyphem verglichen, waren sie allerdings reine Amateure. Der Einäugige betrieb sein Aus- und Einfuhrgeschäft in großem Stil. Gegen die Macht seines Monopols hatten nur die ganz Gerissenen gelegentlich eine nennenswerte Chance.

Eine solche schien sich Hans, dem Buckligen, zu bieten, als Ostrowski, ein zäher, alter masurischer Kleinbauer mit spitzer Nase und gelblederner Haut, eines Abends während einer längeren Abwesenheit des Einäugigen in das Koma fiel. Hans hatte sein Auge schon lange auf den Schafspelz geworfen, auf dem der Bewußtlose lag. Um Polyphem zuvorzukommen, zog er dem Alten, dessen schwerer Atem durch die beiden gelben, wie bei einem alten Hasen vorstehenden Vorderzähne pfiff, die Unterlage unter dem Rücken weg. Er fand auch Gefallen an seinem Rock und seiner noch brauchbaren Hose. Da Hans sich auf einen Kampf um seinen Raub mit Polyphem nicht einlassen konnte, setzte er den Pelz schnell bei Krummstiebel in ein paar Unzen Eipulver und den Anzug in sechs Kartoffeln um. Um Mitternacht, als er sich am wenigsten beobachtet glaubte, bereitete er sich ein fürstliches Mahl und legte sich dann zum Schlaf des Gerechten nieder.

Alles hatte scheinbar bestens geklappt. Nur mit einem hatte Hans nicht gerechnet: mit Ostrowskis zäher Masurennatur. Die Kühle der fortschreitenden Nacht, die durch die Unterhosen auf seine Haut kroch, führte nicht die Totenstarre herbei, sondern weckte gegen Morgen seine Lebensgeister: »Verflucht nochmal, wo ist mein Pelz und mein Rock und meine Hose?« schrie der Totgeglaubte durch das friedliche Revier.

Polyphem sprang von seinem Lager und stürzte sich auf seinen Kollegen, dem es wenig nützte, daß er den Unschuldigen spielte. Mit Empörung und Schadenfreude sah das Publikum

dem Ablauf der Tragikomödie zu. Die Lage war kritisch, da auch Polyphem alle Vorräte verscheuert hatte und Ostrowski von Augusts Fluchen nicht wärmer wurde. Sie schien sich zur Katastrophe zu steigern, als der Schwarze Storch vor dem Frühstück aufkreuzte. Bevor Ostrowski allerdings seine Anklage vorbringen konnte, ordnete der Feldscher die Ablegung aller Kleider zum Zweck einer Läusejagd an. Auf diesen Befehl hin kletterte auch Wilhelm, der vor ein paar Wochen seinen Pfaffenhaß an mir ausgelassen hatte, von seiner oberen Pritsche herunter, setzte sich auf das untere Brett, auf dem Ostrowski lag, und legte seine Strohschuhe an. Als er das Band des zweiten Schuhs zuknöpfte, fiel er vornüber und blieb ohne einen Laut liegen. Der Bucklige eilte herbei und hatte im Handumdrehen die noch warmen Kleider Wilhelms dem vor Kälte blaugefrorenen Ostrowski angezogen. Er hatte Glück: Wilhelm wachte nicht mehr auf.
Auch Max Abromeit spürte, daß seine Kräfte nachließen. Er rief Theo zu sich und bat ihn, ihm etwas aus der Bibel vorzulesen. Der Pastor fragte die Kranken, ob er Max so laut vorlesen dürfe, daß alle mithören könnten. Die lebhafteste Zustimmung kam von Polyphem, der sich gern als rechtschaffenen, frommen Mann gab. Wenn nichts anderes, so ließen die Handelsbeziehungen mit Polyphem es auch den entschiedenen Atheisten ratsam erscheinen, die Bibellesung ohne Protest über sich ergehen zu lassen.
In den nächsten Tagen konnte Theo diese Bibelandachten ohne Schwierigkeit wiederholen. Es gelang ihm sogar, in das Frauenrevier vorzudringen. Auch ich hielt in beiden Krankenstuben an Hand meines Schott-Meßbuches kurze Andachten, in denen ich über die Sonntagsliturgie sprach. Ich wurde nie unterbrochen oder gestört, obgleich wir Katholiken in der Minderzahl waren.
Am Pfingstmorgen hielt ich meine letzte öffentliche Andacht im Lager. Meine Ansprache bei den Frauen wurde dreimal unterbrochen. Die ersten beiden Male sah eine Frau durch ein kleines Loch im Ölpapier des Fensters einen Posten in gefährliche Nähe kommen. Das dritte Mal kam der Schwarze

Storch selbst unerwartet von der anderen Seite herein. Er bedeutete mir, fortzufahren, und hörte mir zu. Wir fürchteten ihn jetzt nicht mehr, seitdem wir ihn bei Marthas Tod wirklich kennengelernt hatten.

Ein paar Tage zuvor hatte er versucht, dem Lager ein etwas freundlicheres Gesicht zu geben. Er schlug Polyphem vor, mit einem kleinen Trupp seiner kräftigsten Patienten frisch abgesägte Kiefernbäumchen um die Revierbaracke einzugraben. Als Grund für diese merkwürdige Neuerung gab er den Inspektionsbesuch einer hohen Kommission an. Doch am Tag vor Pfingsten, als ich auf der Reviertreppe saß und Nadeln für unseren Vitamintee abstreifte, verriet er mir strahlend, er habe bei der Dekoration noch an etwas anderes gedacht: »Schmückt ihr Christen nicht an den großen Festen eure Häuser mit frischem Grün?« Ich dankte ihm, doch er brach das Gespräch ab.

Am Abend des Pfingsttages hatten wir ungewöhnlichen Besuch aus der Sterbekammer. Susanne, ein zierliches, dunkelhäutiges Zigeunermädchen von ungefähr sechzehn Jahren, kam vornübergebeugt an einem Stecken in unseren Bau gehumpelt, als ich gerade mit Theo schwätzte. In der freien Hand hielt sie eine kleine Schüssel, die mit dem Deckel einer Blechdose zugedeckt war. Auf dem Deckel lagen zwei kleine Würfel Fleisch. In der Schüssel war ein köstlicher Pudding aus gezuckertem Mais mit getrockneten Blaubeeren. Mit graziöser Eleganz bot sie uns die Herrlichkeiten an, die sie mit so viel Liebe und Geschick ›organisiert‹ und hergerichtet hatte. Wir wußten nicht, wie uns geschah, und protestierten unter Hinweis auf ihre eigene elende Verfassung. »Ich habe mich schon gestärkt«, sagte sie, »wenn ich alles allein aufessen wollte, würde es mir nicht richtig schmecken.«

»Wo hast du denn das Fleisch herbekommen?«, fragten wir.

»Oh, das war gar nicht schwierig. Die Russen sind ganz verrückt auf Reißverschlüsse, und ich hatte eine Wolljacke mit Reißverschluß. Die habe ich für eine Büchse amerikanischer Fleischkonserven eingetauscht.« Susanne war vergnügt und zuversichtlich, zitterte aber vor Kälte in ihrer schäbigen rus-

sischen Unterwäsche und ihrer löcherigen Trainingshose, die sie bis an die Brust hochgezogen hatte.
»Aber wenn du all deine Kleider verkaufst«, warnte ich sie, »bringt dich die Kälte um!«
»Darüber mache ich mir jetzt keine Gedanken. Erst muß ich was zu essen haben; was ich anziehe, ist nicht so wichtig. Gott findet auch für die Spatzen, die hier herauf an die Petschora kommen, immer noch ein paar warme Federn.« Zwei Wochen später hatte sie sich so weit erholt, daß sie in das Frauenrevier und von dort in eine Arbeitsbrigade zurückgeschickt wurde. Auch Maria kam erstaunlich schnell wieder zu Kräften und wurde arbeitsfähig geschrieben. Die beiden Mädchen waren die einzigen, die lebend aus der Sterbekammer wieder herauskamen.
In den Tagen nach Pfingsten war Theo öfters bei dem jüngsten Kranken im Revier, Ernst Bernstein, einem bescheidenen, noch recht kindlichen Jungen von vierzehn Jahren. Bei den Diebereien und dem Gekabbel der anderen Burschen machte er nicht mit. Er spürte, daß es mit ihm zu Ende ging, und bat Pastor Goebel, mit ihm zu beten. Rudi und Josef lagen neben ihm, ließen sich aber kaum von seinem Elend beeindrucken. Sie waren ständig verkracht, dabei aber aufeinander angewiesen. Sie klauten sich gegenseitig ihre Rationen, um sie gegen Tabak einzutauschen, den sie gemeinsam verpafften. Der Größere von beiden, Rudi, war der Dümmere, dafür aber stärker als Josef, der seine körperliche Unterlegenheit durch Gerissenheit und Wendigkeit mehr als wettmachte.
Wie ein alttestamentlicher Prophet nahm Theo sie vor aller Öffentlichkeit ins Gebet, wenn sie bei einer Schurkerei erwischt wurden. Doch sie ließen seine Standpauken unbewegt über sich ergehen. Beide waren katholisch, einer aus Elbing, der andere aus Tolkemit, wo die Mütter im allgemeinen recht beherzt sind, aber im Krieg ohne die Väter offensichtlich doch nicht recht mit den großen HJ-Flegeln fertig wurden. Rudi brach eines Nachts im Schnee zusammen, als er nach draußen ging, um sich eine Zigarette von dem Machorka zu

drehen, den er von dem buckligen Sanitäter gegen seine Zuckerration eingehandelt hatte. Er kam gerade noch lang genug zu Bewußtsein, um zu beichten und die heilige Ölung zu empfangen. Josef beerbte ihn, überlebte ihn aber nur zwei Wochen. Er starb an furchtbaren Mastdarmgeschwüren, von seinen Handelspartnern, dem Einäugigen und dem Buckligen, völlig vernachlässigt, als er nichts mehr zu verkaufen hatte.

Der Tod zur Rechten und zur Linken machte keinen allzu großen Eindruck auf Georg Gritzner. Er balancierte seine Gemütsbewegungen ebenso vorsichtig wie seine Diät. Religiöse Dinge ließ er nur an sich herankommen, soweit sie ihn nicht aufregten. Wenn er aus Langeweile hin und wieder mein Missale einzusehen geruhte, las er nur die geschichtlichen Einleitungen, aber nicht die Schrifttexte und noch weniger die Gebete. Er war in seiner Druckergewerkschaft, wie er mit Genugtuung betonte, ›wissenschaftlich‹ erzogen worden. Aber trotz aller klugen Pflege, die er sich selbst angedeihen ließ, schwollen seine Füße weiter an, und seine Muskeln wurden schwächer. Obgleich er über seinen Zustand beunruhigt war, verschloß er sich krampfhaft vor dem Gedanken, ihn als ernst zu betrachten. Mit feinem Gespür merkte er sofort, wenn ich ihn auch nur von weitem auf eine Nachprüfung seines selbstgefälligen Lebens im Angesicht des Todes hinlenken wollte. Höflich, aber bestimmt wechselte er dann stets das Thema.

Nach meinem letzten vergeblichen Besuch bei ihm ging ich hinaus in die Nacht und betrachtete die Sterne. Auf dem Rückweg zu meiner Schlafstätte hörte ich einen verdächtigen Laut in der Richtung von Georgs Pritsche. Ich fand ihn in seinen letzten Zügen. Ob er die Sterbegebete noch verstand und sich zu eigen machte, weiß der barmherzige Gott allein.

Der Tod war unser täglicher Gast, an den wir uns längst gewöhnt hatten. Um uns noch zu beeindrucken, mußte er uns schon sehr nahekommen oder weniger leise auftreten als bei Georg Gritzner. Als ich wenige Tage nach Georgs stillem Ableben mit einem Armvoll Brennholz ins Revier wollte, fand ich den Weg durch eine schaurige Gestalt versperrt. Das männliche Knochengerüst war nur bis zur Hüfte mit einem kurzen russischen Hemd bekleidet. Die hervorstehenden Beckenknochen waren von lederner, eingeschrumpfter Haut überzogen. An die nach außen sich öffnende Tür gelehnt, grinste das Gespenst mich wild aus seinem Totenschädel an. Die tief eingesunkenen Augen irr rollend und mit beiden Armen in der Luft herumfuchtelnd, hielt der Sterbende in der rechten Hand seine Pfeife, in der linken den Tabaksbeutel.

»Gregor!« rief ich ihn an, »was machst du hier? Komm, ich bringe dich zurück auf deine Pritsche; du bist viel zu krank, um hier draußen zu stehen!« »Nein, nein! Ich muß noch einmal meine Kameraden sehen!« Er konnte seinen Kiefer nicht mehr bewegen und preßte die Worte zwischen zusammengebissenen Zähnen hervor. Ich warf mein Holz zu Boden und versuchte, Hilfe herbeizurufen. Mit Aufbietung aller Kraft öffnete Gregor die Tür zum Männerrevier und warf sich krachend der Länge nach in die Stube. Es hörte sich an, als habe einer einen Armvoll Knüppelholz auf den Boden geworfen. Mit Entsetzen starrten die stumpfen, abgebrühten Kranken auf das bewegungslose, nackte Knochengespenst, das noch immer die Pfeife und den Tabak fest umklammerte. Das Grauen steigerte sich, als in die atemlose Stille Gregors schriller Schrei kreischte: »Grad noch eine Pfeife, dann soll mich der Deibel holen. Noch ein-ne Pf-ei-fe ...«

Einen Augenblick blieb alles starr vor Schrecken. Dann erschienen Kurt Weiß, Gregors Freund seit den Tagen ihrer gemeinsamen Mitgliedschaft in der Elbinger Metallarbeitergewerkschaft, und Polyphem auf dem Plan. Sie hoben das Skelett vom Boden auf und trugen es zu Polyphems wohlgepolsterter Pritsche. Erna, Polyphems neue Freundin, räkelte sich und überließ Gregor ihren warmen Platz. Polyphem nahm Pfeife und Tabak aus den Händen des Sterbenden und lief zum Ofen hinüber, um schnell einen Pfeifenkopf voll für ihn anzurauchen und Gregors letzten Wunsch zu erfüllen. Als er zurückkam, hatte er große Mühe, die Pfeife zwischen die im Todeskrampf zusammengebissenen

Zähne zu zwängen. Nachdem dies gelungen war, preßte er die weitoffenen Lippen des Sterbenden zusammen, damit er vielleicht doch noch einen letzten Zug tun könne. Doch der ganze schaurige Eifer war umsonst. Gregor hatte nicht mehr die Kraft, auch nur einen einzigen Zug aus der Pfeife herauszuholen. In der letzten Verzweiflung raffte er sich noch einmal auf, riß die Pfeife aus seinem erstarrten Munde, schmetterte sie mitsamt dem Tabak in die Mitte der Stube und zischte mit einem unbeschreiblichen, diabolischen Tonfall: »Scheiße, alles Scheiße! Da habt Ihr den verdammten Dreck! Nun soll der Deibel mich ho-l . . .« Mitten im Wort brach er ab, kippte über die Kante der Pritsche hinüber und rollte sich in einem schaurigen Krampf auf dem Boden zusammen wie ein Stück Papier, das man ins Feuer wirft.

Seine Freunde im oberen Stock erholten sich bald von dem lähmenden Entsetzen, das den ganzen Saal befallen hatte. Kurt hob die Pfeife auf, wischte den Speichel vom Schaft und rauchte gierig die unter dem Deckelverschluß noch glühende Füllung weiter. Polyphem, Roman und einige andere von Gregors Korona beeilten sich, den verschütteten Tabak aufzulesen.

Am frühen Morgen des 9. Mai kam Hellwig, der Politruk, mit gewichtigem Schritt und einem Zettel zu uns herein. Ich war gerade auf der Läusejagd. Feierlich verkündete er: »Gestern hat Deutschland bedingungslos kapituliert und sich den alliierten Streitkräften ergeben. Ganz Deutschland wird besetzt werden.«

»Werden's mich jetzt nach Österreich zurückfahren lassen? Werden wir a bißl mehr Zucker kriegen? Und, bietscheen, a bißl a Mehlspeis?« piepste unser Kamerad aus Wien aus seinem Elendsloch in der Ecke.

Hellwig war nicht zuständig, Adalberts Fragen zu beantworten, und verließ unseren Raum, um die historische Nachricht auch den Frauen bekanntzugeben.

Ich ging zu Theo hinüber. Mir kam jener frostige Januarmorgen in den Sinn, da ich auf dem Liegestuhl in Arosa die ›Machtübernahme‹ erfuhr und bestürzt zu dem damaligen

Hausgeistlichen des Sanatoriums, Pater Peter Lippert, lief, der einige Monate zuvor München verlassen hatte. Er war zu Tod betrübt, sah mich lang sehr ernst an und sagte: »Psychopathen und Verbrecher! Finis Germaniae! Sie erleben's noch, ich nicht mehr!«

Theo und ich waren uns einig: so furchtbar auch das Gericht über das von Hitler in seinen eigenen Untergang hineingerissene Deutschland sein mochte, der völlige äußere Zusammenbruch brachte doch das Ende der unumschränkten, verbrecherischen Vernichtung.

Die Gefangenen reagierten auf die Nachricht vom Kriegsende mit neuen Gerüchten über unsere bevorstehende Entlassung. Die Frauen setzten sogar schon ein bestimmtes Datum für unsere Heimkehr fest. Ganz vage Bemerkungen von seiten der Beamten wurden mit phantastischer Logik in endgültige Ankündigungen über unsere Entlassung umgewandelt. Wer angesichts solcher Zuversicht Zweifel zu äußern wagte, mußte mit dem hellen Zorn derer rechnen, die sich mit verzweifelter Hoffnung an solche Gerüchte klammerten.

Die wildesten Erwartungen erregte das neuerliche Auftauchen Brillenaugusts und seines Stabes von der Bezirksverwaltung zu einer ärztlichen Musterung. Als ich vor den blinzelnden Alten trat, meinte ich zu hören, daß er mich als ›noch transportfähig‹ erklärte.

Die verdächtigen Anzeichen größerer Veränderungen mehrten sich. Lena und Gertrud berichteten, daß die Frauen nicht nur die Köpfe und Schwänze der Heringe oder Dörrfische bekämen, sondern richtige Rumpfstücke.

Polyphem schüttete Öl ins Feuer, indem er sich betont als unsern Freund und Wohltäter ausgab. Er nahm sich einiger Schwerkranker plötzlich eifriger an und erbot sich, von den Brotresten, die wir nicht aufessen konnten, russisches Brotbier zu brauen. Das Motiv für seine Freundlichkeit offenbarte er in einer kleinen Ansprache. Er teilte uns mit, es bestehe die Möglichkeit, daß der Kommissar uns die Frage vorlegen werde, ob wir ›Onkel August‹, wie Polyphem sich bieder nannte, weiter als Krankenwärter behalten wollten, wenn wir demnächst in das neue Genesungslager überführt werden sollten. Er schloß mit der deutlichen Warnung, das alte Sprichwort nicht auch ihm gegenüber wahr zu machen, daß Undank der Welt Lohn sei.

Der springende Punkt für uns war, daß es mit unserer Verlegung in ein anderes Lager Ernst wurde. Es paßte gut in das Programm, daß ein Barbier im Lager aufkreuzte, ein kleiner, tuberkulöser Mann mit trockenem Husten, dessen einziger Ausweis für sein Handwerk in einem alten Rasiermesser bestand, mit dem er von Lager zu Lager reiste. Bevor er an unsere ohnedies schütteren Bärte ging, schlich er zwischen den Pritschen herum, um Kleider gegen Schmalz einzuschachern. Wir hatten es nicht sonderlich eilig, uns von ihm rasieren zu lassen. Sein Messer war so stumpf, daß er seine Opfer stets blutend entließ. Hilfreich und erfinderisch erschien plötzlich Polyphem mit einem brauchbaren Rasiermesser auf dem Plan, das er zunächst selbst vorführte. Da er wichtigere Dinge zu tun hatte, ehrte er mich mit dem Auftrag, dem nervösen Barbier zu helfen.

An diesem Abend kam Brillenaugust zu einer letzten Inspektion ins Lager und schritt mit Polyphem von Pritsche zu Pritsche. Adalbert, der kleine Soldat aus Wien, kletterte aus seiner Falle und fiel mitten in der Stube vor ihm auf die Knie. »Doktor, Doktor!« bettelte er jämmerlich mit gefalteten Händen, »bitte setzen's mich doch auf die Listn fürs Genesungslager! Um Gotts Barmherzigkeit willen, setzen's mich auf die Listn! Bietscheen, um Gotts Himmels willen, bietscheen!«

Die Kommission schenkte ihm keine Beachtung. Als sie den Raum verlassen hatte, kniete Adalbert immer noch da und wiederholte jammernd sein Sprüchlein. Schließlich riß Theo die Geduld, und er fuhr den armen Kerl an: »Hast du denn ganz vergessen, daß du ein Mann bist? Warum jammerst du uns vor, die wir nicht besser dran sind als du? Nimm dich zusammen!«

Adalbert schien beeindruckt zu sein. Schweigend schlüpfte er auf seine Pritsche zurück. Aber nachdem er dort ein bißchen geheult hatte, brachte ich ihn so weit, ein paar kurze Gebete mit mir zu sprechen. Dann erfüllte ich seinen Wunsch und schrieb einen Brief an seine Frau Milly in Wien, daß er sie bald wiederzusehen hoffe. Er hatte kaum seinen »Bertl« mit schwungvollen Schnörkeln daruntergesetzt, als Polyphem mit einem Tablett hereinkam, auf dem Adalbert die Erfüllung eines Sehnsuchtstraums erspähte: kleine Kuchen aus Eipulver. Lange bevor die Reihe an ihm war, streckte Adalbert seinen zitternden, vertrockneten Arm aus. Er seufzte wie erlöst auf, als er endlich den billigen Pfannkuchen in seiner Handfläche fühlte. Aber die Freude war zu groß für ihn; bevor er noch den Kuchen an seinen Mund bringen konnte, sank sein Kopf auf die Seite; seine Nöte und seine Kämpfe waren überstanden.

Adalbert wurde auf Polyphems Totenliste als Nummer einundsiebzig aufnotiert - einundsiebzig von zweihundertundsechzig während unserer ersten fünf Wochen an der Petschora!

Hellwig hatte uns überraschend mitgeteilt, wir könnten Briefe nach Hause schreiben und Post, ja selbst Pakete erhalten. Er bedauerte aber, weder Papier noch Bleistift oder Tinte zur Verfügung stellen zu können. Nur Theo erhielt ausnahmsweise vom Politruk eine russische Postkarte mit einer aufgedruckten Marke als persönliches Geschenk. Wir kramten in unseren Gebetbüchern und meinem Meßbuch nach freien Seiten am Anfang und Ende, obwohl die meisten von uns gar nicht wußten, wohin sie ihre Briefe adressieren sollten. Wir hatten sehr wenig Hoffnung, daß die unfrankierte Post durchgehen werde. So schrieben wir die üblichen Sätze, daß es uns gut gehe und wir hofften, unsere Lieben bald wiederzusehen.

Wir erfuhren nie mehr etwas über diese Briefe und dachten darüber nach, warum man uns überhaupt aufgefordert hatte, sie zu schreiben. Einige aufgelesene Papirossistummel zündeten uns schließlich ein Licht an: unsere letzten Papiervorräte waren dringend gebraucht worden, um den Lagerbeamten bei der Verarbeitung ihres Machorka zu helfen. Die eine Nummer Prawda reichte offenbar nicht.

Am Abend des 25. Mai rief der Schwarze Storch die Namen

all derer auf, die in das sogenannte Genesungslager überführt werden sollten. Theo und ich waren dabei. Wir hatten keine Ahnung, was uns dieser Wechsel bringen werde.
Wir stellten uns in Reih und Glied am Lagertor auf, um dort auf den Zug zu warten. Wir sollten in einem ›Sanitätswagen‹ reisen. Unsere Bündel wurden zusammengestellt. Während der ersten Stunde ging leichter Regen nieder; aber dann kamen Sterne heraus, und der Mond warf große Schatten auf den Schuppen und die Wachttürme, auf den Weg zum Kanal und zu den Eisenbahnschienen. Endlich kam eine Lokomotive mit nur einem Wagen näher. Wir stiegen ein und sahen durch die schmutzigen Scheiben zurück auf ›Kolonne sieben‹. Im Licht des Mondes und unter dem Schimmer der Sterne bot diese Stätte der Heimsuchung zwar einen geisterhaften, aber doch nicht mehr ganz so grauenhaften Anblick wie am Tag unserer Ankunft, da wir gleich Maulwürfen aus der Finsternis des Güterwagens in den blendenden Schnee gestolpert waren.

Reich des Todes

Wir fuhren in nassem Frühlingswetter unter einem dunstigen Himmel dahin. Durch die schmutzigen Fenster konnten wir die herben Linien der Landschaft erkennen und sehen, daß der Schnee im Schmelzen begriffen war. Zu beiden Seiten des hoch aufgeschütteten Sanddammes, der die Eisenbahnschienen trug, erstreckte sich, soweit das Auge reichte, die leichtgewellte Einöde der Tundra. Flache Sandbänke mit schütterem Baumbestand ragten hie und da aus den weiten Sümpfen und Mooren. Keine menschliche Ansiedlung belebte das trostlose Bild dieser niederdrückenden Landschaft.
Am ersten Tag unserer Reise gen Norden erhielten wir unsere vollen Rationen und zusätzlich sieben Gramm Fett. Am zweiten Tag eröffneten uns die Posten, der Wagen, der unseren Proviant enthielt, sei ausgebrannt. Das einzige Feuer allerdings, das wir unterwegs bemerkten, brannte in einem

Ofenherd, auf dem die Begleitmannschaften ihre in Fett schwimmenden Pfannkuchen schmorten. Wir Gefangenen erhielten keine Verpflegung mehr.

Längs des Bahndammes rechts von der Strecke lief ein halb verrotteter Rost von Baumstämmen parallel durch den Sumpf. In zwei, drei Lagen waren die Bohlen kreuzweise übereinandergeschichtet und mit Drähten, Eisenklammern und Nägeln zusammengehalten. Auf diesem Knüppeldamm hatten sich die uns vorausgegangenen Russen und Polen nordwärts vorgearbeitet und die Bahnstrecke gebaut, auf der wir jetzt fuhren. Die Holzstraße war so breit, daß ein Wagen gerade darauf fahren konnte; in regelmäßigen Abständen waren Ausweichstellen für den Gegenverkehr eingebaut. Nur mit Grauen konnten wir uns ausmalen, mit wievielen Menschenleben diese Verkehrslinie von dem Knüppeldamm aus errichtet worden war. In der Dämmerung sah unsere Phantasie fast so viele Leichen im Sumpf verrotten, wie Schwellen unter den Gleisen lagen.

Unsere Fahrt dauerte zwei Tage. Am frühen Morgen des 27. Mai kamen wir sechsundneunzig Gefangenen an eine Haltestelle und mußten unseren Wagen verlassen. Neben dem Gleis stand ein hölzerner Wasserturm, offensichtlich eine Pumpstation für die Lokomotive. Unsere bleichen, müden Männer und Frauen wankten aus den Wagen und schauten sich vorsichtig an ihrem neuen Verbannungsort um. Es regnete, und wir konnten nichts weiter sehen, als daß etwa hundert Meter weit auf beiden Seiten der Gleise die Stümpfe gefällter Bäume aus dem fahlen Wasser ragten.

Die Posten ließen uns auf dem Bahndamm marschieren. Nach den ersten anderthalb Kilometern zog sich die Linie unserer Gefangenen immer weiter auseinander. Sogar Theo und ich überholten, so schwach wir selbst waren, langsam einen nach dem andern. Walter ächzte und schnaufte unter seinem hochaufgestockten Rucksack und trug mit seinem gesunden Arm noch ein schweres Kleider- und Wäschebündel. Mit all seinem Kram erinnerte er mich an die alten Hausierer in meiner Kindheit, die einen ganzen Laden mit sich herumschleppten.

»Wie soll ich das nur schaffen?« rief der Geplagte keuchend zu uns herüber.
»Wirf die Hälfte deines Ballastes ab, dann gehst du so leicht wie wir«, schlug Theo vor.
»Du hast gut reden!« fauchte Walter, »ich hab drei Kinder daheim und muß dafür sorgen, daß ich wieder zu ihnen nach Haus komme!«
»Das trifft sich merkwürdig!« rief Theo, »ich habe zufällig auch drei Kinder und eine kranke Frau zu Hause. Meine Sorge um sie bedrückt mich schwer genug, um mir nicht noch unnötig weitere Lasten aufzuladen.« Theo war stets schlagfertig. Trotz seiner Geduld und Disziplin brachte ihn eines aus der Fassung: Heuchelei. Mit scharfer Zunge und furchtlosem Mut wandte er sich gegen Unrecht und Gemeinheit, wo immer er sie traf.
Gertrud Graw und die anderen Frauen bildeten die Nachhut unserer tristen Prozession. Mit ihren hochgeschwollenen Elefantenbeinen und mit ihren kahlgeschorenen Köpfen, die sie mit Lumpen zu verhüllen suchten, hätten sie Jeremias inspirieren können, abermals die Klage anzustimmen: »Verloren hat das Weib all seine Schönheit.«
Unser elender Zug wurde triumphierend von Polyphem angeführt. Ihm folgte eine Rotte von gedungenen Trägern, die in der Hoffnung auf eine Prise schäbigen Machorkas seine Effekten schleppten. Er hoffte, als erster im neuen Lager einzuziehen. So dicht wie möglich folgte ihm Walter auf den Fersen und vergaß in der Aufregung ganz seine lahme Hüfte.
Der trübselige Weg von vier Kilometern wollte kein Ende nehmen. Schließlich aber kamen wir um eine letzte Biegung und sahen unser neues Lager vor uns liegen. Prompt begann Walter wiederum stark zu hinken.
Unser neuer Platz sah im Grund genau so aus wie ›Kolonne sieben‹, doch lag er in einer Senke versteckt und war fast vollständig von Sümpfen eingeschlossen. Die Palisaden waren schon halb verfault. Der Regen ließ alles noch schmutziger und trostloser erscheinen.

Die Lagernummer über der Eingangspforte war fast ganz verblichen: ›Nr. 225, Kolonne 5‹. An einer Seite des Lagers brauste ein breiter, reißender Strom vorüber. Seine Wasser rauschten so laut, daß man sie selbst durch den niederströmenden Regen hindurch hören konnte. Der Hof war eine einzige riesige Pfütze, überbrückt durch schmale Laufstege aus Brettern, die auf Ziegelsteinen ruhten.
In den Eingängen der Baracken standen einige Neugierige, die sich die Neuankömmlinge ansahen. Wir erkannten alte Kameraden aus dem Güterwagen wieder und einige andere aus ›Kolonne sieben‹, die bereits einen Monat früher hierher gesandt worden waren. Sie erzählten uns, daß von den hundert Gefangenen, die aus ›Kolonne sieben‹ hierher verlegt wurden, bereits die Hälfte tot sei. Diese Zahl plus die einundsiebzig, die in ›Kolonne sieben‹, und derer, die schon im Güterwagen gestorben waren, ergab, daß mehr als fünfzig Prozent der Verschleppten bereits während der vergangenen drei Monate gestorben waren.
Man gab uns bei der Ankunft nichts zu essen, weil die Begleitmannschaft unsere Verpflegung längst verschoben hatte. Dafür wurden wir zur Begrüßung wieder einmal entlaust. Während wir in dem Vorraum der Entlausungsbude herumstanden, ging eine Frau an uns vorbei, die einige Kleidungsstücke auf dem Arm trug. »Diese Sachen hier haben der Christa Fittkau gehört«, sagte sie im Vorübergehen. »Sie ist eben gestorben.« Ich bemühte mich, meine Fassung zu bewahren. Christa hieß meine jüngste Schwester.
»Wie alt war dieses Mädchen?« fragte ich.
»Neunzehn oder zwanzig«, sagte die Frau und ging weiter. Unsere Christa war neunzehn!
Wir mußten den ganzen Nachmittag nackt in der ungeheizten Entlausungsstation sitzen, und ich grübelte darüber nach, ob dieses Mädchen wohl meine Schwester gewesen sei. Christa war bei Kriegsende in der letzten Klasse der Oberschule gewesen, wurde aber kurz vor ihrem Abitur noch zur Arbeit in einer Flugzeugfabrik eingezogen. Während meiner letzten Wochen daheim hatte ich nichts mehr von ihr gehört.

Wir waren halb verhungert und blau gefroren, als endlich ein Beamter in einem weißen Doktorkittel zu uns hereinkam. Er trug einen Stapel Aktendeckel unterm Arm. Polyphem hielt seine Stunde für gekommen und versuchte, sich als Dolmetscher anzubieten. »Bemühen Sie sich nicht!« sagte der ›Doktor‹ kurz in verständlichem Deutsch. »Ich werde ohne Sie fertig. Treten Sie zurück in die Reihe!« Je mehr sich Polyphems Gesicht in die Länge zog, desto breiter wurde das Grinsen der Schadenfrohen, unter denen selbst Theo nicht fehlte.

Der Arzt war ein kleiner, dunkelhaariger Tatar mit klugen, durchdringenden Augen, ein wohldisziplinierter Mann, der nicht viele Worte machte. Er schien seinen Beruf ernst zu nehmen. Eine überraschende Neuerung war, daß er ein hölzernes Stethoskop hervorzog, um unsere Brust abzuhören. Er tat dies mit besonderer Sorgfalt bei Theo und mir, klopfte uns ab, befahl die üblichen Atemübungen und kam zu dem Ergebnis: »Dicke Verschwartung, latenter Prozeß, keine unmittelbare Gefahr!«

Noch mehr als die Sachlichkeit, mit der er die Untersuchung durchführte, beeindruckte uns seine Anständigkeit und Unbestechlichkeit; er durchschaute nicht nur ›Onkel August‹, sondern ertappte auch Arnold, einen gut gebauten Stabsfeldwebel, als dieser ein Herzleiden simulieren wollte. Es half dem gerissenen Drückeberger wenig, daß es ihm nach einem sehr heißen Bad gelungen war, seine Füße anschwellen und blau anlaufen zu lassen.

Die Untersuchungsergebnisse wurden in ein vierseitiges Faltblatt mit der Aufschrift ›Krankengeschichte‹ eingetragen. Die Notizen über die wöchentlichen Nachuntersuchungen machten im Lauf der Monate eine dicke Akte aus dem dünnen Formular. Medizinische Befunde, die Symptome und der Verlauf der Krankheiten wurden in diesem Lager auffallend genau beobachtet. Es stellte sich bald heraus, daß wir nicht hierher geschickt worden waren, um zu sterben oder um geheilt zu werden, sondern um als menschliche Versuchskarnikel zu dienen und wissenschaftliche Daten über Vitamin-

mangelkrankheiten für ein Forschungsprojekt des Pathologischen Instituts in Moskau zu liefern.
Nach der ersten Untersuchung durch den Tatarendoktor erschien uns das neue Lager zunächst in einem viel zu rosigen Licht. Vorübergehend vergaßen wir sogar unsere aufgedunsenen und aufgebrochenen Glieder. Aber wir wurden schnell nüchtern, als wir über wackelige Laufbretter in die finstere, enge Behausung kamen, die uns zugewiesen wurde. Die Decke war so niedrig, daß niemand, der in der zweiten Etage untergebracht war, auf seiner Pritsche sitzen konnte. Der hölzerne Fußboden war bereits an mehreren Stellen verfault und die verrotteten Löcher mit Wasser gefüllt. Zwischen den Baumstämmen, welche die Wände bildeten, bröckelte der Lehm heraus und gab einem kräftigen Zugwind durch den Raum freie Bahn. In dem stinkenden, faulenden Holz hatten sich Rudel großer, kohlschwarzer Ratten eingenistet, die sich dort heimischer fühlten als wir.
Damit wir dem Streit um die guten Plätze in der neuen Unterkunft entgingen, wählten Theo und ich kurzentschlossen zwei Pritschen in der oberen Reihe am rechten Ende der Baracke. Dort hofften wir allein zu sein. Für diesen Vorteil waren wir bereit, ein großes Loch in der Wand dicht an meiner Pritsche in Kauf zu nehmen. Während der folgenden kalten und regnerischen Tage erhielt ich allerdings mehr frische Luft, als mir lieb war. Selbst meine alte Pelzjoppe reichte nicht mehr aus, mich warm zu halten; ich war bereits zu geschwächt.
Das Lager umfaßte im ganzen fünf kleinere Baracken, drei für Männer und zwei für Frauen. Die unteren Pritschenreihen wurden für die Schwerkranken reserviert, die ohne Nachhilfe nicht mehr in die obere Etage klettern konnten.
Am zweiten Abend übernahm uns endlich das neue Lager in Verpflegung. Übereinstimmend stellten wir fest, daß das Essen nicht nur deshalb besser schmeckte, weil wir gründlich ausgehungert waren. Das Brot enthielt etwas Weizen und war gut durchgebacken. Die Kascha schmeckte nach Buchweizen. Wir schöpften neue Hoffnung, als wir nach einer

Woche merkten, daß die Schwellungen an unseren Beinen etwas zurückgingen.
Wir wurden allerdings sehr ernüchtert, wenn wir Polyphem bei seiner neuen Arbeit zusahen: bis zu fünfmal am Tag schleppte er die beladene Totenbahre zu einem Verschlag bei der Entlausungsanstalt.
Einer der ersten, der in diesem Lager starb, war der gute alte Salomon, ein frommer Dorfzimmermann aus Masuren und Vater einer großen Familie. Sein jüngster Sohn war mit in unser Lager verschleppt worden. Sein christlicher Glaube gab ihm die Kraft, ohne Klage sein Los zu tragen. Wiederholt hatte er sich Theos Bibel oder mein Meßbuch ausgeliehen und uns eingeladen, mit ihm zu beten.
Als sein Ende nahe war, baten wir den wolgadeutschen Arbeitsaufseher Keil, den Sohn zum Sterbelager des Vaters zu lassen. Nach einigem Hin und Her durfte er seine Dachdekkerarbeit auf unserer Baracke für eine Stunde unterbrechen, um von seinem Vater Abschied zu nehmen. Der sterbende Vater hatte noch die Kraft, seine Hand in die seines Sohnes zu legen und Mutter und Geschwister seiner Sorge zu empfehlen. Er nahm dem Jungen das Versprechen ab, sein Leben auf Gott zu bauen, wie er es ihn gelehrt hatte.
Die Hand des Alten war auf das Dreifache ihrer normalen Größe angeschwollen. Sein ganzer Körper sah aus, als sei er mit einer Luftpumpe aufgeblasen. Bevor noch die Freistunde des Jungen vorüber war, seufzte der Vater tief auf: »O mein Gott!«, wandte sich von uns weg zur Wand und tat seinen letzten Atemzug. Polyphem gelang es, einige Kleidungsstücke unter dem Toten hervorzuziehen, bevor der Kommissar erschien und den Rest beschlagnahmte. Der Sohn erbte nichts.
Wir gewöhnten uns auch an diese neue Umgebung. Das Wasser verlief sich im Hof unter der freundlichen Junisonne. Je besser das Wetter wurde, desto nähere Bekanntschaft machten wir mit dem Genossen Keil, einem Wolgadeutschen, der gebrochen Deutsch sprach. Verbittert, grob und stets in Hast, jagte er das Lager nach Arbeitskräften ab und suchte aus

ihnen herauszupressen, was sie noch hergeben konnten, um seine ›Norm‹ in die Höhe zu treiben.
Wie ein Hund lief Harry hinter ihm her, ein ehemaliger Hitlerjugendführer und Feldwebel aus Thüringen, dessen miserables Deutsch fast so unverständlich war wie das seines Chefs. Harry war noch fanatischer und erfinderischer im Schikanieren als sein Auftraggeber, aber beide konnten es nicht mit ansehen, wenn jemand aus irgendeinem Grunde untätig auf seiner Pritsche lag.
Als Keil das erste Mal auf dem Plan erschien und vier Arbeiter anforderte, suchte Walter nicht lang und bestimmte Theo und mich als erste für den Arbeitstrupp. Mit den beiden andern Männern seiner Wahl mußte er sich herumstreiten, bis sie mit uns hinter Harry dreintrotteten.
Wir erhielten einen primitiven Hammer in die Hand gedrückt, dazu eine Büchse mit selbstgefertigten Nägeln und einen Armvoll grob geschnittener Schindelstäbe. Damit sollten wir die Außenwände einer stark verfallenen Baracke ausbessern. Über die Blockhüttenwände mußte ein Gitterwerk aus flachen Stäben als Halt für den Lehmverputz genagelt werden. Der Hammer war zu schwer, und die von einem Drahtseil abgekniffenen Stifte waren zu leicht, um den Lattenrost zu befestigen. Für unsere Mühe ernteten wir keine Anerkennung. Harry riß die Hälfte der Stäbe wieder herunter. Leider jagte er uns nicht davon, sondern zwang uns am nächsten Tag, von vorn anzufangen. Nach einer Woche hatte er es so weit gebracht, daß unsere Beine stärker geschwollen waren als je zuvor.
Der Doktor kam wöchentlich einmal zur Visite. Das kalte, feuchte Sumpfklima, die verfallenen Unterkünfte, die Unterschlagung und ungerechte Verteilung unzureichender Lebensmittel taten das Ihrige, und die sorgfältigere und fachgemäßere ärztliche Behandlung im neuen Lager änderte nichts daran, daß schon während der ersten Wochen die Kurve der Todesfälle weiter stieg.
An einem sonnigen Nachmittag hatte Maria, deren rheumakranke Beine überraschend gut geheilt waren, Gertrud hin-

aus in die Sonne geführt. Gertrud war kaum wiederzuerkennen. Verzagt zeigte sie Theo und mir ihre Hände und Arme: die schmalen Knochen waren von völlig ausgedorrter, pergamentartiger Haut überzogen. Die Sorge um ihre im Arbeitslager zurückgelassene Schwester Lena verzehrte ihre letzte Kraft. Von Tag zu Tag wurden ihre Augen größer und ihr Gesicht spitzer, bis sie nach vierzehn Tagen nicht mehr fähig war, ihre Pritsche zu verlassen. Als ihr Zustand kritisch wurde, holte mich Maria an ihr Sterbelager. Auf dem Weg mußte ich Polyphem und ein paar Kerle von Walters Bande passieren, die um die Frauenbaracke herumstanden. Ihre niederträchtigen Anzüglichkeiten mir gegenüber hätten mich kalt gelassen, wenn ich nicht damit hätte rechnen müssen, daß sie mich anzeigen würden. Im Interesse der Arbeitsdisziplin war nämlich der Verkehr mit Frauen außerhalb der Arbeit und insbesondere der Besuch ihrer Unterkünfte streng verboten.

Als ich an Gertruds Pritsche stand, konnte sie mich nur mehr aus weit geöffneten Augen stumm grüßen und bei ihrer letzten Beichte nur durch schwache Bewegungen ihres Kopfes antworten. Mit wacher Anteilnahme verfolgten alle anwesenden Frauen die Gebete und Zeremonien der heiligen Ölung. Offensichtlich sprach anschließend eine der Frauen nicht nur in ihrem eigenen Namen: »Ich bin nicht katholisch, aber ich glaube an den Herrn Jesus Christus. Und ich wäre froh, wenn Sie mir in meiner letzten Stunde auch so beistehen würden.«

Als ich Gertrud den Sterbesegen gab, merkte ich, daß jemand in Uniform neben mir stand. Ich habe nie erfahren, ob jemand den Politruk benachrichtigt hatte oder ob er zufällig hierher gekommen war. »Es ist Ihnen verboten, die Frauenbaracke zu betreten!« erklärte er ohne Erregung.

»Ich bin Priester und stehe dieser sterbenden Frau bei, die nach mir gesandt hat.«

»Sie müssen die Baracke verlassen!« Ich hatte das Empfinden, daß der Mann mir die Übertretung des Verbots unter diesen Umständen nur ungern vorhielt.

Pastor Goebel und ich taten, was wir konnten, um den Sterbenden beizustehen. Aber es hatte den Anschein, als ob uns das mehr und mehr unmöglich gemacht werden sollte. Ein unerklärlicher Haß begann in unserer Baracke die Beziehungen von Mensch zu Mensch zu vergiften. Je mehr jeder des anderen Hilfe brauchte, desto verbissener schienen manche unserer Kameraden nur darauf bedacht zu sein, das ohnehin elende Leben noch unerträglicher zu machen.

Der Arzt hatte Theo und mir jegliche Arbeit verboten. Trotzdem wurden wir mit Alois abkommandiert, Sand, Lehm und Kuhdung herbeizuschleppen, die Grundstoffe des Verputzes, der auf das Lattennetz der Blockhüttenwände geworfen wurde. Unsere Beine waren bleischwer, so daß der nur wenige hundert Meter weite Weg fast über unsere Kräfte ging. Immerhin hatten die mühsamen Gänge einen unerwarteten Vorteil. Auf dem Weg zum Kuhstall kamen wir an einem kleinen Bach vorüber, an dessen Ufer Alois einige junge Nesseln entdeckte. Wir schnitten sie klein zu einem köstlichen Salat. Wir aßen nicht nur die Blätter, sondern auch die Stengel, und nahmen die Reste des neu entdeckten ›Gemüses‹ in die Baracke mit, um sie in unsere Suppe zu tun, in den Brei zu mengen oder zu einer Art Brotaufstrich zusammenzustampfen. Allein die Tatsache, daß diese Nesseln etwas Grünes waren, machte sie für uns zu einem Leckerbissen.

Während der nächsten Tage schoß noch mancherlei anderes Grünzeug im Weichbild unseres Hofraums aus der aufgetauten Erde. Alois fand rechtzeitig etwas Wermut und Salbei darunter, als mein Durchfall wieder beängstigend wurde. Die bitteren Pflanzen, die Gott innerhalb unserer Umzäunung als natürliche Medizin aufsprießen ließ, haben manch einem unter uns das Leben gerettet.

Nach dem Abfluß des Schneewassers kam schwerer, schwarzer Boden in unserem Hof zum Vorschein. Unser neuer Politruk, Genosse Lachmann, gestattete uns, den Boden umzugraben, um etwas Gemüse zu pflanzen. Die Erde war gut, aber durchsetzt mit Wurzeln, Asche und Müll. Einer der Feldschere, ein langer Lette, verschaffte uns gegen ein Paar dunkle Hosen vom schwarzen Markt etwas Radieschensamen.

Das wärmere Wetter hatte den Nachteil, daß in dem Schlamm und Sumpf rings um unser Lager Schwärme von Mücken und anderem Ungeziefer ausschlüpften. Der arktische Sommer setzte fast ohne Übergang ein. Tag und Nacht schien die Sonne auf unser schäbiges Lager herunter und versank nur gegen Mitternacht eine halbe Stunde unter dem Horizont. Unsere Augen schmerzten in der unbarmherzigen, ununterbrochenen Helle. Und so stellte sich bald heraus, daß die Plagen des Sommers nicht geringer waren als die des Winters. Die großen Mücken konnte man noch hören und abwehren; je kleiner ihre Nachfolger wurden, desto gefährlicher waren sie. Schmutz, Hitze und Vitaminmangel machten uns immer wehrloser gegen die kleinen Schwären, die überall an unserem Körper aufbrachen. Außerdem breiteten sich über meinen ganzen Körper verdächtige Pusteln aus. Erst brach die trockene, wie gelbliches Pergament sich verfärbende Haut an den Armgelenken und Kniekehlen und zwischen den Fingern auf. Schließlich überzogen die Wundstellen in dicken Borken den ganzen Körper. Sie begannen zu eitern und lieferten den Nährboden für Krätze und ähnliches winziges Ungeziefer.
Wenn ich mich unter der Decke vor den Mückenschwärmen zu schützen suchte, die durch die vielen Löcher ungehindert Eingang in die Baracke fanden, wurde die Luft unerträglich heiß, und die wunde Haut brannte im Schweiß. Während der Mahlzeiten waren die Insekten besonders lästig; es machte uns halb wahnsinnig, ununterbrochen den Kopf zu schütteln und Myriaden unersättlicher Mücken wegzuscheuchen, die uns Hände, Arme und Nacken bedeckten.
Wie die Mücken verfolgten uns die Sorgen um unsere Angehörigen. In der Entlausungsstation entdeckte ich eines Tages unter der zum Trocknen aufgehängten Wäsche ein Handtuch, das meine Mutter mit den Anfangsbuchstaben meiner Schwester Irmgard und der Wäschenummer ihrer Haushaltungsschule in Wormditt gezeichnet hatte. Die Waschfrau wußte nicht, woher das Handtuch stammte, und überließ es mir gern. Ich trug das Familienstück wie einen Schal zum

Schutz gegen die Mücken. Es wurde mir aber auch zur ständigen Mahnung, in meinem Gebet für meine Angehörigen und Freunde, für meine Pfarrkinder und Lagerkameraden nicht nachzulassen, so schwer es mir bei meinen schwindenden Kräften fiel.

Zu den Plagen des plötzlich über uns hereingebrochenen Polarsommers kam eine drastische Kürzung unserer Lebensmittelzuteilungen. Fast den ganzen Tag lang quälte uns wilder Hunger, und wir spürten, daß die Beschaffung zusätzlicher Nahrung diesmal eine Frage auf Tod und Leben war. In unserer Verzweiflung gingen wir vor oder nach jeder Mahlzeit zu der Küchenluke hinüber und warteten auf Fischschwänze oder -köpfe, ein paar alte Knochen oder etwas Grütze. Theo und ich waren entschlossen, lieber die demütigenden Bittgänge um Küchenabfälle zu machen, als auf krummen Wegen zu ›organisieren‹. Eines Tages brachte Theo in meinem Emailletopf etwas ganz Besonderes an: dicke, dunkle, harte Breikrusten. Er sprach mir Mut zu, als ich seine Begeisterung nur zögernd teilte: »Es schmeckt besser, als es aussieht!« Es war der sandige, teilweise angebrannte Satz vom Boden der Kaschakessel, der bisher auf den Abfallhaufen wanderte, bis Theo daraufkam, das Küchenpersonal darum zu bitten. Er wurde wegen dieses Einfalls zunächst ausgelacht, aber es dauerte nicht lange, bis die Bodensatzkrusten weitere Abnehmer fanden

Inzwischen wurde die Atmosphäre in unserer Baracke immer unerträglicher. Alle bösen Geister der Gier und rohen Gewalt, der Lüge und des Betruges waren unter uns losgelassen und ließen uns weder bei Tag noch bei Nacht zur Ruhe kommen. Den Ton gaben einige kräftige, freche Lümmel an, die sich der Rückendeckung Walters und eines anderen, älteren Mannes als Zwischenhändler in ihrem Tabakschacher versichert hatten.

In dieser Umgebung war es ganz unmöglich, einen Gottesdienst abzuhalten. Auf unseren Wegen zu den Sterbelagern wurden wir als gerissene Erbschleicher verdächtigt. Wenn wir als Seelsorger in die Frauenbaracke gerufen wurden, war die

Auslegung unserer Motive von schlimmerer Art. Wir konnten keinen Schritt machen, ohne argwöhnisch beobachtet zu werden; jedes Wort wurde uns im Mund herumgedreht und übel ausgelegt.

Seit einigen Wochen liefen aufregende Gerüchte um, unser Platz solle in eine Art Musterlager verwandelt werden. Ein Spezialist sei aufgetaucht und dem Doktor als Assistent beigegeben worden. Man flüsterte, er sei ein verbannter Professor aus Leningrad.

Im Lauf der nächsten Tage sahen wir regelmäßig einen hochgewachsenen Mann, der sich aufrecht und gerade hielt, in der abgetragenen Sommeruniform der russischen Beamten mit gemessenen Schritten über den Hof schreiten. In der rechten Hand hielt er stets eine leere Zigarettenspitze aus Bernstein. Sie vermittelte ihm nicht nur den Nachgeschmack des auch ihm nur spärlich zugeteilten Machorkas, sondern auch die Erinnerung an bessere Tage.

Die Frauen lernten den neuen Arzt schneller kennen und schätzen als wir. Von ihnen erfuhren wir, daß der neue Doktor ein gebildeter Mann sei und einen polnischen Namen habe. Er habe angeordnet, daß unverzüglich für die Frauen neue Pritschen gebaut würden. Er habe sogar Einspritzungen gegeben und scheine ehrlich um das Wohl der Kranken besorgt.

Als der ›Professor‹ bei uns ankam, hatte ich mich allmählich zu einem medizinisch interessanten Fall entwickelt. Mein gesamter Körper und besonders jene Teile, die in Berührung mit den harten Brettern kamen, auf denen ich liegen mußte, waren mit schwärenden Krusten bedeckt. Meine Hautfarbe wechselte zwischen rot und schokoladenbraun. Die Drüsen jeder Haarwurzel wurden zu einem kleinen Eiterherd.

Mein Leidensgefährte war der ›doofe Robert‹, der mir in den Entwicklungsstadien der Krankheit immer einen Schritt voraus war. Als sein Zustand kaum noch anzuschauen war, entschloß sich einer der Feldschere, der keinerlei Erfahrung hatte, Robert einer ›Behandlung‹ zu unterziehen. Er rieb Kopf und Oberkörper des Patienten mit einer dunklen Salbe ein, wel-

che die Geschwürkruste aufweichen sollte; dann schabte er den Schorf mit einem hölzernen Löffel ab - und ließ den unglücklichen Robert als eine einzige blutige Masse auf seiner von Ungeziefer wimmelnden Pritsche zurück.
Während der warmen Monate Juni und Juli ging es mit meinem Befinden rapid bergab. Unsere Entlausungsstation wurde ausgebessert, und wir konnten uns darum nicht so gründlich waschen, wie es nötig gewesen wäre. Hemd und Unterwäsche klebten allmählich an meiner Haut fest, und wann immer ich meine Lage veränderte oder aufstehen mußte, wurde die Haut von neuem aufgerissen.
Unser ›Professor‹ sezierte die Leichen und untersuchte die veränderten inneren Organe der Toten. Ganz besonders interessierten ihn die vorgeschrittenen Fälle von Hautkrankheiten. Polyphem trug auf seine Art dazu bei, die Aufmerksamkeit des ›Professors‹ auf mich zu lenken. Polyphem war die Aufsicht über die Wasserversorgung übertragen worden, ein Auftrag, den er mit solchem Geschick auszunutzen verstand, daß alle Gefangenen im Lager von ihm abhängig wurden. Man mußte ihm seinen Tribut zahlen, um auch nur einen Kochgeschirrdeckel voll Wasser für die Morgenwäsche bewilligt zu bekommen. Das uns vorenthaltene Wasser sparte ›Onkel August‹ für seine Freundinnen im Frauenlazarett auf, besonders für eine Frau Wiechert, die dort die Oberaufsicht führte. Diese ›Oberschwester‹ hatte einen höheren Bedarf zum Putzen ihres Privatzimmers und zum Waschen ihrer vielen Kleider, mit denen sie sich für den Genossen Keil, den Chef der Arbeitsgruppe, und für den dicken Spieß des Wachpersonals attraktiv zu machen verstand. Polyphem hatte eine gute Nase für ›wichtige Frauen‹ dieser Art und hielt sich durch eifrige Erfüllung ihrer Sonderwünsche ihrem nicht zu unterschätzenden Einfluß empfohlen.
Zu der Zeit, als meine Hautkrankheit so weit fortgeschritten war, daß ich mich kaum noch bewegen konnte, gab der Einäugige sein Wasserfaß an seinen buckligen Kollegen ab und arbeitete als Handlanger bei den Sektionen. Er erhielt eine große Schere, ein Schlachtmesser, einen Eimer, und Frau Wie-

chert staffierte ihn mit einem weißen Kittel aus, so daß er fast wie ein Doktor aussah.
In den ersten Tagen seiner neuen Tätigkeit überbrachte unser alter Oberpfleger Theo und mir eine Einladung seines Professors zu einer besonderen Untersuchung. Dessen kleines Laboratorium war sauber und fast leer. Auf einem Wandbrett standen einige Fläschchen, und auf dem rohen Tisch lagen einige sehr einfache Instrumente. An den Wänden hingen drei plakatartige Bilder mit Darstellungen von Früchten und Gemüsen und Angaben über deren Vitamingehalt.
Als wir bei dem berühmten Mann eintraten, saß er hinter seinem Schreibtisch und spielte mit seiner Bernsteinspitze. Wir wurden freundlich in deutscher Sprache begrüßt. Ohne viele Umstände teilte mir der Professor mit, daß bei mir ein vorgeschrittener Fall von Pellagra vorliege, einer Krankheit, die sich infolge Vitaminmangels und einseitiger Maisernährung einzustellen pflege. Meiner Frage nach Abhilfe kam er achselzuckend mit dem lakonischen Bescheid zuvor: »Ihnen hilft nur eins: soviel wie möglich frisches Gemüse zu essen und alles Obst, das Sie bekommen können!« Für unser saures Lächeln schien der gute Mann Verständnis zu haben. Verlegen goß er ein paar Tropfen Milch in eine kleine Tasse. »Es tut mir leid, daß ich Ihnen nicht mehr geben kann«, sagte er, als er uns diesen himmlischen Labetrunk anbot, »aber das ist fast meine ganze Zuteilung für diese Woche. Wenn auch jeder von Ihnen nur einen Schluck trinken kann, so wirkt das vielleicht doch ein wenig wie eine homöopathische Dosis. Ich hoffe, daß die Ernährung im Lager bald etwas besser wird.«
Das Sprechen machte ihm Mühe. Sein Gesicht war bleich und schmerzverzogen, er atmete schwer und asthmatisch. Vorsichtig versuchte ich, meine Teilnahme auszudrücken. »Sie sehen aus, als bräuchten Sie selbst dringend Pflege.«
»Ja«, gab er zu, »ich bin alles andere als gesund. Doch ich habe noch eine große Forschungsarbeit abzuschließen und hoffe, daß mir das noch gelingen wird.« Er langte nach zwei umfangreichen albumartigen Büchern, die links auf seinem

Schreibtisch lagen, schlug sie auf und zeigte uns einige Seiten. Sie enthielten farbige Handzeichnungen, die das Krankheitsbild des Pellagra in seinen verschiedensten Stadien darstellten. Abbau, Veränderungen und Zerstörung der von dieser Krankheit betroffenen Organe waren mit Einzelbelegen sorgfältig dargestellt und beschrieben. Die Legenden, welche die mit Farbstiften gezeichneten Bilder erläuterten, waren so scharf und sauber wie Gravuren auf alten Kupferstichen ausgeführt. Ich erinnere mich, daß drei große Bogen mit je neun Farbskizzen allein den Veränderungen der Zunge gewidmet waren. Eine Vielzahl anderer Darstellungen galt den Krankheitsbildern der Verdauungsorgane. Doch die meisten Zeichnungen illustrierten die verschiedenen Stadien des Hautzerfalls.

Vitaminmangelkrankheiten und insbesondere das Pellagra waren dem Professor vom Moskauer Institut für Pathologie als besonderes Forschungsgebiet zugewiesen. Für seine Illustrationen kam ihm seine Ausbildung auf der Kunstakademie in Leningrad sehr zustatten. Ungezwungen unterhielt er sich mit uns über seinen Bildungsgang, wobei wir uns halb in Englisch und halb in Deutsch verständigten. Diese beiden Sprachen habe er studiert, erklärte er uns, um sein fachliches Wissen entsprechend erweitern zu können. Er zeigte uns ein russisch-deutsches und ein englisch-deutsches Liliputlexikon in dem uns aus der Gymnasialzeit wohlvertrauten roten Einband und winzigen Format. Dann kramte er noch drei kleine Broschüren in deutscher Sprache hervor: marxistisch aufgezäumte Schulausgaben von Andersens Märchen und von Till Eulenspiegel aus dem Staatsverlag der Sowjetunion.

Unser neuer Freund konnte zwar nicht viel für uns tun, aber seine menschliche Anteilnahme tat uns wohl. Wir hätten gern öfter mit ihm gesprochen, doch der Professor riet zur Zurückhaltung. »Es ist uns verboten, mit den Gefangenen zu verkehren«, erklärte er. »Darum ist es für Sie besser, wenn ich in der Öffentlichkeit keine Notiz von Ihnen nehme.«

Unsere Lage wurde trotz der freundlichen Beziehungen zu

dem Professor nicht besser. Polyphems Posten als Barackenältester übernahm der hinkende Walter. Sein besonderes Interesse galt den aus Deutschland erbeuteten Uhren, die den sowjetischen schwarzen Markt überschwemmten. Von den billigsten deutschen bis zu den teuersten Schweizer Fabrikaten hatten die feinen Werke dem ungestümen Kraftaufwand der neuen Besitzer nicht lang standgehalten und wechselten, teilweise ohne ihre ursprünglichen Gehäuse, schnell den Herrn. Es gelang Walter, mit den primitivsten Handwerkszeugen in dem halbdunklen Raum einige dieser Uhrenleichen wenigstens so weit zu beleben, daß sie wieder für ein paar Tage liefen. Diese handwerkliche Leistung war um so erstaunlicher, als Walter mit seiner verstümmelten Rechten nur mühsam ein Instrument halten konnte. Nach seinem ersten Erfolg wurde er von den Russen wie ein Zauberkünstler angestaunt. Sein Ruf drang bald zu dem höheren Kommissar, der aus Moskau zur Inspektion gekommen war. Stundenlang stand er fasziniert hinter Walters Arbeitsbrett und sah zu, wie dieser seiner ›Junghans‹ die sechsmal gebrochene Feder zu schweißen versuchte.

Natürlich fand Walter an seinem neuen Ansehen Geschmack und bemühte sich, es weidlich auszunützen. Da er ohne den Beifall seiner Komplizen nicht leben konnte, nahm er jede Gelegenheit wahr, uns lächerlich zu machen, stahl uns einen Teil unserer Rationen und verschüttete unser Wasser. Es gelang ihm, seine Bande so weit aufzuhetzen, daß sie beim geringsten Anlaß über uns herfiel wie ein Schwarm Stechmücken. Selbst die jüngsten und dümmsten Burschen fanden schnell heraus, daß sie billigen Beifall ernten konnten, wenn sie über die Pfaffen herzogen. Es war kein Wunder, daß Theo bei solchen Anlässen explodierte.

Seine temperamentvollen Ausbrüche waren allerdings anderer Art als die Bernhard Rehags, eines neuen Freundes, den wir schon im ersten Lager kennengelernt hatten, mit dem wir aber erst hier öfters zusammengekommen waren. Bernhard Rehags Anklagen waren zwar nicht minder geräuschvoll, aber bei aller ehrlichen Entrüstung nicht frei von

Selbstgerechtigkeit. Wir waren froh, wenn Bernhard es ausschlug, sich zum Essenfassen anzustellen; denn in der Schlange gab es regelmäßig Krach, wenn er aus der Nähe beobachtete, wie ungerecht die kümmerlichen Rationen verteilt wurden. Auch Bernhard Rehag wurde von Tag zu Tag schwächer, zum Teil durch seine eigene Schuld. Mit hypochondrischer Sturheit hielt er nämlich an seinen selbstgemachten Diätgesetzen fest und aß nicht einmal die wenige brauchbare Nahrung, die uns zugeteilt wurde. Als einer der Schwächsten im Lager erhielt er eine kleine Sonderzuteilung Margarine. Anstatt sie zu essen, verstaute er sie in einer eigens dafür angefertigten Dose, bis sie ranzig wurde. »Bernhard«, redete ich ihm eindringlich zu, »solange du in Rußland bist, mußt du es so halten wie die Russen selbst: Du mußt alles essen, was du bekommst, und sofort, wenn du es bekommst.«

»Sie verstehen das nicht«, gab mir Bernhard betrübt zur Antwort. »Daheim hatten wir immer einen Vorrat von zwei oder drei Sack Weizenmehl und genug von den wichtigsten Lebensmitteln in der Speisekammer, so daß wir niemals in Verlegenheit kommen konnten. Ich kann nicht anders, ich muß immer noch etwas auf der Kante haben, - auch hier.« Ich konnte ihm seine Spartheorie nicht ausreden. Er schüttelte den Kopf und ging in den Hof hinaus.

Draußen wankte Bernhard herum und suchte Würmer. Für einen der Beamten hatte er aus einer Sicherheitsnadel einen Angelhaken zurechtgebogen und als Dank dafür die Erlaubnis bekommen, zwei Stunden lang in dem Strom hinter der Palisade sein Anglerglück zu versuchen. Bernhard war schon so schwach, daß er nicht mehr gerade stehen konnte, doch er ließ nicht locker und grub nach den Würmern, wie der Mann im Evangelium nach dem verborgenen Schatz. Völlig erschöpft kehrte er auf seine Pritsche zurück. »Ich bin todmüde«, stöhnte er, und nach einer Weile fügte er resigniert hinzu: »Herr Pfarrer, ich glaube, Sie werden die Würmer erben.«

Ehe ich noch protestieren konnte, verkündete er laut und vernehmlich: »Jeder von Euch hier in der Baracke soll wissen:

wenn Ihr mich in den nächsten Tagen tot auf meiner Pritsche findet, soll alles, was mir gehört, dem Pfarrer Fittkau übergeben werden. Er wird meine Sachen gerecht und anständig verteilen. Und er soll an meiner Stelle zwei Stunden fischen gehen!«

Dann wandte er sich zu mir: »Ich möchte nun gern eine Generalbeichte über mein ganzes Leben ablegen. Ich glaube nicht, daß ich noch lange lebe.«

»Und ich hoffe, daß dir's bald wieder besser geht«, beruhigte ich ihn. »Du weißt ja, daß ich immer zum Beichthören zur Verfügung stehe. Bereite dich gut vor bis morgen früh. Dann gehen wir hinter die Baracke und können dort ungestört alles erledigen.« Ich nahm seinen depressiven Anfall nicht sehr ernst und vertraute auf seine im Grund kerngesunde Bauernnatur.

Als ich in der Frühe vor dem Wecken warmes Wasser aus der Küche holen wollte, rief mich von Bernhards Pritsche eine unkenntliche Stimme beim Namen. Ich ging hin und sah, wie Bernhard sich aufzurichten suchte, aber dann umsank. Sein Gesicht war verzerrt, und er stammelte unartikulierte Laute. Mit der linken Hand wies er auf eine bestimmte Stelle unter seiner Pritsche. Dort sah ich die Büchse mit den Würmern stehen; ich nickte. Dann betete ich laut: »Jesus, Dir leb' ich... Jesus, Dir sterb' ich,... Jesus, Dein bin ich im Leben und im Tod.« Er hauchte den Namen Jesus, hatte aber nicht mehr die Kraft, das kurze Gebet nachzusprechen. Ich schickte jemand nach Pjotr, dem Feldscher, der Nachtdienst hatte. Als er einen Blick auf den Sterbenden warf, zuckte er nur die Achseln und sagte: »Kaputt«, drehte sich um und watschelte wieder hinaus.

Als Roman versuchte, Bernhards Pelzmantel unter dem Sterbenden hervorzuzerren, schimpfte Theo so laut, daß Walter einen seiner Trabanten zum Politruk schickte. Unserem umgeschulten Kapo war es lieber, Bernhards Erbe als Sowjeteigentum konfisziert zu sehen, als mich als Testamentsvollstrecker für Bernhard walten zu lassen. Ich wollte nichts für mich selbst behalten und schwieg, als der Kommissar kam, der nicht wußte, was überhaupt los war. Er machte einige spöttische Bemerkungen über ›deutsche Kultur‹ und nahm die Kleidungsstücke, den Rucksack und die Dosen an sich, die Bernhard gehortet hatte. Am gleichen Tag führte der tatarische Doktor eine gründliche Untersuchung sämtlicher Liegestätten durch und ordnete an, daß aller überflüssige Kram, wie schmutzige Lumpen usw., hinausgeworfen werde. Aufgesparte und teilweise verdorbene Lebensmittel, verschimmeltes Brot beschlagnahmte er. In Bernhards Brotbeutel entdeckte er verschiedene völlig verdorbene Brotrationen, ranzige Margarine und zwölf Stückchen Zucker. Wir schämten uns des schmählichen Schauspiels.

Allmählich standen Theo und ich fast ganz allein. Nach gutem altem Räuberbrauch wurden wir im ganzen Lager als Leichenfledderer von denen verschrien, die sich durch rücksichtslose Gangstermethoden zur neuen Herrenklasse aufgeschwungen hatten. Wir waren nicht überrascht. Das Wort aus dem sechsten Kapitel des zweiten Korintherbriefes ging uns durch den Sinn: »Wir gelten als betrügerisch und sind doch ehrlich, als unbekannt und sind doch wohlbekannt, als dem Tod Geweihte und siehe, wir leben, als Gezüchtigte und wir sind doch nicht tot, als Betrübte und wir sind immer noch fröhlich, als Bettler und wir machen dennoch viele reich, als Besitzlose und wir besitzen alles.«

Der tatarische Chefarzt gab Anlaß, daß dieses Schriftwort sich an uns erfüllte, als er für uns beide Sonderzuteilungen verordnete. Wenngleich es nicht sehr ermutigend war, zu den acht Schwächsten in der Baracke gezählt zu werden, waren wir doch dankbar für die geringste Aufbesserung unserer Kost. Wir mußten allerdings teuer für die gutgemeinte Hilfe zahlen, als der Doktor vom Eingang der Baracke aus Theo freundlich und höflich mit »Herr Goebel« anredete. Kaum war der Arzt zur Tür hinaus, als Walter und seine Meute mit unflätigem Hohn auf die »Herren« ihrem Neid und Haß Luft machten und sich verschworen, uns zu zeigen, wer in der klassenlosen Gesellschaft Herr sei.

Für jeden Löffel Brei, den uns der Arzt zukommen ließ, wurde

uns bei der regulären Essensausgabe ein entsprechender Abzug gemacht oder auch die ganze Ration gestohlen. Wir wurden in den Hof hinausgejagt, um Mörtel für den Verputz der Blockhütten zu rühren und Wasser zu schleppen. Von Tag zu Tag wurden wir schwächer, müder und nervöser. Meine Handflächen waren ein einziges Stück Schorf und Eiter. Theos Füße schwollen so entsetzlich an, daß er überhaupt nicht mehr arbeiten konnte, und dicke Drüsengeschwüre unter meinen Armen schmerzten so stark, daß jede Bewegung zur Qual wurde. Zur Behandlung der großen Geschwüre unter den Armen und in der Leistengegend suchte ich mir im Hof ein paar Lattichblätter und machte mir Zugpflaster mit Brotbrei. Wenn die Geschwüre reif waren, preßte Theo sie erbarmungslos mit seinem roten Taschentuch aus.
So oft wir nur konnten, flüchteten wir aus der Stickluft und der Gemeinheit der Baracke in einen stillen Winkel bei der Palisade. Theo besaß eine Zeltbahn, die uns gegen Sonne und Mücken bescheidenen Schutz gewährte. Abwechselnd lasen wir uns kleine Abschnitte aus meinem Meßbuch vor, aber auch aus der Moskauer Ausgabe von Andersens Märchen.
Zuweilen kam Maria zu uns herüber oder auch Frau Skierat, die in der Backstube außerhalb des Lagers arbeitete. Beide waren dankbar für jedes Wort Gottes und seines Geistes in der Liturgie. Frau Skierat belohnte uns mit einer Handvoll Brotkrusten aus ihrer Schürzentasche. Sie hatte die Bleche auszukratzen, in denen der dünne Brotteig gebacken wurde. Das Fett zum Ausschmieren unterschlug ihr Chef, ein südrussischer Grobian mit einer dunklen Vergangenheit. Frau Skierat wußte mit ihm umzugehen. Sie war schon zu Beginn des ersten Weltkrieges als zwölfjähriges Kind aus dem Memelland bis nach Samara, dem heutigen Kuibyschew an der Wolga, deportiert worden. Dort mußte sie mit anderen deutschen Kindern durch Betteln ihr Leben fristen. Es war ihr nicht schlecht gegangen; gute russische Familien nahmen sie auf und beschützten sie, bis sie wieder nach Ostpreußen zurückkehren konnte. - Jetzt war ihr Mann in Rußland vermißt,

sie selbst aber und ihre vier Kinder wurden nochmals verschleppt, die Kinder von ihr getrennt. Sie wußte nicht, wer von ihren Angehörigen noch am Leben war, und verzehrte sich in Sorge um sie. Auf ihre Art war sie fromm, hatte einer spiritistischen Sekte angehört und plagte sich mit verworrenen Traumgesichten und deren abergläubischer Auslegung. Für die schwere Arbeit in der Bäckerei war sie dankbar, weil sie da oft allein sein, beten und ruhig nachdenken konnte.

In echter Hilfsbereitschaft bot sich Frau Skierat an, meine Schuhe an ihren Chef für ein gutes halbes Pfund ›eingesparten‹ Fettes einzuhandeln. Meine Füße waren so geschwollen und mit Geschwüren bedeckt, daß ich keine Hoffnung hatte, die Schuhe je wieder anziehen zu können. Das Leder war völlig ausgetrocknet, und die Sohlen hatten viele kleine Bruchstellen. Wir wienerten sie mit Spucke auf und waren heilfroh, daß das Geschäft klappte. Wir verstauten unseren Schatz in einem dunklen Loch in der Barackenwand hinter unserer Pritsche und trafen Vorkehrungen, daß uns niemand beim Essen beobachten konnte. Wir legten uns auf je einen halben Teelöffel Fett am Morgen und am Abend fest, um den kostbaren Zusatz einen vollen Monat zu strecken. Als Brotaufstrich, aber auch ohne Brot schmeckte das undefinierbare Schmalz wie Honig und brachte unseren Verdauungsapparat wieder in Gang.

Die regulären Mahlzeiten wurden immer magerer. Zwei Pfund Schrot oder Kleie mußten zweihundert Suppenportionen hergeben. Um den Gehalt dieses dünnen ›Kischels‹ aufzubessern, ließ der Professor täglich fünfundzwanzig Pfund Weidenröschenkraut beifügen, das auf den kahlgeschlagenen oder abgebrannten Schneisen neben der Bahnstrecke wucherte. Um den Vitamingehalt dieser Pflanze voll auszunutzen, wurde sie nicht nur als ›Ersatzgrütze‹ unserer Suppe beigefügt, sondern ihr rötlicher Saft auch als ›Vitamintee‹ serviert. Außerdem wurden die Blätter von einigen Findigen, darunter auch Theo, getrocknet und mangels bessern Stoffs verraucht. Der ›Vitamintabak‹ roch wie nasse Windeln, verscheuchte die

Mücken und erhöhte Lebensdauer und Wert des echten Machorkas.

Um die famose Universalpflanze, die wir freundlich ›Iwan-Tschai‹ [Iwan-Tee] nannten, in ausreichenden Mengen einzubringen, erhielt unser Professor die Erlaubnis, die noch Gehfähigen von uns zum Einsammeln des Krauts auszuführen. Wenngleich wir unsere geschwollenen Beine kaum mehr voranschleppen konnten, waren Theo und ich doch für jeden Schritt aus der Baracke, zumal in Gesellschaft des klugen, freundlichen Professors, herzlich dankbar. Unterwegs bemühte sich der Professor, seine Deutsch- und Englischkenntnisse zu verbessern. Er unterhielt sich mit uns abwechselnd in beiden Sprachen und streute nur hin und wieder ein paar russische Brocken ein, wenn er ins Stocken kam. Von Zeit zu Zeit machte er uns auf Gräser und Pflanzen aufmerksam, deren Mannigfaltigkeit und Schönheit auch in diese Einöde einen Abglanz der Herrlichkeit des Schöpfers brachten. Es machte ihm Spaß, uns die ausdrucksvollen russischen Namen der Kräuter zu erklären. Mit besonderem Vergnügen hielt er sich mit einer unscheinbaren Schattenpflanze auf, deren Blätter an der oberen Seite samtweich, an der unteren haarig und stachelig waren. Auf russisch heiße sie treffend ›Schwiegermütterchen‹, erklärte er uns schmunzelnd.

Der Professor durfte nicht zu lange mit uns sprechen, um den bewaffneten Posten, der uns schweigend begleitete, nicht mißtrauisch zu machen. Er ließ uns aber deutlicher als durch Worte spüren, wie er zu uns stand, wenn er gleich nach dem Verlassen des Lagers etwas Machorka in Theos leere Pfeife stopfte. Den gefüllten Krautsack warf sich der Professor selbst über die Schultern und schleppte ihn den ganzen Weg für uns ins Lager zurück, wobei er seine Bluse völlig durchschwitzte.

Auf einem dieser Ausflüge führte uns der Professor am Stromufer entlang zu einer Lichtung, wo er zuvor Sauerampfer entdeckt hatte. Mit Begeisterung pflückten wir das schmackhafte Gemüse, aus dem meine Mutter die erste köstliche Frühlingssuppe zu kochen pflegte. Doch mußten wir jedes Blatt mit einem Mückenstich bezahlen. Auf dem Rückweg erzählte uns der Professor etwas von seiner Geschichte. Er war seit neun Jahren in den hohen Norden verbannt und hoffte immer noch vergeblich auf ein Wiedersehen mit seiner Familie, die er irgendwo in Sibirien vermutete. Er war ein begeisterter Wissenschaftler und hatte an einem Dermatologenkongreß in England teilgenommen. Über den Grund seiner Verbannung äußerte er sich nicht.

Wir fragten ihn, was er von den Gerüchten halte, daß einige von uns bald entlassen würden. Er versicherte uns, daß sie leider jeder Grundlage entbehrten. »Churchill hat kürzlich im britischen Parlament eine scharfe Rede gehalten«, klärte er uns auf, »und das hat zu einer wachsenden Spannung zwischen den westlichen Alliierten und der Sowjetunion geführt. Es ist noch kein Friede in der Welt.«

Eindringlich warnte er uns, als wir uns wieder dem Lager näherten: »Schweigen Sie, schweigen Sie, schweigen Sie! Es sind zu viele böse Menschen um Sie herum!« Wir glaubten, wir hätten bereits die Abgründe der Niedertracht durchschritten, in die das Lagerleben den Durchschnittsmenschen hinabstürzt. Aber in den nächsten Wochen schien es, als müßten wir noch tiefer hinab, dorthin, wo die Dämonen unseres Elendsreiches völlig losgelassen waren.

Es begann mit einer gutgemeinten Anweisung des Tatarendoktors, daß vier Patienten mit einer alten Tuberkulose, darunter Theo und ich, nach jeder Mahlzeit in das Frauenrevier gehen sollten, um dort in Empfang zu nehmen, was die Schwerkranken übriggelassen hatten. Der Doktor gab uns persönlich den ersten Nachschlag. Seine schwarzen Augen strahlten, als er eine volle Schöpfkelle Hirsebrei in unsere Kochgeschirre klatschte. »Das ist für Ihre Lunge«, sagte er, »ich hoffe, es wird Ihnen helfen!« Schon die ungewöhnlich freundliche Geste des Doktors war ein Labsal für uns.

Unsere Freude sollte aber nicht ungetrübt bleiben. »Da kommen die Herren!«, verkündete Walter höhnisch bei unserer Rückkehr. Dies war Theo zu viel, und er wehrte sich gegen die gehässigen Neider. »Wollt Ihr uns auch noch dieses bißchen Brei mißgönnen? Dabei weiß doch jeder, daß Ihr schon seit Monaten doppelt und dreimal so viel gegessen habt wie wir!«

Walter grinste hämisch: »Ich werd' euch schon kurieren!« So wunderten wir uns nicht, daß wir, als wir uns das nächste Mal bei Frau Wiechert meldeten, nur mehr zwei Löffel Kascha vorfanden. Nach dem Abendessen war überhaupt nichts mehr übriggeblieben. Walter jedoch stellte triumphierend eine Blechschüssel voll Brei zur Schau. Wir entschlossen uns, trotzdem durchzuhalten und abwechselnd der Anordnung des Doktors zu folgen, nach jeder Mahlzeit mit unserem leeren Eßgeschirr den verdemütigenden Weg zur Frauenbaracke hin und zurück zu machen, auch wenn wir dabei nichts als Hohn und Spott und mitunter einen Schlag Spülwasser ernteten.

Das tägliche Spießrutenlaufen ermöglichte uns immerhin, einigen Sterbenden beizustehen. Dicht neben der Tür, an der Madame Wiechert uns gewöhnlich erst gebührend lang warten ließ, bevor sie uns mit verlogenem, süßsaurem Lächeln abfertigte, lagen zwei junge Ermländerinnen von vierzehn und sechzehn Jahren, beide schon sehr schwach und vom Wasser stark aufgetrieben. Neben ihnen lag Lili Glaser, jenes brave evangelische Mädchen aus dem Rheinland, das uns in ›Kolonne sieben‹ die ersten Mahlzeiten aufgetragen hatte. Ich mußte zunächst scharf hinschauen, denn ihr schönes blondes Haar war kahlgeschoren und ihre vor wenigen Monaten noch vollen Wangen eingefallen. Auf der Pritsche neben ihr entdeckte ich eine weitere alte Bekannte - Walters grauhaarige Geschäftsfreundin aus ›Kolonne sieben‹. Von groben Holzblöcken hochgestützt, lag sie schwer atmend auf ihrem Sägemehlsack. Im Arbeitslager war sie klapperdürr gewesen; jetzt war sie von der Wassersucht fast bis zur Unkenntlichkeit aufgeschwemmt. In all ihrem Elend war sie stolz wie ein Pfau, als der polnische Professor sie für seine wissenschaftliche Sammlung zeichnete.

Am nächsten Morgen mußte Walter für die Beziehungen, die er zu der Frau gehabt hatte, einige Buße tun, denn er mußte ›Onkel August‹ helfen, ihre zweihundertfünfzig Pfund

schwere, leblose Masse in den Sezierverschlag zu schleppen. Er berichtete später, man habe erst mehrere Eimer Wasser von der Leiche abzapfen müssen, ehe der Professor ihre inneren Organe untersuchen konnte.
Von unsern alten Bekannten raffte der Tod einen nach dem andern dahin. Die dominierende Clique festigte dabei ihre Machtposition immer mehr, und Theo und ich wurden immer einsamer. Um so dankbarer waren wir für die brüderliche Gemeinschaft, zu der Gott uns beide zusammengeführt hatte. Wenn einer von uns nicht mehr die Kraft hatte, vom Lager aufzustehen, holte der andere das Essen für ihn; wenn einer zu erschöpft war, zu lesen oder zu beten, tat es der andere.
Jeder der vielen Toten hinterließ in mir den quälenden Gedanken, daß ich versäumt hatte, ihm hinreichenden priesterlichen Beistand zu leisten. Alois Jendrock, der invalide Forstaufseher, unser letzter anständiger und treuer Kamerad, ging auch dahin. Er erstickte an einer scheußlichen Verschleimung der Atemwege nach einem langen und qualvollen Todeskampf. Er war dankbar für unsere Freundschaft, wies aber bis zuletzt alle geistliche Hilfe ab und starb in völliger Verzweiflung, indem er sich mit letzter Kraft aufbäumte. Er war der zwanzigste Tote von den ursprünglich achtundzwanzig Mann, die in diese Baracke eingezogen waren, als wir in das ›Genesungslager‹ verlegt wurden.
Wir spürten, daß unsere Widerstandskraft abnahm und wir sehr wohl als Nächste dahingehen könnten. Ich hatte das Gefühl, daß mein verhungernder Körper immer mehr zu den letzten Reserven griff und nach dem Fett und den Muskeln nun die Nervenstränge und Gehirnzellen verzehrte.
Theo war nicht besser dran. Das Pellagra der Haut war allerdings bei ihm erst im Anfangsstadium. Seine Hände waren noch heil, er konnte noch ein Buch halten und aus einer Bibel oder meinem Meßbuch vorlesen. In diesen qualvollen Tagen entdeckten wir neue Schönheiten in der Heiligen Schrift. Wenn wir auch im Gestank unserer Umgebung leiblich und seelisch zu ersticken drohten, verging doch kein Tag, an dem

wir nicht einen erfrischenden Atemzug und einen Lichtstrahl aus einer anderen Welt empfangen hätten.
Wenn ich an den Sonntagen versuchte, die Messe aus meinem Schott mitzubeten, um wenigstens diese letzte Verbindung mit der sichtbaren, aus dem sakramentalen Vermächtnis des Herrn lebenden Kirche aufrechtzuerhalten, juckten meine borkigen, schwärenden Hände unerträglich und bebte mein Kopf vor Schwäche, so daß ich nur mit äußerster Anstrengung durch die Texte der Liturgie hindurchkam. Doch selbst bei diesem peinvollen Versagen meiner geistigen Kräfte fand ich Trost in dem Gedanken, daß meine Leiden in das große, immer neu uns Erlösung bringende Leiden Christi aufgenommen waren. So schmerzlich ich die sakramentale Darbringung des Opfers Christi entbehrte, wußte ich doch, daß ich aus der heiligen Eucharistie lebte, wo immer sie gefeiert wurde, vielleicht gar nicht weit von uns in den Lagern von Workuta, wo es doch einem Priester oder Bischof gelingen mochte, Brot und Wein zu beschaffen und in irgendeinem Winkel zu zelebrieren.
Während ich gerade jetzt mich im festen Glauben an die Sakramente der sichtbaren Kirche besonders gestärkt fühlte, drängte es mich, diese meine innerste Freude an Theo weiterzugeben, der seine Liebe zum Wort Gottes in der Heiligen Schrift und seine Kenntnis desselben von Herzen mit mir teilte. »Wir alle, die wir auf Christus getauft sind, sind auf Seinen Tod getauft. Denn durch die Taufe sind wir mit Ihm im Tod begraben. Wie aber Christus durch die Herrlichkeit des Vaters von den Toten auferstanden ist, so sollen auch wir in einem neuen Leben wandeln« [Röm 6]. Diese Schlüsselstelle christlicher Verkündigung fanden wir in der Epistel am Sonntag morgen nach einem unserer brüderlichen Gespräche.
Als ich weiterlas und die erschütternden Flehrufe des Psalmisten um Errettung aus verzweifelter Not betete, machte ich eine für mich furchtbare Entdeckung: der Text war unterbrochen, das Evangelium der wunderbaren Brotvermehrung fehlte. Ich mußte feststellen, daß der Text der nächsten

Seite zur Messe des fünfzehnten Sonntags nach Pfingsten gehörte. Die ganzen neun Sonntage dazwischen waren so säuberlich herausgetrennt worden, daß ich es bis jetzt noch gar nicht bemerkt hatte.

Im ersten Schmerz über den Verlust war ich versucht, meinen Herrn zu fragen, warum er mir auch diesen letzten Halt nehmen ließ. Da fielen meine Augen auf den ersten Satz, der auf der nächsten verbliebenen Seite stand: »Suchet zuerst das Reich Gottes und seine Gerechtigkeit. Alles übrige wird euch hinzugegeben werden.« Das Meßbuch war mir teilweise erhalten und teilweise genommen worden, um das eine Notwendige zu lernen: Gottes heiligen Willen allein zu suchen und anzubeten.

Mein Pellagra verschlimmerte sich weiter und machte mich schließlich zu einem bevorzugten Studienobjekt des Professors für die letzten Stadien dieser Krankheit. So oft ich zu den Sitzungen bei ihm erschien, bot er mir zuerst etwas von seinem eigenen Essen an.

Eines Abends bestellte er Theo und mich wieder einmal zusammen zu sich. Er hatte eine besondere Überraschung für uns bereit. Er stellte uns einer Dame vor, die ungefähr fünfunddreißig oder vierzig Jahre alt sein mochte. Sie trug ein sauberes, gut sitzendes Schwesternkleid und lud uns charmant auf französisch ein, Platz zu nehmen. Wir durften Deutsch sprechen, was sie ebenfalls gut verstand, aber nicht so flüssig sprach wie das Französische. Vor ihr auf dem Schreibtisch lagen Berichte und Tabellen und das Instrumentar für Blutuntersuchungen.

»Das sieht ja für ein Petschoralager recht fachmännisch aus!« sagte ich zu ihr. Sie entnahm mir geschickt aus der Vene und aus der Fingerspitze Blutproben. Auf ein Kompliment für ihre sichere Hand hin erzählte sie uns, daß sie schon eine lange Praxis hinter sich habe. Unsere Untersuchung wurde durch den tatarischen Chefarzt unterbrochen, der sich aufgeräumt und liebenswürdig mit ihr unterhielt und ihr einen großen, frisch geangelten Fisch brachte. Als sie mit ihren Proben fertig war, schnitt sie die köstliche Lachsforelle in

Stücke und lud uns ein, sie mit ihr zu verspeisen. Auch ihre Kascha und die frischen Moosbeeren, die der Professor für sie gepflückt hatte, teilte sie mit uns. Es war, als ob das Leben in uns zurückströmte, als wir uns völlig unerwartet in ein echtes Gespräch mit gebildeten, guten Menschen aufgenommen fanden.

Sie war die Frau eines russischen Diplomaten, der nach einigen Jahren auswärtigen Dienstes im Zug der großen Säuberungsaktion in den späten dreißiger Jahren nach Sibirien verbannt worden war. Ihren Mann und ihr Kind hatte sie seit neun Jahren nicht mehr gesehen, sich in der Verbannung aber zu ihrer jetzigen Stellung in den Lagern heraufgearbeitet. Sie hatte ein gesundes, frauliches und intelligentes Gesicht. Die Haare waren streng zurückgekämmt, die Hände sauber und gepflegt. Sie war der erste Sowjetbürger, dem wir begegneten, der seine Fingernägel beschnitten und nicht abgerissen oder abgebissen hatte. [Selbst der Professor kaute seine Nägel ab.]

»Ich weiß, daß Sie beide Christen sind«, sprach die Laborantin uns an. »Auch ich bin eine Christin. Ich gehöre der russisch-orthodoxen Kirche an.« So waren wir also hier, die orthodoxe Christin, der protestantische Pfarrer und der katholische Priester, in einem verlorenen Winkel der arktischen Tundra in unserem Bekenntnis zu Christus das Symbol einer ›ökumenischen Gemeinschaft‹. Diese Begegnung war so beglückend, daß wir Palisaden und Stacheldraht, Petschora und Pellagra vergaßen und der Freiheit der Kinder Gottes innewurden.

Als wir versuchten, unsere Freude auszutauschen, öffnete sich die Tür, und der dicke Wachtmeister und Chef unserer Posten erschien mit seiner jovialsten Miene. Er machte ein paar faule Witze, welche die Laborantin ihm ins Gesicht mit schallendem Gelächter und hinter seinem breiten Rücken mit einer langen Nase beantwortete. Aber unser Gespräch brach sie ab: »Ich muß gehen. Es tut mir leid, daß wenig Hoffnung besteht, daß Sie lebend aus diesem Lager kommen, aber Gott weiß das besser.«

Auf unserer harten Pritsche erwogen wir das ungewöhnliche Erlebnis. Wir waren uns einig, daß es ein Anruf Gottes war, das Leid, das uns drei Vertreter der gespaltenen Christenheit und den am Glauben verzweifelten Professor verband, als Folge ungesühnter Schuld anzunehmen und es Gott im Namen Christi anzubieten, damit Er das furchtbare Ärgernis der vergangenen Jahrhunderte überwinden und die verlorene Einheit der Christenheit wiederherstellen lasse.

Die Laborantin blieb dreizehn Tage im Lager, ließ sich aber nicht mehr sprechen. Nach ihrer Abreise führte uns der Professor noch einmal zu einem letzten Ausflug in das blühende Moor der Tundra aus. Er ließ uns auf dem Knüppeldamm neben der Eisenbahn ausruhen, während er das Moor nach Moosbeeren absuchte. Sobald er eine gute Stelle gefunden hatte, ließ er uns nachkommen, um sie zu pflücken.

Auch die kurzen Wegstrecken konnten wir nur noch mit äußerster Anstrengung zurücklegen. Aber die Mühe lohnte sich: wir sahen für ein paar kurze Stunden keinen Palisadenzaun und keinen Wachtturm, sondern nur Gottes freie Natur. Hie und da ruhten wir einen Augenblick auf einem weichen Mooskissen aus und bewunderten die Fülle der kleinen wilden Blumen, die auch in dieser verlorenen Einöde in den bezauberndsten Farben blühten. Doch der Hunger und die Mücken ließen uns nicht lang verweilen.

Einige große Geschwüre machten es mir unmöglich, mich zu bücken; ich mußte niederknien, um die Beeren zu pflücken. Ich war bald so erschöpft, daß ich mich wieder einige Zeit mit Theo hinter einer Gruppe von Zwergkiefern ausruhen mußte. Da hörten wir von der andern Seite der Baumgruppe Stimmen. Ein Trupp Frauen näherte sich, von einem Mann angeführt, dessen geile Stimme uns nur allzu bekannt war. Die Gruppe ließ sich, ohne uns zu bemerken, auf der anderen Seite des Gebüsches nieder, um über »die Pfaffen« herzuziehen. Aus dem gehässigen Großmaul des faulen Kommißkopfs, dessen Trick mit den im heißen Wasser nachgebläuten Füßen der Tatarendoktor am ersten Tag durchschaut hatte, floß eine Flut übelster Verleumdungen. Wir kannten den Tonfall von den nächtlichen obszönen Prahlereien in Walters Winkel, wenn die alten Etappenschweine in ihren Bordellgeschichten wühlten und sich darum stritten, wer die meisten Tripperansteckungen hinter sich habe. Jetzt mußten wir hören, daß wir Denunzianten seien, deshalb stecke uns der Chefarzt allerlei zu; Leichenfledderer seien wir, und vor allem verbreiteten wir die Syphilis. - Theo wurde es zu dumm. Er sprang auf und konnte jetzt in seiner vollen Länge über das Buschwerk hinweg direkt in Arnolds Augen sehen. »Hör mal einer an!«, blitzte ihn Theo an, »dein falsches Zeugnis fällt auf dich zurück. Mit deinen gemeinen Lügen hast du genau deine eigene Niedertracht beschrieben!« Der überraschte Lump verstummte und war froh, zwischen sich und Theo die Kiefern zu haben. Geduckt schlich er davon und ließ die verlegenen Frauen allein zurück.

Auf einer Sanddüne rief der Professor die Beerenleser zum Sammeln. Von der Anhöhe aus konnten wir eine Lichtung in dem schütteren Gehölz einsehen, in welcher sich etwa zwanzig bis dreißig Sandhügel aneinanderreihten. Einige von ihnen waren mit meist schon verdorrtem Moos in Kreuzform geschmückt. Alois hatte dies für seine toten Kameraden getan, bevor er selbst gestorben war. Ich machte das Zeichen des Kreuzes über die Gräber, in denen durchschnittlich je zehn Leichen verscharrt waren.

Der Professor sah zu, als ich die Gräber segnete, und gab danach das Zeichen zum Aufbruch. »Selbst dieser einsame, versteckte Ort wird am Tag der Auferstehung von den Toten nicht vergessen sein«, suchte ich seine stumme Frage zu beantworten. »Gott weiß selbst diese zermarterten, von Krankheit zerstörten Leiber wieder herzustellen.« Der Professor schüttelte den Kopf: »Ich kann nicht glauben, daß es einen Gott gibt. Einen Gott, der weiß, was hier geschieht, und es weiter geschehen läßt!«

Ich war so schwach, daß ich kaum gehen konnte. In diesem Zustand eine Antwort zu geben, ging weit über meine Kraft; ich spürte die Ohnmacht meines Versuches, den Professor aus der Starre seiner Verzweiflung zu lösen. Auf dem Rück-

weg blieb ich weit hinter der Kolonne zurück. Der Posten mußte eine ganze Weile auf mich warten, bis ich ins Lager wankte - mit fünfzehn bis zwanzig Beeren in meinem Becher.
»Hier, nehmen Sie ein paar von meinen Beeren«, rief mir Frau Skierat zu, als sie sah, wie schwach ich war. »Nehmen Sie nur! Gott wird sie mir ersetzen. Wenn Er hier nicht für uns sorgte, wären wir sowieso verloren!«
Anfang August war unsere Baracke so baufällig geworden, daß man die letzten Überlebenden ausquartierte. Wir wurden in der Baracke der Arbeitsbrigade, die Genosse Keil kommandierte, untergebracht. Man pferchte Theo und mich mit einem ehemaligen Feldwebel der Luftwaffe und Walter auf einer Pritsche zusammen, die nur für zwei Mann gebaut war. Die Pritsche war nicht rechteckig, sondern in Form eines Dreiecks angelegt. Theo, der Längste von allen, bekam den kürzesten Platz in der Ecke. Zwischen uns lag der Feldwebel und zu meiner Linken etablierte sich Walter. Die Tag und Nacht fast ununterbrochen auf unsere Liegeplätze niederscheinende Sonne raubte uns auch noch die kurze Nachtruhe. Wenn nicht irgendein Streit oder eine Rauferei im Gang war, wurde unser enges Loch von dem idiotischen, endlosen Geschwätz unserer Obergangster erfüllt, bis uns der letzte Rest Eigenleben und die letzte Zuflucht persönlicher Menschenwürde genommen war.
Walter rühmte sich, er habe im Verlauf seines Lebens fünfzig Bücher gelesen. Arnold, der Feldwebel, verfügte über ein fast dämonisches Geschick, Bibelstellen in obszöner Weise zu pervertieren. Ein beliebtes Thema war allerlei konfuses Zeug über Spiritismus und ähnlichen Aberglauben. Theo und ich ignorierten alle die Gespräche in der Hoffnung, die Schwätzer würden des Tratsches müde werden. Aber als sie merkten, daß sie uns auf diese Weise nicht in Harnisch bringen konnten, wurden sie frecher und aggressiver. Die Begrüßung bei der Rückkehr zu unserer Pritsche von irgendeinem Ausgang lautete etwa: »Da kommen sie wieder, die Dreckschweine. Es wird Zeit, daß wir sie loswerden. Die schorfige Sau da

steckt uns noch alle an.« Ausgerechnet Walter, der tagsüber mit der Behandlung seiner fortgeschrittenen Geschlechtskrankheit beschäftigt war, verbreitete eifrig das Gerücht, daß meine Hautkrankheit in Wirklichkeit syphilitischer Natur und deshalb gemeingefährlich sei. Als er sich selbst eines Nachts in großen Schmerzen wälzte, wurde er allerdings weich und wollte mit mir sprechen. Er gab zu, unaufrichtig und gehässig gegen mich gehandelt zu haben, und fragte, was er tun könne, um es wieder gutzumachen. Ich sagte ihm, ich würde zufrieden sein, wenn er uns nur in Ruhe ließe, und wenn er seine Pfeife nicht mehr aus seinem verseuchten Mund in den der jungen Burschen weitergebe.

Unsere Freundschaft hielt immerhin einen ganzen Tag lang vor. Am folgenden wurde eine neue, sehr lästige Methode eingeführt, die Gefangenen zu zählen. Bisher kamen die Posten täglich morgens und abends in unsere Unterkünfte und nahmen mit umständlicher Gründlichkeit die Zählung vor. Doch von jetzt an mußten wir wieder zum Appell hinaus in den Hof und dort mindestens eine halbe Stunde herumstehen. Sofort fielen Wolken von Mücken über uns her und machten das Warten zu einer Qual.

Beim ersten Appell verkündete Lachmann, der Politruk: »In diesem Lager ist gestohlenes Gut verschachert worden! Die Schuldigen werden bestraft werden!« Irgend jemand lachte. Die Hauptschacherer waren ja die Wachleute und die Beamten selber. Theo und ich nahmen die Sache zunächst nicht ernst, obwohl wir durch Frau Skierat gegen mein Nachthemd ein Pfund Hirse eingehandelt und zum Aufkochen in die Küche gegeben hatten. Bei einer Durchsuchung der Küche wurde das Mädchen, das unseren Schatz verwaltete, zur Rechenschaft gezogen und gab uns als Eigentümer an. Es war schade um den beschlagnahmten Brei. Noch schlimmer war, daß unsere Vertrauensperson in der Küche in Ungelegenheiten kam, und nahezu verhängnisvoll wurde der Reinfall für unsere bisher ungetrübte Freundschaft mit der treuen Frau Skierat. Völlig aufgelöst vor Angst, beschwor sie uns, alles abzuleugnen. »Habe ich Ihnen nicht gesagt, daß ich

ein Schwein am Himmel gesehen habe und ein Ungewitter? Nun ists passiert! Mein Jottchen, sagen Sie man bloß nichts!« Sie war untröstlich und ließ sich nicht beruhigen.
Das Palaver in der Baracke verstummte, als wir müde und bedrückt zurückkamen. Mit heuchlerischer Feierlichkeit rief Walter unsere Namen auf und teilte uns mit, wir hätten uns in der Wachstube zu melden.
Es war fast Mitternacht, bevor man uns in die Hauptwache einließ. Vor der blakenden Ölfunzel saß der feiste Chef der Lagerwachen hinter einem wackeligen Schreibtisch. Vor ihm lag ein großes Formular, das er auszufüllen hatte. In gemütlichem Ton forderte der Dicke uns auf, Platz zu nehmen. Genosse Keil, der Arbeitsführer, saß neben ihm. Mit nervöser Hast stellte er uns eine Flut verfänglicher Fragen. Ich gab ohne Umschweife zu, die Hirse eingetauscht zu haben.
»Wußten Sie nicht, daß das verboten ist?« schrie uns der Inquisitor an. »Das kostet Sie drei Jahre mehr in diesem Lager. Warum haben Sie diesen Schacher unternommen?«
»Weil wir so hungrig waren und unser Doktor sagte, wir müßten mehr essen. Die Sowjetregierung hat uns in dieses Lager geschickt, um uns wieder gesund zu machen. Da war ich der Meinung, es sei ganz in ihrem Sinn, mein Hemd herzugeben, um den Genesungsprozeß zu fördern.«
»Den Internierten ist es verboten, Handel zu treiben.«
»Soviel ich weiß, darf man nicht mit gestohlenen Sachen Tauschhandel treiben«, entgegnete ich. »Für dieses Hirseschrot habe ich aber mein letztes *eigenes* Hemd hergegeben. Auf der linken Seite des Hemdes können Sie noch das Monogramm finden, das meine Mutter eingestickt hat.«
Sie forderten mich auf, das Monogramm auf das Formular aufzuzeichnen. Um uns einzuschüchtern, schloß Genosse Keil nun das Verhör mit der wenig phantasievollen Feststellung ab: »Wir wissen, daß Sie beide SS-Männer sind! Aus diesem Grund und im Hinblick auf das soeben begangene Vergehen werde ich Sie in ein Straflager schaffen lassen!«
»Wir haben nie verheimlicht, daß wir Pfarrer sind,« antwortete ich ihm. »Als Sie das letztemal bei uns in der Baracke

waren, haben Sie sich mein Gebetbuch genau angesehen und sich einen Spaß daraus gemacht, uns zu zeigen, wie man das Weihrauchfaß schwingt.«

Die Kommission entließ uns mit der Bemerkung, wir würden bald genug erfahren, was mit uns geschehen werde. Der Wachtmeister wünschte uns mit betonter Freundlichkeit eine gute Nacht. Die Aussicht auf einen Umzug in den Strafbunker erschien uns kaum noch als Unglück, denn bei unserer Rückkehr in unseren Bau wurden wir im alten Ton begrüßt: »Es ist nun wirklich bald Zeit, daß ihr beide verreckt!«

Die Bemerkung war nicht allzu weit von der Wahrheit entfernt. Noch in der gleichen Nacht bekam Theo so furchtbare Schmerzen im Gesäß, daß er seine kranken Beine nicht mehr länger auf der viel zu kurzen Pritsche krümmen konnte. Jan Petrowitsch, der lettische Hilfsarzt, ordnete am nächsten Morgen an, daß der Patient sofort in die Schwerkrankenbaracke überzusiedeln habe. Ich half Theo beim Umzug und trug seine paar Sachen, die Bibel, das Taschentuch, den schmalen Rucksack und die gute Decke, die Max Quandt ihm sterbend vermacht hatte.

In dem weißgetünchten Raum standen acht Pritschen. Kein Gruß, kein Laut regte sich, aber ein Dutzend kalte, glasige Augen waren unverwandt auf Theo gerichtet, als er den hoffnungslosen Versuch machte, sich auf der ihm überlassenen kürzesten Liegestatt einzurichten. Der Aufseher dieser Krankenstube war ein alter Bekannter, der Bucklige. Mit gelangweilter Wichtigtuerei steckte er das Thermometer in Theos Achsel, wartete kaum eine Minute lang und verkündete das Ergebnis: »Keine Gefahr, nur 39,3! Du brauchst dir keine Sorge zu machen!«

Als ich allein in meine Baracke zurückkam, hatten meine ›Freunde‹ mir inzwischen meine Brotration gestohlen. - So oft ich mich frei machen konnte, ging ich natürlich zu Theo hinüber. Sein Fieber blieb auf gleicher Höhe, er aber wurde von Tag zu Tag schwächer. Erst am fünften Tag kam der Doktor und verordnete ihm eine tägliche Ration von ein paar Löffeln Milchgrießsuppe und einen heißen Ziegel als Auflage

auf das stark geschwollene, ohnehin glühende Hinterteil. Die Grießsuppe tat ihm gut. Seine gewöhnliche Wassersuppe verteilte ich an die anderen Kranken. Ostrowski, der zähe Masure, dessen Kleider der Bucklige einst verschachert hatte, als er erledigt zu sein schien, war ein dankbarer Abnehmer. Er war sehr friedlich geworden und bot mir als Gegenleistung an, die großen Löcher in meinen Socken zu stopfen. Er sah, daß ich es mit meinen eiternden Händen nicht mehr selbst tun konnte. Sonst lieh er seine kostbare Stopfnadel nur gegegen eine Schnitte Brot aus.
Als mir Ostrowski dieses erstaunliche Angebot machte, hielt er in seinen dürren Händen einen schwarzen Buchdeckel mit einem Bündel loser Blätter. »Was liest du denn da?« fragte ich ihn.
»Ach, sind paar Seiten aus komisches Gebetbuch«, antwortete er in seinem masurischen Deutsch. »Versteh mich nich alles, aber is sich stückweis aus Bibel, is gutt!«
»Wo hast du das bloß aufgelesen?« Ich traute kaum meinen Augen.
»Is von Roman. Hat er das andere verraucht. Gibt gute Zigarett. Hat er mir geborgt, bis er nischt mehr hat zu rauchen.«
Der schwarze Umschlag stammte von einem Meßbuch. Es war die kleinere Ausgabe, Schott II, während ich den vollständigen deutsch-lateinischen Text hatte. Ostrowski händigte mir willig aus, was Roman noch nicht verraucht hatte.
Ich sah näher hin und zeigte Theo meinen Fund. Es war kaum zu glauben: von den zwölfhundert Seiten eines anderen Schott-Meßbuches waren ausgerechnet die paar Dutzend Seiten gerettet worden, die ich brauchte, um die vor ein paar Tagen entdeckte Lücke vom sechsten bis fünfzehnten Sonntag nach Pfingsten aufzufüllen, und es blieb sogar für Roman noch etwas zu rauchen übrig. »Hätte unser Herr uns ein freundlicheres Zeichen seiner Sorge geben können?« fragte ich Theo.
Wir beteten gemeinsam das Tedeum. Danach mußte ich Theo, wie schon öfter, den dreiundzwanzigsten Psalm vorbeten: »Der Herr ist mein Hirte; mir wird nichts mangeln.«

Unser Herr muß gewußt haben, wie nötig wir diesen Beweis seiner Freundschaft hatten. Wir waren am Ende unserer Kraft.

Während der letzten drei Wochen hatte ich nachts fast gar nicht mehr schlafen können. Ich hatte nur noch eine einzige Stelle heiler Haut: meine Stirn. Der ganze übrige Körper war von einer schwärenden Kruste überzogen. Wenn ich ausruhen wollte, ohne die wundgelegenen Stellen neu aufzureißen, legte ich die Stirn auf meinen Schott, den Lena mit einem Manteltaschenfutter bezogen hatte. Aber nach ein paar Minuten bleiernen Schlafes erwachte ich wieder an einem ruckartigen Nervenkrampf und war vor Schwäche in Schweiß gebadet, der einen unerträglichen Juckreiz auf der wunden Haut auslöste. Aus einem solchen Schlaf erwachte ich, als der Politruk eines Nachts erschien, um wichtige Mitteilungen zu machen. Die ersten Worte, die ich verstehen konnte, waren: »... auf humane Weise ausgesiedelt!« Er sprach von der Konferenz Stalins mit den alliierten Siegern in Potsdam und versuchte, einige wichtige Einzelheiten des Abkommens zu erklären. Ich verstand so viel, daß unsere ostpreußische Heimat von der Sowjetunion und Polen annektiert und die deutsche Bevölkerung ausgetrieben werde; daß der Rest des Deutschen Reiches in Zonen aufgeteilt werde, die von den Siegerstaaten besetzt würden, und daß sie das deutsche Volk zu primitiver, landwirtschaftlicher Lebensweise zurückführen wollten, nachdem sie die großen Agrarprovinzen abgetrennt und die Bauern des Ostens in die übervölkerten, demontierten Gebiete des Westens getrieben hätten.

Es wollte mir nicht in den Kopf gehen, daß die Stammbevölkerung des katholischen Ermlandes diesmal in ihrer bäuerlichen Substanz vernichtet werden sollte. Sie hatte im Lauf der Geschichte ein Dutzend feindliche Invasionen der Polen, Litauer, Russen, Schweden, Hussiten und Franzosen überstanden und das verwüstete Land immer wieder aufgebaut.

Walter fand die ganze Sache halb so schlimm. »Laßt die Polen nur kommen!«, erklärte er, »die werden nicht alle austreiben! Nur die Pfaffen und Gutsbesitzer. *Wir* werden wie-

der auf unser Land kommen; es wird dann genug für uns alle geben!«
Trotz der düsteren Aussichten regte sich in uns neue Hoffnung, daß einige von uns in vielleicht nicht allzu ferner Zeit doch freigelassen würden, zumal wieder einmal eine Kommission bei uns eintraf. Es hieß, die Kriegsgefangenen sollten von den Zivilinternierten und Nichtkombattanten abgesondert, die Kriegsverbrecher durch neue Verhöre ermittelt und ihrer Strafe zugeführt werden. Die Unverdächtigen sollten in Arbeitslager bei größeren Industriewerken und auf Kollektivfarmen überführt werden. Wir wagten kaum zu hoffen, daß die völlig Arbeitsunfähigen vielleicht nach Deutschland abgeschoben würden.
Im Zusammenhang mit diesen geheimnisvollen Vorgängen wurde ich eines Abends ins Büro des Politruk gerufen. Genosse Lachmann bat mich, ihm Auskunft über die religiöse Lage in Deutschland zu geben. Am nächsten Morgen solle er die Gefangenen einzeln nach ihrer Religionszugehörigkeit befragen. Ich war äußerst vorsichtig und hielt mich an die Beantwortung seiner Fragen. Während des Gesprächs spielte der Kommissar gelangweilt mit seinem Bleistift. Er packte alte Ladenhüter der Gottlosenpropaganda aus und erzählte umständlich die Geschichte eines sibirischen Popen, der seine Gemeinde an die zaristische Ochrana verraten habe.
Ganz unschuldig fragte ich schließlich den Politruk, warum kommunistische Beamte Hunderttausende aus ihrem eigenen Volk, vor allem seine eigenen wolgadeutschen Landsleute, in den letzten zehn Jahren hierher und nach Sibirien oder andern Verbannungsorten verschleppt hätten. Auf diese Frage gab er keine Antwort, sondern brach die Unterredung ab.
Tags darauf wurden die Gefangenen in kleineren Gruppen vom Politruk gefragt, welcher Religion sie angehörten. Vom Vorraum aus konnte ich hören, daß sich fast alle als Christen bekannten. Vor mir in der Reihe stand Roman, der Gebetbuch rauchende Oberschlesier, der als Berufssoldat in der Wehrmacht gedient hatte. Er gab an, er habe keine Religion und sei desertiert, weil er zum Militärdienst ge-

zwungen worden sei. Der dramatisch angelegte, aber nur zu durchsichtige Bericht, der seine Entscheidung glaubwürdig machen und ihn in vorteilhaftes Licht stellen sollte, brachte den Politruk zum Gähnen. - Meine Befragung war schnell erledigt.

Mitte August tauchte ein junger Offizier in NKVD-Uniform im Lager auf, von dem es hieß, er sei mit besonderen Vollmachten aus Moskau gekommen. Die Spannung wuchs, als einige von uns, darunter auch ich, zum Verhör zu ihm bestellt wurden. Der geheimnisvolle Offizier saß am Schreibtisch des Politruks und rollte sich aus einem Leitartikel der Prawda eine Zigarette. Er blätterte in meiner Akte, die inzwischen beträchtlich angeschwollen war; ich erkannte einige Protokolle der ersten Kreuzverhöre wieder. Während der Offizier diese Papiere überflog, fragte er gleichgültig: »Wollen Sie mir nur eben mitteilen, wieso ein so junger Mann wie Sie bereits als Pfarrer bestellt war?«

»Ich war immerhin mehr als sieben Jahre Priester, als ich die sehr kleine Gemeinde erhielt. Die Wahl fiel auf mich, weil schon allzu viele Priester aus unserer Diözese zur Wehrmacht eingezogen, ins Gefängnis geworfen oder ausgewiesen waren«, antwortete ich auf die unerwartete Frage. Die Auskunft schien ihn zu befriedigen, und ich wurde entlassen.

Am selben Nachmittag rief mich der Professor zu sich. Diesmal mußte ich ein wenig länger auf ihn warten als sonst, da er mit der Leichenschau von zwei jungen Mädchen beschäftigt war; die jüngere war erst fünfzehn Jahre alt gewesen. Ihr Hungertod wurde durch eine Schwangerschaft beschleunigt. Zwei Nächte lang hatte der Professor bei ihnen gewacht, als sie ihm überwiesen waren. Da er weder Lebensmittel noch Medizin zur Verfügung hatte, konnte er trotz seines guten Willens nichts mehr ausrichten.

Er schien müde und niedergedrückt zu sein, als er in sein Büro kam. »Entschuldigen Sie, bitte, daß ich Sie bestellt habe«, begrüßte er mich, »ich werde heute keine Zeichnungen machen; ich habe auch für mich selbst kein Brot mehr übrig.« [Von jeher hatte er mich grundsätzlich niemals herüberrufen lassen, ohne mir etwas von seinen eigenen kümmerlichen Rationen anzubieten.] »Ich wollte Sie nur fragen, ob der Moskauer Offizier Sie heute früh verhört hat. Machen Sie sich keine große Hoffnung! Es wird Ihnen aber nicht entgangen sein, daß in den letzten Tagen viele Züge mit Menschenfracht am Lager vorüber nach Norden gefahren sind. Vielleicht werden nicht alle diese Züge auf ihrer Rückfahrt nach Süden - leer zurückkehren.«

Ich vertraute den Inhalt des Gespräches mit dem Professor selbstverständlich nur Theo an. So ungewiß die Mutmaßung war, die wir an die Bemerkung unseres Freundes knüpften, sie belebte unsere Hoffnung wie nie zuvor. Theo sagte, er wolle für meine Freilassung beten. Und falls er selbst als kriegsgefangener Soldat länger hierbleiben müsse als ich, so werde seine Freude, mich heimkehren zu sehen, doch größer sein als sein Schmerz, allein zurückzubleiben. Ich suchte ihn mit dem Versprechen zu trösten, ich würde seiner Frau sofort Nachricht geben, daß er lebe.

Als ich auf meine schmutzige Pritsche zurückkam und meine von den nässenden Schwären verklebte Decke zurechtlegte, die ich mit meinen vereiterten Händen nicht reinigen konnte, unterbrach eine hämische Stimme die gespannte Stille: »Die schorfige Sau ist noch immer nicht kaputt!«

»Es wird aber nicht mehr lange dauern, bis sie eingeht«, tröstete Walter seine Kumpane.

Während ich mich noch damit abquälte, eine Lage zu finden, in der ich es einigermaßen auf den Brettern aushalten konnte, bemerkte ein anderer: »Sagt mal, Jungens, ist das nicht merkwürdig, daß der liebe Gott seinen besonderen Diener wie eine schorfige Sau herumschleichen läßt?«

Der Beifall der Spötter war schwach und verstummte, als ich nach einer Pause antwortete: »Seitdem Gott Seinen eingeborenen Sohn am Schandpfahl des Kreuzes sterben ließ, um für die Niedertracht der Menschen Sühne zu leisten, ist es ganz in Ordnung, daß alle, die Ihm nachfolgen, auch an dieser Schmach Anteil haben.«

Nach der wieder fast schlaflosen langen Nacht las ich, wenn

auch mit größter Mühe, die wunderbaren Meßtexte des dreizehnten Sonntags nach Pfingsten. Da hieß es schon im Introitus: »Erhebe Dich, o Herr, und führe Deine Sache; sei eingedenk der Schande Deiner Knechte.« Getroffen von diesem Gotteswort ging ich hinüber zu Theo, um ihm die Sonntagsmeßtexte vorzulesen. Ich mußte ihm die wichtigsten Stellen wiederholen, bis er abschließend sagte: »Wie viele Beweise seiner Freundlichkeit hat uns der Herr gegeben! Wenn wir an Abraham denken, der in der Epistel genannt wird, und an David, der diesen Psalm vor dreitausend Jahren gebetet hat, sollten wir uns unserer Kleinmütigkeit schämen.«

Steh auf und wandle!

Mehrere Tage gingen vorüber, ohne daß sich irgend etwas Besonderes ereignete. Nur die Mücken wurden immer noch zahlreicher, und Pastor Goebels Fieber stieg weiter. Ich schleppte mich mehrmals über den Hof, um einen heißen Ziegel zu bekommen, der Theos Abszeß zum Reifen bringen sollte. Durch den Verkauf meiner Strickjacke konnte ich ein Pfund Hirse einhandeln, um dem kranken Freund ein Geburtstagsmahl zu bereiten. Fräulein Schulz, eine Lehrerin aus Marienburg, die vor einigen Wochen ins Lager gekommen war, übernahm das Abkochen im Ofen der Entlausungsanstalt. Zu unserer großen Überraschung garnierte sie den Brei mit Moosbeeren, die sie selbst mühsam gesammelt hatte.

Als mir danach auf dem Hof unsere gute Frau Skierat begegnete, teilte sie mir in größter Erregung mit, sie habe Befehl erhalten, sich zum Aufbruch nach dem Arbeitslager ›Kolonne sieben‹ an der Izhma fertig zu machen. Treuherzig gab sie den Kommentar der Lagerbonzen weiter: »Das hat man davon, wenn man sich mit den Pfaffen einläßt!« Die Verwirrung und Angst unserer letzten Getreuen, die wir nun auch noch verlieren sollten, drückten mich nieder, als ich Theo das Sonntagsevangelium von den Aussätzigen vorlas, die in ihrer Verzweiflung Jesus angerufen hatten: »Jesus, Meister, erbarme Dich unser!« Einem von ihnen hatte der Herr aber gesagt: »Steh auf und wandle. Dein Glaube hat dir geholfen!«

Diese Worte nahm ich mit, als ich auf meine Pritsche zurückschlich. Ich dachte an sie, als der Tatarendoktor mit einer Liste in der Tür erschien und mich ganz überraschend anredete: »Herrr Fittkau – woolen Sie nakh Khause?«

»Ich wüßte nicht, was ich lieber täte«, gab ich schnell zurück, ohne an die Erfüllung dieser Verheißung zu glauben.

Der Arzt rief noch die Namen zweier junger Burschen in der

Baracke auf, die gleich mir ›transportfähig‹ geschrieben waren, und wies uns an, binnen zehn Minuten an der Wache zu sein. Aufgeregt raffte ich meine Habseligkeiten von der Pritsche zusammen, warf meine alte Pelzjoppe über die Schultern und bat die beiden Jungen, mir zu helfen, mein Bündel über den Hof zu tragen.

Das ganze Lager war in Aufruhr. Bevor der Doktor zu uns gekommen war, hatte er bereits die Frauen aufgescheucht. Auf dem Weg zu Theos Revierstube lief ich Jan Petrowitsch, dem lettischen Feldscher, in die Arme. Zum Abschied bat er sich den Emailletopf aus, den ich in der Hand hielt. Er versprach mir dafür etwas Salbe für Theo. Als ich die Krankenstube betrat, begrüßte mich Theo schon von weitem: »So stimmt es also doch! Gott sei Dank, daß du unter den ersten bist, die entlassen werden!«

Es war gut, daß wir nicht viel Zeit für den Abschied hatten. Wir umarmten uns und versicherten einander des Gebetes für die Wege, die wir getrennt zum gleichen Ziel weitergehen mußten.

Als ich bei der Wache ankam, wurden unsere Namen abermals aufgerufen. Im Gänsemarsch gingen wir hinter dem Posten durch das dunkle Tor auf den Sanddamm zu, der die Eisenbahnschienen trug. Beim Wachtturm an der Ecke des Lagers kamen wir an einer Tonne vorbei, unter der ein Holzfeuer brannte; undeutlich sah man eine mit Wattejacke und Chinesenhose bekleidete Gestalt die Glut schüren. Das Kopftuch verriet Maria, die nachts Kalksteine zum Tünchen der Barackenstuben brannte. Im Vorübergehen konnte ich ihr noch zurufen: »Hab Dank, Maria. Behüt dich Gott! Wenn du kannst, kümmere dich um Pastor Goebel!«

»Gott befohlen! Beten Sie für uns!« rief sie mir nach und wandte sich wieder ihrem Feuer zu.

Nach einem Marsch von zehn Minuten durften wir uns auf unserem Gepäck niederlassen, um auf den ›Sonderwagen‹ zu warten. Die Träger, die einige nicht mehr gehfähige Kranke hierher geschleppt hatten, setzten ihre Last ab und kehrten ins Lager zurück.

Die Posten schürten ein kleines Feuer, an dem wir uns wärmen konnten. Sie waren fast ebenso erregt wie wir selbst. Genosse Keil, unser Arbeitsaufseher, schien überglücklich zu sein. Er rannte von einem zum andern, drückte jedem die Hand und redete auf uns ein: »Hoam derfts! Hoam, sag i, hoam!«

Wie weggeblasen war seine Härte und Sturheit. Er schien sich ehrlich mit uns zu freuen, wenn auch der Wodka etwas nachgeholfen hatte. »Ihr werds alle gsund wern«, versprach er uns, »mir ham a Kalb für eich gschlacht! Morgn kriagts jeder a faustgroß Stick. Und Brot, Manner, Brot! Ihr kriagts Brot, da san Beern drin - wia in an Kuachn!«

Der polnische Professor machte ebenfalls die Runde und beteuerte uns, wir würden wirklich nach Haus geschickt. Es sei diesmal kein Schwindel. Er verteilte die letzten Krümel Machorka und bemühte sich um die Kranken auf den Bahren.

Als die Sonne nach der kurzen Dunkelheit der Polarnacht wieder zum Vorschein kam, dampfte eine Lokomotive mit nur einem Wagen heran und hielt unmittelbar vor uns. Der für uns bestimmte Waggon war kein Güterwagen, sondern ein alter Personenwagen aus der Zarenzeit, ähnlich dem, der uns vor einigen Monaten hierher ins ›Genesungslager‹ gebracht hatte. Ein enger Laufgang führte zu den Pritschenreihen, die in drei Lagen übereinander angebracht waren. Die vordere Hälfte des Wagens wurde den Gefangenen zugewiesen, in der hinteren richtete sich das Wachpersonal häuslich ein. Ich war einer der ersten, dem die nunmehr freundlichen Posten in den Wagen halfen. Meine Nachbarn konnte ich mir nicht auswählen. Auf die Bank mir gegenüber ließ der Professor ein schwerkrankes, von der Wassersucht aufgedunsenes fünfzehnjähriges Mädchen legen, das die erste Nacht unserer Heimfahrt nicht überlebte. Sein Platz wurde nach der ersten Haltestelle vom ›doofen Robert‹ eingenommen, der bis dahin auf dem Boden des Laufgangs hin und her gestoßen worden war.

Durch die schmalen, kleinen Fenster fiel das erste trübe Licht eines Regentages, als es von der Decke des Waggons zu rieseln begann: ganze Rudel hungriger Wanzen stürzten sich auf die voll belegten Pritschen. Mir schenkten sie keine Beachtung, weil sie offensichtlich angenehmere Weideplätze fanden als meinen abstoßenden Schorf.

Die Aufregung über den unerwarteten Wanzenregen legte sich, als am Morgen Pjotr, unser schlampiger Nachtdoktor, mit einem großen Tablett erschien. Mit Würde und Feierlichkeit reichte er jedem von uns eine Kante Brot und ein faustgroßes Stück Kalbfleisch. Manch einer seufzte dankbar auf. Für eine Freudenkundgebung waren wir viel zu schwach. Andächtig betasteten wir das Fleisch, es war zart und offensichtlich frisch gekocht. Und in das Brot waren Beeren wie in einem Kuchen eingebacken. Dazu gab es noch einen Löffel voll Margarine aus einem amerikanischen Eimer, alles in allem bei weitem die beste Mahlzeit, die wir seit unserer Gefangennahme bekommen hatten. Wir waren überwältigt und schöpften neue Hoffnung. Doch unser Wohlstand war von kurzer Dauer. Am kommenden Tag waren die Zuteilungen nicht einmal mehr halb so groß.

Am Morgen des dritten Tages erkannten wir durch das schmutzige Fenster unsere alte ›Kolonne sieben‹. Einige Frauen schrien vor Angst auf, hier wieder ausgeladen und in den Kanal geschickt zu werden. Doch nur zwei Frauen und zwei Soldaten, die der Arbeitsbrigade in ›Kolonne fünf‹ angehört hatten, erhielten Befehl, auszusteigen.

Vertraute Bilder tauchten auf, als wir langsam auf der hölzernen Eisenbahnbrücke über die Izhma fuhren. Der Kanal zur Rechten der Bahn war nun schon viel länger und tiefer ausgeschachtet. Auf der anderen Seite schloß der hohe Palisadenzaun den öden Lagerhof mit den niedrigen Blockhütten ab. Durch die Mulde dahinter wand sich der Bach, aus dem wir so mühsam unser Trinkwasser heraufgeschleppt hatten. Die Aufschrift »Kolonne sieben« auf dem Torbogen war ausgewaschen, und die Bäumchen, die der Schwarze Storch zu Pfingsten vor dem Krankenrevier aufgestellt hatte, waren längst vertrocknet. Ein paar Gefangene, die wir nicht erkannten, trotteten über den Hof.

Im sandigen Kanalbett setzten sechs Frauen ihre Schubkarren nieder, schauten zum Zug herauf und versuchten herauszufinden, wer ihnen so lebhaft zuwinke. Sie trugen alle die gleichen zerlumpten grauen Hosen und Jacken, aber einigen waren inzwischen die Haare wieder gewachsen. Ein Mädchen hinter mir im Wagen fing wild an zu winken und zu rufen: »Lena, Lena! Die dritte dort ist Lena!!« Ich erkannte Lenas sonnengebräuntes Gesicht unter struppigem, blondem Haar. Sie hatte ihre Hosen aufgekrempelt und ging barfuß. Auch ihre Ärmel waren aufgerollt. Während sie versuchte, ausfindig zu machen, wer ihren Namen gerufen hatte, stieß der Posten sie in die Seite; als der Zug langsam anfuhr, hob sie ihren mit Sand gefüllten Schubkarren wieder an und stieß ihn die Böschung hinauf. ›Wie gut‹, dachte ich, ›daß Gertrud das nicht mit ansehen mußte!‹

Auf der nächsten Haltestelle an der Izhma stiegen Pjotr und die Posten aus und nahmen zum Abschied ein paar Decken und unsere Rationen mit. Bevor wir weiterfuhren, überraschte uns jedoch noch einmal der Professor, der den Zug auf einer Draisine eingeholt hatte. Er sprang auf unseren Wagen, um sich zum letzten Mal nach seinen Patienten umzusehen. Als er an meiner Pritsche vorüberkam, streckte er seine schweißige Hand aus und packte mich kräftig, aber vorsichtig am Handgelenk. Ich war froh, ihm für alles, was er und der Tatarendoktor für uns getan hatten, noch einmal danken zu können. Ich empfahl ihm Theo Goebel und versprach ihm, für seine Freilassung zu beten.

Er hatte es eilig. »Schon gut, schon gut!«, wehrte er jeden Dank ab. »Vergessen Sie das! Geben Sie gut auf sich acht und leben Sie wohl!« Damit war er verschwunden.

Zeitig am nächsten Morgen verlangsamte sich wieder das Tempo unseres Zuges, und wir hielten auf einem Seitengleis an. Nachdem wir einige Stunden gewartet hatten, wies man uns an, auszusteigen. Im engen Laufgang regte sich ärgerliches Geschimpfe, als sich die Menge vor der Tür staute. Den Ausgang versperrte mein alter Pritschengenosse aus ›Kolonne sieben‹, der ›doofe Robert‹. Als er aussteigen wollte, war er zusammengebrochen. Schließlich gelang es, ein paar Männer dazu zu bewegen, unseren sterbenden Kameraden aus dem Wagen zu schaffen und ihn etwas abseits von den Bahngleisen niederzulegen. Wir mußten ihn zurücklassen, als wir auf einem Feldweg abmarschierten. Nach einigen Windungen erkannten wir gegen den Himmel die Silhouette eines anderen Lagers, das größer als unser altes war.

Im Hof fiel uns ein gutgehaltener Gemüsegarten mit großen Beeten von Rüben, Kartoffeln und Kohl auf. Die Baracken waren weiß getüncht und in gutem Zustand, wenn der Hof auch verschlammt war. Laufstege führten über den Morast zum Ziel unseres Marsches, einem kleinen Schuppen, der sich als die Entlausungsanstalt des Lagers herausstellte.

Todmüde warfen wir unsere Rucksäcke und Bündel in den Schmutz, ließen uns darauf nieder und dösten vor uns hin, bis die Reihe an uns kam, das ›Kulturinstitut‹ zu betreten. Mir wurde der Eintritt unsentimental verwehrt: »Die schorfige Sau muß draußen bleiben! Du kannst deinen Dreck abkratzen, wenn alle andern fertig sind.« Ich war an diese Behandlung gewöhnt und versuchte, auf meinem Lumpenbündel den Rest der kühlen Nacht herumzubringen. Hungrig und fröstelnd, fand ich wenig Rast und flehte den Erzengel Raphael an, sein Werk zum guten Ende zu führen.

Meine noch heile Stirn stützte ich auf die hochgezogenen Knie, bis ich vor Müdigkeit immer wieder seitwärts umkippte. Als ich mich wieder einmal aufrichtete und mich fragte, wie lange ich dies wohl noch aushalten könne, hörte ich Schritte auf mich zukommen und sah im fahlen Licht des grauenden Morgens ein Paar Frauenbeine in schwarzen Strümpfen vor mir. Ich war zu müde, um aufzublicken, bis sich die Gestalt zu mir niederbeugte und eine vertraute Stimme mit leicht südermländischem Akzent ausrief: »Mein Gott, ist dies Häufchen Elend am Ende Pfarrer Fittkau?«

Der Klang meines Namens weckte meine Lebensgeister. Die Unbekannte half mir auf die Beine, und ich blickte in das klare, gute Gesicht einer Frau, die ein Schwesternhäubchen über hellem, streng gescheiteltem Haar trug. Lächelnd fragte

sie mich mit weitaufgerissenen Augen: »Erkennen Sie mich denn nicht?«
»Gewiß erinnere ich mich an Ihr Gesicht...«
»Erinnern Sie sich denn gar nicht mehr an Süßenberg? Und an den Rote-Kreuz-Wagen auf dem Abstellgleis in Moskau?... Gott sei Dank, nun haben wir wieder einen Priester!«
»Ja, wie sind Sie denn hierher gekommen, Schwester Imelda? Und wie haben Sie mich hier gefunden?«
»Horst, der Berliner Junge, der Sie kennt, klopfte an meine Tür und sagte mir, ich würde einige alte Bekannte unter den Neuankömmlingen finden!«
Horst hatte uns am Abend zuvor stürmisch begrüßt, als wir auf den Lagerhof kamen. Er umarmte uns brüderlich und tastete dabei mit den Stumpen seiner erfrorenen Finger unsere Anzüge, insbesondere die Röcke ab.
»Ein Rock bringt eine Dose Corned Beef!« versicherte er. »Besser ohne Rock heimkommen, als mit dem Rock eingehen!« Die Logik war einleuchtend, aber auf einen Handel mit dem alten Ganoven ließ ich mich nicht ein.
Als ich von der Begegnung mit Horst erzählte, machte die Schwester sogleich ein besseres Angebot: fünfzehn Kartoffeln und einen halben Liter Speiseöl. Ich zog den Rock aus und übergab ihn ihr. Sie schaute mich entsetzt an: »Aber um Himmels willen, wie sehen Sie bloß aus! Was ist Ihnen denn passiert?«
»Ich sehe wohl nicht reizend aus. Das Unangenehmste ist das schauderhafte naß-kalte Körpergefühl, das man nie los wird, als ob man abgeledert nackt durch den Regen geht, und doch kleben einem die Lumpen am Körper an. Das Baden macht alles noch schlimmer, wenn die Borken aufgeweicht sind und die Haut noch klebriger wird.«
Schwester Imelda tröstete mich, sie habe noch etwas Salbe und Verbandzeug, mit dem sie mir Erleichterung schaffen könne. Zuvor aber solle ich doch noch baden. Sie gab mir eine Tüte mit einem blauen Desinfektionsmittel für Hände und Füße.

Eine russische Aufseherin jagte mich allerdings nach ganz oberflächlicher Säuberung wieder aus der Badestube hinaus. Schwester Imelda wartete draußen auf mich und führte mich zu der Baracke, in die ich eingewiesen war. Auf dem Weg dorthin machte sie mich mit einigen alten ermländischen Bauern bekannt, die sich erstaunlich gut gehalten hatten. Ihr Senior war ein Bruder des Pfarrers Podlech aus Reichenberg.

Den ganzen Tag über trafen neue Gefangenentrupps ein. Das Lager war in gehobener Stimmung und gespannter Erwartung. Es sah so aus, als ob die Gerüchte sich bewahrheiteten, daß ein Transport von etwa sechzehnhundert Kranken zusammengestellt würde, der nach zwei Tagen nach Deutschland abgehen sollte. Am kommenden Tag, hieß es, fänden die letzten ärztlichen Untersuchungen statt, die endgültig darüber entschieden, wer transportfähig sei und wer hierbleibe.

Am Abend holte mich Schwester Imelda ab, um mich zu verbinden. Sie mußte sparsam mit ihren letzten Vorräten umgehen, aber es gelang ihren geschickten Händen, die strategisch wichtigen Körperteile so zu bandagieren, daß sie vor weiterem Schaden geschützt waren und trotzdem beweglich und funktionsfähig blieben.

Jetzt konnte ich wieder erträglich sitzen und liegen und mich auch erheblich besser bewegen. In Schwester Imeldas Verschlag warteten schon ihre vier Mitschwestern, die jeweils eine Baracke zu versorgen hatten: Schwester Elfrieda, eine kleine, energische Katharinerin, Schwester Siena, eine junge Graue Schwester von der heiligen Elisabeth, Schwester Eva, eine ältere evangelische Diakonissin, und eine stattliche Braune Schwester aus irgendeinem ostpreußischen Roten-Kreuz-Lazarett. Alle luden mich zu einem Rundgang durch ihre Reviere ein. Gerne folgte ich diesem Ruf, segnete die Kranken und betete mit den Sterbenden.

Auf dem Weg durch die Krankenbaracken rundete sich für mich das Bild dessen, was Schwester Imelda erlebt hatte, seitdem ich ihr zuletzt in Moskau begegnet war. Sie war in diesem großen Musterlager schnell zur Oberschwester bestellt worden. »Wenn ich an all die Menschen denke, denen ich hier in größter Not und Verlassenheit helfen durfte«, zog sie das Fazit dieser Zeit, »dann will es mir scheinen, als hätte ich mit Gottes Gnade in diesem halben Jahr mehr Gutes tun können als während der ganzen zweiundzwanzig Jahre meines bisherigen Ordenslebens.«

Der Chefarzt des Lagers war eine tüchtige, energische russische Ärztin von ungefähr fünfzig Jahren, eine überzeugte Kommunistin, die mit beispielhafter Hingabe die Lagerverhältnisse für die Kranken und das Pflegepersonal zu bessern suchte. Die Frau des Lagerkommandanten unterstützte sie dabei nach Kräften. Trotzdem war auch hier bereits die Hälfte aller Patienten gestorben.

Jede Schwester hatte eine winzige Kammer für sich allein am Ende der Baracken, und für Schwester Imelda hatte die Chefärztin ein eigenes kleines Blockhaus bauen lassen, wo die Schwestern sich zur Erholung und zum Gebet treffen konnten. In der Mitte des sauberen, weißgetünchten Raumes stand ein breiter, herdförmiger Ziegelofen, über dem ein aus Moos geflochtenes Kreuz hing.

Während der ersten Monate hatten die Schwestern in einem Arbeitskommando deutscher Kriegsgefangener einen Priester entdeckt, der aus einem bayerischen Benediktinerkloster als Sanitäter eingezogen war. Die Chefärztin erfüllte die Bitte der Oberschwester und verschaffte für ein paar brauchbare Blusen von irgendeinem ›freien Markt‹ eine Flasche echten Weins und genügend Weizenmehl, um ausreichend Oblaten für die Feier der heiligen Messe und die Kommunion der Kranken zu backen. Ja, sie erließ einen Befehl, daß an gewissen Abenden zwei Wachtposten jede Störung von dem Nonnenhäuschen fernhielten. Die Schwestern sorgten mit Kaschanachschlägen so gut für ihren Kaplan, daß die nächste Kommission ihn gesund und kräftig fand und in ein schwereres Arbeitslager weiterschickte. Seitdem hatte man nie mehr etwas von ihm gehört. Trotz dieser bitteren Erfahrung blieb Schwester Imelda den guten alten Nonnenbräuchen treu und machte sich mit Energie daran, mich aufzupäppeln. Bei mir

bestand wenigstens einstweilen keine akute Gefahr, daß ich das Geschick meines Vorgängers erleiden würde.
Während ich mich noch mit Schwester Imelda unterhielt, kam einer der russischen Lagerbeamten vorüber und blieb bei uns stehen. Er hatte einen wolgadeutschen Namen und wurde mir als Buchhalter vorgestellt. Im flackernden Licht der Petroleumlampe erkannte ich ihn als den Mann wieder, dessen leidvoller Gesichtsausdruck mich einst in ›Kolonne sieben‹ so sehr beeindruckt hatte, als er unsere letzte politische Befragung vornahm. Er kam im Schutz der Dunkelheit, um die Kartoffeln und das Öl für meine Jacke zu bringen und ein paar freundliche Worte mit mir zu wechseln. Aber sich wieder unter menschlichen Menschen zu bewegen war schöner als selbst die Vorfreude auf die Bratkartoffeln beim nächsten Frühstück.
Zeitig weckte uns am nächsten Morgen der Lärm neu ankommender Gruppen. Unter ihnen waren auch einige alte Bekannte aus unserem ›Genesungslager‹. Sie berichteten, daß Pastor Goebel noch am Leben sei; der Doktor habe mit einem großen Messer das vereiterte Gesäß kreuzweise aufgeschnitten und zwei Tonschalen Eiter ausgedrückt. Nun gehe das Fieber zurück.
Schwester Imelda lud mich wieder in ihre kleine Villa ein, wo sie ihr Bündel schnürte. Sie drückte mir als Vorspeise eine Schüssel Kascha in die Hand und bat mich dazubleiben, bis sie mit meinem Festmahl zurückgekehrt sei. Von dem Duft der Kartoffeln lief mir nicht nur das Wasser im Mund zusammen, sondern auch die Nase begann vor Gier zu laufen. Mit großer Sorgfalt hatte meine Gastgeberin die halbrohen Kartoffelschnitten mit ganz wenig Öl angebraten, da sie sehr wohl wußte, wie wenig ich von solch nahrhafter Speise vertragen konnte. Zitternd vor Heißhunger, kaute ich vorsichtig jede einzelne Scheibe zusammen mit gerösteten Brotkrumen; ich kann mich nicht entsinnen, jemals im Leben eine Mahlzeit mit solchem Genuß und solcher Dankbarkeit eingenommen zu haben.
Inzwischen fuhr die Schwester mit ihrer Packerei fort. Sie

zögerte, ihr kostbarstes Kleidungsstück, einen langen, schwarzen Umhang, zu verstauen, hielt ihn vor sich hin und fragte mich: »Was soll ich tun? Dies ist das letzte Stück, das ich von meinem Ordenskleid retten konnte. Ich habe immer abgelehnt, es zu verschachern. Einem netten alten Dolmetscher hat es in die Augen gestochen. Er möchte sich einen schwarzen Anzug daraus machen lassen und hat mir ein Pfund Speck dafür geboten. Wenn ich wüßte, daß der Speck Ihnen das Leben rettet?« Ich wies das großherzige Angebot mit dem Hinweis ab, der Schutz des geweihten Gewandes sei wichtiger als das Pfund Speck, das Gott uns auch auf anderem Weg verschaffen könne, wenn wir es brauchten.

Erleichtert dankte mir die Schwester und bat mich, ihr bei der Abfertigung des Dolmetschers zu helfen, wenn er komme, um den Handel abzuschließen. Der baumlange Russe hatte ein nicht sehr vertrauenerweckendes, von Pockennarben und einem grotesken violetten Muttermal entstelltes Gesicht. Ohne Umschweife ging er auf sein Ziel los. Schwester Imelda bedauerte, ihn bereits weggepackt zu haben, und empfahl sich höflich, um sich von der Frau des Lagerkommandanten zu verabschieden. Der Dolmetscher mußte sich mit seiner Enttäuschung abfinden.

Als Schwester Imelda von ihrem Besuch bei der Frau des Kommandanten zurückkam, bestätigte sie das Gerücht, daß die Namen derjenigen, die entlassen würden, jeden Augenblick aufgerufen werden könnten. Im Hof waren ungefähr tausend Gefangene zum Appell angetreten; viele beteten, alle hofften, ihre Namen zu hören. Die Beamten standen auf einem erhöhten Platz, so daß sie den Hof gut überblicken konnten. Der Haufen nahm langsam ab, während Name um Name ausgerufen wurde und die Glücklichen zum Tor hinaustrotteten. Der spannende Vorgang zog sich stundenlang hin. Ich mußte sehr lang warten, bis endlich auch die Namen mit ›F‹ am Ende des russischen Alphabets an die Reihe kamen. Mit einem ›Gott sei Dank!‹ vernahm ich meinen Namen und wankte mit meinem Bündel hinter den andern aus dem Lagerhof.

Draußen angelangt, wartete ich auf den nächsten Mann, um ihn zu bitten, mir die fünfzig Meter bis zum großen Haufen voranzuhelfen. Er war ein großer, blonder Junge namens Fritsch mit freundlichen Gesichtszügen und guten Manieren. Er packte willig zu und erzählte mir während unseres langsamen, qualvollen Marsches zum Zug, daß er aus einer wohlhabenden Tolkemiter Familie stamme und bei deren überstürzter Flucht über das Eis des Frischen Haffs von den Russen geschnappt worden sei, als er zu Haus noch einige Dekken holen wollte.

Am Ende des aufregenden Appells wurde eine kleine Gruppe tiefenttäuschter Gefangener auf ihre Pritschen zurückgetrieben, während der große Haufen außerhalb des Tores sich auf einem sandigen Landweg am Rand eines schütteren Kiefernwaldes in Bewegung setzte. Ich konzentrierte mich stur auf die langen Beine des Jungen, der vor mir hertrottete, und bot meine letzte Kraft auf, um ihm Schritt für Schritt zu folgen und nicht kurz vor dem Ziel noch liegenzubleiben. Nach schier endlosem, verzweifeltem Vorwärtsstapfen erreichten wir schließlich die letzte Kurve vor der Haltestelle des Zuges.

Der Anblick der auf uns wartenden Güterwagen belebte unsere schlaffen Glieder. In der milden Sonne des Spätsommerabends sahen die schäbigen Viehwaggons einladender aus als an jenem düsteren Regentag, da wir von ›Kolonne sieben‹ nach dem ›Genesungslager‹ aufbrachen, oder in jener frostigen Nacht, da wir diese Vehikel zum ersten Mal hinter den heulenden Lokomotiven von Insterburg erkletterten. Die Güterwaggons boten durch eine Lage Bretter in mittlerer Höhe Liegeraum für vierzig Mann.

Der Zug setzte sich bald in Bewegung und raste durch abfallendes Waldgelände mit beängstigender Geschwindigkeit dahin. Die Posten ließen die großen Seitentüren selbst während der Fahrt offen, so daß wir stets frische Luft hatten und dazu den Ausblick auf die Landschaft genießen konnten.

Unser Waggonältester war ein etwa sechzigjähriger deutscher Bauer aus Wolhynien. Er war vor einigen Jahren nach Westpreußen umgesiedelt worden, nachdem Hitler durch seinen Pakt mit Stalin die in schwerer, generationenlanger Kolonistenarbeit gewonnene Heimat seiner Volksgruppe für Öl und Weizen verschachert hatte, die er zur Führung seines Krieges brauchte. Dieser alte Volksdeutsche war der ruhigste und anständigste Vertrauensmann, den wir je gehabt hatten.

Am nächsten Haltepunkt stolperten weitere Gefangene zu uns herein, unter ihnen August, der heisere Magistratsbote aus Frauenburg. Er begrüßte mich wie einen alten Freund.

»Wie stehts mit Ihrem Hals?« fragte ich ihn teilnahmsvoll.

»Der Honig, den Sie mir vor sechs Jahren gegeben haben, hat ihn ein für allemal kuriert!« beteuerte er strahlend und hustend. Zum Dank für dieses Kompliment ließ ich ihn mein Kochgeschirr auslecken, das ich mit meinen vereiterten Händen nicht reinigen konnte. Er erbot sich, diesen Liebesdienst auch in Zukunft gern zu tun. »Immer, wenn Sie etwas zum Reinemachen dringelassen haben!«, beschränkte er allerdings sein großmütiges Angebot und schnalzte verschmitzt die Zunge um seine verräucherten Zahnstumpen.

Irgendwer schloß die Türen, als die Nachtluft der Wälder, die wir durchfuhren, zu kalt wurde. Das Rattern der schlecht gefederten Räder lullte uns ein und brachte den meisten von uns etwas Schlaf. Doch als der Morgen graute, wurden wir alle schnell munter und setzten unsere Mutmaßungen fort, wohin die Reise wohl führen werde. Die Pessimisten fürchteten, wir seien auf dem Weg nach einem andern Lager in der Nähe von Moskau oder in Südrußland. Ich dachte an die Möglichkeit, daß wir vielleicht in das nunmehr sowjetische Nordostpreußen geschickt würden, wo ich den einen oder anderen meiner Mitbrüder aus Königsberg wiederzufinden hoffte. Die Optimisten waren überzeugt, wir reisten direkt in die Heimat. Doch niemand wußte etwas Sicheres.

Im Dunkel der gegenüberliegenden Pritsche entdeckte ich einen anderen alten Bekannten. Er gab unverdrossen seine Weisheit über politische Fragen zum besten. Hermann Steputat, der ehemalige Ziegeleidirektor, der mit uns die Reise

nach dem Norden gemacht hatte, war über die künftige Entwicklung Deutschlands genau so gut informiert wie seinerzeit über das, was uns in Rußland bevorstünde. Seine Brille hatte er nicht mehr. Zusammengekauert hockte er auf der Pritschenkante. Sein Kopf glich einem Totenschädel, wenn er ihn müde an die Wand lehnte. Seine Beine schienen noch länger geworden zu sein, sein Mundwerk aber war so ergiebig wie früher. Mit seinen Nachbarn hatte er immer noch ständig Krach; selten kroch er aus seinem Winkel hervor, ohne irgendeinen Kameraden anzurempeln. Aber niemand regte sich darüber auf, denn die meisten dachten an ihre Familien, ihre Höfe, ihre Kähne und Fischnetze, zu denen sie zurückzukehren hofften. Ein Tolkemiter Fischer rechnete schon aus, zu wieviel Schnaps es noch reichen werde, wenn er statt, wie bisher, mit drei nur mit einer Lomme vor der Samlandküste Steine fischen und nach Königsberg fahren könne.
Zur Mittagszeit hielt der Zug gerade lang genug, daß die Posten uns das Essen bringen konnten; unsere Mahlzeiten wurden unter der Aufsicht von Schwester Imelda in einem besonderen Wagen am Ende des Zuges gekocht. Wir bekamen gut zubereiteten Hirsebrei mit Margarine, Maissuppe und Brot, dazu einige Stücke Zucker. Die Rationen blieben während der ganzen Fahrt völlig gleich und wurden zweimal am Tag ausgeteilt, wenn es dem Zug anzuhalten paßte.
Nach den Mahlzeiten wurde es stiller im Waggon, und ungestört von Zank und Geschwätz schauten wir durch die offenen Wagentüren hinaus auf die weiten Felder, die unermeßlichen Wälder und unbesiedelten Einöden. Wir empfanden es schon als Wohltat, wenn hin und wieder ein paar armselige Blockhütten und einige grasende Ziegen auftauchten. Im übrigen warteten wir auf die nächste Mahlzeit und trösteten uns, daß jede Umdrehung der Räder uns denen näher brachte, die auf uns warteten. Mit Schmerz und Schaudern gedachten wir aber auch jener, die in den Lagern zurückblieben, an Theo, Maria, Lena und alle andern, die, Gott weiß wie lange noch, auf einen Zug wie den unsern warten mußten.

An einem der nächsten Haltepunkte steckte ein Bursche aus Walters Gefolgschaft die Nase in unseren Wagen herein. Frei vom Terror seiner Kameraden erzählte er unbeschwert, was sich nach unserer Abreise im Lager ereignet hatte. Nach einer wüsten Keilerei sei Walter abgeführt und in den Bunker eingelocht worden. Er habe sich mit seinen eigenen Kumpanen verkracht und sei einstweilen erledigt.

Nach tagelanger Fahrt näherte sich unser Zug einer größeren Stadt. Es war Kotlas an der Dwina. Schon allein Häuser zu sehen, selbst verwahrloste Hinterhöfe, gab uns das Gefühl, wieder der zivilisierten Menschheit anzugehören. Mit jedem längeren Aufenthalt wuchs unser Zug um einige Waggons an, die aus andern Lagern des nordöstlichen Rußland kamen. Noch ehe wir Moskau erreichten, wurde ein Transport mit dreihundert Plennis, kriegsgefangenen Soldaten, angehängt. Die Landschaft wurde jetzt flacher; wir fuhren durch die ersten riesigen Roggen-, Weizen- und Kartoffelfelder der Kollektivfarmen. Die Scheunen, die sich unvermittelt in der Steppe erhoben, waren Hunderte von Metern lang und düster wie Fabrikschuppen.

Nach etwa acht Tagen passierten wir eine lange Brücke, die ein breites, aber nicht sehr tiefes Tal überspannte. Gegen Westen sahen wir die hohen, rauchenden Essen eines Industriezentrums. Wir kamen durch schmutzige Vororte und fuhren langsam etwa eine Stunde lang durch die Höfe einer großen Fabrik. In der Nähe des Riesenwerkes standen einige hundert gleichgroße Blockhütten um einen Hof, der von den uns nur zu vertrauten vier Wachttürmen der Zwangsarbeitslager flankiert war.

Der Strom, den wir überquerten, war die Wolga. Wir waren in Gorki angelangt, früher Nischni-Nowgorod, einst eine der Wiegen des alten russischen Reiches und jetzt eines der wichtigsten Zentren der sowjetischen Schwerindustrie.

Die Kriegsgefangenen, die aus den Lagern um Gorki zu uns stießen, hatten zwei oder drei Jahre in Kohlen- oder Erzbergwerken im Ural oder in Sibirien, in der Gegend von Molotow, Swerdlowsk, Tscheljabinsk und Kemerowo zugebracht. Überall, so berichteten sie, hätten sie mit Zivildeportierten, insbesondere aus Ostpreußen, zusammengearbeitet. Die Mehrzahl der Verschleppten seien Frauen gewesen, die mit den Männern unter Tag Kohle gegraben, in den Wäldern Holz gefällt, Torf gestochen oder Ziegel gebrannt hätten.

Die Soldaten waren in Lumpen gehüllt, und ihre gesundheitliche Verfassung war nicht besser als die unsere. Wir fragten sie nach der Todesrate in ihren Lagern, und sie meinten, wir könnten von Glück reden, daß bei uns nur achtzig Prozent gestorben seien. Stumpf gaben die ehemaligen Soldaten ihre Auskünfte. Die meisten hatten vorerst nur ein Verlangen: ein paar Krümel Machorka.

Von Gorki an lief unser Zug nach Westen. Die Besiedlung wurde dichter. Wir näherten uns Moskau. Als wir langsam durch die Vororte fuhren, liefen die Kinder dem Zug nach, machten sich über uns lustig und schrien: »Fritzki! Fritzki!«

Auf dem Nebengleis eines Vorstadtbahnhofs wurde ein langer Güterzug mit Büro- und Wohnmöbeln ausgeladen. Auf einer Wiese nebenan waren Liegesofas zehnmal übereinandergestapelt. Kleine Panjewagen warteten geduldig auf ihren Anteil an der Beute. Auf den Dächern der Güterwagen waren Fahrräder aufgetürmt.

»Dreiviertel Jahr lang schleppen sie nun schon aus Deutschland, was nicht niet- und nagelfest ist, ob sie uns auch noch die Erde wegkratzen?«, fragte traurig unser Frauenburger Boten-August.

Wir waren gespannt auf Moskau, doch wiederum sahen wir nicht viel mehr von der Stadt als verrußte Hinterhäuser. Wir standen lang auf einem Abstellgleis zwischen großen Stapeln dicker Kabelrollen mit amerikanischen Firmenschildern. Wir warteten vergeblich auf unsere Verpflegung. Alle Betriebe waren geschlossen. Moskau feierte die Kapitulation Japans.

In einiger Entfernung beobachteten wir den Vorstadtverkehr. Die Personenzüge waren unvorstellbar überfüllt. Viele Passagiere hingen an den Wagentüren und standen auf den

Trittbrettern in dichten Trauben. Auf der Straße neben dem Gleis verkehrten nur wenige Lastwagen und ab und zu ein Motorrad.
Während der folgenden Woche fuhren wir auf unserem Weg nach Südwesten durch Landstriche, die schwer vom Krieg heimgesucht waren. In Orscha standen die Gleisanlagen immer noch voll mit Hunderten von ausgebrannten Lokomotiven und Waggons. Trotz der langen Aufenthalte, die immer wieder eingelegt werden mußten, um Beutezüge passieren zu lassen, kamen wir gut voran. Wo der Zug anhielt, erschienen russische Frauen, Kinder und alte Leute, um irgendwelche Kleidungsstücke, vor allem Decken, einzuhandeln. Sie boten Machorka in Bündeln an, Brotfladen, Obst und Gemüse oder auch Geld. Für meine alten Arbeitshandschuhe und einen ehemals weißen Kissenbezug tauschte ich eine kleine Tüte Blaubeeren und eine Gurke ein. Die Gurke schmeckte mit Schale und Kernen so köstlich wie der feinste Pfirsich.
Auf halbem Weg zwischen Moskau und Polen blieb unser Zug wieder einmal an einer Station, die aus nichts anderem als einer hölzernen Hütte bestand, zwei Tage lang liegen. Während solcher längeren Aufenthalte suchten die noch gut Beweglichen unter uns von Wagen zu Wagen nach irgendwelchen Bekannten, Verwandten oder Freunden. Meist kehrten sie enttäuscht zurück. Die Verschleppten stammten aus verschiedenen Gegenden Ostdeutschlands, die Kriegsgefangenen aber aus allen Teilen Deutschlands.
Immerhin gab es Überraschungen. Eines Morgens tauchte über der Schwelle unserer offenen Waggontür ein freundliches, von einem schwarzen Backenbart umrahmtes Gesicht auf, das in unverkennbarem Mehlsacker Dialekt nach ermländischen Landsleuten fragte. Ich erkannte einen Mitbruder, den ich seit unserer gemeinsamen Seminarzeit nicht mehr gesehen hatte. Ihm fiel das Wiedererkennen schwerer als mir. Pfarrer Schulz kam aus einem Lager, das ungefähr tausend Kilometer südlicher als das unsere gelegen war. Klima und Lebensbedingungen in diesem Lager waren erträglich gewe-

sen; ›nur‹ fünfzig bis sechzig Prozent der Gefangenen waren gestorben. Von der schweren Waldarbeit war er arg mitgenommen, doch hatte er wenigstens seine Haut gerettet.
Schwester Imelda, die den Pfarrer ausfindig gemacht hatte, unterbrach bald unser Wiedersehen mit der Bitte, uns für eine Taufe bereitzuhalten. Eine der Frauen stehe kurz vor ihrer Niederkunft. Die Ärztin war aufrichtig bemüht, Mutter und Kind am Leben zu erhalten. Sie hatte die untere Hälfte eines Waggons für die hochschwangeren Frauen beschlagnahmt, doch es war auch ihr nicht gelungen, das harte Lager auf den kahlen Waggonbrettern durch ein paar Arme voll Stroh weicher und wärmer zu machen. Dagegen wurden dank den gemeinsamen Bemühungen noch ein paar Fetzen Leinenzeug aufgetrieben, um das Neugeborene zu wikkeln. Bevor Pfarrer Schulz mit Schwester Imelda den Waggon erreichte, war das Kind geboren. Mein Mitbruder taufte es sofort, da unter den primitiven Verhältnissen große Gefahr für sein Leben bestand.
Unser Zug erreichte schließlich Minsk, die Hauptstadt Weißrußlands. Nach stundenlangem Warten wurden wir wieder einmal zur Entlausung von den Pritschen getrieben. Mein Frauenburger Freund half mir aus meinem von Eiter verklebten Hemd und warf es fort. Nach der bekannten Entlausungsprozedur war ich am Ende meiner Kraft. Mein Herz hämmerte so wild, daß ich mich niedersetzen mußte, bis der Puls wieder einigermaßen normal wurde.
Von Minsk ging die Fahrt weiter nach Brest-Litowsk. Neben der Bahnstrecke lagerten an verschiedenen Stellen Tausende von Menschen mit Kind und Kegel im Freien. Sie hockten auf ihren Bündeln um Feldfeuer, in denen sie Kartoffeln buken oder sonst etwas kochten. Wir wußten nicht, wohin sie verschickt würden, doch erschauerten wir bei ihrem Anblick und ahnten, daß unsere Leiden am Ziel unserer Fahrt nicht zu Ende sein würden.
In Brest-Litowsk wurden wir auf mitteleuropäische Spurweite gesetzt. Es tat uns wohl, auf einen Zug zu warten, der nur westwärts fahren konnte und nicht nach Rußland zu-

rück. Immerhin fragten wir uns: Warum schickt man uns nach Brest-Litowsk, wenn wir wirklich auf dem Weg in unsere Heimat sind, wie man uns versichert? Warum lassen sie uns nicht auf dem selben Weg nach Ostpreußen zurückkehren, auf dem wir gekommen waren - über Wilna, Kowno, Insterburg?

Öfen, Latrinen, Pritschen, alles mußte in die wartenden Waggons erst umgeladen werden. Dann kam langsam eine Prozession der schwächsten und elendesten ›Reisenden‹ zu den ersten fertigen Plätzen in Bewegung. Weitaus die Mehrzahl dieser Schwerkranken waren Frauen. Der Anblick der verschleppten Frauen Israels, die Jeremias beklagte, kann nicht jammervoller gewesen sein: »Ihr Schmutz und Unrat bedeckt ihre Füße ... Ihr Antlitz ist nun schwärzer als Kohle geworden ... Ihre Haut klebt an ihren Gebeinen, ihr Fleisch ist verdorrt und wie Holz.«

Zu meiner Rechten saß eine hochschwangere Frau. Schwester Imelda kam vorüber und sprach ihr Mut zu. Sie erinnerte sie daran, daß auch Maria nicht gewußt habe, wohin sie gehen könne, um Gottes Sohn zu gebären. Die Frau erzählte mir, daß sie vor ihrer Verschleppung zwei Wochen lang in der Gewalt der russischen Soldaten gewesen sei. Sie wüßte weder, wo ihr Mann sei, noch ihre vier Kinder. Alle Not und Beschämung, die ihr bevorstehe, wolle sie auf sich nehmen, beteuerte sie, wenn sie nur diese Geburt überlebe und ihre Kinder wiederfinde. Lang saß sie so da, still und gefaßt, in einer Ergebung, die anderen Quellen als ihren natürlichen Kräften entspringen mußte. Viele, denen es erheblich besser ging, vegetierten nur völlig apathisch dahin.

Das frühe Herbstwetter war warm und sonnig. Unser neuer Zug fuhr in südwestlicher Richtung durch Ostpolen. Die Felder waren abgeerntet und umgebrochen, die Wiesen dunkelgrün und gepflegt. Auf Gehöften und Feldern beobachteten wir Bauern bei der Arbeit. Es schien, als ob hier wieder Leben und Frieden herrsche.

Das friedliche Bild verdüsterte sich jedoch wieder, als wir auf der Strecke zwischen Lublin und Krakau drei Tage festlagen.

Die Ausweichgleise auf der kleinen Station standen voll verrammelter Güterzüge mit der verräterischen Abflußrinne, frische Menschenfracht, die ostwärts fuhr. Einige Frauen und Kinder versuchten, über einem kümmerlichen Feuer zwischen ein paar Steinen etwas abzukochen. In einem unbewachten Augenblick steckte eine Frau mit einem schwarzen Schauertuch ihren Kopf in unsere Wagentür und fragte, woher wir kämen. »Petschora!«, klang es ihr monoton aus den Winkeln des Waggons entgegen.
»Dorthin werden sie uns jetzt schicken!« antwortete sie resigniert. »Wir werden schon fünf Jahre lang herumgeschoben. Hitler hat unser Land für Öl und Weizen an Stalin verkauft und uns nach Westpreußen gebracht. Vor der Roten Armee sind wir nach Bayern geflüchtet. Dort haben uns amerikanische Beamte in ein großes Lager bei Nürnberg geholt; dann haben sie uns verladen und den Bolschewiken ausgeliefert. Nun müssen wir dorthin, wo ihr herkommt. Wann lassen sie uns endlich in Frieden?«
Unsere Fahrt schien kein Ende zu nehmen. Das Tempo verminderte sich, je länger der Zug wurde, den die schwache, alte Maschine bergauf zu ziehen hatte.
Nach vielen langen Aufenthalten passierten wir im Morgengrauen wieder eine größere Stadt. Es muß Posen gewesen sein. Am Abend des gleichen Tages wurde uns verkündet, wir seien in ›Gorzow‹; ich erkannte die Kirche und das Stadtbild von Landsberg an der Warthe. Die Stadt schien völlig tot. Wir hatten nun die Ostbahn erreicht, die von Königsberg nach Berlin führt. Als der Zug am folgenden Morgen nicht nach Osten, sondern weiter nach Westen fuhr, mußten wir unsere Hoffnung begraben, vielleicht doch noch in unsere ostpreußische Heimat zurückzukehren.
Einige Leute witterten Heimatluft und machten sich selbständig, sobald wir die Oder hinter uns hatten. Sie stiegen aus, und die Posten ließen sie laufen. Dafür krabbelte an einer Haltestelle ein älteres, abgezehrtes Ehepaar auf unseren Zug. Der Mann hatte einen mageren Rucksack auf dem Rücken und die Frau einen Schulranzen unterm Arm. Sie hatten auf

dem Land einige Kisten ihrer Habe ausgelagert und versuchten nun tief enttäuscht, nach Berlin in den Keller ihres ausgebrannten Hauses zurückzukehren. Sie wollten wissen, daß wir über Rummelsburg nach Frankfurt an der Oder gebracht würden. Die Verbindungsstrecke von Küstrin nach Frankfurt an der Oder sei längst abmontiert und nach Rußland verladen. Für Zivilisten gebe es noch keinen Zugverkehr.
Es war sehr schwer, von den apathischen und mißtrauischen Leuten etwas mehr zu erfahren, als daß in Berlin großer Hunger herrsche und die ganze Stadt in Trümmern liege; daß die alte Reichsmark noch im Umlauf sei, aber wenig Kaufkraft habe; die Brotration ergebe etwa drei leichte Scheiben am Tag; auf dem Schwarzen Markt koste ein Brot hundert Mark.
Über ihre persönlichen Erlebnisse schwiegen sich die verängstigten Leute ganz aus. Sobald sie die Schlote des Rummelsburger Kraftwerks erspähten, verschwanden sie ohne Gruß während eines kurzen Anhaltens auf offener Strecke.
Der Bahnhof in Frankfurt an der Oder war aufgeräumt und notdürftig instandgesetzt. Sechs Stunden hielt unser Zug auf dem Bahnsteig 3, bevor sich irgend etwas ereignete. Mit Schwester Imelda besprach ich unsere mißliche Lage. Wir machten aus, uns mit den andern Schwestern und Pfarrer Schulz auf dem katholischen Pfarramt zu treffen und zu versuchen, gemeinsam bis nach Berlin zu gelangen. Dort hofften wir weitere Hilfe zu finden.
Gegen Mittag stieß mich mein Nachbar August aus Frauenburg an und wies auf zwei Gestalten hin, die sich lebhaft unterhielten und auf Bahnsteig 5 auf und ab gingen. Der eine trug die braune Kutte des Franziskaners, der andere einen sauberen Straßenanzug. Die Freude, einen Geistlichen zu sehen, der sich in seiner Ordenstracht frei bewegte, trieb mich von meinem Bündel. Auf allen Vieren kroch ich über zwei tiefliegende Gleise, schleppte mich mühsam bis zum Rand des fünften Bahnsteigs und wartete keuchend, bis die beiden wieder vorüberkamen. Aus der Tiefe sah ich zu ihnen auf und grüßte meinen priesterlichen Mitbruder in lateinischer Sprache: »Gelobt sei Jesus Christus! Ich bin ein Priester des

Bistums Ermland und freue mich, nach neun Monaten in Rußland wieder einen freien Mitbruder zu sehen! Segnen Sie mich, bitte!«
Der Mönch blieb nicht einmal stehen. In gutem Deutsch antwortete er im Vorübergehen: »Ich bin Pole. Ich kann Ihnen nicht helfen!« Er wandte sich ab und setzte sein Gespräch mit seinem gut gekleideten Gefährten fort.
Die ganze Belegschaft unseres Zuges beobachtete mit Entsetzen oder Hohn die mir widerfahrene Abfuhr. Ich wagte nicht mehr aufzuschauen, als ich über die beiden Gleise auf unsern Bahnsteig zurückklettern mußte. Niedergeschlagen und erschöpft verkroch ich mich unter die Pritsche unseres Waggons und weinte zum erstenmal seit langer Zeit. Ich war zu erschüttert, um zu begreifen, daß auch dieses niederschmetternde Erlebnis ein Anruf Gottes war, für die Verbrechen Hitlers und seiner Komplicen und für das im Namen unseres Volkes an unsern Nachbarn begangene himmelschreiende Unrecht Sühne zu leisten.

Ein gedeckter Tisch vor mir

»Alles aussteigen!«, kam schließlich der lang erwartete Befehl. Nach achtundzwanzig Tagen im Zug hatten wir das Gehen fast verlernt. Unsere Elendsprozession, die nach der auf der anderen Seite der Stadt gelegenen Eichhorn-Kaserne in Marsch gesetzt wurde, kam nur im Schneckentempo voran und zog sich mehr und mehr in die Länge.
»Wer den Weg nicht zurücklegen kann, soll heraustreten!« hatte ein Posten vor dem Abmarsch verkündet. »Die Kranken werden ins Lazarett gefahren!« Da wir ja einige Erfahrung mit russischen Krankenrevieren hatten, gingen wir auf das Angebot nicht ein und entschlossen uns, trotz unseres Zustandes den Marsch zu versuchen.
Unterwegs sahen wir nichts als Ruinen. Über der Fassade der ausgebrannten Bahnhofshalle und über allen größeren Gebäuderuinen prangten überlebensgroße Bilder Stalins

und Lenins, selbst jetzt, bei hellem Tageslicht, von einem Kranz bunter, brennender Glühbirnen umrahmt. Im unteren Stock der Häuserruinen gab es offenbar schon einige Läden, wo Briefmarken, Zahnpasta und Brot verkauft wurde, aber die Straßen waren wie ausgestorben. Auf dem Weg durch das Stadtzentrum begegneten wir keinem Zivilisten, sondern nur einer Kompanie russischer Soldaten, die in miserabler Ordnung zum Bahnhof marschierte.

Nach knapp zwei Kilometern konnte ich keinen Schritt mehr weiter. Ich bat August, meinen Frauenburger Freund, und Horst, den Tolkemiter Jungen, zu warten, bis mein wild hämmerndes Herz sich wieder etwas beruhigt hatte. Wir saßen noch nicht lang am Rinnstein, als sich eines der wenigen noch nicht zerschlagenen Fenster des nur halb niedergebrannten Hauses hinter uns öffnete und uns jemand ansprach. Wir wandten uns um und sahen einer weißhaarigen Frau unbestimmten Alters ins verhärmte, von Hunger gezeichnete Antlitz.

»Mein Gott, wie seht ihr drei bloß aus! Wo geht ihr hin?«

»Wissen wir nicht. Wir kommen aus Rußland.«

»Einen Augenblick«, sagte die Alte und verschwand vom Fenster. Nach einigen Minuten kam sie mit einem Blechkännchen und einer Tasse aus dem Hause. »Das ist die einzige Tasse, die noch ganz geblieben ist«, entschuldigte sie sich. »Gestern erst sind meine Tochter und ich in unsere Wohnung zurückgekehrt. Ich wünschte, ich könnte etwas Besseres anbieten als diesen kalten ›Kaffee‹!« Wir ließen die Tasse schnell von Mund zu Mund gehen. »Meine Tochter buddelt in den Trümmern nach Brennholz«, erzählte uns die Frau weiter. »Hoffentlich findet sie auch ein paar Kartoffeln.«

»Gott vergelt's!«, dankte ich ihr, »Sie wissen nicht, was Sie uns mit diesem Schluck Kaffee gegeben haben.«

Gestärkt durch die menschliche Anteilnahme der schwer geprüften Frau setzten wir langsam unseren Weg auf der leicht gewundenen und ansteigenden Ausfallstraße fort, bis wir schließlich unser Ziel erreichten, einen mit hohem Zaun umgebenen und von frisch errichteten Wachttürmen gesicherten

Barackenkomplex, der sich an die ehemaligen Wehrmachtskasernen anschloß. Auf dem hölzernen Torbogen über dem Lagertor war unter die lebensgroßen Bilder Lenins und Stalins die bunte Fata Morgana des künftigen kommunistischen Paradieses gemalt, ein sonnenbeschienenes Landschaftsidyll mit zwei schmucken Siedlungshäuschen.

Wir wurden vorwärts und rückwärts ein halbes dutzendmal abgezählt, bevor sich das einladende Tor für uns öffnete. In der Mitte des sandigen Kasernenhofes wartete ein noch recht gut genährter Spieß des ehemaligen deutschen Heeres auf uns. Der Kommandowechsel seiner Vorgesetzten hatte ihn anscheinend nicht aus dem Gleichgewicht gebracht. In fröhlichem Kommißton schnauzte er uns aus seiner verrosteten Kehle durch ein Megaphon an und trennte zunächst die Männer von den Frauen.

Wie ein Tierbändiger brüllte er unseren Elendshaufen an und verkündete, was nur wenige von uns in ihren dunkelsten Stunden geahnt hatten: »Damit sich keiner falschen Hoffnungen hingibt: Niemand aus den Provinzen jenseits der Oder-Neiße-Linie darf in seine Heimat nach Ostpreußen, Westpreußen, Pommern, Brandenburg, Schlesien oder ins Sudetenland zurück. Wer eine Adresse in Mittel- oder Westdeutschland weiß, wo er hingehen kann, soll sie angeben. Die andern kommen in ein Lager, wo sie Quartiere für die Umsiedlung angewiesen bekommen. Jeder stellt sich vor der Verwaltungsbaracke unter den Anfangsbuchstaben seines Namens an und erhält einen Entlassungsschein. Ihr seid dann frei im neuen demokratischen Deutschland.«

Der Stabsfeldwebel setzte sein Sprachrohr ab und wartete die Reaktion auf die niederschmetternde Ankündigung ab. Die Männer starrten einander an. Nach einem Augenblick beklommener Stille weinten einige Frauen, welche die Tragweite der furchtbaren Begrüßung ahnten. In Rußland hatte ich nur selten jemand weinen sehen. Die brutale Zerschlagung der Hoffnungen, die den meisten der Überlebenden die Kraft zum Durchhalten gegeben hatte, traf sie schwerer als alles, was sie vorher erlitten hatten.

»Da sollen sie meinen aufgedunsenen Kadaver gleich hier im Sand verscharren. Warum soll ich ihn noch bis in den nächsten Chausseegraben schleppen?«, erklärte neben mir der alte Podlech, der Bruder des Reichenberger Pfarrers. Horst, mein treuer junger Helfer aus Tolkemit, erinnerte sich einer Familie in der Nähe von Bremen, die ihn hin und wieder zu Bratkartoffeln eingeladen hatte, als er dort als Flakhelfer diente. Er ließ Rotenburg, Hannover, als seinen Bestimmungsort aufschreiben. Ich gab Fulda an, wo ich Freunde hatte. Von dort aus hoffte ich unsern Bischof, falls er noch lebte, zu finden und nach meinen Angehörigen und Pfarrkindern fahnden zu können. Einstweilen konnte ich aber kaum so weit denken. Die Anstrengungen und Enttäuschungen des Tages hatten mich völlig erschöpft. Ich blieb auf meinem Bündel hocken, stützte meine Stirn auf die Knie und döste vor mich hin, bis mich jemand ansprach.

Mit meinen fiebergetrübten Augen sah ich in das frische, freundlich lächelnde Gesicht eines großen, schlanken deutschen Kriegsgefangenen mit einer Roten-Kreuz-Binde um den Arm. An seiner Feldmütze hatte er das nationalsozialistische Hoheitsabzeichen durch das Christuszeichen der katholischen Jugend ersetzt.

»Mensch, Gerhard, bist du das?« beugte er sich nieder und packte mich bei den Schultern. »Mach schnell, komm mit mir auf meine Bude! Du kannst bei mir übernachten. - Gestern kamen drei Bonner Theologen, zwei Kolpingsleute und ein Priester nach dreijähriger Gefangenschaft aus dem Kaukasus hier durch. Während ich Ichthyol auf ihre Krätze schmierte, erkannten sie das Christuszeichen an meiner Mütze.«

Stefan war ein Kursgenosse meines Bruders Hans im Priesterseminar in Braunsberg gewesen. Er war kurz vor dem Ende des Krieges während eines Krankenurlaubs zum Priester geweiht worden. Jetzt hob er meinen Rucksack auf, bot mir seinen starken Arm als Stütze und half mir in seine Kammer in einer Sanitätsbaracke.

Er legte mich auf sein Feldbett und ging für mich auf Nahrungssuche. »Es ist wahrhaftig nicht viel«, entschuldigte er sich, als er kurz darauf mit einem Klumpen Brot und einem Kochgeschirr voll Grütze mit Kartoffeln zurückkam. Er mußte zurück zu seinem Dienst bei den Kranken. Er kam aber immer wieder, um nach mir zu sehen, und brachte mir als Nachschlag auch noch die Portion eines jungen Unterarztes, der mit ihm das Quartier und die Arbeit teilte. Die Mahlzeit war ein Festmahl, für das ich Gott von Herzen dankte, auch wenn ich danach keinen Schlaf fand, obwohl ich todmüde war. Stefan kam nach Mitternacht zurück.

Während der ersten ruhigen fünf Minuten, die wir miteinander hatten, hörte er meine Beichte. Dann sagte er strahlend: »Jetzt habe ich noch etwas für dich, das dich sehr glücklich machen wird!« Er knöpfte seine Feldbluse auf und zog eine kleine selbstgemachte Holzkapsel hervor, auf deren Dekkel das Christuszeichen geschnitzt war; er trug sie an einem Halsband in seiner Brusttasche. Andächtig legte er die Pyxis auf den Tisch und half mir auf die Knie. Dann reichte er mir die heilige Kommunion. In wenigen Augenblicken versank alle Todesangst der Gefangenschaft in der Freiheit des neuen Lebens, das der Auferstandene denen schenkt, die Er in Seine Agonie mithineingenommen hat.

Nachdem Stefan meine Seele durch das ›Heilmittel der Unsterblichkeit‹ gestärkt hatte, nahm er sich meines wunden Leibes an. Dabei erzählte er mir, er plane, so bald wie möglich von hier zu verschwinden. Es bestehe wachsende Gefahr, daß auch er in das Innere Rußlands verschleppt werde, damit dort die Lager wieder aufgefüllt würden. Er wolle nur noch so lange warten, bis er die notwendigen Zivilkleider beisammen habe. So bot ich ihm Vater Werrs alte Pelzjoppe an, die mir so gute Dienste geleistet hatte. Sie paßte Stefan besser als mir.

Es war inzwischen Zeit zum Antreten auf dem Kasernenhof geworden. Stefan mußte sich einiger Kranker besonders annehmen und versprach, rechtzeitig zur Stelle zu sein, um mir zu helfen, in die Stadt zu kommen. Ich müsse unbedingt so bald wie möglich aus der Sichtweite des Lagers verschwinden, mahnte er mich. Es könne mir sonst blühen, nochmals in östlicher Richtung in einen Zug gesteckt zu werden, um die vorgeschriebene Kopfzahl eines Transports voll zu machen. Um die Ausfälle auszugleichen, sei dem Iwan der erste beste recht, der ihm über den Weg laufe.

Die Gefangenen drängten sich um die Feldküche, wo sie einen guten Schlag dicken Eintopf, ein halbes Brot, zehn Gramm Zucker, ebensoviel Fett und ein Pfund Grütze erhielten. Nach der Abfütterung erhielten wir in einem umständlichen Appell einen schäbigen Zettel ausgehändigt, der neben einem hektographierten russischen Text einen großen Stempel der Roten Armee trug. Name, Geburtsdatum und Bestimmungsort waren unbeholfen in die dafür freigelassenen Spalten eingeschrieben.

Noch ehe ich meinen Entlassungsschein erhalten hatte, erschien Stefan mit einem selbstgemachten Wägelchen auf dem Plan und packte mein Bündel drauf: »Hier hast du meinen ›Volkswagen‹! Er ist nicht ganz so forsch wie der, den ›Adolf‹ uns versprochen hat, aber vielleicht kannst du deine Sachen damit abrollen. Ich schustere mir einen anderen zusammen und mache mich demnächst auch aus dem Staub.«

Mit meinem wohlbepackten Puppenwagen wurde ich an das Ende der Kolonne verwiesen, die sich unter dem Kommando eines heisergebrüllten Feldwebels in der Richtung auf das Tor langsam in Bewegung setzte. Ich hatte kaum fünf Schritte gemacht, als das linke Rad meines mühsam an einem dünnen Stock balancierten ›Volkswagens‹ absprang und damit unser schöner Plan im Sand des Kasernenhofes verlief.

Ich wollte zunächst alles stehen und liegen lassen und ohne Gepäck davongehen. Aber ich sah ein, daß ich ohne einige warme Sachen und ohne Kochgeschirrdeckel mich kaum auf den beschwerlichen Weg nach Berlin begeben konnte. Mit etwa einem Dutzend hilfloser Männer, die nicht mehr die Kraft hatten, den Hof zu verlassen, blieb ich zurück. Ein deutscher Posten machte die Runde und sah sich nach den Übriggebliebenen um. Sie waren verzweifelt, die wenigen Schritte über den Hof in die Freiheit nicht mehr machen zu können.

In meiner Not beschwor ich den Soldaten, sofort Stefan zu

verständigen. Mein Retter erschien nach wenigen Minuten, übersah meine Pleite mit einem Blick, schulterte mein Bündel und forderte mich auf, ihm zu folgen: »Mach schnell, sonst verpaßt du die letzte Chance, von hier fortzukommen.«
Er führte mich hinter ein Nebengebäude zu einem Pferdewagen, schob mich mit einem kräftigen Schubs über die hohen Seitenbretter und sprach ein paar Worte zu dem überraschten russischen Kutscher. »Mach dir keine Sorge«, beruhigte mich Stefan zum Abschied, »er wird dich vor dem Pfarrhaus absetzen. Er weiß, wo es ist, denn er bringt mir von dort die Hostien und den Meßwein ins Lager. Halte dich bloß von den russischen Lazaretten fern und rühre dich nicht, bis der Wagen hält. Gott befohlen!«
Wir rollten zum Tor hinaus und passierten ungehindert die Wache. Ich rührte mich ebensowenig wie die dreizehn völlig apathischen Gespenster, die mit mir fuhren. Von manchen wußte man nicht, ob sie nur bewußtlos oder schon tot waren.
Eine Viertelstunde später hielt das stumme Gefährt an. Der gutmütige Iwan auf dem Kutscherbock winkte mir zu und zeigte auf das Pfarrhaus neben der ausgebrannten Kirche. Er durfte sich nicht lang aufhalten. Ein Junge, der auf der sonst menschenleeren Straße vorbeikam, half mir willig beim Aussteigen und trug mein Bündel über die Straße. Eine durch nichts mehr zu erschütternde Haushälterin ließ mich ohne viel Fragen ein und führte mich ins Eßzimmer an den gedeckten Kaffeetisch des Pfarrers. Es war schon ein Fest, sich einmal wieder an einen gedeckten Tisch niedersetzen zu dürfen, wenngleich ich dabei sehr vorsichtig zu Werk gehen mußte, um nicht auf dem Sitz kleben zu bleiben.
Als der Pfarrer nach einer Viertelstunde aus dem Beichtstuhl in der Notkapelle kam, waren seine beiden Schwarzbrotschnitten mitsamt der Ersatzmarmelade verschwunden. Doch der erste Blick in sein freundliches Gesicht, das unter schlohweißem Haar auf mich niederblickte, überzeugte mich, daß er keine langen Entschuldigungen erwartete. Als ich ihn nach Bischof Kaller fragte, konnte er mir gute Nachricht geben: der Bischof lebe und sei wahrscheinlich im St.-Gertrauden-

Krankenhaus in Berlin. Die Gestapo habe ihn nach seiner Verhaftung über das gefrorene Eis nach Danzig getrieben und von dort nach Halle verbannt. Nach dem Zusammenbruch sei der Bischof auf abenteuerlichem Weg allein in seine Diözese zurückgegangen, streckenweise per pedes apostolorum mit dem Rucksack auf dem Buckel und einem Brotbeutel vor der Brust, nachdem er seinen Handwagen an eine Frau mit einem halben Dutzend Kindern abgetreten habe. Aus Allenstein habe ihn Kardinal Hlond nach Pelplin bestellt, zum Verzicht auf die Ausübung seiner bischöflichen Vollmachten bewogen und elend und krank zurückgeschickt. Mit einem Vertriebenentransport aus Ostpreußen sei er vor kurzem ausgeplündert hier durchgekommen.

Inzwischen musterte mich der Herr Erzpriester eindringlich. »Mir scheint, Sie brauchen mehr Hilfe, als ich Ihnen geben kann. Ich werde meinen Küster bitten, Sie mit seinem Handwagen in das Altersheim der Grauen Schwestern zu bringen. Von dort aus müssen Sie versuchen, möglichst bald nach Berlin in ein Krankenhaus zu gelangen.«

Dankbar nahm ich den Vorschlag an und erreichte mit dem hilfsbereiten Küster ohne große Beschwer die Klosterpforte. Als wir eintraten, ging gerade eine Schwester mit einer Schüssel voll dampfender Kartoffeln vorüber, die mir das Wasser im Mund zusammenlaufen ließen. Auf meine Bitte erhielt ich eine davon als Willkommensgruß, bevor ich auf mein Zimmer geführt wurde.

Als erstes erneuerten die guten Schwestern meine Verbände. Sie hatten selbst ihre liebe Not mit den Waisenkindern und den alten und kranken Leuten. Von der ersten Lebensmittelzuteilung, die sie seit dem Einmarsch der Russen erhalten hatten, brachten sie mir drei köstliche Mohrrüben.

Nach dem Essen stieg ich in das mir bereitete weiße Federbett. Das unbeschreibliche Wohlgefühl der ersten Berührung mit der sauberen, kühlen Wäsche wich leider bald einem wachsenden Unbehagen, das sich schnell zu unerträglicher Pein steigerte. Die ungewohnte Bettwärme belebte die Amöben unter der vereiterten Haut, und sie fingen wieder an, ihre

Gänge zu graben. Ich warf das Oberbett ab und legte mich unter das Laken und Pater Kolfenbachs schweren Mantel. Die ganze Nacht hindurch drang der Lärm eines Saufgelages aus einem nahen Russenquartier in mein Zimmer. Ich mußte an die letzten Nächte in Süßenberg denken. Wenn ich auch keinen Schlaf fand, war es doch schon eine unermeßliche Wohltat, endlich wieder einmal allein in einem Raum zu sein, der ausschließlich mir gehörte.

Im Morgengrauen erschien Schwester Imelda. Sie war von einer hinterhältigen Mitgefangenen als Diebin angezeigt worden und hatte die Nacht in Untersuchungshaft verbracht. Sie war aber anständig behandelt und auf den Nachweis ihrer völligen Unschuld hin entlassen worden. Sie wollte nun so schnell wie möglich von hier weg und nach Berlin. Wir kamen überein, uns vor Anbruch des nächsten Tages mit den andern Schwestern, die mit uns aus Rußland zurückgekehrt waren, auf den Weg zu machen. Wie verabredet, zog unser Häuflein mit einem Handwagen des Heims durch die unbeleuchteten Seitenstraßen zum Rangierbahnhof. Wir hatten Glück und entdeckten einen auf das Abfahrtssignal wartenden Zug mit offenen Sandloren, die mit blaugefrorenen Gestalten in russischen Lumpen beladen waren.

»Immer ruff uff den elejanten Salonwajen!«, ermunterte uns gutmütig ein alter Berliner, der seinen von der Wassersucht aufgeschwollenen Kopf über die etwa einen Fuß hohe Seitenwand steckte. »Herrschaften, wir müssen nu langsam wieder Kavaliere werden. Macht mal Platz für de Damen un det miese Männeken da!« Einige Kumpels nahmen uns unser Gepäck ab, und andere zogen uns an den Händen über die Brüstung auf den Wagen hinauf. Wir waren kaum glücklich oben gelandet und hatten uns noch nicht um einen Platz zum Niederhocken umgetan, als der Zug auch schon anzog und langsam aus der Stadt hinausfuhr.

Unsere Reisegefährten kamen aus einem großen russischen Gefangenenlager in Polen. Es waren zu einem guten Teil ältere Volkssturm-Männer aus Berlin. Die Hoffnung auf das baldige Wiedersehen mit ihren Familien machte sie gesprächig. Nach einer Stunde wurde es hell, und ein sonniger Spätherbsttag kam herauf. Wir schepperten in gemütlichem Tempo durch die frischen Kiefernwälder Brandenburgs dahin, als wenn wir einen Ausflug machten.

Bald nach unserer Abfahrt kroch ein klapperdürrer langer Mensch von der gegenüberliegenden Waggonwand zu mir herüber und bot mir ein paar Kartoffeln an. »Nehmen Sie nur!«, forderte er mich freundlich auf, »ich freue mich ja so sehr, endlich wieder einem Geistlichen zu begegnen. Sind sie wirklich ein katholischer Priester?« Er war ein Grubeningenieur von der Ruhr und in der Abtei Maria Laach getraut worden. Er setzte sich auf die Waggonbrüstung und streckte seine langen Beine aus, die nur mehr Haut und Knochen waren. Sie bildeten einen grotesken Gegensatz zu den kurzen, auf etwa das Dreifache ihres normalen Umfangs angeschwollenen Beinen seines Nachbarn, der auf seinem Bündel neben ihm kauerte. Bedächtig und nüchtern gab auch dieser Mann in unverfälschtem ostpreußischem Dialekt seine Geschichte zum besten.

Er komme aus dem von der Sowjetunion annektierten Königsberg, das nun Kaliningrad heiße. Mit zwölf andern habe er den Fluchtweg angetreten - er allein sei durchgekommen. Zwei Wochen habe er gebraucht, um sich bis hierher durchzuschlagen. Er erzählte haarsträubende Dinge über das, was in unserer Heimat vor sich ging. Bis zu der Zeit, da er Königsberg verlassen habe, sei auch nicht eine einzige Lebensmittelration an die deutsche Bevölkerung ausgegeben worden. Mehr als die Hälfte der Deutschen, welche die Übergabe der Stadt überlebt hätten, seien während der ersten Monate der russischen Besatzung verhungert. Mit einem tapferen evangelischen Pfarrer, der von der Gestapo eingesperrt gewesen sei, habe er versucht, gegen die krasseste Not anzukämpfen. Es sei gelungen, wenigstens die Kartoffelschalen der russischen Kasernen an die Bevölkerung zu verteilen und die Bestattung der Leichen zu organisieren. Nach dem Tod des Pfarrers seien auch seine letzten Vorräte erschöpft gewesen. Im Garten habe keine Möhre mehr auswachsen und kein Kohlkopf mehr sich schließen können. So habe er es aufgegeben und den verzweifelten Entschluß zur Flucht gefaßt. Wir ahnten, daß unsere Not nur ein Tropfen im Meer des unermeßlichen Leids war, das sich über unser Land ergossen hatte.

Während wir uns unterhielten, beobachteten wir im Waggon vor uns einige russische Offiziere und ein uniformiertes russisches Mädchen. Sie saßen auf neuen Lederkoffern, die sie zweifellos erst kürzlich ›sowjetisiert‹ hatten. In bester Laune schwangen sie sich von ihren Plätzen hinunter, um sich etwas in der Gegend umzusehen. Kaum waren sie im Wald verschwunden, als auf einem Nebengleis eine Rangierlokomotive andampfte. Sie hielt an, ihr Führer und der Heizer sprangen herunter, kletterten auf den Waggon, packten die Kapitalistenkoffer, die ihnen in die Augen gestochen hatten, und verstauten sie in ihrer Kabuse. Als die geprellten Iwans zurückkamen, sah man nur noch den Rauch aus der mit Volldampf abgewetzten Lokomotive.

Wir hatten kaum Zeit, über den amüsanten Zwischenfall zu lächeln, als die wütenden Russen uns mit gezogener Pistole fragten, wo ihr Gepäck geblieben sei! Wir berichteten ihnen teilnahmsvoll, was sich zugetragen hatte. Sie sahen ein, daß wir ihre Sachen nicht gestohlen haben konnten, und gaben sich damit zufrieden, auf eine gute Gelegenheit zu warten, um ihre Verluste wieder wettzumachen. Unserem Zugführer befahlen sie, der flüchtigen Lokomotive nachzujagen. Trotz dieses Ansporns brauchten wir achtzehn Stunden, um die fünfundsiebzig Kilometer bis Köpenick, einem der ersten verwüsteten Vororte von Berlin, zurückzulegen. Als der Zug endlich anhielt und wir aussteigen konnten, war es fast Mitternacht. Von elf Uhr nachts bis fünf Uhr früh war Sperrzeit, und so blieb für die Klosterfrauen, unseren Ingenieur und mich nichts anderes übrig, als auf dem Bahnhof zu bleiben.

Russische Posten patrouillierten die ganze Zeit hindurch in der dunklen Bahnhofshalle. Die einzige zugelassene Beleuchtung illuminierte die riesigen Plakate von Lenin und Stalin

über der Kommandantur gegenüber dem Bahnhofsgebäude. Die Schwestern fürchteten sich vor den herumstreichenden Posten. Darum rückten wir ihre Bündel, auf die sie sich kauern konnten, in die Nische beim Fahrkartenschalter und hockten uns rund um sie. Müde und zerschlagen verließen wir nach Ablauf der Sperrzeit unser ungemütliches Nachtquartier und machten uns auf die Suche nach der Straßenbahnlinie, die schon wieder ein Stück in die Stadt führen sollte. Wir brauchten eine Stunde, um zur Endstation zu gelangen, da wir uns an jeder Straßenecke ausruhen mußten. Die notdürftig zusammengeflickte Straßenbahn war abfahrbereit und schon stark überfüllt mit halb verhungerten, armselig gekleideten Zivilisten. Es waren meistens Frauen in Skianzügen und ähnlichen Kombinationen. Mit Hammer und Spitzhacke waren sie unterwegs in die Stadt, um Trümmer aufzuräumen und dafür die Lebensmittelkarte 2 oder 3 zu verdienen. Als Hausfrauen, die außerhalb des Hauses keine schwere Arbeit verrichteten, hätten sie nur die Lebensmittelkarte 5 bekommen, auf die während des ganzen Monats kein Gramm Fleisch ausgegeben wurde.
Ohne eine Frage an uns zu richten, nahmen uns diese Leute unser miserables Gepäck ab und quetschten sich so eng zusammen, daß auch für uns noch Platz blieb. Niemand verlangte Fahrgeld von uns. Wir mußten dreimal umsteigen. Jedesmal wurde uns freundlich hinauf und herunter geholfen. So kamen wir schließlich bis zum Spittelmarkt. Der Stadtkern war noch derart zerstört, daß vorerst nur durch einige aufgeräumte Hauptstraßen ein Autobusverkehr eingerichtet werden konnte.
Vor dem Omnibus stand eine geduldige Menge von etwa zweihundert Menschen an. Resigniert bewegten wir uns dem Ende der Schlange zu. Doch zu unserer großen Überraschung schickten uns die Letzten der Reihe an die Spitze der Wartenden. Niemand protestierte. Als der Bus schließlich kam, waren die Leute uns wieder sehr behilflich. Zuletzt brachte uns die Untergrundbahn, von der ein Stück bereits wieder in Betrieb war, bis zum Heidelberger Platz, der nur wenige Mi-

nuten von dem St.-Gertrauden-Krankenhaus der ermländischen Katharinerinnen entfernt war.

An unserem Ziel angelangt, machte sich Schwester Imelda auf den Weg, um festzustellen, ob das Krankenhaus überhaupt noch stehe. Mein dürrer, langer Freund, der trotz seiner zwei Meter nur noch hundertzwanzig Pfund wog, blieb bei mir zurück.

Wir überschauten die nüchternen Häuserreihen, die trotz hier verhältnismäßig geringer Zerstörungen fast menschenleer schienen. Nur eine ältere Frau überquerte auf klappernden Holzsandalen die Mitte des Platzes, kam auf uns zu und sah sich das ungleiche Paar an. Dann öffnete sie ihre Einkaufstasche und zeigte uns eine kleine Tüte Mehl. »Man Mut, Kleena!«, munterte sie den Langen auf, »sehn Se man hier: det scheene weiße Mehl, det vakooft uns da Tommy. Et jibt ooch schon wieda Schrippen!« Sie nickte uns bekräftigend zu und trug ihren kostbaren Schatz vorsichtig um die nächste Straßenecke.

Von der anderen Seite kam unterdessen eine jüngere Frau, die es auf dem Weg zu ihrer Arbeit eilig hatte, tippte dem langen, ausgemergelten Heimkehrer auf die Schultern und bot ihm eine Marmeladenschnitte an. »Nehmen Sie nur«, sagte sie, »es tut mir leid, daß ich für euch beide nur *ein* Stück Brot habe!« Ein Mädchen kehrte halben Wegs von der Treppe der U-Bahn zurück, kramte in seiner Handtasche und reichte mir eine Zigarette, eine von den zwölfen, die ihre Monatszuteilung ausmachten, wie wir bald erfuhren. Wir waren sprachlos über diese ganz unverhofften Beweise, daß wir wieder unter Menschen waren, die in aller Not frei genug geblieben waren, um an den noch elenderen Mitmenschen nicht vorüberzugehen.

Inzwischen kehrte Schwester Imelda von ihrer Expedition zurück und winkte uns schon von weitem aufgeregt zu: »St. Gertrauden steht!« Wir folgten ihr und fanden vor dem Eingang fast ebenso viele Menschen anstehen wie an der Omnibus-Haltestelle am Spittelmarkt.

An der Pforte begrüßte mich die Oberin, eine Schwester des

größten Bauern meines Heimatdorfes. »Mein Gott, Herr Kaplan, wie sehen Sie bloß aus!«

»Kaplan?«, sagte ich, »wenn ich mich recht entsinne, bin ich trotz allem noch Pfarrer von Süßenberg.«

Sie lachte: »Na, wenn Sie das noch nicht vergessen haben, dann ist auch noch genug Leben in Ihnen, daß wir Sie wieder gesund machen können.«

Doch Pater Wehner, ein lieber alter Bekannter, der zu meiner Freude hier Hausgeistlicher war, runzelte die Stirn, als er mich näher betrachtete. Nach Jahren gestand er mir, ich hätte damals ausgesehen wie Job auf dem Misthaufen, als er seine Geschwüre mit Scherben abschabte. Auf meinem Nachttisch fand er das etwas mitgenommene Schott-Meßbuch aufgeschlagen: Die Kirche feierte das Fest Mariens vom Loskauf der Gefangenen.

Das Krankenhaus leistete Übermenschliches. Unsere Abteilung war mit Rußlandheimkehrern überfüllt. Jeder erdenkliche Platz, Badewannen, Keller, zusammengerückte Stühle aus den Wartezimmern, Liegestühle im Dachgeschoß waren mit Patienten belegt. Die Schwestern selbst waren in wenige Räume zusammengepfercht. Trotz äußerster Anspannung mußten sie täglich Hunderte von Hilfesuchenden abweisen, weil auch nicht der geringste Platz mehr da war. Dies fiel ihnen um so schwerer, als es oft nächste Angehörige der fast durchweg aus dem Osten stammenden Schwestern waren. Unsere Verpflegung war sehr knapp. Alle Stärkungsmittel und Medikamente waren von den Russen geplündert worden. So war es nicht zu vermeiden, daß ein erheblicher Teil der Heimkehrer aus Rußland an Dystrophie starb. - Ich meinerseits ertappte mich oft dabei, wie ich mit wachsender Spannung von einer Mahlzeit auf die andere wartete und von einem Essen träumte, das mich einmal richtig sättigen würde. Wiederholt erwachte ich dann gerade in dem Augenblick, als ich mir von der ›offenen Tafel‹ eines ermländischen Bauernfestmahls so viel Rührei mit Speck nehmen wollte, wie mich verlangte.

Während der langen Nächte, in denen ich keinen Schlaf finden konnte, suchten meine Gedanken meine Pfarrkinder und meine Angehörigen. Ich gab Heimkehrern und Vertriebenen, die hofften, aus Berlin hinauszukommen, kurze Nachrichten in die westlichen Zonen mit, denn es gab ja noch keine Postverbindung.

Am Rosenkranzfest Unserer Lieben Frau erinnerte ich die Muttergottes angelegentlich daran, was sie selbst an Sorgen ausgestanden, als sie ihren Sohn auf der Pilgerfahrt nach Jerusalem verloren hatte, und ich bat sie, mir doch wenigstens einen Fingerzeig zu geben, wo ich meine Angehörigen und Pfarrkinder finden könne.

Als die Krankenschwester mich nach dem Hochamt in mein Zimmer zurückfuhr, war ich so erschöpft, daß ich sie bitten mußte, mich noch etwas auf dem Rollstuhl ausruhen zu lassen, bevor sie mich wieder auf mein Bett schaffe. Während ich meine Kräfte sammelte, öffnete sich die Tür, und ein schneidiger junger Mann kam auf mich zu: »Grüß dich Gott, Gerhard!«, strahlte er mich an, »ich bringe dir Grüße von unserem Bischof aus Halle!« Kaplan Wolski, ein Priesterfreund aus der Heimat, zog einen großen, braunen Umschlag unter dem Stumpf seines rechten Armes hervor und zwinkerte mir zu: »Der Bischof läßt dich fragen, ob du die Handschrift auf diesem Brief kennst!«

Es war die Schrift meiner lieben Mutter. Sie hatte den Brief schon vor drei Monaten geschrieben und dem Bischof von Osnabrück zur Weitergabe anvertraut. Sie schrieb aus einer Dachstube im Osnabrücker Land. Nach dreiwöchiger Flucht durch Eis und Schnee über das Frische Haff und die Nehrung nach Danzig, hierauf die Ostsee entlang durch Pommern und Mecklenburg war sie mit unserem Vater dort angelangt. Sie berichtete von den wunderbaren Fügungen auf ihrem Weg, wo gerade das, was sie als das größte Hindernis der Flucht angesehen hatten, zum Werkzeug der Rettung wurde: das damals noch ungeborene Kind meiner zweiten Schwester. Mit Rücksicht auf den Zustand meiner Schwester hatte ein deutscher Feldarzt sowohl ihr als meinen Eltern im letzten Augenblick vor der endgültigen Räumung jenes Gebietes einen Platz

in seinem Wagen angeboten. - Mit Hilfe eines französischen Kriegsgefangenen hatte auch meine Schwester Irmgard mit ihrem Pflegekind Renate noch kurz vor der Räumung das Elternhaus erreicht. Von ihren acht Kindern wußte meine Mutter nun fünf am Leben; ein Sohn war gefallen, und wir beiden Ältesten waren noch verschollen. Die »Christa Fittkau«, von deren Tod ich bei meinem Einzug im zweiten Lager erfuhr, hatte sich als nicht identisch mit meiner Schwester erwiesen; sie hieß richtig »Fietkau« und stammte aus der Elbinger Gegend. Meine Schwester Christa hatte sich durchzuschlagen vermocht und vor dem Eingang des Osnabrücker Domes meine Mutter wiedergefunden.
Mit dem Brief meiner Mutter schickte mein Bischof einen Willkommensgruß und seinen besonderen Segen für die Genesung, damit ich bald wieder mit neuer Kraft für den Dienst der Kirche bereit sei.
Diese beiden Briefe waren die beste Medizin für mich; sie halfen mir mehr voran als die paar Tropfen Lebertran und die spärlichen Tomaten, welche die Schwester gelegentlich für mich auftreiben konnte. Nach weiteren zwei Wochen zeigten sich die ersten Zeichen der Heilung.
Während ich langsam wieder zu Kräften kam, schaute ich zurück auf das Tal des Todes, das ich durchschritten hatte, und es erfüllte mich steigende Dankbarkeit gegen Gott, der uns »im Schatten Seiner Flügel« geborgen hatte.

Jahrzehnte später

Viele Jahre sind inzwischen vergangen, seit ich, leidlich genesen, auf einem leeren Kohlenzug in die britische Zone fuhr, um meine Angehörigen wiederzusehen. Von Pfarrer Teschner, der trotz seines Leidens alles überlebt hatte, erhielt ich die ersten Nachrichten über das Schicksal meiner Gemeinde. Auf der langen Liste der Toten, die er mir sandte, las ich die Namen von Tante Anna, Tante Elisabeth und Onkel Franz. Die beiden letzteren seien bald gestorben, nachdem Onkel Franz aus den Kellern von Heilsberg zurückgekehrt war; Tante Anna habe ihre Geschwister fast um ein Jahr überlebt. - Aus den alten Bauernfamilien seien nach den Vätern und Großvätern die halbwüchsigen Söhne und Töchter verschleppt worden. Von Kirchenvorsteher Poschmann und seinen vier älteren Kindern fehle jede Spur. Das Elend der völlig ausgeplünderten und mißhandelten deutschen Bevölkerung sei so unerträglich, daß sie ihre bevorstehende Vertreibung aus der Heimat wie eine Befreiung erwarte.

Erst im Jahre 1948 gelang es mir, eine gute Anzahl inzwischen nach der Sowjetzone vertriebener Pfarrkinder am Fest Christi Himmelfahrt im Berliner Sankt-Gertrauden-Krankenhaus zu versammeln. Als einer der wenigen überlebenden Männer war der alte Herr Grimm erschienen. Sein zerrupfter Bart war nachgewachsen und gepflegt, aber sein Gesicht war bis zur Unkenntlichkeit abgemagert und verhärmt. Seine älteste Tochter wartete noch immer auf ihren Mann, der in Rußland vermißt war. Die beiden Kinder ihrer Ehe, von denen der Vater das jüngste nie gesehen hatte, waren verhungert; dafür blieb das Russenkind, dessen Vater sie nicht kannte, am Leben, obwohl es zu Beginn des Hungerwinters vor der Vertreibung geboren wurde. Von den beiden jüngeren Töchtern hatte die Familie nie mehr etwas gehört, seitdem sie »zum Kartoffelschälen für drei Tage« abgeholt worden waren. - Bis Mittag kamen aus Brandenburg, Sachsen und Mecklenburg gegen achtzig meiner treuen Süßenberger. Sie alle trugen ähnliches Leid wie Opa Grimm und hatten die gleiche Frage: »Wann kommen wir wieder nach Hause? Was soll sonst aus unsern Kindern werden?« Die Mütter erzählten von dem, was die Kinder in der kommunistischen Schule oder auf dem Barackenhof aufschnappten, wie ihre Arbeitgeber den Sonntag schändeten und wie weit entfernt von Priester und Altar sie wohnten.

Um auf ihre notvollen Fragen antworten zu können, bin ich seit meiner Befreiung aus der sowjetischen Sklaverei der Gefangene meiner verstreuten Pfarrkinder und ihrer Leidensgefährten geblieben: zuerst als Helfer meines von Papst Pius XII. zum Vater aller heimatvertriebenen Deutschen bestellten Bischofs Maximilian Kaller und seit seinem Tod unter den Christen in der Schweiz und in Amerika. Als einen Bettler für die uns aufgetragene Missionsaufgabe in der Diaspora haben sie mich in »schlichter Herzlichkeit« aufgenommen wie die frühchristlichen Diasporagemeinden in Mazedonien die ersten Sendboten aus der bedrängten Mutterkirche und helfen in »überströmender Liebestätigkeit« unseren schwer Geprüften. Mit meinem Freund Pastor Theo Goebel, der ein Jahr nach meiner Entlassung aus der Gefangenschaft zu seiner Gemeinde und seiner Familie zurückgekehrt ist, teile ich die tröstliche Gewißheit, daß Gott uns »richtend, aber auch aufrichtend, züchtigend und doch auch errettend« durch alles Leid hindurchgeführt hat.

Zur 10. deutschen Auflage
(104 – 107 000)

Über Erwarten hat die am Schluß des letzten Nachworts geäußerte Hoffnung Erfüllung gefunden. Die mutige neunte deutsche Auflage des Buches im leider untergegangenen Ostberliner Union-Verlag hat mitgeholfen, viele Überlebende der Vertreibung in der ehemaligen DDR mit ihrem Los zu versöhnen. Die polnische Ausgabe hat die freundliche, ja festliche Begegnung von fast 60 weit verstreuten ehemaligen Süßenberger Gläubigen mit den polnischen und ukrainischen Bewohnern von Jarandowo im Jahre 1994 aus Anlaß des zweihundertjährigen Jubiläums ihrer einstigen Pfarrkirche erleichtert. Den gleichen Dienst der Verständigung zwischen den Opfern des Krieges mögen die inzwischen erschienene russische Ausgabe und die demnächst folgende ukrainische und kroatische Übersetzung leisten.

Gerhard Fittkau

EUROPÄISCHES NORDMEER
Nördlicher Polarkreis
NORWEGEN
SCHWEDEN
FINNLAND
BOTTNISCHER MEERBUSEN
Murman
Oslo
Helsinki
Stockholm
Leningrad
Reval
NORDSEE
DÄNEMARK
Kopenhagen
OSTSEE
Riga
Westl. Dwina
Witebsk
Königsberg
Hamburg
Danzig
Insterburg
Wilna
Smole
DEUTSCHLAND
Süßenberg
Memel
Minsk
Berlin
Posen
Weichsel
POLEN
Oder
Elbe
Warschau
Brest
Rhein
Breslau
Prag
TSCHECHOSLOWAKEI
Krakau
Kiew
Donau
Lemberg
München
Karpaten
Wien
ÖSTERREICH
Alpen
Dnepropetr
Budapest
UNGARN
Zagreb
Odessa
ITALIEN
RUMÄNIEN
JUGOSLAWIEN